이 땅에 온 상제

강증산

증산도 상생문화연구총서 013

강증산, 이 땅에 온 상제

발행일   2020년 4월 1일 초판 1쇄
발행처   상생출판
발행인   안경전
저자   김현일, 노종상, 강영한, 유철, 문계석, 원정근 공저
주소   대전시 중구 선화서로 29번길 36(선화동)
전화   070-8644-3156
FAX   0303-0799-1735
홈페이지 www.sangsaengbooks.co.kr
ISBN   979-11-90133-24-1
          978-89-94295-05-3(세트)

이 도서의 국립중앙도서관 출판예정도서목록(CIP)은 서지정보유통지원시스템 홈페이지(http://seoji.nl.go.kr)와 국가자료종합목록 구축시스템(http://kolis-net.nl.go.kr)에서 이용하실 수 있습니다. (CIP제어번호 : CIP2020008879)

강증산

김현일
노종상
강영한
유 철
문계석
원정근
공저

상생출판

간행사

2020년 경자년庚子年이다. '경'은 백白이므로 '하얀 쥐'의 해이다. 상서롭고 부지런한 기운이 가득하다. 지난 2018년 여름, 초고를 완성하였지만 여러 사정들이 있어 이제야 출간에 즈음하게 되었다. 원래 시작은 증산 상제님 일대기를 집필하고자 하였다. 상제님이 대법국 천개탑과 금산사 미륵전에 임어하시는 과정에서부터 인간으로 강세하시는 순간, 어린 시절과 청년시절 그리고 천지공사를 보시고 어천하는 과정까지 그 성스러운 발자취를 하나하나 더듬어 가고자 하였다. 상제님의 진리세계가 워낙 넓고 깊어서 여러 필자가 공동으로 집필하는 것이 효과적이라 판단했다. 그러나 공동작업이 각각의 진리 주제를 심도있게 다룰 수 있다는 장점도 있지만 전체를 일관되게 관통하여 물흐르듯 전개되는 스토리로 풀어내는 것이 어렵다는 단점도 있다. 장점은 살리려고 노력했지만 단점은 건너뛰기가 쉽지 않았다. 이제 결과를 놓고 볼 때 공동작업으로 인해 글의 구성이나 꾸밈, 내용에 있어 필자 각자의 문학적 개성을 살리면서 사상의 깊이를 더할 수 있었다는 점에 의의를 두고자 한다.

이 책의 제목을 『강증산, 이 땅에 온 상제』로 잡은 것은 인간 강증산의 삶을 보여주면서 상제님의 권능과 가르침을 전하는 전체 내용에 부합하기 때문이었다. 결국 한 인물의 삶을 생생하고 극적으로 전하면서 그 속에 진리를 녹여내는 '일대기'의 형식에서 벗어나고, 삶과 가르침이 주제별로 나누어진 '생애와 사상'에 더 가까운 책이 되고 말았다. 그러나 그 양식이 다르다 뿐이지 증산 상제님의 삶과 행적, 가르침이 모두 포함되어 있기에 독자들을 볼 면목은 선다.

이 책은 총론 포함 총 5개 주제로 구성되었다. 총론은 증산 상제님이 이 땅에 오시기까지 동서양의 상제문화를 다루고 있다. 필자인 김현일은 서양사를 전공했지만 동양사에도 밝아 이 부분의 적임자라고 할 수 있다. 총론의 내용은 동서양 상제문화의 흔적을 찾고 이를 통해 증산 상제님의 강세 배경을 살펴보는 것이다. 역사를 살펴보면 아주 옛날부터 동양과 서양 모두 천상의 최고 주재자를 섬기는 상제문화가 있었다. 상제는 지역에 따라 하느님, 데우스, 상제, 천신 등 다양한 이름으로 불렸다. 역사에서 지역을 막론하고 보편적으로 나타나는 상제문화의 중요한 유적으로는 제천단이 있는데, 제천단은 신석기 시대의 유물로 알려진 홍산문화 뿐 아니라 유럽의 여러 거석문화 유적지에서도 발견된다. 총론의 핵심은 이러한 상제문화와 상제신앙이 인류 시원문화임을 밝히고, 기독교와 유교, 불교는 모두 교리가 크게 다르지만 천상의 아버지 상제님이 이 세상에 오셔서 새로운 세상을 열 것이라는 믿음을 공유하고 있음을 드러내는 것이다.

본론의 제I부는 '인간으로 오신 증산 상제님'이란 제목으로 상제님의 지상강세와 삶, 그리고 어천에 이르기까지 전 생애를 기록하고 있다. 필자인 노종상은 이미 증산 상제님과 태모 고수부님에 대한 전기를 집필한 이력이 있어 이 부분의 전문가라고 할 수 있다. 이는 I부의 내용 중 한 대목을 보아도 알 수 있다. "19세기 말 20세기 초에 활동한 증산 상제님은 당신이 신이라고 주장하는 사람이었다. 그것도 우주의 주재신으로서 '최고신'이라고 당신의 신원을 밝혀 주었다. 당신 혼자만의 주장이 아니었다. 당신의 재세 시는 물론이요, 21세기 현재에도 최고신으로 신앙되는 분이다. 미국의 가톨릭 주교 풀턴 J. 쉰(Fulton J. Sheen)이 『그리스도의 생애』(2003)에서 제시하는 '신으로부터 왔다고 주장하는 사람들'에 대한 측정검사방법에 따르면, 증산 상제님이 탄강하기 이전에 왔다간 성자들—석가, 예수, 노자, 공자 등의 '최고신' 출세에 대한 예언은 모두 당신을 위한 예비선언에 다름 아니었다. 이유는 간단하다. 당신이 최고신이고, 최고신으로서 활동하였고, 당신을 경험한 모든 사람들이 하나같이 '최고신'으로 믿었고, 믿고 있으니까."

제 II부의 주제는 천지공사이다. 알다시피 천지공사는 증산 상제님이 이 땅에 강세하여 하신 일로서 증산도 구원관과 후천선경 이해를 위해서 반드시 다루어야 할 주제이다. 이 장의 필자인 강영한은 천지공사 중 세운공사에 대한 단행본을 출간한 적이 있어 내용의 적확성과 전문성은 이미 확보된 것과 다름없다. 강영한은 상제님이 행한 9년 천지공사를 구체적으로 들여다보기에 앞서, 먼저 상제님이 강세하게 된 시대적 배경, 상제님이 천지공사를 할 수밖에 없었던 역사적 문명적 상황을 먼저 살펴보고 그 다음 천지공사를 세운과 도운으로 구분하여 깊이 천착하고 있다. 무엇보다 이 장에서 필자는 상씨름의 전개과정에 대해 엄밀한 분석과 평가를 함으로서 현실 역사에 대한 명확한 이해를 도와준다.

Ⅲ부의 주제는 상제님의 가르침이다. 인간으로 오신 증산 상제님은 새로운 시대에 맞는 새로운 가르침을 전했다. 크게 볼 때 Ⅲ부 '참된 법을 내다'는 상제관과 우주관을 거쳐 인간에 대해 다루는 부분이다. 그러나 인간이나 인격 자체를 다루는 것이 아니라 인간의 삶과 역할, 수행과 구원 등과 관련된 모든 문제를 대상으로 한다. 필자인 유철은 상제님의 가르침을 다루는 Ⅲ부의 내용이 '우주의 길'과 '인간의 길'로 상호 연관하여 묘사할 수 있다고 말한다. 왜냐하면 인간관에서 다루는 증산 상제님의 가르침은 '인간이 가야할 길'과 '우주가 변화하는 길'이 서로 다르지 않음을 보여주기 때문이다. 『증산도 도전』은 천지와 인간의 관계를 '소천지가 대천지'(『도전』 11:223)라는 말로 표현하고 있다. 사람은 천지와 같으니 소천지이고, 사람은 천지의 길을 가니 곧 사람의 삶속에 우주가 있다는 것을 말함이다. 인간은 천지의 생명 기운으로 태어나며, 천지와 한마음으로 같은 길을 걷고, 그 천지의 뜻을 이루는 삶을 살아간다. '천지와 하나된 삶'이며 '천지의 목적을 이루는 삶'이다. 그래서 우주의 길이 곧 인간의 길이며, 인간의 길이 곧 우주의 길이다. 증산 상제님의 가르침은 곧 개벽시대 인간이 가야 할 길을 우주의 길에서 보여주는 것이며, 그 길을 걸을 때 인간의 사명을 다하면서 천지와 함께 성공을 이루게 됨을 뜻한다.

Ⅳ부 '새로운 세상이 열리다'의 필자인 문계석은 하도와 낙서를 바탕으로 개벽의 이치를 설명하고 있으며 실제로 벌어질 개벽 상황을 명확한 관점과 뛰어난 논리로 기술하고 있어 자칫 어렵게 느껴질 증

산도 진리에 대한 접근을 용이하게 하고 있다. 이로부터 오늘날 우주의 신비를 벗겨내고 있는 첨단과학도, 온갖 존재의 의미를 심도 있게 탐구했던 철학도, 인간의 존재 가치에 대하여 깨달음을 설파한 종교도 해결해주지 못한 난제들 중의 난제, 즉 대자연의 생명과 인간 삶의 진정한 존재목적이 무엇인지, 나는 왜 존재하고 어떻게 살아야 가장 바람직하게 살 수 있는지의 미래에 대한 한 소식을 깨달을 수 있는 길을 선명하게 제시하고 있다. 그것은 선천 상극질서에 갇혀서 살아온 인류가 우주의 주재자 증산 상제님께서 내려주신 무극대도의 진리를 체화하고, 닥쳐오는 후천 가을 대개벽의 실제상황을 거뜬하게 극복하여 성숙한 인간, 즉 태일의 인간으로 거듭나는 것이다.

마지막으로 원정근의 에필로그는 증산 상제님의 가르침을 참동학 증산도의 관점에서 종합적으로 정리하고 있다.

이 책의 시작은 안경전 증산도 종도사님의 관심과 배려에 힘입은 바 크다. 무엇보다 처음 책의 구상과 방향을 보여주어 필자들의 혼동을 막아주었고, 어려운 진리 주제는 쉽게 풀어주어 필자들의 막힌 붓길을 열어주었다. 이 자리를 빌어 감사의 말씀을 올린다.

2020년 1월

저자 일동

목 차

총론

상제문화를
찾아서

김현일

1 동서의 공통분모 제천단

역사를 살펴보면 아주 옛날부터 동양과 서양 모두 하느님에게 제사를 올렸다. 하느님은 지역에 따라 데우스, 상제, 천신 등 다양한 이름으로 불렸지만 천지와 인간 삶을 지배하는 최고 주재자로 여겨진 존재는 오직 하나였다. 이러한 최고 주재자가 없는 문화는 없었다. 최고신, 최고 주재자에 대한 믿음과 이를 섬기는 일체의 행위를 통틀어 '상제문화'라고 부를 수 있을 것이다. 왜냐하면 최고신에 대한 이칭이 상제이고, 상제는 최고의 주재자이기 때문이다. 물론 시대에 따라, 지역에 따라 상제문화가 모습을 달리해 왔다. 또 신에 대한 종교적 신념의 약화로 인해 상제문화 자체가 일부 지역에서는 약화된 것이 사실이다. 그러나 오늘날 세속화가 가장 진전된 서구에서도 상제문화 자체가 완전히 사라진 것은 아니다.

이러한 유구한 상제문화가 다양한 유적과 유물들을 남겨놓은 것은 두말할 나위가 없다. 그러한 유적들 가운데 으뜸가는 유산은 하느님에게 제사를 봉행하던 제천단일 것이다.

조선의 잊혀진 유물 원구단

정동길은 서울에서 낭만을 찾는 젊은이들에게 인기 있는 예쁜 길이다. 서울 역사박물관에서 정동 쪽으로 작은 언덕을 넘어가면 옛 러시아 공관 유적지가 나온다. 역사책에서 '아관파천俄館播遷'이라는 어려운 단어에서 등장하는 '아관俄館' 즉 아라사(러시아) 공사관이 그곳에 있었다. 지금은 무너지고 일부 건물만 덩그러니 남아 있어 그곳이 옛 러시아 공사관 터였음을 알려줄 뿐이다. 고종 임금이 명성황후가 시해된 을미사변 직후 의병들의 봉기가 벌어지는 등 국내의 상황이 불안하게 되자 신변에 위협을 느끼고 주거를 경복궁에서 러시아 공사관으로 옮긴 것이다. 이렇게 한 나라의 국왕이 자신의 신변 안전을 위해 왕궁에서 외국의 공사관으로 주거지를 옮긴 것은 당시 조선의 정치적 상황이 얼마나 비정상적이었는지를 드러내주는 한 지표에 불과하다.

이러한 러시아 공사관에서의 더부살이가 1년이나 지속되었다. 그러자 국내에서는 환궁의 목소리가 높아졌다. 고종 임금이 계속 외국 공관에 피신해 있을 수만은 없었다. 그리하여 인근의 덕수궁으로 옮기고 국가의 혁신을 선포하였다. 바로 대한제국이었다. 주변의 이리 같은 강대국들 사이에서 주권국가로 서려는 고종 임금의 결기어린 몸짓이었다. 연호도 광무光武로 고쳤는데 새로운 시대의 선언이었다.

이러한 새 시대 선언이 말로만 그친 것은 아니다. '광무개혁'이라 불리는 일련의 개혁안들이 실시되었다. 군제와 행정, 재정 등에서 다수의 개혁이 시도되었다. 근대적인 교통과 통신의 도입도 대한제국에 의해 활기차게 이루어진 사업 가운데 하나였다.

대한제국의 헌법인 대한국제大韓國制 제1조는 대한제국이 자주독립 국가임을 천명하였다. 이러한 자주독립 선언을 뒷받침하는 것이 원구단 건설이었다. 하늘의 상제님에게 대한제국의 건립을 고하는 천제를 지내기 위한 제천단을 세운 것이다. 옛날에는 상제님에게 천제를 지내던 전통이 있었지만 그 전통은 조선에 들어와서 차츰 약화, 소멸되었다. 성종 때 편찬된 왕실의례서인 『국조오례의國朝五禮儀』에서 조선을 명의 제후국으로서 규정하고 제후국으로서의 예제를 확립하였기 때문이다. 제후는 하늘에 제사지낼 자격이 없다. 오로지 중국의 황제만이 그러한 권한을 갖고 있다는 것이다. 그리하여 천제로서 원구제가 사라졌다.

그로부터 420여년 후인 1897년 황제 즉위식과 고천제가 거행되었던 원구단은 오래 존속하지 못했다. 대한제국이 1910년 일본에 병탄되어 망한 후 즉각 헐려버렸기 때문이다. 일본은 조선의 자주와 독립의 으뜸 상징인 원구단을 그대로 놔두지 않았다. 천단을 헐고 그곳에 조선호텔을 지었다. 지금은 위패를 보관하던 황궁우皇穹宇라는 건물만 한쪽에 외로이 남아 있어 쓸쓸한 분위기를 자아낸다. 주변에는 새로 지은 초현대식 서울시청도 있고 고급스런 롯데호텔, 플라자호텔도 있지만 많은 사람들이 그곳 분위기과는 어울리지 않게 서 있는 황궁우를 보고 그 건물이 어떤 건물인지 의아해 한다. 사실은 지금으로부터 120여년 전 대한제국이 자주독립 국가임을 대한의 황제가 천상의 상제님에게 고유告由한 원구단이라는 뜻 깊은 제천단이 있었던 곳임을 많은 대한의 국민들이 모르고 있는 것이다.

강화도 참성단

원구단이 무엇인지 모르는 것은 말할 것도 없고 천제라는 것이 어떤 것인지 아는 사람들 역시 많지 않다. 옛날에는 천제가 국가적 행사였다는 사실도 무척 낯선 사실일 것이다. 강화도 마리산에 있는 참성단은 단군조선 때부터 국가에서 천제를 올리던 유적이다. 고려 때 행촌 이암이 지은 『단군세기』에 의하면 참성단은 초대 단군왕검 때 세워졌다. 1세 단군 재위 51년 무오년 즉 BCE 2283년 단군이 운사 배달신을 명하여 혈구(강화도의 옛 이름)에 삼랑성을 건설하게 하고 마리산에는 제천단을 쌓게 하니 이 제천단이 지금의 참성단이었다. 물론 참성단은 그동안 여러 번 보수와 수축을 거듭하였기 때문에 예전과 꼭 같으리라는 보장은 없지만 돌로 둥근 모양의 기단을 쌓고 네모난 제단을 축조한 모습은 크게 변하지 않았을 것이다. 이는 하늘은 '원융무애圓融無礙'하고 땅은 '방정方正'하다는 '천원지방天圓地方'의 이념을 상징하는 것이다.

하늘에 제사를 지낸다는 것은 물리적 하늘에 제사를 지내는 것이 아니다. 빈 허공에 제물을 바치면서 국가의 안녕과 백성의 행복을 비는 것이 무슨 의미가 있겠는가? 천지를 주관하는 주재자 상제님에게 제사를 지낸 것이다. 단군조선 시대에 천제를 지낼 때 불렀던 「어아가」라는 노래를 보라. "우리 대조신의 크나큰 은덕이시여. 배달의 아들딸 모두 영원토록 잊지 못하오리라."라는 구절로 시작되는 이 제천가는 대조신, 즉 인류의 큰 조상이 되는 상제님을 제사의 대상으로 삼았음을 드러내준다. (어아가는 『단군세기』 2세 부루단군조에 실려 있다)

고려시대에는 왕들이 강화도 참성단에 직접 와서 제사를 지냈다는 기록이 있는 것으로 볼 때 참성단의 천제는 국가적 행사로서 오랫동안 이어져 왔던 것 같다. 그러나 점차 왕들은 직접 오지 않고 제관을 보내 제사를 올리게 하였다. 고려를 이은 조선의 왕들 역시 그러하였는데 상제님에 대한 천제를 직접 지내지 않고 제관을 보낸 것은 왕들이 너무 바빠서였을까? 그것은 아닐 것이다. 상제에 대한 생각, 즉 관념이 바뀌었기 때문일 것이다.

조선을 건국한 주역들은 이념적으로 성리학에 사로잡혀 있었다. 그들은 인간의 원래 성품과 천지의 이치라는 추상적인 문제에 골몰하느라 천지를 주재하는 인격적인 하느님, 상제에게는 관심도 없었다. 그에 대한 믿음은 말할 것도 없다. 그러니 상제에 대한 제사를 지내기 위해 왕이 강화도까지 멀리 행차해야 한다는 것에 대해 거부감부터 들었을 것이다.

조선은 옛 공산주의 국가처럼 이념이 강하게 지배하던 나라였다. 국가에서 공식적으로 반포한 사상과 어긋나는 소리를 하면 바로 '사문난적斯文亂賊'으로 몰려 목숨이 위태하게 되었다. 다 같은 유학이지만 주자와는 다른 우주론과 심성론을 제시한 양명학자들조차도 이단으로 몰렸다. 이러한 주자학이 지배하던 경직된 지적 분위기에 반기를 들고 인격적 상제관을 들고 나온 것은 두 부류였다. 하나는 서양의 기독교를 받아들인 천주교도들이고 다른 하나는 최제우의 가르침을 받아들인 동학도들이었다.

북경의 천단공원 우리나라의 원구단이 서울에서 그 원형이 파괴되어 일부만 초라하게 남아 있는 데 비해 중국의 원구단은 옛 모습 그대로 보존되어 있다. 북경의 자금성과 더불어 북경에 가는 관광객들이 반드시 가봐야 할 명소이다. 거기 가보면 우선 규모에 압도된다. 무려 백만 평이나 되는데 황제가 사는 왕궁인 자금성의 세 배에 달하는 면적이다. 명대 초에 세워진 원구단은 현재는 시민들이 언제나 들어가 즐길 수 있는 공원으로 지정되어 있다. 동양 제천문화의 중요한 유산인 천단공원은 유네스코에 의해서 세계문화유산으로도 지정되어 있다.

천단공원은 황제가 상제님께 제사를 올리는 원구단과 황궁우, 그리고 기년전祈年殿이라는 건물로 이루어져 있다. 기년전은 이름에서 짐작할 수 있듯이 상제님에게 풍년을 기원하는 제사를 지내던 곳이며 황궁우는 상제님의 신위를 보관하던 곳이다. 기년전에 들어가면 건축

미 뿐 아니라 건물이 내포하고 있는 상징성에 감탄하게 된다. 상층 지붕을 받치는 사천주四天柱는 1년 사계절을 상징하며, 중층 지붕을 받치는 12개의 고주高柱는 12개월을 상징하고, 하층 지붕을 받치는 평주平柱 12개는 하루 12시를 상징한다. (옛날에는 하루가 24시가 아니라 12시였다)

이러한 상징성은 원구단에도 구현되어 있다. 둥근 3층의 원형 제단에는 하늘을 상징하는 9수가 곳곳에 사용되었다. 계단, 중심석, 난간 등이 모두 9수로 이루어져 있는 것이다.

황제가 천제를 지내던 예전에는 아마 일반인은 이런 제천시설에 가까이 가지 못했을 것이다. 그러나 적어도 이론상으로는 인민을 국가의 주인으로 떠받들고 있는 현대 중국에서 많은 시민들이 이곳에 나와 산책도 하고 장기도 두는 등 여유롭게 시간을 보내는 것을 보면 여러 가지 생각이 교차하게 된다. 오늘날 중국에서 천제는 과거의 유물에 지나지 않는다. 중국은 심지어 종교라면 일단은 위험한 것으로 보고 실제로 종교에 대한 탄압도 거리끼지 않는다. 그런데도 이 종교적 유산은 잘 보존되어 많은 시민들에게 개방되어 있다. 우리나라에도 이렇게 제천 유적이 근사하게 보존되어 있었더라면 하는 탄식이 절로 흘러나왔다.

소도

고대 한국인들이 소도라는 성소에서 천제를 지냈다는 기록은 3세기 말에 편찬된 중국의 역사서 『삼국지』 동이전에서 찾아볼 수 있다. "귀신을 믿으므로 국읍國邑에서는 각기 한 사람을 뽑아 천신에 대한 제사를 주관하게 하였는데, 이 사람을 천군天君이라 부른다. 또 이들 여러 나라에는 각각 별읍別邑이 있는데 이것을 소도蘇塗라 한다. 큰 나무를 세우고 거기에 방울과 북을 매달아 놓고 귀신을 섬긴다. 도망자가 그 속에 들어가면 모두 돌려보내지 않아 도둑질하기를 좋아한다. 그들이 소도를 세운 뜻은 마치 부도浮屠를 세운 것과 같으나 그 행해진 바의 선악은 달랐다."

기록자의 편견이 들어간 기록이다. 소도가 마치 귀신을 섬기는 무당의 굿당처럼 그려놓았다. 그러나 소도는 엄연히 국가가 천제를 지내기 위해 공권력으로 지정해놓은 성소였다. 그러니 범죄자가 그곳에 도망가더라도 잡을 수 없었다. 이는 한국 뿐 아니라 많은 지역에서 나타나는 성소의 특징 가운데 하나였다. 고대 이스라엘에서도 이러한 성소가 있어 '도피성逃避城'이라 하였다. 도피성 제도는 실수로 사람을 죽인 자가 죽은 자의 혈족들의 복수를 피해 도망가서 재판을 기다릴 수 있게 만든 무척이나 합리적인 제도였다. 구약성서에 의하면 그러한 도피성이 고대 이스라엘에 모두 여섯 곳이 있었다고 한다. (「민수기」 35장) 또 죄를 지은 자가 제단이 있는 성소에 들어가면 그를 죽일 수 없었다. 다윗의 장자로서 솔로몬의 왕위를 탈취하려고 했던 아도니야는 자신의 쿠데타 계획이 발각되자 제단으로 도망가서 그곳의 뿔을 잡고 목숨을 부지할 수 있었다. (「열왕기상」 1장)

『삼국지』 동이전에서 말하는 천신은 분명 상제를 의미한다. 고대 한국인들이 상제에게 천제를 지냈는데 『삼국지』에서는 그것을 귀신에게 제사지내는 것으로 왜곡, 폄훼한 것이다. 이민족이 지내는 천제를 귀신 섬기는 행사로 폄하한 것은 중화주의의 한 예라 할 것이다.

원동중의 『삼성기三聖紀』에 의하면 배달국 시대부터 환웅이 소도를 주관하였다고 하니 소도는 단군조선 이전부터 있던 성소였다. 소도는 한 군데만 설치되어 있던 것이 아니라 여러 곳에 설치되었다. 소도에는 하늘에 제사지내는 원단圓壇과 땅에 제사지내는 방구方邱가 있었다. 제천행사가 거행될 때에는 임금이 몸소 참여하여 제사를 주관하였다고 한다. 또 제천행사와 더불어 원근의 남녀가 소도에 모여 그 동안 생산한 물건을 제단에 바치고 북치고 악기를 불며 놀이를 즐겼다. 제천행사는 국민적 축제였던 것이다. 백성들이 모여 천제를 지내고 축제를 즐기며 한 나라 백성으로 단합의 정신을 다졌을 것이다.

소도는 제천행사 장소로 그치지 않았다. 조선 중종 때의 찬수관을 지낸 이맥의 『태백일사太白逸史』「삼신오제본기」에서 소도는 교화의 근본이라 하였다. 소도가 건립된 곳에는 충忠, 효孝, 신信, 용勇, 인仁의 오상지도五常之道를 계율로 삼았다. 또 소도 옆에는 경당이라는 학교를 세워 청년들에게 독서와 활쏘기, 말달리기, 예절, 가악, 권박의 육례를 가르쳤다고 한다. 소도는 종교적 성소에 그치지 않고 학문을 배우고 인격을 닦는 학교이자 문화 센터였던 셈이다.

홍산문화 유적에 보이는 제천단

홍산문화는 예전에는 알려져 있지 않다가 20세기 들어와 발굴되어 세상에 알려진 신석기·청동기 시대 요서지역의 문화를 통틀어 말한다. 특히 그 가운데서 소하서 지역에서 발견된 소하서 문화는 지금으로부터 8,500년 전까지 거슬러 올라간다. 현지인조차 길을 찾지 못하는 오지에 위치한 소하서 유적은 1987년 당국의 문화재 신고 정책에 따라 주민이 신고함으로써 세상에 알려졌다. 중국은 이 문화를 '인류 최고最古의 신석기 문화'라고 규정하였다. 소하서 유적은 7,000~8,000년 전의 발해 연안 빗살무늬토기와 그 연대가 일치한다. 이것은 소하서 문명의 주인공과 동방 한민족의 강한 연관성을 암시해 준다. 소하서 문화를 위시하여 다양한 시기의 유적들을 포괄하는 홍산문화는 1979년 객좌현 동산취촌 발굴과 1983년 그 인근 우하량촌 발굴을 계기로 세계적 주목을 받게 되었다. 동산취에서 엄청난 제사 유적이 발견되고, 우하량에서 돌무덤[塚], 신전[廟], 제단[壇]이 한꺼번에 발굴된 것이다. 고고학자들은 무덤과 신전, 제단 이 세 가지 유적을 인류의 정신문화를 가능하게 하는 3요소라 한다. 이 3요소가 모두 나온 것은 다른 신석기 문화에서는 볼 수 없는 것이었다.

우하량의 16개 유적지 가운데 13곳이 돌무덤, 즉 적석총 유적이다. 널리 알려져 있듯이 적석총은 고대로부터 삼국 시대까지 계속 나타나는 동이족의 대표적 묘제墓制로 황하 지역의 화하족 문명권에서는 전혀 출토되지 않는다. 우하량의 적석총은 약 5,500년에서 5,000년경 전에 조성된 것이라 한다.

우하량의 여러 적석총 무덤 중에서 특히 주목을 받는 것은 제2지점의 방형 적석총이다. 중심에 큰 적석총(돌무지무덤)과 그것을 에워싼 27기의 석관묘(돌널무덤)로 이루어져 있다. 최고 통치자의 무덤으로 추정되는 중앙 대묘를 주변의 작은 무덤들이 에워싸고 있는 것이다. 이러한 무덤 양식은 홍산인들이 이미 씨족사회를 넘어서 계급이 분화된 국가 단계의 문명단계에 이르렀음을 시사한다. 이 대형 무덤군의 바로 옆 자리에서 원형으로 쌓은 적석총도 함께 발굴되었다. 조사 결과, 원형 적석총은 원래 최하단의 직경이 22m에 달하는 3단 높이로 지어진 것이었다. 일반적인 돌무덤의 양식과 다른 이 건축물의 용도는 과연 무엇이었을까?

중국 학자들은 이 적석총의 용도에 대한 실마리를 명·청의 황제들이 천제를 지내던 북경 천단공원에서 찾았다. 그곳 원구단이 우하량 적석총과 동일한 형태의 원형 3단이기 때문이다. 우하량 적석총도 천단공원의 원구단과 마찬가지로 상제님에게 천제를 올릴 때 사용하는 제단으로 지어진 것이다. 각 층의 둘레를 따라 늘여 세워진 원통형 토기 또한 이 원형 건축물이 제단이었음을 말해 준다. 이 원통형 토기에 덮개가 없고 아래쪽에 바닥이 없는 것은 천지가 하나로 통한다는 의미를 지니고 있다.

방형 모양의 대형 무덤군과 천제를 올리던 제단을 함께 갖춘 우하량 제2지점 유적은 또 한 가지 중요한 메시지를 던지고 있다. 그 전체 구조가 동양의 '천원지방天圓地方'을 나타내고 있는 것이다. 앞에서도 언급했듯이 천원지방 구조는 고조선 때 지은 강화도 마리산의 참성단, 명나라 때 지은 북경의 원구단, 조선 말기에 고종 황제가 세운 원구단 등 동아시아 제천단에서 공통적으로 나타나는 형태이다.

총·묘·단이 모두 나타나는 우하량은 홍산인의 성지로서 제정일치 시대였던 당시에 임금이 하늘과 소통하던 곳이었다. 한마디로 우하량은 당시 정치와 종교의 중심지였다. 이는 우하량이 동서 10km, 남북 5km에 걸쳐 있는 홍산문화 유적지 한가운데에 위치했다는 사실에서도 확인된다.

5,500년 전이면 단군조선이 세워지기 이전이다. 『환단고기』의 기록에 의하면 당시는 배달국 시대 말이었다. 환국에서 나와 동쪽으로 이동하여 만주와 내몽골 일대에 살았던 동이족이 배달국을 세운 주체였다. 이들이 세운 우하량 제단은 동북아 제천단의 원형이었다. 이러한 배달의 천제 문화는 그 연대를 고려해 보건대 동북아 천제 문화의 뿌리였다고 할 수 있을 것이다.

수메르의 지구라트

홍산문화 유적을 통해 확인할 수 있는 태곳적 제천행사는 동북아에만 국한되지 않았다. 우리는 세계 각처의 문화권에서 제천행사가 이루어졌음을 알고 있다. 서양문명에서도 예외가 아니다. 그리스, 로마는 말할 것도 없고 서양문명의 원류에 해당하는 수메르 문명의 지구라트는 그러한 제천문화의 자취이다.

수메르인은 19세기 이전에만 하더라도 잘 알려지지 않았던 사람들이다. 지금도 그들이 어디서 왔는지 정확한 연원은 알려져 있지 않다. 확실한 것은 그들이 동방에서 왔다는 것이다. 수메르 전문가들에 의하면 수메르어는 교착어에 속한다고 한다. 주지하다시피 한국어와 일본어 등 알타이어군이 교착어에 속한다. 언어로 봤을 때 수메르인들은 동방에서 메소포타미아 지역으로 이주했던 것으로 볼 수 있다. 수메르인들은 메소포타미아 평원에 도착한 후 도시를 세웠다. 그리고 도시의 일부를 신성한 구역으로 지정하고 그곳에 흙벽돌로 거대한 지구라트를 쌓았다. 돌이 없으니 흙으로 벽돌을 구워 지구라트를 세운 것이다. 이는『구약성서』「창세기」11장에 나오는 이야기다. 그 시기는 대략 BCE 3500년경으로 추정되는데 지구라트는 수메르인이 원래 떠나온 땅에서 지내던 천제의 방식과 관련이 있다. 즉 수메르인은 높은 산에서 하늘의 신들에게 제사를 지내던 풍습을 따라 인공산을 쌓았던 것이다. 그래서 수메르인은 이 지구라트를 '하느님의 산(the Mountain of God)' 또는 '하늘 언덕(the Hill of Heaven)'이라 불렀다고 한다.

메소포타미아 지역의 지구라트 중에서 BCE 2100년경에 세운 우르의 지구라트가 지속적인 보수 공사 덕에 그 상태가 가장 양호한 모습으로 남아 있다. 우르는 유대인들의 조상 아브라함이 살던 곳으로

「창세기」에서는 '갈데아 우르'라고 하는데 이는 구약성서가 기록되던 당시 수메르인은 사라지고 갈데아인이 이곳을 차지하고 있었기 때문이다. 갈데아인은 바빌론 제국을 세운 셈족 계통의 사람들로서 바빌로니아인이라고 부른다. 현재 수메르 시대의 우르 지도가 남아 있는데 그 지도를 통해 보면 지구라트는 이 도시의 중심 요소로 축조되었음을 알 수 있다. 당시 사막에서 살던 셈족 유목민들에게 이 지구라트는 아주 강렬한 인상을 남겼다. 지구라트는 도시의 성벽과 더불어 유목민이 접한 문명의 상징과 비슷한 것이었다. 그들에게는 교만한 도시문명의 상징물로 여겨졌을 것이다. 「창세기」에 나오는 바벨탑도 다름 아닌 지구라트였다. 지구라트는 현재 지구상에 30여 개가 남아 보전되고 있다. 수메르의 지구라트는 이집트로 흘러 들어가 피라미드가 되었다.

이집트에서 가장 오래된 피라미드는 고왕국 시대(BCE 2686~BCE 2181)를 연 제3왕조의 2대 파라오인 조세르Zoser의 명으로 건축가 임호테프Imhotep가 세운 것이다. 그는 수메르에서 귀화한 인물로서 이집트의 첫 피라미드를 세운 재상이자 천문학자였고, 후대에 신으로 추앙되었다. 계단식 측면과 평평한 상단을 갖춘 이 피라미드는 지구라트와 흡사하다. 수메르인에게서 문명의 젖줄을 공급받은 이집트인도 피라미드의 이 평평한 꼭대기에서 하늘에 제사를 올렸을 것이다.

이집트의 피라미드는 제4왕조(BCE 2613~BCE 2500)의 첫 파라오인 스네프루Sneferu 때부터 그 양식이 바뀌었다. 종래대로 계단식 피라미드를 지은 후, 그 외벽에 돌판을 붙여 우리가 흔히 알고 있는 삼각뿔 모양의 피라미드를 지은 것이다. 스네프루의 아들 쿠푸Khufu는 세계적 관광 명소인 기자 지역에 토대의 한 변이 230m를 넘는 대형 피라미드를 건설하였다. 이것을 포함하여 피라미드 건설의 전성기인 고왕국 시대가 끝나는 제6왕조 때까지 어느 피라미드에서도 무덤으로 쓰인 흔적을 찾아볼 수 없다. 기자의 피라미드들은 나침반의 기본 방향에 맞춰 서 있는 독특한 구조를 가지고 있기 때문에 파라오의 영혼을 천상으로 인도하는 구실을 하였다는 의견도 있지만, 그것은 삼각뿔 피라미드가 출현한 이후에 해당된다. 피라미드는 원래 파라오가 천상의 신과 교통하던 제천행사를 위한 제단으로 세워졌지만 후대로 오면서 왕의 무덤 등으로 그 용도가 변화한 것이다.

몽골, 만주, 티베트 등에서도 피라미드 유적을 찾아볼 수 있다. 티베트 서부에서는 러시아 과학자에 의해 무려 100여 개에 달하는 피라미드가 발견되었다. 몽골리언들이 베링해협을 건너가 아메리카 대륙에 정착하였다는 것은 잘 알려진 사실이다. 이들에 의해서도 피라미드가 세워졌는데 북미의 인디언 유적지, 멕시코의 톨텍 문명과 아즈텍 문명 유적지, 중앙아메리카의 마야 문명 유적지 등 아메리카 곳곳에서 발견되었다.

북미 최대의 인디언 유적지인 미국 일리노이 주의 카호키아Cahokia 유적지에는 120여 개에 달하는 거대한 인공 언덕이 있다. 유적지 한가운데에 위치한 언덕인 몽크스 마운드Monk's Mound는 현재 흙을 쌓은 지반시설만 남아 있지만, 그 규모가 이집트에서 가장 큰 기자 피라미드보다 크다. 고대 톨텍 문명의 중심지인 멕시코의 촐룰라Cholula에는 한 변의 길이가 400m에 달하고, 부피로는 세계에서 가장 큰 떼빠나빠Tepanapa 피라미드가 있다. 내부 터널과 외부 계단을 갖춘 피라미드이다. 이러한 중남미의 피라미드들이 신전이었음은 두말할 나위가 없다. 16세기에 멕시코를 정복한 스페인은 이 피라미드 위에 가톨릭 성당을 지었다. 원주민의 고유한 신앙생활을 부정하고 새로운 종교를 주입하기 위해 피라미드 꼭대기에 있는 원주민의 성소, 즉 신전을 허물고 그 자리에 자신들의 신전인 성당을 지은 것이다. 이렇게 세운 성당이 지금도 도시 전경을 채울 정도로 많이 남아 있다.

영국의 스톤헨지나 프랑스 브르타뉴 지방의 선돌과 열석 등 유럽 여러 곳에서 발견되는 거석문화 유적들도 천제와 연관이 없지 않다. 물론 당시 사람들이 기록을 남기지 않아 정확한 용도를 단정하기는 힘든 것이 사실이다. 그러나 대서양과 지중해의 거석 유적지를 많이 답사한 피터 마샬 같은 이는 "거석은 무식한 원시인이 아니라 세련되고 생각이 깊고 믿음이 돈독한 문명인이 만들어 낸 걸작이다. 디자인과 건축 방식이 서로 비슷하고, 천문학적으로 배열 방식이 일치하고, 같은 토기와 석기가 출토되며, 여신 숭배 사상을 공유한 것은 절대 우연이 아니다"라고 말한다. 유럽의 거석문화는 바탕에 신에 대한 숭배가 있었던 것이다.

앞서 본 것처럼 지구라트, 피라미드, 스톤헨지와 같은 거석 등은 모두 인류 제천문화의 흔적이다. 이러한 유물이 지구촌 곳곳에서 발견된다는 것은, 태곳적 인류가 모두 천제 문화를 갖고 있었음을 암시한다. 천제는 인류 공통의 태곳적 문화 행사요 인류 문화의 원형이었다.

2 잊혀진 상제문화를 찾아서

이러한 보편적 제천문화가 있었다는 것은 인류가 천상의 하느님이라는 존재를 숭배하였음을 의미한다. 서양의 기독교는 천상의 하느님이 우주의 창조자로서 유일신임을 믿는다. 이러한 기독교의 하느님은 그 연원이 아주 오랜 시대로 거슬러 올라간다. 유대인들이 자신들을 선민으로 선택하였다는 야훼는 말할 것도 없고 신들 가운데 주신의 역할을 한 가나안의 엘 신, 그리스인들이 받던 천신 제우스 등의 신들이 기독교의 신으로 계승되었다고 할 수 있다. 이슬람은 이러한 기독교의 신을 '알라'라는 이름으로 그대로 계승하였다. 알라는 '엘'과 마찬가지로 그냥 하느님이라는 뜻이다.

중국에서는 그러한 하느님을 상제라 불렀다. 윗 상上 자에 하느님 제帝 자이다. 중국의 유가도 원래는 하늘에서 천지를 주재하는 이러한 상제를 믿었다. 북방 초원에서 살던 유목민들은 천상의 하느님을 '텡그리'라 부르면서 오랫동안 텡그리에 대한 신앙을 유지하였다. 우리 한국인들도 참성단을 통해 볼 수 있듯이 예전에 하느님에 대한 신앙을 갖고 있었다. 그런데 이러한 하느님을 특이하게도 '삼신하느님' 혹은 '삼신상제'라고 불렀다. 상고시대에 대한 소중한 기록을 담고 있는 『환단고기』에는 이 삼신상제에 대한 기록이 자세히 나온다. 그 기록을 통해 지금은 잊혀진 상제를 찾아 역사 속으로 들어가 보자.

『환단고기』에 나오는 삼신상제

태초에 우주는 어떻게 생겨났을까? 과

학자들은 시간도 세계도 없다가 어느 한 시점에 갑자기 우주와 시간이 생겨났다고 말한다. 소위 빅뱅설이다. 물론 왜 생겨났는지는 말하지 않는다. 아니, 할 수가 없을 것이다. 이는 과학의 한계이다. 과학적인 프레임에 머물러 있으면 우주가 왜 생겨났는지 말하기 힘들다. 또 과학은 물질세계를 벗어난 정신세계에 대해서는 할 말이 많지 않다. 인간에게는 물질을 대상으로 한 과학적 이론으로 파악하기 힘든 영혼과 정신이 있다. 우리가 과학에만 머물러서는 결코 우주와 존재의 기원에 대한 만족스런 해답을 얻을 수 없다.

예로부터 사람들은 대자연의 모든 생명체가 태어나고 살아가는 주된 근거로 신을 이야기해 왔다. 그 신을 동방의 오랜 가르침인 신교에서는 '일신一神'이라 한다. 일신에서 '일'은 오직 하나뿐인 절대 근원을 뜻한다. 그런데 그 일신은 자신을 현실세계에 드러낼 때 삼신三神으로 작용한다. 만유생명의 본체[體]로 보면 일신이고, 그 작용[用]으로 보면 삼신인 것이다. 그래서 한국인은 태고 이래로 우주의 조물주 하느님을 삼신이라 불렀다. 상고시대 한국의 우주론과 인간에 대한 철학사상을 담고 있는 『환단고기』의 『태백일사』에서는 일신의 세 손길은 조화造化·교화敎化·치화治化로 나타난다고 하였다. 다시 말해서 삼신은 만물을 낳는 조화신造化神, 만물을 기르고 깨우치는 교화신敎化神, 그리고 만물의 질서를 잡아나가는 치화신治化神으로 자신을 드러낸다. 이것이 하나 속에 셋이 들어 있는 '일즉삼一即三 삼즉일三即一'의 이치이다.

우주 만유가 생성된 근원인 삼신은 얼굴 없는 조물주로서 원신元神(Primordial God)이라 할 수 있다. 그러나 원신으로서의 삼신만으로는 충분하지 않다고 여겨졌다. 끊임없이 천지를 다스리고 주관하는 또 다른 신이 요구되었다. 주재신인 이러한 신을 『태백일사』에서는 '삼신일체상제三神一體上帝(삼신과 한 몸이신 상제님)', 혹은 줄여서 '삼신상제님' 또는 '상제님'이라 불렀다.

신교에서 삼신상제님은 무형의 삼신과 달리, 우주사회(Cosmic Society)의 통치자로서 사람의 형상을 하고 천상의 조정에서 백관을 거느리고 천지를 다스리는 주재자였다. 상제라는 이름은 이러한 천상의 통치자를 의미하는 것이다.

제천에 관한 기록

『환단고기』에는 신라 시대의 고승 안함로가 쓴 『삼성기』가 있다. 안함로의 『삼성기』에서는 단군조선 때 "하늘에 제사를 지내는 것을 가르침으로 삼았다"는 기록이 나온다. 하느님을 섬기는 것이 국가 교육의 중요한 일부였던 것이다. 초대 단군왕검 때에 제천단인 참성단을 건립하였으며 10월을 첫달로 하여 나라의 큰 행사로서 천제를 거행하였다. 그런데 행촌 이암의 『단군세기』에 의하면 이러한 제천행사는 단군조선 이전의 신시개천 이후로 매년 거행되어 왔던 것이다. 신시 시대는 환국에서 나온 환웅이 나라를 세워 다스린 배달시대를 말한다. '대조신'의 은혜를 찬양하는 '어아가'는 그러한 천제 때 불리던 노래였다. 단군조선 때에는 단군이 '염표문'이란 글을 내려 백성들을 교화하였다. 그것은 삼신이 사람에게 참 마음을 내려 주며 이러한 참 마음으로 광명을 통하고 세상을 다스려 인간들을 널리 이롭게 하라는 가르침이었다.

단군조선을 계승한 열국시대의 제천에 대한 기록은 중국 사서에 본격적으로 등장한다. 동부여에 대해서는 3세기 말 서진西晉의 역사가 진수陳壽가 편찬한 『삼국지』 위지 동이전에 "은정월에 천제가 국가행사로서 거행되며 이때에는 온 나라가 매일 술마시고 노래하며 춤을 춘다.”고 하였다. 이 축제를 ‘영고’라고 하였는데 그 개최 시기가 은나라의 정월인 음력 12월이었다. 동지 때 거행되었을 것이다. 고구려의 제천행사도 언급되어 있다. “10월에 나라에서 동맹이라는 제천행사를 개최하였는데 금과 은으로 장식한 비단 옷을 입고 참석하였다”고 한다. 그야말로 근사하게 차려입고 행사에 참석할 정도로 중요한 행사였다.

『삼국사기』에 인용된 『고기』라는 사서에는 “고구려에서는 항상 3월 3일에 ‘낙랑의 언덕’에 모여 수렵대회를 열고 하늘과 산천에 제사를 지냈다.”고 한다. 여기서 하늘은 그냥 푸른 공간이 아니라 천지의 주재자 상제님을 의미한다.

신라는 『삼국사기』의 기록에 의하면 소지마립간 때인 487년 신궁을 나을에 설치하였다고 한다. 나을은 신라의 시조인 박혁거세가 태어난 곳인데 경주의 나정蘿井으로 보인다. 신궁은 상제님에게 제사를 지내는 성소였다. 일부 논자들은 신궁이 시조를 제사지내기 위한 사당이라고 하지만 시조 사당은 이미 있었다. 2대 남해왕 때 이미 시조 박혁거세의 사당이 설치되었던 것이다. (CE 6년)

김부식은 유교의 제사 이념에 입각하여 신라는 제후국이었기 때문에 천제를 지내지 못했을 것으로 추정한다. 그러나 이는 어디까지나 김부식의 추정에 불과하다. 신라는 대사大祀, 중사中祀, 소사小祀로 제사를 구분하여 지냈는데 대사 때는 천신과 지신, 조상신에 대한 제사를 지냈다고 한다. 이는 한국 고대의 토착신앙과 제사 제도를 연구한 최광식 교수의 지적이다. 일월성신에 대한 제사는 중사中祀, 지역의 산신들은 소사 때 지냈다.

백제의 경우 왕이 하늘 및 오제신에게 2월과 5월, 8월, 11월에 제사를 지냈다는 중국 송나라 때 편찬된 백과사전『책부원구』의 기록이 있다. 또 위에서 언급한『고기』에 의하면 온조왕 때 제단을 설치하여 천지신명에게 제사를 지낸 것을 시작으로 그 이후에도 여러 왕들이 봄의 정월에 천지신명에게 제사를 지냈다고 한다. 그 이후 여러 왕들의 본기에 천지에 대한 제사를 거행하였다고 하였다. 천지신명에 대한 제사가 천신인 상제에 대한 제사를 포함하였을 것은 명확하다. 단지 백제가 천제를 지낸 제단은 신라의 신궁과는 달리 건물이 없이 돌로 단을 쌓은 형태였을 것이 아닌가 생각된다. 천제를 지낼 때 큰 제단을 쌓았다거나 남단南壇, 남교南郊에서 제사를 지냈다는 기록이 있는데 수도 가까운 교외에서 제사를 지낸 것으로 추정된다. 그러나 현재 그러한 제단의 유적이 발견되지 않아 우리는 정확한 백제 제단의 모습은 알 수 없다.

사마천의『사기』에 나타난 봉선제

사마천의『사기』는 한 사람이 서술했다는 것이 믿기지 않을 정도로 방대한 역사서이다. 중국의 역사 뿐 아니라 주변 민족들의 역사도 담고 있고 심지어는 중요한 제도들도 논문형식으로 기술하였다. '사기 8서'가 그것이다. 8서 가운데 하나인「봉선서封禪書」는 제사의 역사를 논술한 책이다. 그에 따르면 봉선제는 제왕이 천지의 신명에게 제사를 올리는 것을 말하는데 봉封이란 산의 정상에 흙으로 단을 쌓아 천신에게 제사지내는 것을 말하고 선禪은 산기슭에 평평한 단을 쌓아 지신에게 제사지내는 것을 의미하였다. 물론 이러한 봉선제는 천명을 받았다고 여겨지는 제왕만이 지낼 수 있었다. 따라서 제후가 봉선제를 지내는 것은 월권이었다. 봉선제는 오로지 천자만이 지낼 수 있는 것으로 여겨졌는데 큰 공적을 쌓지 않으면 천자도 함부로 지내지 못했다.

봉선제는 전통적으로 태산과 양보산에서 지냈다. 원래 태산이 있는 산동성 지역은 동이족의 터전이었다. 동이족이 평지 가운데 우뚝 솟은 태산에서 천제를 지내던 전통이 중국인들에게 전해진 것이다.

사마천은 예전에 봉선제가 어떻게 행해졌는지에 대해서는 기록이 미비하여 잘 알 수 없다 하였다. 그러나 진시황의 봉선제 행사만큼은 그가 살던 시기로부터 얼마 전의 일이라 그 상세한 내용을 기록하였다. 전국시대의 혼란을 끝내고 중국을 통일한 진시황은 자신은 봉선제를 거행할 자격이 충분하다고 생각하여 봉선을 하려고 했는데 자세한 절차를 알지 못했다. 그리하여 제와 노의 유생과 박사들 70명을 선발하여 그들에게 절차를 물었다. 유생들의 의견은 사람마다 달라 그야말로 각양각색이었다. 봉선에 대한 기록이 은밀하게 보관되어 왔기 때문에 일반인들이 알 수 없었던 것이다. 그래서 주나라 때 옹현雍縣에서 상제에게 제사지내던 의례를 참고하여 봉선제를 행했다고 한다. 이후 진시황은 명산대천과 팔신에 대한 제사는 말할 것도 없고 신선들을 찾는 일에 빠져들었다. 천지신명들에 대한 제사를 넘어 황당한 방술에 마음을 빼앗긴 것이다. 방사들을 보내 바다 가운데 있다는 삼신산을 찾게 하고 장생불사약을 구해 오게 하였다. 장생불사약을 못 구해서 그런지 천하를 통일했던 진시황도 나라를 순행하던 도중에 죽었다. 봉선을 행한 후 12년만에 진나라는 망하고 말았다.

「봉선서」에는 또 태일신太一神에 대한 기록이 보인다. 천신들 가운데 가장 존귀한 분이 태일신이고 태일신을 보좌하는 것이 오제五帝라 하였다. 옛날에 천자는 매년 봄가을 두 차례 수도 동남쪽 교외에서 태일신에게 제사를 지냈는데 무려 7일 동안 제사를 거행했다고 한다. 제사에 관심이 많았던 한무제는 이러한 보고에 입각하여 예전과 같은 방식으로 태일신에게 제사를 올리라고 하였다. 그런데 당시 한무제에게 올린 어떤 사람의 보고에 따르면 옛날 천자는 삼년에 한 번씩 소, 양, 돼지를 제물로 하여 천일신과 지일신, 태일신의 삼신에게 제사를 지냈다. 천일, 지일, 태일은 바로 한민족이 섬기던 삼신의 다른 이름이었다. 태일신은 한민족의 삼신상제였던 것이다.

유목민의 텐그리

유라시아 대륙의 중간에는 스텝 지대라는 긴 대상帶狀의 지역이 있다. 나무도 거의 없이 풀만 무성한 초원지대를 말한다. 몽골 고원에서 중앙아시아를 거쳐 동유럽의 헝가리까지 뻗어 있는 스텝지대는 그 거리가 근 7천km나 된다. 유목민들이 가축을 키우며 생활하는 유목민의 터전이다. 기마유목민들은 기원전 1천년기부터 근 2천년 동안 수차례에 걸쳐 강력한 유목제국을 건설하여 역사의 흐름을 바꾸어놓았다. 스키타이, 흉노(훈), 돌궐, 몽골 등 대제국을 세운 유목민들은 말할 것도 없고 킴메르, 아바르, 위구르, 마자르, 쿠만, 키르키즈 등의 유목민 국가들도 그 이동과 정복 활동을 통해 유라시아 내륙의 지도를 크게 바꾸어놓았다. 기마유목민들은 근대에 들어 총과 대포의 위력에 의해 제압되기 전까지는 농경정착민들에 대해 군사적 우위를 점했다. 뛰어난 기마술과 기동력, 군사적 조직력, 강력한 관통력을 보인 복합궁 등 군사적 우위를 바탕으로 역사의 흐름을 주도했던 것이다. 이들은 또 모두 외부에 대해 개방적이고 외부와의 교역을 중시하였다. 그리하여 유라시아 대륙의 동서 교류 촉진에도 기여하였다는 것은 잘 알려진 사실이다.

그런데 이들 유라시아 스텝지대의 유목민들은 불교와 이슬람이 그들 속으로 전파되기 전에는 '텐그리' 신앙을 갖고 있었다. 텐그리는 천신을 말한다. 고대 한민족이 숭배하였던 상제님과 다른 존재가 아니었다. 유목민들은 텐그리에게 천제를 지냈다. 중국인들이 남긴 흉노에 관한 기록들을 보면 흉노는 천지와 일월 그리고 조상을 숭배하였다고 한다. 흉노는 정월의 춘제와 오월의 용성대제를 비롯하여 일년에 세 번 대규모 천제를 거행하였다고 한다.

유목민들은 텐그리를 최고 신으로 믿었지만 다른 신들을 부정하지 않았다. 그들은 다양한 신들을 인정하였는데 주변 정착민들의 종교에 대해서도 매우 관대하고 공평한 태도를 취했다. 몽골 제국의 경우 불교와 이슬람, 기독교 등에 대해 공평하게 대우하고 동일한 예배의 기회를 허용하였다는 것이 몽골 제국의 수도까지 갔던 윌리엄 루브룩 같은 가톨릭 선교사들의 기록에 남아 있다.

주자와 상제

유교에는 원래 인격신의 관념이 없다는 생각을 가진 사람들이 적지 않다. 그런데 유교 경전들을 살펴보면 반드시 그런 것이 아님을 알 수 있다. 시가들을 모은 『시경』이나 역사기록을 편찬한 『서경』 등에는 인격적인 상제님에 대한 언급이 적지 않게 눈에 띄기 때문이다. 예를 들어 『시경』의 다음과 같은 구절들이다.

"상제께서 그대에게 임하셨으니 그대의 마음에 의심을 두지 말지어다."
"위대하신 상제께서 아래 세상 굽어봄이 밝으사 사방을 관찰하시어 백성의 안정된 삶을 구하시니 하나라, 은나라 이 두 나라가

그 정사가 도리에 맞지 않기에 저 사방 나라에서 이에 찾고 이에
헤아리시니 상제께서 이루고자 하시면 그 국경의 규모를 증대시
키시는지라."

"내 제기에 제물을 담으니 나무그릇에도 담고 질그릇에도 담도
다. 그 향내음이 비로소 하늘로 올라가니 상제께서 편안히 흠향
하시도다."

"상제께서 문왕에게 이르시되 나는 명덕明德을 드러내는 소리와
색을 대단하게 여기지 않으며 잘난 체하고 변혁함을 훌륭하게
여기지 않고 사사로운 지식을 쓰지 아니하여 상제의 법에 순응
하는 자를 사랑한다 하시다. 상제께서 문왕에게 이르시되 너의
원수 나라에게 물으며 너의 형제국과 함께 하여 너의 무기와 너
의 성을 공격하는 병기들로 숭나라의 성을 치라 하시다."

『서경』의 기록을 보자.

"(순임금이) 상제에게 유제類祭를 지내고 육종六宗에게는 인제禋祭를
올리고 산천에게는 망제望祭를 지내고 여러 신들에게 두루 제사
를 지냈다."(우서虞書, 순전舜典)

"하나라 임금은 죄가 있습니다. 상제님을 속이고 명령을 백성들
에게 내렸습니다. 상제님은 이를 옳지 않게 여기시고, 상나라가
명을 받아 백성들을 밝혀주도록 하신 것입니다."(상서商書, 중훼지
고仲虺之誥)

"그대들이 착하면 나는 덮어두지 않을 것이오. 죄가 내게 있으면
스스로 용서하지 않을 것이며 잘 살펴어 상제님의 마음에 들도

록 하겠소."(상서商書, 탕고湯誥)

"지금 상제님은 우리의 높으신 조상의 덕을 회복시키어 우리 집
안을 다스려 주시었오."(상서商書, 반경盤庚)

상제는 예전에는 분명히 인격신으로 취급되었다. 그러나 이러한 인
격적 상제관은 공자 이후 점차 약화되었다. 공자가 "괴력난신에 대
해서는 말하지 않았다"는 『논어』「술이편述而篇」의 구절에서 보이듯
이 신의 문제에 대해서 관심이 멀어졌다. 소위 유교의 합리주의가 득
세한 것이다. 한무제 때 박사를 역임하였던 동중서董仲舒 같은 사람은
"도의 큰 원천이 삼신에서 나온다"는 동방 신교의 가르침을 "도의 큰
원천이 하늘에서 나온다"는 식으로의 왜곡도 서슴지 않았다. 유교의
천이 인격적 상제천에서 자연천과 도덕천으로 바뀐 것이다. 이러한
추세는 시간이 가면서 더 심해져 중국에서는 삼신상제님에 대한 신앙
은 사라져갔다.

제2의 공자로 불리는 주자(1130-1200)는 당시 성행하던 도교와 불
교에 대항하여 유학의 사상을 재정립하기 위해 경전들을 정리, 주석
한 인물이다. 그는 "우주의 시원이자 주재는 태극"이라는 형이상학적
논리를 내세웠다. 태극은 또 천지 만물의 리를 합해서 부른 총칭이라
고 했는데 태극과 리는 다른 것이 아니다. 그는 이러한 태극은 그릇과
형체가 없기 때문에 무극이라 한다 하였다. 그는 또 정이와 정호 형제
의 이기론을 종합하여 리는 근본이고 기는 현상이라고 하여 '리본기
말설理本氣末說'을 상세히 논하였다. 이러한 이기론은 후대의 유학자들
의 마음을 사로잡았다.

주자는 상제에 대해서는 우주이법의 주재자로서 상제님의 존재는

부인하지 않았으나 "그것은 학자가 다 말할 수 있는 경계가 아니며, 언어로 다 표현할 수 없는 세계"라 하면서 자세한 언급을 회피하였다.[1] 주자의 이러한 입장은 유교의 천을 상제천에서 '의리천義理天'으로 전환시키는 데 박차를 가했다. 이후 성리학은 사변적 형이상학에만 치우치고 인간적이고 정감 있는 인격적 상제에 대한 인식은 사라져버렸다.

조선 시대를 대표하는 유학자 가운데 한 사람인 율곡 이이(1536-1584)는 학자의 최고관직인 예문관 및 홍문관의 대제학을 역임한 인물로 13세에 진사시에 합격하고 30세 이전에 여러 과거시험에 두루 합격한 천재였다. 그는 1575년에 『성학집요聖學輯要』라는 책을 지어 선조 임금에게 바쳤다. 이 책은 제왕이 마땅히 알아야 할 유학의 정수를 뽑아놓은 책이다. 유교경전인 사서육경이 너무 방대하기 때문에 그 핵심적 내용을 추출한 것인데 주자의 이야기가 특히 많이 나온다. 이는 주자가 유학을 집대성한 인물이기 때문이다. 그러나 이 뛰어난 저서에는 상제 이야기가 나오지 않는다. 율곡이 보기에는 상제는 더 이상 언급할 필요가 없는 존재였다.

조선은 이러한 성리학이 국가의 근본 가르침이자 이념으로 자리 잡은 나라였다. 중국보다 조선이 성리학에 더 충실하였다. 심지어는 유교에 대한 또 다른 해석에 불과한 양명학도 이단으로 박해를 면하지 못했다. 상제문화는 크게 약화되었다.

----

1 주자는 자신이 직접 지어서 벽에 붙여놓고 항상 경계의 말씀으로 삼은 「경재잠敬齋箴」이라는 글에서 "의관을 바르게 하고 시선을 존엄하게 하여 마음을 가라앉히고 상제님을 대하듯 하라."라고 하여 인격신에 대한 믿음을 분명히 표현하였다. (이재석, 『주희 만세의 종사가 되다』, 상생출판, 2017, p.112.)

3 상제의 부활

그러나 조선에서는 성리학 때문에 상제문화가 약화되어 간 반면 상제에 대한 새로운 인식을 한 사람들이 있었다.

마테오 리치의 발견

동양에 와서 기독교를 전파한 서양 선교사 가운데 역사에서 가장 주목할 만한 인물은 마테오 리치(1552-1610)일 것이다. 종교개혁 시대에 문화적 르네상스에 앞장섰던 예수회 출신 신부였던 그는 1583년 중국으로 가서 죽기까지 그곳에서 활동하였다. 그는 단지 기독교의 교리를 전파하는 데 그치지 않고 중국문화를 연구, 서양에 소개하는 동서문명의 가교 역할을 하였다. 중국어를 완벽할 정도로 습득하였던 그는 중국의 전통학문을 깊이 연구하여 한문 저술을 여러 권 남겼다. 연대순으로 들면 다음과 같다. 『교우론交友論』(1595), 『이십오언二十五言』(1599), 『천주실의天主實義』(1603), 『기인십편畸人十篇』(1608) 등이다. 앞의 두 책은 기독교적인 내용이 거의 들어 있지 않은 것으로 스토아 철학적인 입장에서 쓴 정신수양론 및 우정론이다. 『천주실의』와 『기인십편』은 동서양 선비간의 대화 형식으로 된 책으로 내용이 중복되는 곳이 더러 있다. 어느 면에서 『기인십편』은 『천주실의』의 연장이라고 할 수 있다. 『천주실의』는 조선과 일본에도 널리 알려져 토론의 대상이 되었다.

이 『천주실의』에서 가장 주목할 만한 내용은 천주교에서 말하는 천주는 유교에서 말하는 상제와 같은 존재라는 것이다. 그는 고대 중국에서는 최고신인 상제를 숭배하였음을 유교의 옛 경전들을 통하여 입증하였다. 예를 들어 성탕이나 문왕 같은 고대 중국의 제왕들이 상제를 섬겼다는 구절들이 『시경』과 『서경』 등에서 보이는데 리치는 이렇게 중국의 옛 경전에 나오는 상제가 서양 기독교에서 믿는 하느님 즉 천주와 같은 존재라고 지적하였다. 그는 또 공자의 말을 빌려 고대의 교사郊祀는 상제를 섬기는 것이었음을 지적하였다. 이렇게 왕들로부터 섬김을 받고 두려움의 대상이 된 상제는 단지 푸른 하늘(蒼天)을 가르치는 것이 아니라는 것이 리치의 지적이었다. 리치는 "우리나라에서 말하는 천주는 곧 중국말로 상제이다"(吾國天主卽華言上帝)라고 하였으며 "역사서를 살펴보건대 중국의 상제와 서양의 천주가 이름만 다른 존재라는 것을 알 수 있다"고 하였다.(歷觀古書 而知上帝與天主 特異以名也) (2편 14장)

동서양의 하느님이 이름만 다르지 같은 분이라는 것이다. 이러한 발견은 동서양 문명 사이의 높은 벽을 무너뜨리고 상호간의 대화를 가능하게 한 위대한 발견이었다.

정약용-천주교와 유교 사이에 선 조선의 지식인
마테오 리치가 죽은 17세기 초 이후 조선의 선비들은 예수회 신부들이 중국에서 한문으로 저술한 천문과 역법에 관한 책들에 큰 관심을 갖게 되었다. 반면 기독교 즉 서학을 소개하는 책들에 대해서는 관심이 상대적으로 적었다. 그러다가 18세기에 들어 재야 지식인 성호 이익(1681-1763)으로부터 시작하여 서학에 대한 관심이 높아졌다. 그는 서인의 박해로 정치적 탄압을 심하게 받았던 집안의 사람이다. 정치적 박해로 인해 이익은 초야에 묻혀 학문을 연구하며 생애를 보낼 결심을 하였다. 그는 부친이 물려준 방대한 수천 권의 장서를 이용하여 공부하였는데 그 가운데에는 부친이 사절로 북경에 갔을 때 구입해 온 많은 장서들이 있었다. 예수회 선교사들의 한역 저서도 그 중에 끼어 있었다. 마테오 리치의 『천주실의』와 『교우론』 외에 판토하의 『칠극』을 비롯한 천주교 관계 서적 뿐 아니라 리치의 『기하원본』, 『혼개통헌도설』, 우르시스의 『간평의설』, 디아스의 『천문략』 같은 천문역서들 그리고 알레니의 『직방외기』, 페르비스트의 『곤여도설』 같은 지리서 및 우르시스의 『태서수법』 같은 과학서도 언급되어 있다. 당시 유학만이 진정한 학문이라고 여기고 서양의 학문을 적대시하던 분위기를 고려한다면 이러한 이익의 관심은 획기적인 것이라 할 수 있다.

이익은 서양의 과학을 매우 높이 평가하였지만 서학에 대해서는 그것이 불교와 유사한 망설이라고 치부하였다. 따라서 이익의 관점은 서양의 과학은 긍정하고 그 종교는 거부하는 것이었다. 이는 19세기의 동도서기론과 본질적으로 같은 입장이다. 그러나 이러한 태도는 18세기말 일부 남인 학자들에 와서는 크게 달라졌다. 이들은 기독교를 서양의 학문 즉 서학으로 대하는 것을 넘어 천주교의 교리를 진지하게 연구하고 천주교를 받아들이는 데까지 나아간다. 이들이 이익의 문하에서 공부한 사람들로서 소위 '성호좌파'에 속한 학자들이다. 권철신, 권일신, 이가환, 이벽, 이승훈, 정약전, 정약종 및 정약용 등이다. 조선의 천주교회는 바로 양반출신의 이러한 인사들에 의해 자생적으로 세워졌다.

정약용(1762-1836)은 이 가운데 가장 주목할 만한 인물이다. 그는 소위 실학의 집대성자이자 개혁관료로 이름을 떨쳤는데 조선의 사상가로서는 누구에게도 뒤지지 않을 만큼 많은 저술을 남겨놓았다. 젊어서 한때 천주교에 심취하였던 정약용은 제사를 폐하려 하는 천주교회의 태도에 분노하여 신앙을 버렸다. 그 후 그는 유교의 본질이 상제신앙에 있음을 깨닫고 경전 속에 드러난 상제신앙을 정리하여 방대한 주석을 내놓았다. 성리학의 관념적인 천 개념을 비판하면서 상제님을 인격적인 존재로 말했다. 그는 태극과 리가 천지 만물의 근본 주재자가 될 수 없다고 하면서 우주의 주재자인 상제님이 있으며 그가 천지와 신과 인간을 조화시키고 다스리고 키우는 분이라 하였다. 그분은 그 밑의 천신들을 거느리고 그들에게 명을 내려 우주를 주재한다. 이러한 상제는 인간의 길흉을 관장할 뿐 아니라 인간의 마음을 꿰뚫어 아는 영명靈明한 존재이다. 그러므로 상제는 인간의 선악을 감시하고 선은 복으로, 악은 화로 갚은 존재이다. 인간은 이러한 상제님의 명, 즉 천명을 받들고 "삼가 조심하는 경건한 태도"를 유지해야 한다. 그는 이러한 상제를 섬기는 기본적인 자세로 정성(誠)과 경건함(敬)을 들고 있다. 그는 또 이러한 상제가 인간에게 내려주는 마음을 도심道心이라 하였다.[2] 이러한 상제를 하늘이라 하는 것은 마치 국왕을 나라라고 부르는 것과 같다 하면서 유교의 비인격적 천관을 비판하였다.

그러나 이러한 다산의 견해는 주자학 일변도의 조선 지식인들의 풍토 속에서 이단시되고 무시되었다. 천주교에 관심을 가진 선비들에 의해 되살아났던 상제문화는 다시 어둠 속에 묻히게 되었다.

<u>동학 창도자 최수운</u>　　동학은 한국 근대사의 출발점이라 해도 과언이 아니다. 동학은 동학혁명을 낳았고 동학혁명은 청일전쟁을 초래하였다. 1904년 일본과 러시아 사이의 충돌인 러일전쟁도 청일전쟁이 낳

2　김영일,『정약용의 상제사상』, 경인문화사, 2003, p.107.

은 결과였다. 동학을 창도한 최제우는 경주의 몰락 양반 가문 출신으로서 본명은 제선濟宣, 아명은 복술福術이었다. 최제우는 총명하였지만 개인적으로 그다지 행복하지 못했다. 10세 때에 모친을 잃었을 뿐아니라 7년 뒤인 17세 때에는 부친까지도 잃게 되었다. 정신적 지주인 아버지의 상실은 그에게 큰 충격으로 다가왔다. 갑자기 외로운 처지가 된 수운은 부친의 삼년상을 마친 후인 19세 때에 결혼을 하였다. 청년 최제우는 이제 가장으로서 스스로 생활을 꾸려나가야 하였다. 양반가의 자제인 수운이 장사꾼의 길로 나서게 된 것이다.

그는 상인으로 21세(1844년)부터 31세(1854년)까지 10년 동안 전국을 돌아다녔다. 인생의 황금기를 장사꾼으로 보냈다고 해도 과언이 아니다. 부인을 처가에 맡겨놓고 백목(무명)이나 약재 같은 물건을 취급하는 장사꾼으로 전국을 떠돌아 다녔다. 이 과정에서 수운은 당시 조선인민의 피폐한 삶의 현장을 목도하였을 것이다.

인민의 삶만 피폐했을 뿐 아니라 성리학에 토대를 둔 지배질서도 붕괴일로에 있었다. 당시 민중들 사이에서는 서학이 널리 퍼지고 도참신앙이 창궐하였다. 권세자나 부자나 유리걸식하는 자나 떠돌이나 할 것 없이 궁궁촌을 찾아 첩첩산중으로 들어가고 혹은 서학에 입도해서 서로 내가 옳고 네가 그르다는 시비가 분분한 지경이었다. 조선의 전통적인 이념질서가 무너져 내렸던 것이다. 조선 민중의 피폐함과 이념적 혼란은 유학자 집안에서 태어나 유학만을 공부한 수운에게는 큰 충격으로 다가왔다.

수운은 10년 동안 하던 장사를 집어치우고 1854년 처가가 있던 울산으로 낙향하였다. 동학의 초기 역사를 기록한 『도원기서』(1880년경)의 기록을 보면 "세상을 두루 돌아다녔으나 하고자 하는 일이 서로 어굿날 뿐이었다. 나이는 점점 많아지고 뜻한 바 되는 것이 하나도 없으니 장차 신세가 초라해질 것을 스스로 탄식하며 울산으로 옮겨갔다"고 하였는데 수운은 장사에 실패하여 낙향하였음을 알 수 있다. 낙향해서도 하는 일은 뜻대로 되지 않아 "낡은 초당에 누워 슬픈 마음으로 이리 뒤척 저리 뒤척이며 세상을 근심하며 나날을 보냈다." 하는 일에 실패하여 삶의 목표와 의미를 상실한 사람의 모습 그대로였다.

좌절감에 휩싸여 있던 수운의 삶에 갑자기 전기가 찾아왔다. 울산으로 이사한 다음해인 을묘년(1855년) 봄에 금강산에서 왔다는 어떤 노승으로부터 책을 한 권 받게 된다. 『도원기서』에서는 책을 전해준 노승이 '신인神人'이었다고 하면서 이 책을 '을묘천서乙卯天書'라고 하였다. 하늘이 내려준 책이라는 뜻이다. 책의 내용은 유교나 불교의 가르침과는 다른 난해한 내용을 담고 있었다고 한다. 수운은 이 책을 깊이 연구하여 그 이치를 꿰뚫어 보게 되었는데 책에는 기도의 가르침이 담겨 있었다고 한다. 을묘천서 사건은 수운의 인생에서 중요한 전환점의 하나가 되었다.

수운은 다음 해 양산 천성산에 들어가 새로운 도를 구하는 수련의 과정에 들어간다. 삼층으로 단을 쌓고 그 앞에서 상제님에게 기도하였다. 마음속에는 오로지 하느님의 강령과 명교를 받기를 바랄 뿐이었다. 49일 동안 기도하려고 작정하고 시작하였으나 이 기도는 이틀을 남겨놓고 중단되었다. 숙부가 돌아가셨다는 것을 영안으로 보게 되었던 것이다. 그래서 기도해도 마음이 편치 못했다. 산을 내려와 보니 실제로 숙부가 돌아가셨다.

숙부가 돌아가신 것도 돌아가신 것이지만 집안의 사정도 말이 아니었다. 땅이라고는 논 여섯 마지기가 전부였다. 땅을 팔아 철점鐵店을 세웠다. 철점은 철을 제철하여 파는 사업을 말한다. 오늘날에야 제철업이라는 것이 대규모 자본을 소요하는 사업이지만 수운 당시만 하더라도 용광로의 규모는 오늘날과는 비교가 안 될 정도로 작고 소규모 인력과 소자본으로도 가능한 사업이었다. 2년간 영위한 사업은 결국 빚만 잔뜩 남기고 실패로 돌아갔다. 빚쟁이들이 몰려와 빚을 독촉하는 바람에 수운은 큰 시련을 겪어야 했다.

구도에도 실패하고 사업에도 실패한 수운은 5년을 살던 울산을 떠나 다시 고향 경주 용담으로 돌아왔다. 그의 나이 36세였던 1859년이었다. 용담에는 수운의 부친이 지은 용담정이 있었다. 당시 수운의 심정이 비참했던 것은 말할 나위가 없다. 그가 몇 년 뒤에 쓴 「용담가」에는 그 당시의 심정이 잘 드러나 있다.

"가련하다 가련하다 이 내 가운 가련하다. 나도 또한 출세후로 득죄부모 아닐런가. 불효불효 못면하니 적세원울 아닐런가. 불우시지 남아로서 허송세월 하였구나. 인간만사 행하다가 거연사십 되었더라. 사십평생 이뿐인가 무가내라 할길없다. 구미용담 찾아오니 흐르나니 물소리요 높으나니 산이로세 좌우산천 둘러보니 산수는 의구하고 초목은 함정하니 불효한 이내마음 그아니 슬플소냐. 오작은 날아들어 조롱을 하는듯고 송백은 울울하여 청절을 지켜내니 불효한 이내마음 비감회심 절로난다."

이룬 것은 없고 나이는 들고, 가진 것이 없어 춥고 배고픈 것에 대한 두려움이 들며 하는 일마다 실패하였다는 자신에 대한 연민과 책망감이 교차하였다. 남자 40세가 다 되어가는 시점에서 지난 삶에 대한 회의와 자기 자신에 대한 정체성의 위기에 봉착하게 된 것이다. 수운이 세상과의 관계를 단절하고 무언가 돌파구를 찾으려고 한 것은 이러한 혹독한 정체성의 위기 속에서였다.

그는 자신의 이름까지도 바꿔버렸다. 제선이란 이름을 제우로 바꾸고, 수운이란 호도 이때 지었다고 한다. 이는 정체성의 위기를 극적으로 드러내는 행위였다. 자신의 과거를 송두리째 부정하고 새로운 자아와 인생을 살고자 하는 강렬한 희망을 드러낸 것이다. 그리고 다음 해 입춘에는 "도를 얻기까지는 세상 사람들 사이로 돌아가지 않으리라(世間衆人不同歸)"는 비장한 뜻을 담은 글을 벽에 써 붙였다.

자신의 삶의 의미를 찾게 해줄 뿐 아니라 세상을 구제할 새로운 도를 구하기까지는 바깥으로 나가지 않겠다는 무서운 결심을 하고 기도에 정진한 수운을 상제님은 외면하지 않았다.

수운은 1860년(경신년) 4월 5일 장조카 맹륜의 생일잔치에 가게 되었다. 의관을 보내어 오기를 청하니 청을 이기지 못해 억지로 참석하였다. 그런데 생일잔치 중 얼마 있지 않아 몸이 떨리고 추운 기운이 있고 마음이 안정되지 않아 이내 집으로 돌아왔다. 그러나 "정신은 혼미하고 미친 것 같기도 하고 술에 취한 것 같기도 하여 엎어지고 넘어지고 마룻바닥을 치며 몸이 저절로 뛰어오르고 기가 뛰놀아 병의 증상을 알 수 없으며 말로 형용하기도 어려울 즈음에 공중으로부터 완연한 소리가 있어 자주 귀 근처로 들려오는데 그 단서를 알 수 없었다."

수운은 놀라서 공중을 향해 물었다. "공중에서 들리는 소리는 누구입니까?" 하니 소리 있어 말하기를 "두려워하지 말고 두려워하지 말라. 세상 사람들이 나를 상제라 이르거늘 너는 상제를 알지 못하느냐?" 천상의 주재자 상제가 수운에게 말씀을 내리기 시작한 것이다.

수운은 상제에게 왜 자신에게 가르침을 내리려 하는지 그 까닭을 물었다. 그러자 상제 왈 "내 또한 공이 없으므로 너를 세상에 내어 사람에게 이 법을 가르치게 하니 의심하지 말고 의심하지 말라."

상제와 수운과의 대화는 한 차례로 끝나지 않았다. 그것은 거의 1년 동안 계속되었다. 상제님은 수운에게 "너는 내 아들이니 나를 아버지라 부르라"고 하면서 주문과 영부를 내렸다. 수운은 이러한 주문과 영부를 바탕으로 사람들을 가르치기 시작하였다. 이것이 우리 근대사를 뒤흔들게 되는 동학의 시작이다. 동학은 구도자 최수운이 인격적인 상제님을 만나 그로부터 천명과 신교를 받아 탄생한 가르침이었다.

4 성현들의 예언

천상의 주재자인 상제는 천상에만 머물러 있어야 할까? 상제는 인간에게 가르침이나 계시를 내려 인간세상을 바꿀 수 있다. 그러나 많은 종교와 성현들은 상제가 지상에 내려온다고 한다. 천상에서 지시만 하는 것으로 세상이 쉽게 변하지 않기 때문일까? 좌우간 여러 종교에서 말하는 상제의 탄강에 대해 탐구해보기로 하자.

공자의 '제출호진 성언호간'

유교의 경전 가운데 『주역周易』이 있다. 일부 사람들은 이 책을 점치는 책으로 알고 있지만 『주역』은 천지 만물의 변화의 법칙을 궁구한 책이다. 거창하게 표현하자면 우주변화의 법칙을 담고 있다고나 할까. 확실히 『주역』은 어려운 책이다. 공자도 『주역』을 이해하기 위해 책을 묶은 끈이 세 번이나 떨어질 정도로 열심히 공부했다고 한다. '위편삼절韋編三絶'이라는 말이 그것이다. 이렇게 열심히 공부한 탓인지 공자님은 『주역』의 괘들을 해설할 수 있는 지경에 도달하게 되었다. 『주역』의 해설부분이라 할 수 있는 십익十翼을 공자가 지었다고 한다. 그 가운데 하나인 「설괘전」 제5장에 "帝出乎震 齊乎巽 相見乎離 致役乎坤 說言乎兌, 戰乎乾, 勞乎坎, 成言乎艮"이라는 구절이 나온다. 이 구절은 문왕팔괘도를 해설한 것이라 보는데 문왕팔괘도는 후천팔괘도이다. 즉 앞으로 일어날 일을 제시한 괘도이다. 진괘에서 출발하는 문왕팔괘도의 주인공은 제帝, 즉 상제님이다. 물론 사람마다 해석은 다양하지만 상제님이 역사 속에서 어떻게 활동하는 것인지를 설명한 글로 보아도 무방할 것이다. 상제님이 동방(진)에서 나와 동남(손)에서 만물을 깨끗하게 만들고 남방(리)에서는 만물이 상견하게 만들고 서남(곤)에서는 일을 맡기며 서방(태)에서 기뻐하고 서북(건)에서는 싸우고 북방(감)에서는 수고하고 동북(간)에서 말씀을 이룬다는 것이다. 그러므로 상제님은 동방에 위치한 땅에서 나와 간방에서 말씀을 이룬다는 뜻이다. 동북방은 동이족의 나라 고조선을 말하는 것이다. 물론 「설괘전」의 이 부분은 객관적인 연구 끝에 나온 말이라기보다는 하나의 예언, 즉 상제님이 동북방의 나라, 조선에서 나오실 것과 선천의 완성이 간방, 즉 한반도에서 이루어질 것을 예언한 것이다.

불교가 말하는 미륵의 하생

불교의 가르침은 석가모니가 가르친 사성제四聖諦, 팔정도八正道 등으로 요약된다. 인생은 윤회의 덫에 걸려 있으며 고통과 슬픔, 죽음을 벗어나지 못한다. 이러한 삶의 고뇌와 업보로부터 벗어나기 위해서는 자신의 마음 속에 있는 불성을 깨달아 수도를 통해 해탈에 이르러야 한다는 것이다. 석가모니는 이러한 가르침을 실현한 인물로서 붓다가 되었다. 불교는 당연히 석가모니를 스승이자 신앙의 대상으로 숭배하게 되었다. 그러나 불교는 석가모니불로 그치지 않았다. 불교가 탄생한 후 몇 백 년 지나 미륵불 사상이 인도 서북부에서 태동하였다. 미륵은 도솔천에서 중생들을 위해 설법하다가 먼 미래에 지상에 내려와 중생들을 구원할 것이다.

미륵은 산스크리트어 '마이트레야'를 음역한 것이다. 마이트레야는 '마이트리'(사랑慈)를 갖춘 분이라는 뜻이다. 그래서 한문경전에서는 '자씨慈氏' 혹은 '자존慈尊' 등으로 번역한다. 미륵이 등장하는 불교

경전은 여러 개가 있지만 『미륵상생경』과 『미륵하생경』 그리고 『미륵성불경』이 주된 경전으로 꼽힌다. 『미륵상생경』은 미륵불이 설법하고 있는 도솔천에 왕생하여 도솔천의 복락을 얻는 것을 목표로 하는 일종의 정토신앙이다. 흔히 미륵정토신앙이라고 한다. 이 경전에서 석가는 "미륵이야말로 미래세의 중생들에게 큰 귀의처가 된다"고 하면서 자신이 열반한 뒤 부지런히 정진하여 미륵이 있는 도솔천에 왕생하라고 제자들에게 가르쳤다. 미륵보살을 부르거나 계율을 지키며 미륵보살을 공경하는 사람들은 목숨이 다하자마자 도솔천으로 왕생할 것이다. 그러나 미륵보살이 있는 도솔천으로 가는 것이 끝은 아니다. 다시 미륵보살을 따라 하생하여 세상을 건져야 한다. 이것이 미륵하생신앙이다. 도솔천에 머물고 있는 미륵을 따라 하생하여 미륵의 용화 3회 설법에 참석하고 지상의 이상세계인 용화세계의 복락에 참여한다. 『미륵하생경』에 의하면 미륵은 전륜성왕 양거왕의 시대에 그 대신의 한 사람인 수범마의 아내 몸을 통해 탄생하게 된다. 장성한 미륵은 출가하여 용화보리수 아래에서 수도하여 성불한다. 미륵은 금강대좌에 앉아 대중에게 설법한다. "벌써 이전 석가모니불이 오탁의 세에 출세하여 너희들을 위해 설법하였으나 너희들을 구제할 수 없었다. 그러나 너희들은 의식을 보시하고 지계持戒, 지혜 등 여러 가지 공덕을 쌓았으므로 나의 곳에 내생한 것이다." 세 차례의 설법을 통해 300억 명에 가까운 사람들이 교화되어 아라한의 경지에 들어가게 된다. 이어 미륵이 계족산에 이르면 석가의 제자 가섭이 석가로부터 전해진 법의를 미륵에게 올리게 된다. 석가모니 부처는 "너희들은 잘 정진하여 청정심을 발하고 여러 가지 선업을 행할지어다. 그렇게 하면 세간의 등명인 미륵을 만날 수 있을 것을 의심하지 않아도 된다."고

설법하였다.

미륵경전에 의하면 미륵의 하생은 석가모니 입멸 뒤 56억 7천만년 후에 이루어진다. 그러나 이러한 시간은 현실적인 시간으로 여겨지지 않았다. 민중들은 '지금이야말로 미륵이 하생할 시기'라고 믿었다.[3] 미래불인 미륵신앙은 지상낙원을 건설하려는 지극히 현세적인 믿음으로 전환할 수 있었다. 일종의 메시아 사상인 것이다.

대승불교도들 가운데서 유행하였던 메시아 사상인 미륵 신앙은 3세기 이전에 중국으로 전파되었다. 돈황 출신으로서 월지보살 혹은 돈황보살로 불렸던 축법호竺法護가 대안 2년(303)에 『미륵성불경』을 번역하였다. 북위 시대(386-534)에 미륵신앙은 크게 융성하였다. 서역 출신으로서 많은 불경을 번역한 구라마습이 『미륵하생경』과 『미륵성불경』을 번역한 것도 이 시기였다. 다수의 미륵상이 있는 용문석굴은 당시의 융성한 미륵신앙을 입증해주는 유적이다.

우리나라에는 삼국시대부터 이 미륵신앙이 급속히 확산되었다. 지금도 곳곳에 많이 남아 있는 미륵상은 말할 것도 없고 '용화龍華', '도솔兜率' 등 미륵불과 연관된 지명들도 셀 수 없이 많다. 미륵불교는 국가의 후원을 상당히 받았는데 삼국시대 최대의 사찰로 일컬어지는 백제의 미륵사가 그러한 국가적 지원으로 세워진 대표적인 예이다. 미륵사가 위치한 곳은 익산의 용화산 자락이다. 신라에서 처음으로 건립된 사찰인 흥륜사에 미륵불을 모셨다는 기록이 『삼국유사』에 있다. 흥륜사의 진자법사가 미륵상 앞에 나아가 미륵대성께서 화랑으로 세상에 출현하기를 기도하여 미륵이 화랑으로 출현하였다는 것이다. 이후 신라에서는 미륵신앙과 화랑이 밀접한 관계를 맺게 되었다. 신라

---

3 김삼룡, 『미륵불』, 서울: 대원사, 1998, p.19.

에서는 화랑의 우두머리를 '미륵선화', 그 낭도를 '용화향도'라 부르게 되었다.

통일신라 때에는 수행을 통해 미륵불을 만나볼 수 있다는 사상이 확립되었다. 이러한 사상의 대표적인 인물이 진표이다. 김제 출신의 진표는 12세에 출가하여 금산사의 숭제법사로부터 사미계를 받은 후 미륵을 직접 만나보기 위해 망신참법으로 수도하였다. 그는 수년간의 수도 끝에 미륵을 친견하였는데 변산 '부사의방장'으로 알려져 있는 험한 곳에서였다. 그는 미륵불로부터 진표라는 법명과 함께 『점찰업보경』과 189 간자를 받았다고 한다. 간자簡子는 미륵을 친견하였다는 증거로 받은 물건으로 『삼국유사』의 진표전에 의하면 미륵의 손가락 뼈 두 개와 침향목 및 전단향목으로 만든 물건이었다고 한다. 진표는 금산사로 돌아와 미륵전을 신축하고 미륵장륙상을 조성하였다. 미륵불을 숭상하는 법상종을 개창하고 한국 미륵신앙의 토대를 놓은 것이 바로 이 진표였다. 그는 미륵불이 이 동방의 땅에 강세해주실 것을 기원하였다. 그가 금산사에 밑 없는 시루를 걸어놓고 그 위에 미륵불상을 세운 것, 금강산 발연사와 속리산 길상사(오늘날의 법주사)에 용화도장을 연 것은 이러한 미륵불의 동방 땅 강세를 간절히 원했기 때문이리라.

기독교가 말하는 아버지 하느님의 강세

기독교는 유대교에서 나와 유대교와는 다른 교리를 만들어내어 세계종교로 발전하였다. 기독교는 유대교의 신관을 일부 계승하기도 하고 일부 부정하기도 하면서 유대교에서는 찾아볼 수 없는 성자와 성령의 관념을 만들어 내었다. 예수는 자신을 하느님의 아들이라고 부르고 하느님을 아버지라 불렀다.

이때문에 많은 유대인들의 분노를 사서 결국 처형되었다. 그러나 하느님을 아버지라 부른 예수의 가르침은 탁월한 것이다. 하느님은 자신의 아버지일 뿐 아니라 모든 사람들의 아버지이다. 그는 제자들에게 '하늘에 계신 우리 아버지'에게 기도하라고 기도하는 법을 가르쳐 주었다. (「마태복음」 6장)

　예수는 스스로를 하느님이라 하지 않았고 자신은 하느님이 보낸 하느님의 아들이라 하였지만 후대에 로마 제국 황제의 권위 하에서 삼위일체교리가 성립하면서 예수는 아버지 하느님과 동등한 존재가 되어버렸다. 예수의 가르침이 완전히 왜곡되어 기독교 신자들은 이제 하느님을 믿는 것이 아니라 신이 된 인간 예수를 믿는 결과가 초래되었다. 이는 예수 자신도 원한 것이 아니었을 것이다.

　삼위일체설이 정통교리로 굳어지면서 기독교인들은 하느님은 인간 세상에 올 수 없기 때문에 예수의 몸으로 내려왔다는 식으로 강변하게 되었다. 그러나 이는 구약성서에 나와 있는 기록과는 배치되는 주장이다. 구약성서를 읽어보면 하느님이 아브라함에게 와서 자식을 내려주실 것을 약속하고 아브라함으로부터 대접을 받고 떠났다는 이야기도 있다. 또 창세기에 이어진 출애굽기에는 야훼가 길에서 모세를 만나 죽이려 했다는 충격적인 이야기도 있다. (「출애굽기」 4:24)

　기독교의 왜곡된 예수관은 사도 바울에게로 거슬러 올라간다. 그는 예수의 제자는 아니고 예수를 생전에 만나본 적도 없는 사람이었으나 이방인들에 대한 선교활동에서 예수의 직계 제자들을 제치고 주도권을 잡았다. 로마 제국에 의해 유대인들이 점차 팔레스타인에서 쫓겨나면서 팔레스타인의 유대인 교회가 약화된 반면 소아시아와 그리스 등에서는 바울의 교리가 우세하였다. 그는 예수를 창세 전부터 있었던 하느님과 동등한 존재로서 그를 믿는 자만이 구원을 얻을 수 있다고 예수를 신격화하였다.

그러나 초기 교회 내에서는 바울의 교리에 반대하는 세력도 만만치 않았다. 예수의 동생 야고보를 중심으로 한 바울 반대파들은 예수에 대한 믿음으로만 구원을 얻을 수 있다는 주장에 반대하여 행동이 따르지 않는 믿음은 헛된 것이라고까지 공격하였다. 바울의 반대파들에게서 나온 문서 가운데 대표적인 것이 「야고보서」이다. 「야고보서」에서는 「로마서」와는 달리 믿음으로만 구원을 얻을 수 있다는 주장을 반박하고 행위의 중요성을 역설하였다. 「야고보서」만 아니라 요한의 계시록도 바울의 주장과는 결을 달리한다. 「요한계시록」은 에베소 교회의 요한파에서 나온 것인데 바울 일파를 '니콜라당'이라 하면서 공격하였다. 이 책에서는 예수와 하느님을 뚜렷하게 구분하면서 예수를 믿는 자들을 위해 희생당한 '어린양'으로 표현하였다. 어린양은 하느님이 아니다. 어린양은 보좌에 앉으신 하느님으로부터 '일곱 인으로 봉한 책'을 받는다. 어린 양이 이 일곱인을 떼면서 선천 세상에 대한 심판이 시작된다. 「요한계시록」은 이러한 심판, 즉 말세에 닥칠 환란들을 드라마틱하게 묘사하고 있다.

계시록에서는 말세에 대한 심판만을 말하지 않는다. 선천 세상이 심판을 받고 새로운 세상, 즉 후천이 도래함을 말한다. 「요한계시록」의 표현에 의하면 '새 하늘과 새 땅'이다. 그런데 이러한 새로운 세상은 천상의 왕국이 아니다. 그것은 하늘에서 내려와 지상에 세워지는 왕국이다. 이 새로운 세상에서는 하느님이 사람들과 함께 거한다. 하느님이 천상에 머물지 않고 지상에 강림하시는 것이다. 그는 어린양 예수가 아니다. 그는 백보좌에 앉아서 심판하는 자로서 "내가 만물을 새롭게 하노라"라고 하면서 "이루었도다. 나는 알파요, 오메가요, 처음과 나중이라"고 하였다. 많은 사람들이 알고 있는 알파요 오메가가 예수가 아닌 지상에 강림한 백보좌 하느님인 것이다.

김일부의 정역에서 말하는 '상제조림上帝照臨'

19세기 후반 한국에서도 상제님이 새로운 세상을 열기 위해 이 땅에 내려오신다는 사상을 피력한 사람이 있다. 바로 일부一夫 김항金恒(1826-1898)이다. 지금의 논산시에 속한 논산군 양촌면에서 태어난 일부는 36세 되던 해(1861)에 연담蓮潭 이운규李雲圭 선생과 사제의 연을 맺으면서 역학 연구에 생을 바쳤다. 그는 20여 년간의 공부 끝에 새로운 역을 창안하였는데 선후천의 원리를 밝힌 그의 역을 '정역正易'이라 한다. 일부 선생은 물론 천지의 도수를 연구하였지만 한편으로는 예언자였다. 즉 천지에서 계시해준 것을 말한 것이다(天地無言이면 一夫何言이리요). 그가 지은 시 '십일음十一吟'에서는 후천의 세계를 '유리세계琉璃世界'라 표현하면서 상제님이 지상에 내려오실 것임을 선언하였다.

> "일월의 빛남이여! 유리세계가 되도다. 세계 세계여! 상제께서 조림하시도다. 상제께서 조림하심이여! 기쁘고 즐겁도다. 기쁘고 즐거움이여! 정정하고 방방하도다. 정정하고 방방함이여! 좋고 좋고 무량하도다."

『정역』은 가을개벽의 이치를 밝힌 천리의 해설서였을 뿐 아니라 상제님의 강림을 선포한 계시록이었던 것이다.

I부

인간으로 오신
중산 상제님

노종상

1 상제님 탄강을 예언한 기록들

역사를 보면 자기가 신으로부터 나왔다든가, 자기가 신이라든가 아니면 신의 전갈을 받았다고 주장하는 사람들이 무수히 많다. 부처나 마호멧, 공자, 그리스도, 노자로부터 바로 오늘날 새로운 종교를 설립한 자들에 이르기까지 그런 주장을 한 자들은 참으로 부지기수다. 이들은 모두 우리의 주목과 이목을 끌만한 자격이 있는 자들이다.

　미국의 가톨릭 주교이며 교구장으로서 각종 매스컴 강연을 통해 가톨릭 신앙을 전한 뛰어난 강연자요 신학자로서 수많은 사람들로부터 존경을 받았던 풀턴 J. 쉰(Fulton J. Sheen, 1895~1979) 주교의『그리스도의 생애』(2003)를 여는 처음 몇 문장이다. 풀턴 쉰 주교가 제시한 인물들 가운데 그들의 주장은 대부분 허위로 판명되었다. 아니, 허위 정도가 아니라 혹세무민하여 인류에게 많은 피해를 주는 경우가 대부분이었다. 여기서 하나의 문제가 제기될 수 있다. 단도직입적으로 그들의 정체를 사전에 확인할 수 있는 방법은 없을까? 정체를 확인할 수 있다면, 거기에 상응하는 대우를 하면 될 터이기 때문이다.
　바로 이 문제를 고민한 선학 중 한 명이 풀턴 쉰 주교였다.

　그러나 측정 대상물은 무엇이나 그것과는 다른 외부의 척도가 필요하듯이, 신으로부터 나왔다고 주장하는 이들의 주장이 정당한가를 가늠할 수 있기 위해서는 어느 누구나, 어떤 문명권이나, 어느 시대나 활용할 수 있는 어떤 불변의 측정검사방법이 있어야 할 것이다.

결론 여부가 어떠하든 간에, 참으로 기발한 아이디어라는 느낌이다. 과학과 이성, 합리주의 등 이른바 근대의 산물들이 첨단의 끝을 달리는 시대에 이런 실증적인 '어떤 불변의 측정검사방법'이 있다면 참으로 더할 나위 없이 반가운 일이다. 증산 상제님의 생애를 본격적으로 서술하기에 앞서 풀턴 쉰 주교가 '개발'한 이 방법을 갖고 와 증산 상제님의 존재 자체를 검증한다면 어떨까? 예수 그리스도의 존재에 대한 긍정을 이끌어내기 위한 방법으로 개발된 것이므로 그는 매우 싫어할지 모르겠다. 물론 우리도 썩 내키지는 않는다. 그럼에도 불구하고 그가 제시한 방법을 참조, 인용하여 논의를 진행하기로 한다.

풀턴 쉰 주교가 '불변의 측정검사방법'으로 제시한 측정검사방법은 두 가지다.

곧 이성reason과 역사history가 그것이다. 이성이 측정 검증법이 되는 것은 누구든지, 심지어는 신앙이 없는 사람까지도, 이성을 가지고 있기 때문이며, 역사가 검증법이 되는 것은 모두가 역사 속에 살고 있으며 역사에 대해 뭔가를 알아야 하기 때문이다. … 신으로부터 나왔다고 주장하는 자에게 이성은 이렇게 묻는다. "당신이 태어나기 전에 당신이 태어날 것을 예언할 어떤 기록이 있습니까?"

이러한 검증을 통해서 우리는 주장자들을 한 사람씩 평가할 수 있다.

책의 제목과 같이 그리스도의 생애를 논의하고 있는 풀턴 쉰 주교는 앞에서 문제 제기한 두 부류의 인물 가운데 신으로부터 나왔다고 하는 자만을 예로 들었으나 이 해명에는 자기가 신이라고 주장하는 자도 포함되어야 한다. 그런데 풀턴 쉰 주교는 역사적인 검증방법에 대해서 직접적으로 언급하지 않고 역사적인 성취 즉, 그리스도의 출현이 역사에 엄청난 영향을 끼친 점으로 대신하고 있다.

우리는 쉰 주교의 견해를 100% 신뢰하거나 수용하지 않는다. 그가 제시한 측정법 또한 검증되어 보편화된 이론으로 정착하기 전까지는 학문적으로 신뢰하는데 한계가 있는 까닭이다. 다시 말하지만 그는 오직 예수 그리스도의 존재에 대한 긍정을 유도하기 위한, 이른바 결론을 위한 '검증'을 위해 위의 두 측정검사방법을 제시하였고, 또한 거기에 초점을 맞추어 논의를 진행하고 있기 때문이다. 그렇다고 해도 그의 견해를 전혀 쓸모없는 것으로 외면할 수는 없다. 선행연구로서 하나의 지침은 될 수 있을 터이기 때문이다.

본고가 논의하고자 하는 증산 상제님은 당신이 신이라고 주장했던 인물이다. 신이되, 최고신인 우주의 주재자요, 통치자라고 했다. 당신은 스스로 "나는 옥황상제니라."(『도전』, 2:11:12, 2:16:3), "내가 미륵이니라."(『도전』, 2:66:5, 10:33:5)라고 신원을 밝혀 주었다. 그리고 많은 사람들이 당신을 신으로, 상제님으로, 미륵불로 믿고 의지하며 위안과 평화, 행복을 얻었다. 좀 구체적으로 일제식민권력에서 생산한 『보천교일반普天敎一般』(『官內最近の狀況說明資料(全北)』附錄, 1926.6. 日本學習院大學 東洋文化研究所 友邦協會 所藏), 『양촌 및 외국인 사정일람陽村及外人事情一覽-平安南道-』(日本學習院大學 東洋文化研究所 友邦協會 소장, 1924) 등은 물론 교단 내 자료인 『보천교연혁사』, 『도훈』, 『보광』 창간호 등에 따르면 일제 강점기 당시 6백만에 이르는 망국의 백성들이 증산 상제님을 신앙하며 삶의 위안을 얻었다. 6백만이라면 당시 2천만 인구 가운데 3분의 1에 해당하는 사람들이 당신을 신앙했다는 얘기다.

증산 상제님을 신앙하고 종교적 구원을 얻는 현상은 21세기인 현재도 마찬가지다. 오늘날 이 땅에는 증산도를 비롯한 많은 종교단체에서 증산 상제님을 신앙대상으로 하고 있을 뿐만 아니라 많은 사람들이 신앙하고 있다. 따라서 우리는 풀턴 쉰 주교가 제시한 '불변의 측정검사방법'을 통해 증산 상제님의 주장─'신원 밝힘'의 내용을 검토한 뒤에 본격적인 논의를 전개하고자 한다.

이 장은 증산 상제님의 생애를 문자로 재구성하는 마당이다. 언어라는, 문자라는 도구를 가지고 한 성인의 생애를 어느 정도 정확하게 재구성할 수 있을까. 이미 선학들에 의해 언어의 한계는 지적된 바이지만, 우리의 작업 역시 지난한 한 과정에 지나지 않다는 점을 미리 실토하지 않을 수 없다. 분명히 많은 한계가 있을 터다. 특히 증산 상제님과 같이 많은 사람들에 의해 신앙대상이 되고 있는 위격이라면 말할 나위가 없다. 그러나 이런 한계에 대한 불안감 따위는 애당초 접어두기로 한다. 분명히 말하지만, 우리의 작업은 자신이 신이라고 했던 증산 상제님의 '밝힘' 자체를 검증하자는 의도가 아니고, 또 검증할 수도 없다는 점을 미리 밝힌다. 그럼에도 불구하고 혹시 있을지 모르는 독자들의 의혹을 가능하다면 최대한 해소해 보려는 것이 우리의 글쓰기 의도이다. 이 목적을 달성하기 위해 우리는 쉰 주교가 제시한 검증법에 따라 해명하는 형식으로 증산 상제님의 생애를 재구성한다.

풀틴 J. 쉰 주교가 제시한 측정검
사법을 우리의 주제에 맞게 수정한다. 이성과 역사는 묻는다. "증산
상제님이 출세하기 전에 당신이 태어날 것을 예언한 어떤 기록이 있
는가?"

우리는 대답한다.

"있다."

"그럼, 그 기록물을, 증거를 제시할 수 있는가?"

"물론이다."

우리의 목적을 달성하기 위해 거의 전적으로 참조하는 텍스트는
『증산도 도전』이다(이하『도전』으로 줄임). 증산 상제님의 행적에 대한
몇 가지 기록 가운데 가장 최근에, 가장 충실한 내용을 담고 있는 까
닭이다. 바로 이『도전』에 '증산 상제님이 출세하기 전에 당신이 태어
날 것을 예언한 어떤 기록'을 상세히 소개하고 있다.

좀 길지만 논의의 편이를 위해 본문을 그대로 인용한다.

1) 석가모니는 도솔천兜率天의 호명보살護明菩薩로서 구도에 정진하

다가 인간으로 내려와 부처가 되었나니 석가 부처는 말법의 큰 겁

액기에 도솔천의 천주天主로 계신 미륵불彌勒佛이 인간으로 내려와

삼회설법三會說法으로 천하창생을 건져 용화낙원龍華樂園의 새 세계

를 연다 하니라. 예로부터 미륵이 머무시는 도솔천의 궁전을 여의

전如意殿이라 불러 왔나니 미래의 부처 미륵불은 희망의 부처요 구

원의 부처이니라. 석가 부처가 말하기를 "도솔천의 천주를 미륵

이라 부르나니 너는 마땅히 귀의하라." 하니라. 또 불경佛經에 "석

가불의 말법시대에 들어서면 태양도 달도 그 빛을 볼 수 없게 되

고 별들의 위치도 바뀌리라. 고약한 병들이 잇달아 번지리라." 이르고 말법의 이때에 "그 통일의 하늘에 계시는 미륵불이 바다에 둘러싸인 동방의 나라에 강세하리라." 하였나니 ... 이는 곧 우주 질서가 개벽되는 말법의 시대에 이루어질 미륵불의 출세 소식이로다.(『도전』 1:2:1–12, 인용문 앞의 번호는 인용자. 이하 동일)

2) 일찍이 예수 그리스도는 하늘나라에 온 인류의 아버지가 계심을 십자가에 매달려 피 흘리며 부르짖었나니 일찍이 그가 제자들에게 이르기를 "내가 스스로 온 것이 아니로다. 나를 보내신 이는 참이시니 너희는 그를 알지 못하나 나는 아노니 이는 내가 그에게서 났고 그가 나를 보내셨음이니라." 하고 또 말하기를 "너희는 가서 ... 아버지와 아들과 성령의 이름으로 세례를 주고 내가 너희에게 분부한 모든 것을 가르쳐 지키게 하라." 하니라. 또 아버지의 성령이 인도하신 대로 계시록을 쓴 사도 요한이 백보좌 하느님과 그 보좌 앞의 일곱 성령의 소식을 전하니 ... 백보좌 하느님께서 요한에게 계시하여 말씀하시기를 "나는 알파요 오메가라. 이제도 있고 전에도 있었고, 장차 올 자요 전능한 자라." 하시니라. 이는 곧 지상에 아버지가 몸소 강세하심으로써 예전의 하늘과 땅을 문 닫고 새 하늘, 새 땅을 건설하시는 '땅 위의 천국' 소식이로다.(『도전』 1:3:1–11)

3) 동방에서는 우주 삼계(天·地·人)의 생명의 근원과 그 변화의 길을 일러 도道라 하고, 이 도의 '주재자 하느님'을 제帝 또는 상제上帝라 불러 오니라. 옛사람이 노래하기를 "위대하신 상제上帝님이 아래 세

상을 환히 비추어 보시사 천하사방天下四方을 두루 살피시어 만백성
이 안정하기를 구하시도다." 하니라. … 도교에서는 이 우주를 주
재하시는 상제님을 최고의 신으로 받들고 기도하였나니, 우리 한
민족은 고래古來로 상제님께 제사를 드려 오니라.(『도전』 1:4:1-5)

4) 공자孔子는 우주의 통치자 상제님께서 강세하시어 간방艮方에
서 모든 말씀의 꿈을 이루실 것을 전하였나니 "동북 간방은 만물
의 끝남과 새로운 시작이 이루어지는 곳이라. 고로 말씀이 간방
에서 이루어지느니라." 하니라.(『도전』 1:5 :1-2)

　1)은 불교의 교조 석가가 미륵불 강세를 설한 예언이다. 불교 용어
로 '수기授記(vyākara)'라고 한다. 이 내용은 『미륵상생경』, 『미륵하생
경』 등 미륵경전을 중심으로 여러 불교경전, 그리고 불교 유식학의
대성자 무착Asaṅga(4-5세기, 북인도 건타라국乾陀羅國 출신의 고승)이 도솔
천에 올라가 미륵에게서 『유가사지론瑜伽師地論』을 듣고 그 성스러운
가르침을 현양하고자 요점을 간추려서 지었다고 하는 논서 『현양성
교론顯揚聖教論』 등에 기록되어 있다. 2)는 『마태복음』, 『요한복음』 등
에 나오는 예수와 사도 요한의 예언이다. 3)에서 '옛사람의 노래'는
『시경詩經』 「대아大雅」편에 나오는 시 〈황의皇矣〉다.
　원문은 다음과 같다.

　皇矣上帝 臨下有赫
　황의상제 임하유혁
　監觀四方 求民之莫
　감관사방 구민지막

'임臨'은 높은 곳에서 아래를 자세히 살핀다는 뜻이다. '부시俯視'와 같은 뜻이다. '막莫'은 《모시毛詩》에서 안정의 뜻으로 해석한다. 일부에서는 『설문해자』에 근거하여 질병 또는 고통으로 독해하기도 한다. 상제가 높은 곳에서 아래를 자세히 살피고 비추어 보아서 천하 만민의 고통을 구원한다는 의미로 읽을 수도 있겠다.

4)는 『주역』 「설괘전」에 나오는 내용이다. 원문 내용은 다음과 같다.

> 상제께서 진방에서 출세하리라. … 간은 동북의 괘다. 만물의 마
> 치고 시작되는 곳이다. 그러므로 간에서 이루어진다고 말한다
> (帝出乎震 … 艮東北之卦也 萬物之所成終而所成始也 故曰成言乎艮).

지금까지 살펴본 내용들은 유불선은 물론 기독교의 각 경전에서 전하는 미래에 인류를 직접 구원하게 될 신에 대한 출세소식이다. 각 종교 혹은 지역, 언어 등에 따라서 각기 지칭하는 바는 다르지만 모두가 최고신의 출세소식을 전하고 있다. 그리고 우리는 증산 상제님이 당신은 미륵불, 옥황상제, 하나님이라고 자신의 신원을 밝혀 주었다는 기록을 주목한다. 한 마디로 이전 성자들이 예언한 주인공이 다름 아닌 증산 상제님이라는 얘기다.

혹자는 지금까지 검토한 성자들의 예언이 어떻게 증산 상제님의 탄강소식이냐고, 아전인수가 아니냐고 지적할 수도 있을 터다. 자신의 견해를 입증하기 위해 남의 잘못을 예로 든다는 것은 결례라는 느낌이 들지만, 기왕에 풀턴 쉰 주교가 제시한 방법을 가지고 검토하고 있는 중이므로 그가 논의하고 있는 내용을 예로 들 수 있다. 그는 더욱 심하면 심했지 덜하지는 않았다.

이러한 검증을 통해서 우리는 주장자들을 한 사람씩 평가할 수 있다. (이러한 예비심사단계에서 그리스도는 다른 사람들과 똑같이 취급된다). 소크라테스의 탄생을 알려준 사람은 아무도 없었으며, 부처 역시 아무도 그의 탄생을 예고하거나 그의 메시지나 그가 언제 보리수나무 밑에서 깨달음을 얻게 될 것인지 예고해준 바 없다. 공자는 어머니의 이름이나 출생지가 기록되어 있지도 않고, 그가 탄생했을 때 사람들이 그를 하느님이 보낸 사자로 믿을 수 있도록 그가 태어나기 수세기 전에 그의 출생이 예고된 바도 없다. 그러나 그리스도는 다르다. 구약의 예언을 보면 그리스도의 탄생은 전혀 뜻밖의 사실이 아니다. 부처나 공자, 노자, 마호멧 그리고 그 어떤 사람에 대해서도 그들에 대한 예언은 없었다. 그러나 그리스도에 관해서는 수많은 예언이 있었다.

이 인용문에 대해 구체적인 논의를 할 여유는 없다. 몇 가지만 지적하면 공자의 어머니 이름이나 출생지가 기록되어 있지도 않다는 얘기는 무슨 말인지 모르겠다. 전하는 바에 따르면 공자의 아버지는 숙량흘叔梁紇, 어머니는 안징재顏徵在다. 공자는 기원전 551년 9월 28일, 노나라 창평향昌平鄕 추읍郰邑에서 탄생하였다. 또한 석가모니 부처의 탄생을 예고하거나 그의 메시지나 그가 언제 보리수나무 밑에서 깨달음을 얻게 될 것인지 예고해준 바 없다는 것은 무슨 소리인지 도무지 알 수가 없다. 그렇다면 석가 부처가 성도하여 부처가 되기 이전, 아직 보살로서 수행을 하던 긴 전생 이야기를 기록한 자타카(jātaka, 본생담本生譚 혹은 전생담前生譚)를 담고 있는 『현우경賢愚經, Damamūka(nidānasūtra)』을 어떻게 이해할 수 있을지. 불교경전에 따르면 석가는 이 세상에 오기 전부터 각종 수승한 인연이 있었다. 『인과경因果經』과 『불소행찬佛所行讚』, 『보요경普曜經』 등에는 석가모니 부처가 전생에 보살행을 닦는 것으로부터 시작하여 도솔천에서 강림하여 어머니의 태에 들고 깨달음을 이루어 여러 제자들을 제도하는 대목까지 설해져 있다. 특히 『인과경』에는 저 유명한 디빵까라Dipamkara(연등불燃燈佛) 수기가 설해져 있다.

과거 무량한 겁 이전에 디빵까라 부처가 세상에 왔을 때 수메다Sumedha라는 바라문 청년이 있었다. 진리와 스승을 찾아 헤매던 수메다는 디빵까라 부처가 그가 살고 있는 지역에 온다는 풍문을 전해 듣고 자신이 가진 전 재산을 털어 다섯 송이 연꽃을 산 후 부처님께 공양했다. 당시 디빵까라 부처님은 그에게 "그대는 백겁의 세월이 흐른 뒤 사바세계에서 여래如來, 무소착無所著, 지진至眞, 등정각等正覺이 되어 석가모니라 불릴 것이다."라고 수기했다.

물론 타인이 오류가 있으므로 나의 오류도 용납될 수 있다고 주장하려는 의도는 아니다. 학문적 접근이라면 불교의 연등불 수기와 같은 이야기는 문자 그대로 설화문학의 산물 운운이라고도 할 수 있겠으나 이 얘기에 이의를 제기하지는 않는다. 문제는 믿음이다. 종교의 세계에서 믿음이 전제되지 않는다면 어떻게 될까. 과연 종교라는 세계가 성립될 수 있을까. 물론 종교의 세계에서 믿음과 이해의 문제는 비단 오늘날에 제기된 것은 아니다. 상좌부 불교의 대이론가 붓다고사는 저 유명한 저서 『청정도론』에서 "믿음이 강하고 지혜가 약한 자는 미신이 되고, 근거 없이 믿는다. 지혜가 강하고 믿음이 약한 자는 교활한 쪽으로 치우친다. 약으로 인해 생긴 병처럼 치료하기 어렵다. 두 가지 모두 균등함을 통해서 믿을 만한 것은 믿는다."고 지적하였다. 불신의 칼부터 휘두르는 자에게 먼저 필요한 것은 믿음과 지혜의 조화다.

증산 상제님은 말한다.

> 예수를 믿는 사람은 예수의 재림을 기다리고 불교도는 미륵의 출세를 기다리고 동학 신도는 최수운의 갱생을 기다리나니 '누구든지 한 사람만 오면 각기 저의 스승이라.' 하여 따르리라. '예수가 재림한다.' 하나 곧 나를 두고 한 말이니라. 공자, 석가, 예수는 내가 쓰기 위해 내려 보냈느니라.(『도전』 2:40:1-6)

증산 상제님은 공자, 석가, 예수는 당신이 쓰기 위해 내려 보냈다고 하였다. 우주 조화옹이 아니면 누가 이런 말을 할 수 있겠는가. 우주 조화옹이 쓰려고 했다는 그 '쓰임'이 주목된다. 여기서 상세한 얘기를 할 수 없으나 그 중의 하나는 그들을 내려 보낸 우주 조화옹이 머지않은 미래에 직접 출세한다는 내용을 전하는 것이었다고 할 수 있다. 따라서 앞에서 검토한 내용들은 하나같이 증산 상제님의 탄강 소식을 전하고 있는 내용이 된다. 다시 말하면 과거 성자들이 증산 상제님의 출세를 예언한 내용이다.

논의가 여기까지 이르렀는데도 불구하고 불신의 칼을 거두지 않는 이들이 있다면, 할 수 없는 노릇이다. 문제는 선입견이다. 믿음의 문제다. 각자 자기의 입장에서 고정되어 있는 선입견으로 상대방을 대하려고 한다면 소통이 불가능하다. 분명한 것은, 성자들의 공통된 '목소리'가 있었고, 그것은 최고신이 이 땅에 온다는 내용이었다. 그리고 증산 상제님은 그들이 전한 예언의 주인공이 바로 당신이며, 나아가 그들을 내려 보낸 이가 바로 당신이라고 참으로 경천동지할 만한 비밀을 밝혀 주었다. 또한 무엇보다도 중요한 것은 후세의 많은 사람들이 그렇게 믿고 있다는 점이다. 다시 강조하지만, 그것은 현재 진행형이다.

진표, 미륵 오시는 길을 닦다

증산 상제님의 탄강을 예언하고, 예비한 인물들은 위의 성자들뿐만이 아니었다. 국내에서도 증산 상제님 탄강을 온 몸으로 전하고, 실체적 사실로 예비하는 인물들이 있었다. 그 머리에 불교 참회계법의 대성자이며 지장신앙의 선구자, 그리고 우리나라 '미륵신앙의 아버지'라고 할 수 있는 신라 시대의 고승 진표율사(생몰년 미상, 신라 경덕왕 때 활동했던 고승)가 있다.

> 동방 조선 땅의 도솔천 천주님 신앙은 진표율사眞表律師로부터 영
> 글어 민중 신앙으로 자리 잡은 것이라.(『도전』 1:7:1)

진표는 12세 때 부모의 출가 허락을 받고 출가하여 김제 금산사의 숭제법사로부터 사미계를 받았다. 어느 날 숭제법사가 진표에게 "미륵님 앞으로 가서 간절히 법을 구하고 참회하여 친히 미륵님의 계법을 받아 세상에 널리 전하라." 하였다. 진표는 스승의 가르침을 가슴에 품고 전국의 명산을 찾아다니며 도를 닦았다. 신라의 제35대 경덕왕(재위 742~765) 19년(760), 27세의 진표는 전라도 변산에 있는 부사의방장不思議方丈으로 들어갔다.

부사의방장은 의상봉(530m) 아래 천 길 깎아지른 절벽에 새 둥지처럼 박혀 있는 동굴 암자다. 진표는 미륵불상 앞에서 일심으로 계법을

구하였다. 3년의 세월이 훌쩍 지나갔다. 미륵계법을 받기 위해서는 미륵불을 친견해야 한다. 타는 구도열이다. 진표는 목숨을 건 수행을 하였다. 과연 진표만큼 혹독한 수행을 감내한 구도자가 얼마나 될까. 그러나 미륵불 소식은 들려오지 않았다. 진표는 낙담하였다. 아니, 낙담을 넘어 절망하였다.

　　백척간두진일보百尺竿頭進一步.
　　―백척간두에서 한 걸음 더 나아가라.

　당나라 고승 장사경잠長沙景岑의 게송 중 한 구절이다. 송나라의 도원道源이 저술한『경덕전등록』에도 나오고 남송 시대의 고승 무문혜개無門慧開(1183~1260)가 편찬한『무문관』에는 제46칙 간두진보竿頭進步라는 제목으로 나온다. 이 말의 출처가 선가 고승대덕의 입이었으니까 이 말의 의미를 풀어놓는 문자들에는 온통 알 듯 말 듯한 선빛 사자후로 빛나고 있다. 말하자면 이런 식이다. 석상石霜 화상이 말한다. "백척간두, 백척 장대 끝에서 어떻게 나아가겠는가?" 어떻게 하겠는가? 서릿발같은 음성으로 사자후를 토하듯 몰아친다. 같은 불가 권속들이지만, 진표를 선승이라고 하기에는 무리가 있다. 따라서 단장취의斷章取義한다는 '몰매'를 각오하고, 우리 식으로 논의를 진행한다. 1백 척(30m) 높이의 대나무 장대 끝에서 한 걸음 더 나아가라는 것은 무엇인가. 더 이상 나아갈 수 없는 그곳에서, 바로 그 한계점에서 한 걸음 더 내디딘다. 다른 어떤 설명이 필요할까. 한 마디로 죽으라는 얘기다. 과연 이 한 구절만큼 당시의 진표가 처한 상황에 더 어울리는 말이 또 있을까. 진표는 천 길 바위절벽 아래로 몸을 던졌다.

장사 스님의 게송은 끝나지 않았다.

시방세계현전신十方世界現全身.
一시방세계에 전신을 드러내야 한다(혹은, 시방세계와 내가 한 몸이
되어 나타나리라.)

우리가 주목하는 것은 저 신라시대의 위대한 고승 진표의 행방이다.
백척간두에서 한 걸음 나아간 그는 어떻게 될 것인가. 천 길 바위절벽
으로 떨어지는 진표, 그는 과연 시방세계와 한 몸이 되었을까.『삼국유
사』는 그 순간 청의동자가 홀연히 나타나 꽃잎처럼 떨어지는 진표를
두 팔로 살며시 받들어 바위 위에 놓고 사라졌다고 기록하였다.

진표는 다시 21일을 기약하고 다시 목숨을 건 정진에 들어갔다.
『삼국유사』에 따르면 당시 진표는 망신참법亡身懺法이라는 수행으로
간절히 참회하였는데 3일 만에 손과 팔이 부러져 떨어지고 온몸이 피
투성이가 되었다. 목숨이 풍전등화에 놓였다. 지성이면 감천至誠感天이
라고 하였다. 정성이 지극하면 하늘도 감동하는 법. 7일째 되던 날 밤
지장보살이 손에 금장金杖을 흔들며 나타나 진표를 가호하였다. 몸이
씻은 듯 곧 회복되었다.

진표의 원래 목적은 지장보살을 친견하는 것이 아니었다. 아니,『삼
국유사』에 따르면 지장보살의 친견도 목적 중의 하나지만, 최종 목적
은 미륵을 친견하고, 미륵으로부터 계법을 받는 것이었다. 진표는 수
행처를 옮겼다.『삼국유사』(「진표전간」)는 당시 진표가 옮겨간 수행처
가 "영산사靈山寺(혹은 변산邊山, 또는 능가산楞伽山)"이라고 하였다.

진표는 또 처음과 같이 수행하였다. 처절한 수행이다. 그것은 다시

한 번 백척간두에서 한 걸음 더 나아감에 다름 아니다. 무엇이던가. 백척간두진일보 다음은. 그렇다. 시방세계현전신이라고 하였다. 시방세계에 전신을 드러내다. 혹은, 시방세계와 내가 한 몸이 되어 나타나도다. 21일 공부를 마치던 날 진표는 문득 천안이 열렸다. 허공 저 멀리 대광명 속에서 미륵 부처님이 많은 도솔천 사람들을 거느리고 내려오는 모습이 보였다. 당시의 사건에 대해 『삼국유사』는 물론 중국의 『송고승전』 그리고 『도전』은 매우 서사적으로 묘사하고 있다.

미륵 부처님은 진표의 이마를 어루만졌다. "잘하는구나, 대장부여! 이처럼 계법을 구하다니. 신명을 아끼지 않고 간절히 구해 참회하는구나. 내가 한 손가락을 튕겨 수미산을 무너뜨릴 수 있으나 네 마음은 불퇴전이로다."

미륵 부처님은 진표에게 『점찰경』(『점찰선악업보경』) 두 권과 증과간자證果簡子 189개를 진표에게 내려 주었다.

미륵 부처님은 말한다. "너는 이것으로써 법을 세상에 전하여 남을 구제하는 뗏목으로 삼으라. 이 뒤에 너는 이 몸을 버리고 대국왕의 몸을 받아 도솔천에 태어나리라."

꿈에도 그리던 미륵 부처님을 친견하고 교법을 받은 진표는 원래 입산 출가했던 모악산 금산사로 내려왔다.

원각圓覺 대도통을 한 뒤, 닥쳐올 천지 대개벽의 환란을 내다본 진표 대성사大聖師는 온 우주의 구원의 부처이신 미륵천주께서 동방의 이 땅에 강세해 주실 것을 지극정성으로 기원하니 이로부터 '밑 없는 시루를 걸어 놓고 그 위에 불상을 세우라.'는 계시를 받고 4년에 걸쳐 금산사에 미륵전을 완공하니라.

이 뒤에 진표는 미륵불의 삼회설법의 구원 정신을 받들어 모악산 금산사를 제1도장, 금강산 발연사를 제2도장, 속리산 길상사를 제3도장으로 정하고 용화도장을 열어 미륵존불의 용화세계에 태어나기 위해 십선업十善業을 행하라는 미륵신앙의 기틀을 다지고 천상 도솔천으로 올라가니라.(『도전』1:7:15-19)

진표가 금산사 미륵전과 미륵불상을 건립한 지 1천 년 뒤, 미륵불인 증산 상제님은 바로 그 미륵불상을 통해 이 땅에 탄강하게 된다. 따라서 진표율사는 '미륵불의 동방 조선 강세의 길'(『도전』)을 닦아놓은 역사적 인물이라고 할 수 있다. 미륵불 오시는 길을 닦았다는 이면에는 미륵불이 이 땅으로 온다는 일종의 예언적 믿음이 바탕하고 있음은 물론이다.

최수운, 신교와 천명을 받다 ─── 증산 상제님의 탄강을 준비한 또 한 명의 역사적 인물은 19세기 후반에 활동한 최수운이다.

신교神敎는 본래 뭇 종교의 뿌리로 동방 한민족의 유구한 역사 속에 그 도맥道脈이 면면히 이어져 왔나니 일찍이 최치원崔致遠이 말하기를 "나라에 현묘玄妙한 도道가 있으니 풍류風流라 한다. … 실로 삼교三敎를 포함하여 접하는 모든 생명을 감화接化群生시키는 것이라." 하니라.
그러나 조선을 비롯한 동양 각국이 서양 제국주의 열강의 폭압에 침몰당해 갈 무렵, 신교 또한 권위를 잃고 그 명맥이 희미해지거늘 하늘에서 동방의 이 땅에 이름 없는 한 구도자를 불러 세

워 신교의 도맥을 계승하게 하고 후천개벽後天開闢으로 새 세상이

열릴 것을 선언토록 하셨나니 그가 곧 동학東學의 교조 수운水雲

최제우崔濟愚 대신사大神師니라.(『도전』 1:8:1-5)

1860년 4월 초닷샛날, 경주 용담에서 치열한 수행을 하고 있던 37세 장년의 구도자 최수운은 갑자기 전율오한이 일어났다. 최수운이 남긴 「포덕문」(『동경대전』)에는 당시의 경험을 이렇게 기록하였다.

마음이 선뜩해지고 몸이 떨려서 무슨 병인지 집증執症할 수도 없

고 말로 형상하기도 어려울 즈음에 어떤 신선의 말씀이 있어 문

득 귀에 들리므로 놀라 캐어물은즉 대답하시기를….

천주의 성령이 최수운에게 임하는 순간이었다. 「포덕문」에서는 이 광경을 극적으로 묘사하고 있다.

이날 수운에게 신선의 말씀으로 나타난 것은 상제였다.

상제는 꾸짖듯 말하였다. "두려워하지 말고 두려워하지 말라. 세상 사람이 나를 상제라 이르거늘 너는 상제를 알지 못하느냐!"

수운이 그 까닭을 물었다.

상제가 대답한다. "내 또한 공이 없으므로 너를 세상에 내어 사람에게 이 법을 가르치게 하니 의심하지 말고 의심하지 말라."

수운이 물었다. "그러면 서도西道로서 사람을 가르치리이까?"

상제가 대답하였다. "그렇지 아니하다. 나에게 영부靈符 있으니 그 이름은 선약仙藥이요, 그 형상은 태극이요, 또 형상은 궁궁弓弓이니, 나의 영부를 받아 사람을 질병에서 건지고 나의 주문을 받아 사람을 가

르쳐서 나를 위하게 하면 너도 또한 장생하여 덕을 천하에 펴리라."

이른바 '천상문답 사건'이다. 이 사건을 통해 인류의 새 세계를 알리라는 상제의 천명과 신교를 받고 최수운은 도통을 하였다.

이날 최수운이 상제로부터 받은 주문은 열석 자였다.

侍天主 造化定 永世不忘 萬事知
시천주 조화정 영세불망 만사지

수운은 여기에 강령주문 여덟 자, "지기금지至氣今至 원위대강願爲大降"을 지어 붙였다. 이른바 '시천주주侍天主呪'다. 천주를 모시는 주문이라는 뜻이다. 천주가 누구인가? 상제라는 것은 말할 나위가 없다.

상제로부터 천명과 신교를 받은 최수운은 동학을 창도하였다. 때는 한 치 앞을 예상할 수 없는 혼돈의 시대였다. 국내적으로 봉건주의는 이미 말기적 증상을 보였다. 당쟁과 세도정치로 영일이 없던 봉건정부는 이미 썩을 대로 썩어 더 이상 지탱할 징후조차 보이지 않았다. 탐관오리가 전국에서 쥐떼처럼 판을 쳤고 가렴주구가 횡행하였다. 게다가 이미 지구의 3분의 2를 점령하여 식민통치를 하던 서구 제국주의는 극동의 작은 나라 한반도를 곧 삼킬 태세로 으르렁거렸다. 도탄에 빠진 백성들은 갈 곳을 몰라 방황하고 있었다. 그들에게 최수운이 전하는 동학은 타는 가뭄에 단비와도 같았다. 그러나 쓰러져가는 봉건정부에게 그것은 불경한 짓이었다. 봉건정부는 최수운을 체포하여 혹세무민의 죄로 처형했다.

수운이 천명과 신교를 받들어 동학을 창도하니 얼마 지나지 않아 경상도 일대에 동학이 널리 퍼지거늘 그 급속한 전파에 불안을 느낀 조정에서는 동학을 사도난정邪道亂正으로 규정하여 수운을 체포하니라. 갑자(甲子 : 道紀前 7, 1864)년 2월에 대구장대大邱將臺에서 처형당할 때, 수운이 청수를 모시고 상제님께 기도를 올린 후 목이 베이니 그의 나이 41세더라.

수운이 아버지께 가는 생명의 길을 동방의 땅에 닦아 놓고 '인간으로 강세하시는 아버지 천주님'을 모시는 시천주侍天主 시대를 선언하였나니 이는 온 인류에게 후천 개벽세계를 여시는 아버지의 대도, 곧 무극대도無極大道가 조선 땅에서 나올 것을 선포함이니라.(『도전』 1:8:18-22)

국내에서 증산 상제님의 탄강을 전하고 예비한 선각자들은 진표, 수운만이 아니었다. 구한말의 개벽사상가 일부一夫 김항金恒(1826~1898)도 그중 한 사람이다. 1826년 충남 황산(현 논산시 양촌)에서 태어난 그는 천문·역학에 밝은 연담蓮潭 이수회李守會 문하에서 수학한 것으로 전해진다. 그는 19년간 『서경』과 『주역』을 읽었다. 그는 『주역』을 재해석하여 새롭게 체계화한 『정역』을 완성하였다.

이로써 일부는 천지일월과 인간의 변화를 이끄는 세 가지 천지조화의 힘과 동력의 본체를 밝혔나니, 이는 곧 무극無極과 태극太極과 황극皇極의 삼극 이치라. 무극은 십미토十未土로서 가을의 통일을 주장主掌하고 그 조화와 통일의 열매인 술오공戌五空은 만물의 생명의 근원인 물이 화생化生되는 태극이요 태극이 동하여 열리는 황극은 만물 생장의 조화를 이루어 성숙을 실현하매 무극과 태극을 매개하여 십일성도十一成道하는 생장 운동의 본체 자리

니라. 일부가 정역의 이치로써, 기울어진 천지가 정립되어 천지
간의 온갖 그릇된 변화 질서가 바로잡히는 후천개벽 소식과 또
그 개벽기에 미륵천주이신 상제님께서 강세하시어 인류의 이상
을 성취하심을 노래하니 이러하니라.(『도전』1:9:13-17)

지금까지 우리는 증산 상제님의 탄강을 예언한 세계 성자들—석가
와 공자, 예수, 그리고 도교의 가르침도 살펴보았다. 또한 국내에서 증
산 상제님의 탄강을 예언하고 예비한 선각자들이 있었음도 검토하였
다. 신라의 고승 진표, 19세기 후반의 개벽사상가 최수운, 김일부 등이
그들이다. 이것으로 자기가 신이라거나 신으로부터 왔다고 주장하는
인물 가운데 전자에 해당하는 증산 상제님에 대하여 풀턴 J. 쉰 주교가
제시한 측정검증법에 대해 어느 정도는 해명이 되었을 것이다.
　이 장의 결론을 『도전』으로 대신한다.

태시太始에 하늘과 땅이 '문득' 열리니라. 홀연히 열린 우주의 대
광명 가운데 삼신이 계시니, 삼신三神은 곧 일신一神이요 우주의
조화성신造化聖神이니라. 삼신께서 천지 만물을 낳으시니라. 이
삼신과 하나 되어 천상의 호천금궐昊天金闕에서 온 우주를 다스리
시는 하느님을 동방의 땅에 살아온 조선의 백성들은 아득한 예
로부터 삼신상제三神上帝, 삼신하느님, 상제님이라 불러 왔나니
상제는 온 우주의 주재자요 통치자 하느님이니라. 동방의 조선
은 본래 신교神敎의 종주국으로 상제님과 천지신명을 함께 받들
어 온, 인류 제사 문화의 본고향이니라. 한민족은 환국-배달-조
선의 삼성조시대가 지난 후 열국시대 이래 중국 한족漢族과 일본

에 의한 상고上古 역사의 왜곡으로 민족사의 뿌리가 단절되어 그
상처가 심히 깊더니 상제님께서 원시반본原始返本의 도道로써 인
류 역사의 뿌리를 바로잡고 병든 천지를 개벽開闢하여 인간과 신
명을 구원하시기 위해 이 땅에 인간으로 강세하시니라.(『도전』
1:1:1-8)

2 그곳, 전라도 고부군 객망리

증산 상제님은 1871년 음력 9월 19일(11월 1일) 전라도 고부군 우덕면 객망리客望里(현재 전북 정읍시 덕천면 신월리), 진주 강씨 집안에서 2남1녀 중 장남으로 태어났다. 아버지는 휘諱가 문회文會, 자字는 흥주興周이고, 어머니는 권양덕權良德이다. 증산 상제님의 휘는 일순一淳, 자字는 사옥士玉, 아명은 학봉鶴鳳, 증산은 호다.

증산 상제님이 인간의 몸을 의탁한 집안은 진주 강문晉州姜門이다. 『도전』은 증산 상제님이 진주 강문을 택하여 인간으로 온 이유와 함께 진주 강문에 대해 좀 더 상세하게 기록하고 있다.

> 증산 상제님께서 동방 땅의 진주 강문晉州姜門을 택해 오심은 인류 구원의 깊은 뜻을 나타내심이라. 강씨는 인류의 시원 성姓이니 상고시대 동방 배달의 신농씨神農氏로부터 시작하니라. 신농의 아버지 소전씨少典氏가 군병 감독의 명을 받고 강수姜水에 살았으니 신농이 그곳에서 태어나 성장하여 성을 강姜씨로 하니라. 신농의 후손 강태공姜太公은 동방 신교의 일맥一脈을 한족漢族에 전수하고, 병법兵法과 정치政治로써 천하 만세에 은혜를 베푸니라.(『도전』 1:12:1-4)

신농은 의약과 농경의 시조다. 마노 다카야眞野隆也의 『도교의 신들道教の神々』에 따르면 신농의 스승은 태일황인太一皇人이다. 직접 가르침을 받은 스승이 아니라 의학에 대해 사숙을 하였다. 태일황인은 누구일까. '태일황인'이라는 이름만 놓고 본다면 책 제목 그대로 '도교의 신'을 의인화한 것 같다. '태일太一'이 무엇인가. 사전적 의미로 중국 철학에서 천지 만물이 나고 이루어진 근원 또는 우주의 본체를 이르는 말이다. '태을太乙'이라고도 한다. 민속학에 따르면 동양에서는 '태을성'이라고 부르는 별이 있다. 북쪽 하늘에 있으면서 병란·재화·생사 따위를 맡아 다스린다고 하는 신령스런 별이다. '황인'은 무엇일까. '황제'를 상징하는 극존칭은 아닐까. 황제는 아니지만, 그 자리에 버금가는 위격의 인물에 대한(혹은 신을 의인화한) 극존칭으로 추정된다. 여기서는 『도교의 신들』에서 의인화된 인물로 묘사되는 태일황인을 있는 그대로 논의를 진행한다.

신농은 인간이 병으로 고통받는 현실을 해결하고자 다각도로 노심초사하였다. 그때 태일황인이라는 인물이 의학에 통달했다는 얘기를 들었다. 그는 가르침을 받기 위해 태일황인을 찾아갔다. 마치 유비가 제갈공명을 찾아가듯이. 태일황인은 멀리 떠나고 만날 수 없었다. 대신 태일황인의 제자에게 여러 가지를 질문했다. "옛날의 인간은 모두 백 살이 넘도록 장수했는데, 후세의 인간은 왜 일찍 죽는 것입니까?" "지금의 인간들이 일찍 죽는 것은 모두 자기 스스로 초래한 결과라고 할 수 있지. 병이 들기 전에 보양을 하지 않고, 병이 깊어져도 적절한 치료법을 모르기 때문이네. 가볍게 다스릴 수 있는 병도 악화되면 생명을 갉아먹는 결과를 가져오는 법이지." 태일황인의 제자는 신농에게 이러한 뜻을 담은 시를 가르쳐주고 『천원옥책天元玉冊』이라는 책을 주었다. 인간이 병에 걸리는 것은 내적 요인과 외적 요인이 있으며, 음식을 통해 그 양분을 신체 구석구석까지 보내면 반드시 병을 치료

할 수 있다는 내용의 책이다. 한 마디로 '의식동원醫食同源'이라는 얘기다. 이 책이 태일황인이 저술한 책인지 확인할 수는 없으나 그럴 가능성은 매우 짙어 보인다. 그의 제자가 준 책이므로 혹시 태일황인이 저자가 아니라고 해도 그가 이 책을 통해 의학에 통달하였을 것이다. 신농 역시 이 책을 바탕으로 약초마다 효과를 직접 확인하는 임상실험을 통하여 2천 종의 약물, 6만 가지 처방전을 집대성하여 인류가 처한 고통을 덜어주는 일에 공헌하였다.

안경전 증산도 종도사의 역주본 『환단고기』에 따르면 염제신농炎帝神農(BCE 3218~BCE 3078)은 사람들에게 처음으로 농사법을 가르쳐 주었으므로 신농이라 하고, 화덕火德에 의해 임금이 되었으므로 염제라 한다. 소전은 강수에서 사는 동안 두 명의 아들을 보았다. 맏이가 석년石年(염제신농)이고 둘째가 욱勖(공손公孫씨의 조상)이다. 신농은 장성하여 성을 '강씨'로 하였다. 강수에서 태어나 성장하였다는 의미겠다. 앞의 『도전』 말씀 가운데 주목되는 것은 강씨가 '인류의 시원 성'이라는 대목이다.

증산 상제님은 다른 장소에서 강씨에게 몸을 의탁한 이유에 대해 밝혔다.

> 세상에 성姓으로 풍風가가 먼저 났으나 전하여 오지 못하고 다만 사람의 몸에 들어 체상體相의 칭호로 쓰이게 되어 풍신, 풍채, 풍골 등으로 일컫게 되었을 뿐이요 그 다음에 강姜가가 났나니 '강가가 곧 성의 원시'라. 그러므로 이제 개벽시대를 당하여 원시로 반본하는 고로 강가가 일을 맡게 되었느니라.(『도전』 2:37:1-4)

인류 최초의 성씨는 태호복희씨太皞伏羲氏를 시조로 하는 풍씨인데, 풍씨는 없어지고 말았다. 따라서 두 번째로 나온 성씨인 강씨가 인류의 시원 성이 되었다. 증산 상제님의 핵심 사상인 원시반본原始返本, 개벽(시대) 등과 같은 용어에 대해서는 다른 기회에 얘기한다. 중요한 점은 지금이 원시반본 사상에 바탕한 개벽시대이고, 이런 시기를 당하여 증산 상제님은 '시원 성'인 강씨 문중에 의탁해 탄강했다는 얘기다. 그뿐만이 아닐 터다. 강씨 집안이 조상제사를 극진하게 잘 지낸 효자 집안, 그리고 대대로 무관을 많이 배출한 집안이라는『도전』말씀 역시 주목된다.

증산 상제님의 출생지인 객망리 뒤편에 아담하게 솟아있는 뫼가 시루산이다. 증산 상제님이 당신의 호를 '증산'으로 한 것은 여러 가지 의미가 함축되어 있지만, 당장에는 시루산에서 가져온 것으로 보인다. 종교적으로 검토한다면, 우주 주재자인 증산 상제님이 오시는 땅이 객망리이고, 그곳에 시루산이 있다는 것은 이미 예정되고 준비된 땅이라는 지적도 가능하다.

예정된 땅으로 오다

한반도의 종주산宗主山은 백두산이다. 흔히 백두산을 '민족의 영산'이라고 하지만, 괜히 나온 말은 아니다. 종주산을 풍수지리학에서는 태조산太祖山이라고도 한다. 한반도의 모든 땅은 태조산 백두산으로부터 뻗어 나오는 지기를 받는다. 증산 상제님이 인간으로 온 시루산도 예외일 수는 없다.

동방의 종주산인 백두산에서 비롯한 백두대간白頭大幹이 남쪽으로 쭉 뻗어 내리다 태백산에 이르러 서쪽으로 굽이돌고 영취산

靈鷲山에 와서 서북으로 분기한 금남호남정맥錦南湖南正脈이 마이산馬耳山 위의 주화산珠華山에 이르러 북으로는 계룡산으로 이어지는 금남정맥으로 뻗고, 서남으로는 호남정맥으로 뻗어 내장산을 지나 방장산方丈山을 이루니 방장산 상제봉上帝峰에서 호남평야를 감싸며 한 줄기는 서북으로 이어져 변산邊山에 이르고, 한 줄기는 동북으로 뻗어 올라가 두승산斗升山을 만드니라. 방장산과 두승산(영주산), 변산(봉래산)은 예로부터 전해오는 호남의 삼신산三神山이라. 두승산 기슭에는 오학지지五鶴之地로 이름난 상학上鶴, 중학中鶴, 하학下鶴, 학전鶴田, 학림鶴林 마을이 드넓은 분지로 펼쳐지고 그 맥이 다시 동죽산東竹山으로 솟구쳐 그 줄기가 망제봉望帝峰을 이루고, 이어 시루산甑山을 이루니 시루산을 중심으로 서쪽의 두승산과 변산, 남서쪽의 방장산 입암산 망제봉, 동북쪽의 상두산象頭山 모악산 등이 모두 시루산에 배례하는 형국이라.(『도전』 1:14:1-9)

증산 상제님이 와서 태어나고 자란 땅은 시루산 아래 손바래기라는 마을이다. 한자로 '객망리客望里'라고 하였다. 문자 그대로 손님을 기다리는 마음이라는 뜻이다. 여기서 '손님'은 물론 예사로운 손님이 아니라 사전적 의미 그대로라면 상객上客 ─윗자리에 모실 만큼 중요하고 지위가 높은 손님, 종교적인 의미에 유의한다면 더할 나위없는 윗자리에 계시는 분을 가리킨다. 증산 상제님을 가리키는 것은 말할 나위가 없다. 앞장에서 우리는 증산 상제님의 탄강에 대한 성자들의 예언을 검토하였지만, 이제 지명에서도 증산 상제님의 강세가 '예언'되어 있음을 알 수 있다. 혹자는 우연의 일치라고 할 수도 있을 터다. 인정한다. 그러나 우연치고는 참으로 이상하지 않는가. 필연이라고 해도 해명거리는 충분하다. 문제는 우연이든 필연이든, 그것은 중요하지 않다. 분명한 것은, 그런 언어의 유희 이전에 그런 지명이 있었고, 바로 그곳으로 증산 상제님이 탄강했다는 사실이다. 이 해명을 인정한다면 고부 객망리는 증산 상제님이 인간으로 오는 것이 예정되고 준비된 땅이었다는 우리의 지적이 무리는 아닐 것이다. 『도전』의 표현에 따르면 객망리는 시루산 아래 드넓은 호남평야의 영기를 품에 안은 산자수명한 마을이다(『도전』 1:14:10).

증산 상제님의 부모님이 당신들의 아들을 기다리는 정성 또한 눈물겨운 것이었다. 손이 귀한 집안인 까닭이다. 『도전』에서는 증산 상제님의 부모님에 대하여, "우주 만유의 주재자이신 증산 상제님의 부친을 성부聖父로, 모친을 성모聖母로 추존推尊하니라."(『도전』 1:13:5)고 하였다. 우리도 이 말씀에 따라 논의를 전개한다.

성부께서 집안에 손이 귀하여 성모 권씨와 함께 시루산에 올라 득남得男과 다손多孫을 하늘에 기원하며 치성을 드리시니라.(『도전』 1:14:11)

성부, 성모가 다름 아닌 시루산에 올라가 아들 낳기를 기원하며 치성을 드렸다. 그리고 그 아들은 '시루산'을 의미하는 증산을 평생의 호로 사용하였다. '시루'라는 이름의 의미가 예사롭지 않다는 얘기다. 증산 상제님은 바로 그런 땅에서, 그런 부모님 슬하에서 태어났다.

증산 상제님의 탄강에 대해 『도전』은 말한다.

본래 유儒·불佛·선仙·기독교西仙는 모두 신교에 연원을 두고 각기 지역과 문명에 따라 그 갈래가 나뉘었더니 이제 성숙과 통일의 가을시대를 맞아 상제님께서 간방 땅 조선에 강세하시매 이로써 일찍이 이들 성자들이 전한 천주 강세의 복음이 이루어지니라.(『도전』 1:6:1-3)

증산 상제님 또한 훗날 당신의 출세 목적에 대해 "내가 천지를 개벽하고 조화정부를 열어 인간과 하늘의 혼란을 바로잡으려고 삼계를 둘러 살피다가 너의 동토에 그친 것은 잔피殘疲에 빠진 민중을 먼저 건져 만고에 쌓인 원한을 풀어 주려 함이니라."(『도전』 3:184:10-11)라고 하였고, 다른 자리에서는 자신의 출세 목적은 물론 이유, 과정 등에 대해 더욱 구체적으로 이야기해 주었다. 좀 길지만, 『도전』의 여러 곳에서 나뉘어져 있는 내용을 한 군데로 묶어서 인용한다.

세상의 모든 학술과 정교한 기계를 발명케 하여 천국의 모형을 본떴나니 이것이 바로 현대의 문명이라. 서양의 문명 이기利器는 천상문명을 본받은 것이니라. 이 문명은 다만 물질과 사리事理에만 정통하였을 뿐이요, 인류의 교만과 잔포殘暴를 길러 내어 천지를 흔들며 자연을 정복하려는 기세로 모든 죄악을 꺼림 없이 범행하니 신도神道의 권위가 떨어지고 삼계三界가 혼란하여 천도와 인사가 도수度數를 어기는지라. 원시의 모든 신성神聖과 불타와 보살菩薩들과 더불어 천지간에 모든 신명들이 인류와 신명계神明界의 겁액劫厄을 구천九天에 (있는) 나에게 탄원하므로 내가 천조天朝의 대신大臣들에게 '하늘의 정사를 섭리하라'고 맡기고 서양 천개탑

에 내려와서 삼계를 둘러보며 천하를 대순하다가 만방의 억조창
생의 편안함과 근심걱정을 살피고 너의 동토東土에 인연이 있는
고로 이 동방에 와서 모악산 금산사 미륵금상에 임하여 30년을
지내면서 최제우에게 천명天命과 신교神敎를 내려 대도를 세우게
하였더니 수운이 능히 유교의 테를 벗어나 진법眞法을 들춰내어
신도神道와 인문人文의 푯대를 지으며 대도의 참 빛을 열지 못하므
로 드디어 갑자년에 천명과 신교를 거두고, 조선 조정이 제우를
죽였으므로 내가 신미년辛未年에 스스로 이 세상에 내려 왔노라.”

(『도전』 2:30, 2:94, 5:136)

증산 상제님이 이 땅에 내려온 목적은 도탄에 빠진 인류를 구원하
는 것은 물론 자연과 문명의 질서를 회복하기 위한 것이었고, 나아가
신도의 권위를 일으켜 세우고 뒤틀린 천도와 인사의 도수를 바로 잡
는 것이었다. 이와 같은 출세 목적은 우주 주재자가 직접 인간으로 내
려온, 다시 말하면 자신이 최고신이라고 밝힌 입장에서 가능한 언설
이다. 석가와 같이 다만 ‘신이 되는’(불교적 용어로 ‘깨달음을 얻는’) 길을
가르쳐 주는 안내자이거나 예수와 같이 신이 보내서 왔다는 신의 아
들이거나, 혹은 마호메트와 같이 신의 메신저라는 입장에서는 이와
같은 목적이 불가능할 터다. 우주 주재자가 아닌 그 누구도 천도와 인
사, 신도를 뜯어고칠 수는 없는 일이다.

온 생명을 사랑하다 ─────── 한 성인이 출세하기 위해서는 많은 이야기들이 그
림자처럼 따라다니는 것은 당위일 터다. 증산 상제님의 탄강도 예외
가 아니다. 그 중에는 사실 그대로 전승되어 온 이야기도 있고 때로는

신화가 되어, 혹은 전설이 되어, 민담이 되어 전승되고 있다. 무엇이 되었다고 해도 우리는 증산 상제님을 따라 다니는 그 많은 이야기 하나하나는 매우 소중한 전승이 아닐 수 없다. 그럼에도 불구하고 우리는 그 이야기들을 모두 다 문자로 전할 수는 없다. 아쉽지만 그런 이야기들은 행간에 묻어둘 수밖에.

증산 상제님의 성령이 잉태되신 곳은 외가였다. 객망리 본댁에서 북쪽으로 십여 리 떨어진 고부군 답내면 서산리畓內面 書山里다. 지금은 채마밭으로 변한 그곳에서 외가는 가난하고 손이 끊어진, 참으로 외로운 집안이었다. 증산 상제님의 외족은 성이 본래 김씨였다. 고려 개국에 공을 세워 태조 왕건에게서 권씨 성을 하사 받았다. 시조는 권행權幸이다. 마을 이름 '서산리'는 조선 중기의 성리학자·도학자인 청하靑霞 권극중權克中(1585~1659)이 낙향하여 공부할 때, 마을 사람들이 '책을 쌓아 놓음이 산과 같다(積書如山).'고 이른 데서 유래하였다. 풍수지세를 보면 서산리는 "시루산의 맥이 북방으로 뻗어 용곡龍谷 용두리龍頭里가 자리 잡고, 그 위에 산줄기가 마을을 겹으로 휘감아 태극 형국"(1:15:4)을 이루는 마을이다. 바로 이 마을에서 성모 권씨는 증산 상제님의 성령을 잉태하였다.

이런 얘기도 전한다. 성모가 근친하기 위해 홀로 친정인 서산리에 가 있을 때였다. 하루는 성부가 본댁에서 곤히 잠을 자는데 하늘에서 불덩이가 떨어져 품으로 들어왔다. 깜짝 놀라 일어난 성부는 "옳다. 이것은 필시 하늘에서 큰 자식을 내려 주시는 꿈이로다." 하고 그 길로 서산리로 달려갔다.

거의 같은 무렵이었다. 성모가 밭에 나가 일을 하는데 갑자기 오한이 들었다. 당신은 급히 집으로 돌아와 소나기가 내린 뒤 깊이 잠이 들었다. 그런데 꿈에 홀연히 검은 구름이 가득한 가운데 뇌성이 진동하고 하늘이 남북으로 갈라지며 큰 불덩이가 성모의 앞으로 내려왔다. 유심히 보니까 마치 호박琥珀과 같은 것이 황금색의 신비한 광채를 발하였다. 성모가 막 품에 안았는데 순간 온 세상이 밝아졌다.

  이로부터 성령을 잉태하여 열석 달 만에 상제님을 낳으시니, 이
  때 성모 권씨의 존령尊齡 22세이시더라.(『도전』 1:16:7)

  증산 상제님이 태어날 때도 신이로운 일이 일어났다. 성부가 깊이 잠이 들었는데, 문득 신안神眼이 열려서 보니까 두 선녀가 하늘로부터 내려와 산모를 보살피고 있었다는 얘기가 그것이다. 증산 상제님의 탄강과 관련하여 이밖에도 많은 전승이 전해지고 있으나 더 이상은 생략한다.

  증산 상제님이 탄생하자 집안은 물론 온 문중과 동네에서 더없이 경사스러워하였다. 기쁨이로되, 증산 상제님의 탄강의 기쁨은 오래 가지 않았다. 무엇보다도 집안이 너무나 가난하여 증산 상제님의 탄강에 대한 기쁨을 오래 간직할 여유가 없었다. 가난 때문이었다.

  증산 상제님의 집안은 가난했다. 너무나 가난했다. 객망리 집은 사립문도 없이 작은방 하나에 부엌 하나뿐이었다. 부엌조차도 볏짚으로 두르고 문은 대나무를 엮어 만들었다. 그런 집에서도 오래 머물며 살아갈 수 있는 형편이 아니었다. 그래서 외가와 진외가로 자주 옮겨 다니며 살았다.

  잘될 나무는 떡잎부터 알아본다는 옛말이 있다. 가난하기가 이루 말로 형언할 수 없을 정도였으나 증산 상제님은 남 도와주기를 좋아

했다. 남이라고 해서 이웃 정도라고 생각했다면 오독이다. 온 생명을 향해 연민의 정이 두터웠다. 『도전』은 이런 증산 상제님의 성품을 다음과 같이 묘사했다.

> 어리실 때부터 호생好生의 덕이 많아 마당 구석에 화초를 심어 아담하게 가꾸시고 밭둑에 나가 나무를 즐겨 심으시며 또 자라나는 초목을 꺾지 않으시고 미물 곤충이라도 해치지 않으시며 위기에 빠진 생명을 보면 힘써 구하시니라.(『도전』 1:18:5-6)

증산 상제님이 열 살이 넘었을 때 남겨 놓은 일화도 눈여겨 볼만하다. 어느 날 증산 상제님은 성부가 마당에 말리는 벼알을 쪼아 먹는 닭과 참새 떼를 쫓아내는 광경을 보았다. 증산 상제님은 "새 짐승이 한 알씩 쪼아 먹는 것을 그렇게 못 보시니 어찌 사람을 먹일 수 있겠습니까?" 하고 말렸다. 성부가 듣지 않고 다시 새를 쫓았다. 그때였다. 별안간 한낮에 천둥이 치고 큰비가 쏟아져 말리던 벼가 다 떠내려가 한 알도 건지지 못할 지경이 되었다. 이 결말의 행간을 보면, 증산 상제님은 천지신들이 늘 음호하고 있다는 얘기가 숨어 있다.

> 학봉께서 집이 워낙 가난하여 열다섯 살 무렵에 글 읽기를 중단하시고 짚신을 삼아 팔기도 하시며 사방으로 유랑하시니 정읍 남이면 접지리南二面 接芝里 거슬막에서 머슴으로 일하며 보리를 거두기도 하시고 정읍 내장산 아래 부여곡夫余谷에서 산판꾼이 되어 나무를 베기도 하시니라.(『도전』 1:31:1-3)

증산 상제님은 짚신을 삼아 팔고 머슴살이와 산판꾼 생활을 할 정
도로 가난했다. 그러나 증산 상제님의 종교적 생애에서 그것은 당신
이 구원하고자 한 민초들의 생활을 직접 체험하는 일이었다.

<u>모든 것을 알다</u> 증산 상제님이 추위와 배고픔을 견디며 어린 시절을
보냈다고 해도 타고난 기품이 바뀌는 것은 아니었다. 『도전』은 곳곳
에서 어린 시절의 증산 상제님에 대해, 특히 당신의 타고난 기품에 대
해 문학비평용어를 빌린다면 이른바 '말하기telling'와 '보여주기show-
ing'라는 형식을 통해 묘사하고 있다.

> 점차 자라시매 얼굴이 원만하시고 성품이 관후寬厚하시며 지덕
> 知德을 겸비하시어 총명과 혜식慧識이 출중하시므로 부모님과 마
> 을 사람들이 어린 학봉을 '영아靈兒'라 부르며 경애하니라.(『도전』
> 1:18 :3-4)
> 어린 시절부터 영기靈氣가 넘치고 혜명하시니 보는 이마다 '신동神
> 童'이라 부르며 경탄하더라.(『도전』 1:20:6)

증산 상제님이 여섯 살 되는 1876년이다. 그해 어느 날 증산 상제
님은 풍물굿을 보고 문득 혜각이 열렸다. 장성한 뒤에도 다른 굿은 좋
아하지 않았으나 풍물굿은 자주 구경하였다. 이와 같은 일화는 증산
상제님이 이미 보통 '아이'는 아니었으며 이때부터 이미 상제라는 정
체성 회복과정에 있었다는 것을 암시한다고 볼 수 있다.

성부, 성모도 그런 아들의 영특함을 알아보았다. 증산 상제님이 혜
각이 열렸던 그해, 성부는 어려운 집안형편에도 불구하고 아들에게

한문을 가르치기 위해 '독선생'을 들였다. 독선생이란 집안에 들여 숙식을 제공하며 정해진 아이의 훈육을 하는 전담 훈장을 가리킨다. 오늘날의 입주 과외교사라고 할까. 당시 증산 상제님의 집안으로 입주한 독선생은 태인 장군리將軍里 황씨 집성촌에서 살고 있는 황준재黃俊哉라는 유학자였다. 그런데 문제가 생겼다.

공부를 시작하던 첫날이다. 증산 상제님의 진면목을 알 리 없는 황 훈장이 "도령, 공부해야지?" 하고 일반 제자를 대하듯 하대하였다. 증산 상제님은 물끄러미 훈장을 쳐다보았다. 그리고 아무 말 없이 『천자문』을 펼쳤다. 훈장이 명할 사이도 없이 증산 상제님이 "하늘 천天, 따 지地…" 하고 집안이 울리도록 큰 소리로 읽었다. 그러나, 거기까지였다. '하늘 천'과 '땅 지', 두 자만을 읽은 뒤에 책을 덮고 아무 말 없이 밖으로 나가버렸다. 황훈장은 그런 증산 상제님의 뒷모습만 물끄러미 바라볼 뿐이었다. 증산 상제님의 신이한 기운에 눌린 탓이다.

황훈장의 당시 충격은 컸던 것 같다. 다음부터는 감히 공부를 하자는 말을 할 수도 없을 정도였다. 증산 상제님의 뒤만 그림자처럼 붙어다니면서 놀고 있는 모습만 바라볼 뿐이었다. 며칠이 지났다. 더 이상 공밥을 얻어먹기도 민망해진 훈장이 "도령, 공부하셔야지요?" 하고 조심스레 말을 건넸다.

증산 상제님은 말한다.

"하늘 천 자에 하늘 이치를 알았고, 땅 지 자에 땅 이치를 알았으면 되었지 더 배울 것이 어디 있습니까? 노시다가 시간이 되면 가시지요."(『도전』 1:19:7)

천지의 이치를 알았다. 누가 감히 그런 얘기를 할 수 있을까. 최고 신이 아니면, 사제가 아니면 누가 감히 그런 소리를 할 수 있을까. 황 훈장은 얼어붙은 듯 몸을 움직일 수가 없었다. 할 말도 잃어버렸다. 무슨 말을 하겠는가.

성부는 부득이 황훈장을 돌려보냈다. 거듭 얘기지만, 문제는 어린 증산 상제님의 이와 같은 언술을 쉽사리 흘려들을 수 없다는 점이 다. 증산 상제님의 심오한 언술을 온전히 이해할 수는 없지만, 범박 하게 이해하려 든다면 언어에 의해 만들어진 인간의 지식에 대한 일 종의 경고는 아닐지 모르겠다. 증산 상제님은 훗날 "하늘과 땅을 형 상하여 사람이 생겨났나니 만물 가운데 오직 사람이 가장 존귀하니 라. 하늘땅이 사람을 낳고 길러 사람을 쓰나니 천지에서 사람을 쓰는 이때에 참예하지 못하면, 어찌 그를 인간이라 할 수 있겠느냐"(『도전』 2:23:2-3), "천지는 억조창생의 부모요, 부모는 자녀의 천지니라"(『도 전』 2:26:5)라고 인간과 천지와의 관계에 대해 말했다. '천지' 주재자로 서 천지의 모든 이치를 알고 있는 증산 상제님으로서는 "더 이상 배울 것이 없음"은 당위일 터다.

한 인물을, 특히 그의 사상을 이해하기 위해서는 수학과정을 확인 하는 것은 매우 중요한 정보가 된다. 증산 상제님의 수학과정 중 첫 번째 관문은 위에서 살펴본 그대로다. 물론 그것으로 한학공부가 끝 난 것은 아니었다. 이후 증산 상제님은 스스로 밖으로 다니며 글을 깨 쳤다. 기록들을 정리해 보면 증산 상제님은 8, 9년 동안 한학을 공부 한 것으로 짐작된다. 『도전』은 증산 상제님의 학문수학에 대해, "여러 서당으로 다니실 때 한 번 들으신 것은 곧 깨달으시고 한 번 읽으신 것은 두 번 다시 보지 않으시니 글을 읽거나 시를 읽으실 때 모르시는 것이 없더라."(『도전』 1:19:9-10)고 기록하였다. 이 무렵 증산 상제님이 지은 시문 가운데 7언 절구 세 수와 7언 율시 한 수 등이 남아있다. 7세 때 훈장으로부터 '놀랄 경驚'자 운韻을 받고 증산 상제님이 지은 시도 전한다.

遠步恐地坼이요 大呼恐天驚이라
원보공지탁   대호공천경

멀리 뛰려 하니 땅이 꺼질까 두렵고

크게 소리치려 하니 하늘이 놀랄까 두렵구나.(『도전』 1:20:2)

우리는 증산 상제님이 지은 이런 시를 겉으로만 보고 감각적 놀라움만 가질 수는 없다. 과연 우주 주재자의 호기로움이 아니라면 누가 일곱 살 어린 나이에 이런 시를 지을 수 있겠는가. 증산 상제님에 대한 소문은 인근에 널리 퍼져 나갔다. 증산 상제님이 어릴 때부터 영특했고 남다른 신이함으로 주위 사람들을 놀라게 한 일화는 이밖에도 많이 있다. 빚 때문에 괴로워하는 부친을 위해 정읍 읍내 박 부호를 직접 찾아가 감복시키고 채권을 포기하게 한 일화(『도전』 1:15:13-17), 열세 살 때 모친이 잃어버린 모시베를 되찾은 일화(『도전』 1:16:5-11), 내장산 청수암淸水庵에서 만난 기생 수월水月을 돌려보낸 일화(『도전』 1:18:13-19) 등이다.

불출암사건 ─── 어린 증산 상제님의 영특함, 신이함이 전해지는 일화 가운데 가장 극적인 얘기는 고부 매당梅堂 '불출암佛出庵 사건'을 꼽을 수 있다('불출암 사건'이란 본고에서 편의상 사용하는 임시용어다). '불출암'은 미륵불이 땅에서 솟아 나왔다는 창건 연기설화가 전해지는 암자였다. 불출암은 오늘날 화엄사로 간판이 바뀌었다. 화엄사는 현재의 행정구역명칭으로 전북 정읍시 옹동면 산성리 699-1번지에 위치한다. 20여 가구가 옹기종기 모여 있는 자그마한 농촌마을 뒤편에 소나무 동산이 둘러싸고 있는 암자다. 절이라고 하니까 절인 줄 알겠으나 다른 집과 구분이 안 될 정도로 절 '티'가 크게 나지 않는 암자다. 절 초입에서 왼쪽으로 크게 꺾어 들어가면 그런대로 제법 널찍한 마당이 나온다. 정면이 법당이고 오른쪽에서 반 팔 정도 높은 위치에 집 한 채가 있다. 몇 차례 답사하였으나 주인을 만날 수가 없어 요사채로 사용되는 지 알 수 없다. 우리의 관심은 예나 지금이나 법당 안이다. 법당에는 창건 연기설화에서 나오는 돌미륵불이 하체를 땅에 묻은 채 봉안되어 있다. 아니, 하체를 땅에 묻은 것이 아니라 상체가 땅에서 솟아 나오고 있는 돌미륵불이다.

부처가 땅에서 솟아나왔다는 근거 중의 하나는 대승경전의 꽃으로 불리는 『법화경』이다. 그 중에서도 세존과 미륵과의 도담道談이 눈길을 끈다.

> 이때에 세존께서 미륵보살에게 말씀하셨다. "나는 이제 대중들 가운데에 너희에게 이르노라. 이 한량없고 수 없는 아승지의 모든 보살들이 이 땅의 세상에서 솟아나는 것을 너희는 옛적에 보지 못한 것이니라."(『법화경』 일부)

석가세존이 미륵보살에게 부처가 땅에서 솟아난 이유를 설하는 장면이다. 『법화경』에서는 보살뿐만 아니라 부처, 보탑 그리고 중생들이 종지용출從地湧出―땅에서 솟아난다고 하였다. 여기서 잠깐, 우리는 증산 상제님의 신원 밝힘에 주목한다. 당신이 여러 차례에 걸쳐 "내가 미륵이니라."라고 신원을 밝혀 주었다는 것은 이미 얘기하였다. 지금 검토하고 있는 불출암 연기설화와 함께 이제 얘기하게 될 '불출암 사건'이 전혀 우연만은 아닐 것이라는 추측을 낳게 하는 대목이다.

전라도 금구金溝 환평環坪에 김형렬이라는 사람이 살고 있었다. 부잣집 외아들로 태어난 그는 일찍부터 도에 뜻을 품고 있었던 구도자였다. 1884년 김형렬은 '고부에 강가로서 신동이 있다.'는 소문을 전해 들었다. 형렬은 '내가 한번 그 사람을 만나 보리라.' 결심하고 고부로 향했다(『도전』 1:30:2-3). 『도전』에서 전하는 정보는 이것이 전부이지만, 행간을 꼼꼼하게 들여다보면 당시 김형렬이 들었던 소문은 그 이상이었을 터다. 단순한 신동 정도가 아니라 도와 관련된 내용이 포함되었을 것이란 얘기다.

징계맹경(김제만경) 넓은 들판이다. 금구 환평에서 증산 상제님이 살고 있는 객망리까지는 그렇게 먼 거리는 아니지만 걸어도, 걸어도 길은 멀기만 하다. 그때까지만 해도 김형렬은 아무런 생각 없이 아니, 오직 소문의 주인공을 만나겠다는 일념으로 터벅터벅 걷기만 했던 것 같다. 그러다가 얼핏 정신을 차렸는데, 고개를 들고 보니까 주위가 어둑어둑해졌다. 곧 어둠이 덮칠 것 같다. 고부 객망리까지 가야하나, 아니면 돌아가야 하나, 짐짓 망설여졌을 터다. 그것도 잠시 뿐, 그는 누구에겐가 끌려가듯 걸어갔다.

김형렬이 도착한 곳은 매당 불출암이었다. 『도전』에서는 당시 상황

을 "날이 저물어 우연히 태인 매당 불출암으로 발길이 이끌려 들어가
니라."(『도전』 1:30:4)고 하였다. '우연히'라고 하였으나 오히려 '필연'
을 강조한 의미일 터다. 이 구절만이 아니다. 이 불출암 사건에 관한
기록이 전반적으로 '우연'스럽게 이루어진 것 같이 보이지만, 전체적
으로 보면 철저하게 필연적인 사건으로 구성되어 있다. 프랑스의 철
학자 자크 데리다Jacques Derrida가 주장한 해체이론 가운데 차연差延,
Différance을 떠올리게 한다고 할까. 텍스트의 의미는 궁극적으로 결정
되어 있거나 확정할 수 있는 것이 아니다. 언어의 의미작용의 연쇄 속
에서 하나의 대체 가능한 언어해석으로부터 다른 해석으로 지연된다.

부엉부엉—

김형렬이 막 암자 초입에 이르렀을 때였다. 갑자기 부엉이가 요란
하게 울어댔다. 우리나라의 대표적인 부엉이는 수리부엉이다. 우리나
라의 특산품종으로 한반도 전역에서 번식하는 드문 텃새다. 부엉이는
야행성 조류로 밤에 활동하며 낮에는 물체를 잘 보지 못한다. 따라서
부엉이가 '요란하게 울어댈' 정도였다면 아마도 상당히 밤이 깊었던
것 같다.

『도전』은 당시의 일화를 매우 극적으로 기록하였다.

김형렬이 불출암 중에게 물었다. "부엉이가 어찌 저렇게 우는가요?"
중이 말했다. "당신은 예사사람이 아닌가 보오. 어디를 가시는 길에
여기까지 오시었소?"
"내가 찾을 곳이 있어 길을 가다 나도 모르게 이끌려 들어왔는데,
오자마자 저렇게 부엉이가 울어대는 게 참 이상하오."
바로 그때였다. 법당 앞에서 혼자 놀고 있던 어린 증산 상제님이 행

동을 멈추고 문득 김형렬을 보았다.

> 이때 학봉께서 들어서시더니 별 모양의 누런 별전別錢 여섯 닢과
> 바둑알 같은 검은 돌을 가지고 돈치기놀이를 하시는데 가운데
> 있는 것을 맞추려 하시되 자꾸 다른 것이 맞으니 "이것도 소용없
> 다." 하시며 형렬이 있는 쪽을 바라보시니라.(『도전』 1:30:9-10)

 학봉은 증산 상제님의 아명이다. 앞에서 『도전』의 행간을 보면 증
산 상제님이 어린 시절 불출암에 와서 자주 놀곤 하였던 것 같다고 지
적하였다. 근거 중의 하나는 바로 이 단락이다. 당시 증산 상제님은
14세 때였다. 적어도 인용문만 놓고 보면 14세 어린 소년이 부모를
대동하지 않고 혼자 절에 와서 놀았다는 것은 초행은 아니라는 것이
우리의 독해다. 아니, 한두 번 왔던 것이 아니고 자주 왔던 것으로 추
측된다.
 물론 우리가 이런 독해를 하게 되는 것은 증산 상제님의 생애를 통
시적으로 놓고, 당신이 자신의 신원을 미륵불이라고 밝혀 주었으며,
또한 불출암이 미륵불이 땅속에서 솟아나온 암자라는 창건연기설화
와 유기적으로 연결됨으로써 좀 의도적으로 글 읽기를 하려는 면도
없지 않음을 인정한다. 그렇다고 해도 열네 살 소년이 다른 곳도 아니
고 암자에 와서, 그것도 미륵불이 땅속에서 나왔다는 창건설화를 갖
고 있는 불출암에 와서 놀곤 하였다는 것은 필연이 아니라면 쉽사리
납득이 가지 않는 면이 있다.
 네이버 지도로 '길찾기'를 하면 고부 객망리에서 불출암까지는 차
로 '약 23분, 총14.75km' 거리다. 거의 40리다. 실제로 승용차로 답

사를 하면 객망리에서 불출암까지는 차로 20분 안팎이 걸린다. 도보로 간다면 아무리 빨라도 1시간 이상은 걸리지 않을까. 어떤 '의도성', 필연 등을 배제한 채 열네 살 소년이 이 거리를 '우연'히 와서 놀곤 하였다고는 쉽사리 읽히지 않는다.

우리를 더욱 당황하게 하는 것은 그날 증산 상제님이 불출암에 와서 했던 놀이다. 왜 '돈치기놀이'를 하였을까. 우리의 해명은 더 이상 불가능하다.

김형렬이 누구인가. 호는 태운太雲, 본관은 안동. 뒤에 상세히 얘기하겠으나 증산 상제님이 신축辛丑(1901)년 7월 7일에 성도하고 9년 천지공사를 행하고 기유己酉(1909)년 6월 24일에 그의 집에서 어천할 때까지 공사에 수종한 증산도문의 수석성도가 될 인물이다. 그리고 지금은 증산 상제님과 김형렬이 정읍 매당 불출암에서 처음 만나고 있는 장면이다. 이 중요한 장면이 그저 우연으로 만들어졌을 리 만무한 터다.

『도전』에 따르면 김형렬이 증산 상제님을 향해 "어디 사시오?" 하고 먼저 물었다. 당시 김형렬은 23세였다. 그가 아홉 살이 적은 14세 어린 소년한테 높임말을 사용하고 있다.

증산 상제님이, "나 어디 사는 것을 왜 묻소?" 반문하였다.

"내가 이제 강가를 찾으러 고부에 가는 중이오."

"무슨 일로 찾으려고 하오?"

"될성부른 나무는 떡잎부터 안다는 말이 있지 않소. 큰사람이 될지 작은 사람이 될지 본 연후에 내가 외돌토리라 동무 삼으려고 그러오."

이 장면을 지켜보는 사람이 있었다. 증산 상제님과 같은 고을에 사는 은양덕殷陽德(1852~1904)이다. 본명은 규섭奎燮이다. 양덕 현감을 지냈으므로 '은양덕'으로 불렸다. 증산 상제님과 김형렬의 대화를 옆에서 지켜보았던 은양덕이 다가와 "이 도령이 바로 그 도령이오." 하고 일러 주었다.

"아, 그러하오?"

크게 놀란 김형렬이 얼른 몸을 추슬러 넙죽 재배를 하였다. 이 장면 역시 지금까지 우리가 지적한 연장선에 있다.

"한 번 하면 되었지, 내가 죽었는가, 재배를 하게." 증산 상제님은 하대를 하였다.

당시 증산 상제님은 열넷, 김형렬의 나이는 스물 셋이었다. 그것은 단지 생물학적 나이에 지나지 않는다. 적어도 기록에 따르면 두 사람이 만나서 서로 인사를 하는 순간, 위계는 정해졌다. 김형렬은 "내가 세 살만 더 먹었어도 존장尊長이 되려 했는데, 내 나이 몇이라고 그리 않겠소?" 하며 다시 일어나 절을 하였다.

"네가 법줄은 아는구나." 증산 상제님이 말했다.

이 장면을 이해하기는 쉽지 않다. 특히 아홉 살 연장자인 김형렬이 증산 상제님 앞에서 재배를 하였고, 증산 상제님의 지적에 대해 '내가 세 살만 더 먹었어도 존장이 되려 했는데, 내 나이 몇이라고 그리 않겠느냐'는 발언은 우리의 독해를 더욱 어렵게 한다. 몇 가지 추측은 가능하다. 김형렬이 어린 증산 상제님에게 재배를 하였다는 것은 어떤 종교적 권위 앞에 저절로 이루어진 행위는 아니었을까. 여기에는 물론 뒤에서 설명하게 되는 천지신명들의 음호에 의한 작용이라는 독해도 가능하다. 김형렬이 재배를 하였다는 대목도 여기에 해당된다. 그러나 이런 독해는 어디까지나 추측에 지나지 않는다는 점을 밝히지 않을 수 없다. 분명한 것은, 이때 증산 상제님과 처음 만난 김형렬은 훗날 증산 상제님 도문에 가장 먼저 입도해 수제자가 되고, 증산 상제님의 행적에 대한 '말씀의 증언자'가 된다. 따라서 이 일화는 증산 상제님이 이미 자기 정체성을 알고 있었다는 하나의 반증이 된다고 할 수 있다(이런 추측은 이어지는 일화에서 보여주는 증산 상제님의 이적異蹟에서 드러나지만, 여기서는 생략한다).

천지신명들이 음호하다

증산 상제님의 어린 시절 기록 가운데는 권능과 관련된 일화도 많이 전해지고 있다. 학동시절 어느 날 증산 상제님은 느닷없이 서당의 벽에, '명조유객시하인明朝有客是何人 필시서래류서구必是西來柳瑞九'라고 썼다. '내일 아침에 찾아오는 손님이 있으니, 그는 누구인가. 틀림없이 서쪽에서 오는 유서구일 것'이라는 뜻이다. 류서구는 성부의 친구였다. 증산 상제님이 굳이 문자를 남긴 것은 그만큼 확신이 있다는 얘기일 터다. 과연 다음날 아침 류서구가 찾아왔다.

열일곱 살 때(1887)였다. 증산 상제님이 외가에 가고 있을 때 한 술주정꾼이 패욕을 가했다. 증산 상제님은 아무 대항도 하지 않고 가만히 있었다. 그때 갑자기 하늘에서 천둥이 치고 회오리바람이 불어왔다. 그리고 어디선가 큰 돌절구통이 떠 내려와 주정꾼의 머리위로 덮어씌웠다. 『도전』은 이 일화에 대해 "이는 천지신명들이 한시도 경계를 늦추지 않고 사옥을 음호함이라."(『도전』 1:32:5)고 하였다.

그 해 증산 상제님의 집은 진외가인 장문리 영주산 기슭으로 이사를 갔다. 뗏장으로 동굴같이 지붕을 덮은 뗏집에는 밤마다 잠을 이룰 수 없을 정도로 쥐 떼가 극성을 부렸다. 어느 날 증산 상제님이 천정을 향해 고함을 한번 지른 뒤 쥐떼는 온데간데없이 사라졌다. 이밖에도 힘이 천하장사였던 강기회姜驥會를 권능으로 눌렀다는 일화, 힘겨루기를 할 때 돌절구를 머리에 쓰고 상모 돌리듯 했다는 일화(『도전』 1:35) 등 많은 권능계열 일화가 전한다.

> 이때 틈틈이 정읍 이평면 도천리梨坪面 道川里 종문宗門에 가시어 여러 서적을 읽으시니라. 열여섯 살 되시는 해에 하루는 금산사 심원암深源庵에 이르시어 깊이 사색에 잠기시니라.(『도전』 1:31:4-5)

증산 상제님의 성장기가 인간으로 온 상제의 정체성 회복과정이라고 할 때, 당시를 기록하는 모든 일화들이 그림에서 소실점과 같이 명상과 사색, 수도로 모아진다고 할 수도 있다. 그리고 이 수도의 끝에 성도成道가 있고, 이후부터는 명실공히 증산 상제님으로서 거듭나게 될 터다.

증산 상제님의 어린 시절의 기록을 꼼꼼하게 들여다보면, 그 바탕에는 깊은 사색과 명상, 수도의 기질이 깔려 있음을 확인하게 된다. 어린 시절부터 증산 상제님은 한 곳에 가만히 있지 않았다. 틈만 있으면 밖으로 나가 이곳저곳을 돌아다니다가 집에 돌아오면 후원 별당에 들어앉아 깊은 명상에 잠기는 일이 많았다. 한 마디로 수도를 하였다는 얘기다.

때로는 집밖으로 뛰쳐나가 시루봉과 매봉, 망제봉, 동죽산, 두승산 등지에 올라가 무엇인가 소리 높여 외치곤 하였다는 일화도 전한다. 열여섯 살 때 유랑 길에 올랐던 증산 상제님이 도착한 곳은 금산사 심원암이었다. 그곳에서 며칠 동안 깊은 명상에 잠겼다.

1889년, 증산 상제님은 19세가 되었다. 전국을 두루 유력한 뒤에 고향으로 돌아온 증산 상제님은 시루봉에서 '진법주眞法呪'를 외면서 공부하였다. 공부는 이전의 도인들과는 전혀 달랐다. 객망리와 진독골을 지나 샘이너머를 거쳐 시루산 상봉을 밤낮으로 오르내리며 증산 상제님은 "도통 나온다! 도통 나온다!" 큰 소리로 외치기도 했는데, 그의 목소리는 주위의 10여 리 산천에 메아리처럼 울려 퍼졌고 마을 사람들이 집밖에 나가기를 두려워할 정도였다.

증산 상제님의 수도 과정을 관찰하면, 일반 기성종교에서 전하는 수행방법과는 달랐음을 확인하게 된다. 다시 말하면 좌선이나 기도, 주문 외우기 등과는 조금 달랐던 것 같다. 증산 상제님의 수행이 우리 고유의 신교에 닿아있음을 알 수 있다는 얘기다.

> 왕은 또 나라를 일으키려면 반드시 풍월도를 먼저 만들어야 한다고 생각하고 다시 영을 내려 양가의 남자 중에 덕행이 있는 자를 뽑아 이름을 고쳐 화랑이라 하고, 비로서 설원랑薛原郎을 받들어 국선國仙을 삼으니, 이것이 화랑 국선의 시초이다.(『삼국유사』「미륵선화彌勒仙花·미시랑未尸郎·진자사眞慈師」) [4]
>
> 유신은 진평왕 17년 을묘乙卯(595)에 났는데, 칠요七曜의 정기를 타고났기 때문에 등에 일곱 별의 무늬가 있었다. 그에게는 신기하고 이상한 일이 많았다. [5]

『삼국사기』와 『삼국유사』의 화랑에 대한 기사에 따르면 화랑도는

---

4 『三國遺事』「彌勒仙花 未尸郎眞慈師」. 王又念欲興邦國. 須先風月道. 更下今選良家男子有德行者. 改爲花娘. 始奉薛原郎爲國仙. 此花郎國仙之始.
5 『三國遺事』「金庾信」. 庾信公以眞平王十七年乙卯生. 稟精七曜. 故背有七星文. 又多神異.

경주 부근의 남산을 비롯해 금강산·지리산 또는 경상남도 울산군 두 동면 천전리 계곡과 같은 명승지를 찾아다니면서 심신은 물론 도의를 연마하였다. 무엇보다도 화랑은 김유신의 경우에서 보듯 혼자서 깊은 산 속의 동굴을 찾아가 단식기도하면서 여러 가지 신비스러운 체험을 하였다. 바로 이 과정을 우리는 주목하고 있다.

이 신비 체험에 대해 최남선은 "사람의 생명이나 국가의 운조運祚가 오로지 산신山神의 의사 여하에 달렸다고 하여 마치 그리스의 올림푸스에 있어서와 같이 신탁과 예언이 이 산신에 의해 계시되는 것으로 알았기 때문"이라고 지적하였다(『육당최남선전집』 6). 화랑의 인격 전환 내지 자기혁신에 우리 고유의 신교적 요소가 크게 작용하고 있었다는 얘기다. 그리고 우리는 증산 상제님의 수도 과정을 검토하면서 그것이 신교의 일환이었음을 주목하게 된다.

그해 가을에 다시 유력의 길에 올랐던 증산 상제님은 정읍 내장산에 들어갔다. 저녁노을로 물결치는 단풍을 보며 산에 오른 증산 상제님은 고향을 향해 왠지 모를 뜨거운 눈물을 주르르 흘렸다. 물론 우리는 이 장면을 독해하기가 쉽지 않다. 잠시 후 증산 상제님은 바위에 앉아 깊은 명상에 잠겼다.

3 나의 가르침이 참동학

　동학, 특히 갑오년(1894) 동학혁명은 증산 상제님의 생애에 있어서 하나의 전환점을 이루었다. 증산 상제님과 동학의 관계를 얘기하기 위해서는 몇 가지 검토가 선행되어야 한다. 증산 상제님의 탄강 과정에서 살펴본 바와 같이 동학교조 최제우를 출세시키고 다시 거두어들인 '상제'는 다름 아닌 증산 상제님 자신이었다는 언술이다. 증산 상제님의 이와 같은 언술은 우리가 이미 검토한 바와 같이 천상문답 사건의 연장선상에 있다. 당시 최수운이 상제로부터 받은 주문이 「시천주주侍天主呪(천주를 모시는 주문)」이었다는 사실도 우리는 이미 검토하였다.

　증산 상제님은 훗날 우주 주재자의 '삼계대권'으로 천지공사天地公事를 행하는 과정에서 몇 차례에 걸쳐 말했다. "시천주주에 큰 기운이 갊아 있느니라."(『도전』 2:148:2), "동학주문에 '시천주 조화정'이라 하였으니 나의 일을 이름이라."(『도전』 3:184:9). "동경대전東經大全과 수운가사水雲歌詞에서 말하는 '상제'는 곧 나를 이름이니라."(『도전』 2:30:17) "수운가사는 내 일을 노래한 내 비결이니라."(『도전』 2:31:6, 2:32:1-2) 이밖에도 증산 상제님이 동학과 관련하여 남긴 언표는 많다. 증산 상제님은 또한 "최수운은 내 세상이 올 것을 알렸느니라.(『도전』 2:31:5), "내가 수운을 대신해 왔나니 내가 대선생大先生이니라"(『도전』 2:94:11)라고 하여 마치 세례 요한과 예수의 관계를 연상케 하는 최수운과 당신과의 관계, "나의 가르침이 참동학이니라."(『도전』

2:94:9, 3:184:12)라고 당신과 동학과의 관계에 대해서도 말했다. 이같은 증산 상제님의 '밝힘'에 기대면 동학에서 신앙하는 천주는 곧 증산 상제님이요, 동학은 곧 증산 상제님을 신앙하는 종교단체가 된다고 할 수 있다. 이것은 증산 상제님이 동학 교도였다는 일부의 주장이 얼마나 터무니없는 허구에 지나지 않는지 알 수 있는 근거가 된다.

"나는 대세를 살펴보러 왔노라"

1894년 갑오년 동학농민혁명은 조선, 나아가 동아시아의 운명에 있어서도 하나의 전환점이 되었다. 같은 고향인 전라도 고부에서 동학혁명이 일어났을 때 증산 상제님은 지척의 거리에 있는 내주평 처가에서 학동들을 가르치고 있었다. 동학교도들이 19세기말 반봉건·반제투쟁의 최고봉으로서 평가되는 봉기(박찬승, 「동학농민전쟁의 사회·경제적 지향」)의 깃발을 올렸을 때 증산 상제님으로서는 어떤 식으로든 움직여야 했을 터다. 그러나 당시까지 증산 상제님이 보여준 행적을 보면 그는 끝없는 인도주의자였다. 그는 평화주의자였다. 이것은 그가 온 생명을 목숨같이 아끼고 사랑하는 호생 정신의 연장선상에 있다. 당신은 진멸지경에 처한 인류를 구원하려고 인간으로 온 것이지 죽음의 행렬에 동참하기 위해 온 것은 아니었다. 명분이 아무리 고귀하다고 해도 당장에 눈앞에서 죽어가는 창생을 차마 두고 볼 일이 아니었다. 증산 상제님은 혁명과 전쟁의 소용돌이 속에서 죽어가는 창생들을 구하기 위해 적극적으로 행동에 옮겼다.

증산 상제님은 주위사람들에게 혁명대열에 들지 말라고 권유했다. 그해 10월, 증산 상제님은 2차 봉기를 앞둔 동학군지도자 전봉준을 찾아가 "무고한 창생만 죽이고 성공치 못할 것이니 전쟁을 그만두라"고 설득하기도 하였다. 그러나 한 번 터진 전쟁의 포성은 쉽사리 멈추지 않았다. 그럴수록 증산 상제님의 마음은 더욱 안타까웠을 터다. 우리는 앞 장에서 증산 상제님이 보여준 전지, 전능계열의 일화를 검토하였다. 따라서 증산 상제님은 이미 혁명의 결과를 훤히 꿰뚫어보고 있었을 터다. 만약 그렇다면 당시 동학농민군들은 자기가 죽을 줄도 모른 채 불길에 뛰어드는 불나방과 다르지 않았다. 급한 것은 증산 상제님 당신이었다. 단 한 명이라도 살릴 수 있다면 그곳이 아무리 총질이 난무하는 전쟁터라고 해도 뛰어 들어야 했다. 증산 상제님은 청주성 공략에 나선 김개남 부대를 뒤쫓으며 안필성, 김형렬 등 지인들에게 종군하지 말 것을 권유하였다. 『도전』에는 이 과정이 매우 드라마틱하게 기록되어 있다.

증산 상제님이 동학군을 그림자처럼 붙어 다녔던 이유에 대해 선행연구에서는 동학신도였기 때문이라고 하였다. 분명히 말하지만 이는 사려가 깊지 못한 오독이다. 증산 상제님이 어떻게 동학 신도가 될 수 있겠는가.

증산 상제님이 동학군을 따라다녔던 이유에 대해서는 당시 진술에서 확인할 수 있다. 당시 동학군 대열에서 이탈권고를 받은 지인들이 "그러면 선생님은 왜 이곳까지 계속 쫓아 오셨습니까?" 하고 물었을 때 증산 상제님은 대답하였다. "나는 동학에 종군하러 온 것이 아니라 대세를 살펴보러 온 것이로다."(『도전』 1:57:14) 증산 상제님이 동학군 김개남 장군 부대와 앞서거니 뒤서거니 하면서 행동을 함께 한 것은 종군이 아니라 대세를 보기 위한 것이었다. 다른 사람도 아닌 증산 상제님 자신의 언술이다. 믿음이 없으면 의심은 끝이 없다. 아무리 그러하더라도 증산 상제님의 언술 자체를 의심할 필요는 없을 터다.

광구창생匡救蒼生의 큰 뜻을 품다

증산 상제님의 예상대로 동학혁명은 실패로 돌아갔다. 이후 조선 인민들이 겪어야 하는 참화는 더욱 컸다. 증산 상제님은 동학혁명 실패 이후의 정세에 대해 비극적으로 보았다. 동학군이 물리치고자 했던 일본군은 침략적 제국주의의 야욕을 노골적으로 드러냈다. 당장 눈앞의 이익에 급급한 관료들은 아직도 정신을 차리지 못했다. 무엇보다도 동학군이 타도하고자 했던 탐관오리들이 언제 그랬느냐는 듯이 더욱 날뛰며 포학과 도색을 일삼았다. 당시 세태에 대해 『도전』은 "이에 세상인심이 날로 악화되고 백성들은 고난과 궁핍에 빠져 안도할 길을 얻지 못하여 곳곳마다 불안과 두려움이 가득하더라."(『도전』1:65:4)라고 진단하였다.

도대체 사방을 둘러보아도 한 줄기 빛이 보이지 않는 암울한 계절이었다. 앞에서 우리는 증산 상제님이 다름 아닌 동학신도들이 신앙하는 상제요, 동학의 가르침은 곧 증산 상제님의 '목소리'에 다름 아니라는 주장들을 검토하였다. 동학혁명은 30만 명 이상이 희생당한 참혹한 결과를 초래하였다는 것은 훗날 역사기록의 진술이다. 바로 그 비극적인 역사의 현장을 직접 뛰어 다니며 대세를 살폈던 증산 상제님은 당신의 전기적 생애에 있어서 하나의 전환점을 마련하였다.

1) 증산 상제님께서 천하가 날로 그릇되어 감을 깊이 근심하시고 이 해에 의연히 광구창생匡救蒼生의 큰 뜻을 품으시니라.(『도전』1:50:1)

2) 이 해 5월 어느 날 밤 꿈에 한 노인이 찾아와 천지 현기玄機와 세계 대세를 비밀히 논하니라.(『도전』1:50:1)

『도전』에는 같은 장으로 편집해 놓았으나 행간에는 참으로 많은 얘기가 있는 것 같다. 1)은 갑오년 동학혁명 당시 현장에서 대세를 살펴보았던 증산 상제님이 앞으로 당신이 나아갈 하나의 전기가 마련되었다는 얘기다. 그것은 물론 당초 당신이 출세하면서 가지고 온 목표를 향한 재확인에 다름 아니다. 2)를 이해하기 위해서는 깊은 사유가 필요할 것 같다. 꿈의 일이지만, 우주 주재자와 천지 현기와 세계 대세를 토론할 수 있는 노인이라면, 그는 누구일까. 해명을 위해서는 보다 심도 있는 여유와 검토가 필요하지만, 여기서는 더 이상의 논의는 생략한다.

1), 2)를 놓고 볼 때, 증산 상제님은 지금까지 어떤 성자도 보여주지 않았던 더욱 원대하고, 더욱 근원적인 그림을 그리고 있었다는 점이다. 물론 목적은 광구창생이다. 널리 창생을 구원하겠다는 넓고도 큰 뜻이다. 다시 말하면 '옥황상제', 미래의 부처 '미륵불', 하나님으로서 본격적인 행적을 보여줄 때가 성큼 앞으로 당도했다는 얘기다. 증산 상제님은 신중했다. 온 인류는 물론 만물의 생사가 달려있는 천하사를 하는 일이다. 아무리 우주 주재자라고 해도 행동에 나서기 위해서는 신중에 신중을 기할 수밖에 없는 터다.

"천하를 광구하는 데 일조하리라"
1895년 증산 상제님은 유력의 길에 올랐다. 당신이 살고 있는 고부에서 멀리 떨어지지 않는 지역이었다. 그러나 동학혁명 실패 이후 증산 상제님은 움직임이 훨씬 빨라졌다. 이 무렵 증산 상제님은 민족과 인류구원 문제에 대하여 보다 근원적인 해법을 찾기 위해 깊은 사색에 잠기는 시간이 많았다. 당신이 찾는 것은 새로운 방법의 인류구원이었다. 천하를 널리 구원하기 위해서는 기존의 종교와 사상이 아닌 새로움이 필요했다. 기존의 사상, 철학, 종교에 대한 반성이요, 극복에 대한 모색이다. 증산 상제님은 낡은 종교와 사상의 실체를 파악함으로써 새로운 창조의 길이 트인다는 신념이 섰다.

먼저 체계적인 독서를 시작하였다. 『도전』에 나타나는 서책들의 제목만 훑어보아도 독서범위가 넓었다는 것을 알 수 있다. 『주역』, 『천수경』, 『옥편』, 『사요史要』, 『해동명신록海東名臣錄』, 『강절관매법康節觀梅法』, 『신약전서』, 『삼략三略』, 『칠성경』, 『대학』, 『서전書傳』, 『통감通鑑』, 『황주죽루기黃州竹樓記』, 『엄자육묘기嚴子陸廟記』, 『방약합편方藥合編』, 『용담유사』 등이다. 증산 상제님은 "수운가사에 새 기운이 갊아 있으니 말은 소장蘇張의 구변이 있고, 글은 이두李杜의 문장이 있고, 알음은 강절康節의 지식이 있나니 다 내 비결이니라."(『도전』 2:32:1)라고 하였다. 이에 따르면 중국 전국시대에 종횡가에 속하는 '소장蘇張' 즉, 소진蘇秦(?~B.C.E.317)과 장의張儀(?~B.C.E.309)에 대해 기록하고 있는 『전국책戰國策』, 당唐대의 시인 '이두李杜'--이백李白(701~762)과 두보杜甫(712~770)의 시도 읽었을 것이다. '강절康節'은 물론 중국 송나라의 철학자 소강절邵康節(1011~1077)을 가리킨다. 따라서 소강절의 『황극경세서皇極經世書』(62편), 『강절관매법』(『관물내외편觀物內外編』과 동일한 책으로 보인다), 『선천도先天圖』, 『이천격양집伊川擊壤集』(20권), 『어초문답漁樵問答』(1권) 등도 읽었을 가능성이 있다. 한 마디로 유·불·선과 의학, 역사, 문학 등이 망라되어 있다. 특히 이 무렵 증산 상제님이 집중적으로 읽었던 분야는 음양참위에 관한 서적이었다. 무엇보다도 소강절의 상수철학, 수운가사 그리고 『주역』이 주목된다. 증산 상제님은 "주역周易은 개벽할 때 쓸 글이니 주역을 보면 내 일을 알리라."(『도전』 5:248:6)고 하였다. 이 무렵에 읽었던 서책들이 당신이 나아가는 길에 큰 자산이 되었음을 확인할 수 있는 근거다.

1895년 겨울부터 1897년까지 거의 2년 동안 종교서적과 음양참위 서적까지 폭넓게 섭렵하던 증산 상제님은 마지막 책장을 덮은 뒤, "이 것이 천하를 광구하는 데 일조하리라."고 말했다. 광구천하의 방향이 어느 정도 마련되었다는 얘기겠다. 다시 말하면 증산 상제님이 나아 가는 인류구원의 방법에서 과거의 진리 즉, 전통을 비판적으로 수용 하겠다는 의미일 터다.

천하유력의 길에 오르다

그해 가을, 증산 상제님은 천하유력의 길을 떠났다. 『도전』은 천하유력의 목적에 대해 세태와 인정을 직접 온 몸 으로 체험하기 위한 것이었다고 기록하였다(『도전』 1:67:5). 과거 성자 들도 유력의 길을 떠났고, 집 떠난 그곳에서 길을 찾았다. 석가는 집 을 떠나 6년 고행의 길에서 길을 찾았다. 예수도 집을 떠났고, 마호메 트도 집을 떠났다. 그리고 공자도 집을 떠나 길을 찾았다. 그러나 우 리가 주목하는 것은 증산 상제님의 길은 과거 성자들의 그것과는 달 랐다는 점이다.

과거 성자들의 유력은 일종의 공부기간 혹은 수련기간 정도로 표현 하는 것이 무난할 터다. 그리고 어느 시점에서 결정적 계기를 통해 신 혹은 신성을 갖게 되었다. 증산 상제님이 가는 길은 달랐다. 과거 성 자들이 보여준 '공부' 방법, 장소, 기간 등에서 차이가 난다. 먼저 공 간적으로 과거 성자들은 일반 사람들의 생활공간과 멀리 떨어져 있었 다. 석가는 설산으로 갔다. 예수는 광야로 갔다. 마호메트는 히라산 동굴로 들어갔다. 모두 세속적인 공간을 벗어난 곳이다. 그들은 그곳 들에서 초월자가 되어 돌아왔다. 증산 상제님 역시 마지막에는 그런 공간으로 간다. 마지막 사상전화의 장소는 그런 초월적 공간이어야 한다. 그 초월적 공간으로 가기 전에 증산 상제님은 먼저 사람들이 살고 있는, 인간의 땀과 눈물, 피가 흐르는 생활현장으로 들어갔다. 마치 인간을 모르고 인간을 구원할 수는 없다는 듯이.

유력의 길이라면 이력이 붙은 증산 상제님이다. 북행길이다. 익산군 이리(현재의 익산) 쪽으로 방향을 잡은 증산 상제님은 충청도 강경을 거쳐 연산 향적산으로 향했다. 그곳에는 72세의 노학자 김일부가 살고 있었다. '정역正易'의 창시자인 그는 영가무도詠歌舞蹈에 전념하고 있었다. 영가무도란 김일부가 창안한 독특한 수도법이다. 『도전』에 따르면 증산 상제님의 방문을 받은 김일부는 깜짝 놀랐다. 지난밤 꿈이 떠올랐다. 꿈에 천사가 내려와 "옥경玉京(옥황상제가 머물고 있는 천상의 수도)에 올라오라."고 했다. 김일부는 천사를 따라 천상 옥경에 올라갔다. 「요운전曜雲殿」이라는 편액이 붙은 금궐金闕이다. 김일부는 금궐에서 옥황상제를 만나고 내려왔다. 그랬는데, 증산 상제님을 보니까 그 형모가 꿈에 만났던 옥황상제와 같았다. 꿈 이야기를 들려준 뒤 김일부는 증산 상제님에게 '요운曜雲'이란 도호道號를 주고 매우 경대하였다. 증산 상제님은 그 호를 받지 않았다.

짧은 만남이었으나 증산 상제님과 김일부는 많은 얘기도 나누었던 것 같다. 무슨 대화를 나누었는지 상세한 기록은 없다. 아마도 후천개벽의 천지대세에 대하여 많은 이야기를 나누었던 것으로 보인다. 최수운, 전봉준과 함께 김일부는 증산 상제님이 출세하는 과정에서 결정적인 역할을 한 인물 중의 한 사람이다.

증산 상제님은 말한다.

최수운은 내 세상이 올 것을 알렸고, 김일부는 내 세상이 오는

이치를 밝혔으며 전명숙(전봉준의 본명-인용자 주)은 내 앞길을 열었느니라.(『도전』 2:31:5)

증산 상제님은 다시 길을 떠났다. 향적산을 지나 공주, 공주를 지나 태전太田(현재의 대전광역시)에서 한 달 동안 머문 뒤 다시 길을 떠나 경기, 황해, 강원, 평안, 함경, 경상 각지를 유력하였다. 집 떠나면 고생이라고 하였다. 증산 상제님도 예외일 수는 없다. 더구나 지금은 인간의 길을 체험하는 중이다. 현재 당신이 겪는 고통 하나하나는 훗날 인류구원을 위한 디딤돌이 될 터다. 말하자면 증산 상제님은 지금 인간의 고통을 자처하고 있는 것이다. 3년 동안 계속된 죽장망혜竹杖芒鞋의 길이다. 풍찬노숙風餐露宿에 산도 설고 물도 설은 길을 걷고 또 걸어갔는데 짚신이 닳으면 맨발로 걸었고 발가락이 터져 피를 흘리면서도 어디론가 정처없이 걸어갔다. 행자가 떨어져 여러 날 동안 굶는 것도 흔한 일이었다. 그러나 포기하지 않고 조선팔도를 유력하였다.

증산 상제님의 성장기를 얘기할 때, 우리는 일화를 중심으로 호생과 권능, 전지, 수도계열로 구분하였다. 그것은 성장기에만 해당하는 것은 아니다. 크게는 증산 상제님의 전기적 생애에서 보이는 모든 행적들을 네 계열로 구분할 수도 있다. 천하유력 기간 동안에 있었던 다음과 같은 일화는 호생계열이다. 나아가 광구천하의 길로 들어서는 마음가짐이다.

그 날 증산 상제님은 어느 개울가를 지나갔다. 길가에 누워있는 한 피골이 상접한 부녀를 발견하였다. 민초들에게는 예나 지금이나 춥고 배고픈 계절이다. 딸이 물새우를 겨우 잡아 아버지의

입에 넣어 주었다. 그 아버지는 입안으로 들어간 물새우를 다시
꺼내어 딸의 입에 넣어 주었다.

이 눈물겨운 광경을 바라보던 증산 상제님은 "내가 어서 베풀어서
저런 불쌍한 창생들을 살려야 하리라. 저렇게 헐벗고 굶주린 사람들
을 널리 구하리라." 마음속으로 결의를 다지면서 차마 떨어지지 않은
무거운 발길을 돌렸다.

당시의 천하 유력은 참으로 값진 체험이요, 미래를 위한 고귀한 자
산들이다. 들에서 곡식을 거두는 농부들을 보면 거들어 주고, 밭을 갈
아 주시고, 산에 들어가서 나무를 베기도 하였다. 발길이 닿는 곳이
시장이면 장사꾼들을 도와주고, 대장간에 들어가서 대장장이를 도와
풀무질을 하기도 하였다. 누대에 올라 풍물 굿을 보았고, 노인을 만나
옛이야기를 나누기도 하였으며, 관리들을 만나 정치를 듣는 등 그야
말로 만고萬苦를 체험하고 만상萬相을 친히 둘러보았다. 앞으로 구원
해야 할 민초를, 인류를 현장에서 발견하는 일이다. 땀과 눈물, 피로
일구어낸 증산 상제님의 사상의 폭과 깊이도 그만큼 심화되었음은 물
론이다.

4 천지대신문을 열다

　1900년 가을이다. 증산 상제님은 3년 천하유력을 끝내고 귀향길에 올랐다. 앞에서 우리는 증산 상제님의 천하유력의 목적이 세태와 인정을 직접 온 몸으로 체험하기 위한 것이라고 하였다. 증산 상제님은 여러 해 동안 각지를 유력하며 친히 만상을 둘러보았다. 원래 뜻을 품었던 광구천하를 향한 발걸음도 그만큼 가까워졌다. 당신이 가야할 길을 확고하게 찾았다는 얘기다.

> 　증산 상제님께서 여러 해 동안 각지를 유력하시며 친히 만상萬相을 둘러보신 후에 신축(辛丑: 道紀 31, 1901)년에 이르러 '이제 천하의 대세가 종전의 알며 행한 모든 법술로는 세상을 건질 수 없다.'고 생각하시고 모든 일을 자유자재로 할 조화권능造化權能이 아니고서는 광구천하의 뜻을 이루지 못할 줄을 깨달으시고 수도修道에 더욱 정진하시니라.(『도전』 2:1)

　객망리 집으로 돌아온 증산 상제님은 집안 대대로 전해 내려오던 「진천군 교지敎旨」와 「공명첩空名帖」, 족보, 문집 등을 꺼내 불태웠다. 과거의 인습에 머물러 있지 않겠다는 선언이요, 실천적 행위다.

　증산 상제님은 말한다. "내 세상에는 천하의 모든 성씨姓氏의 족보를 다시 시작하리라."

　영문을 알 수 없는 부모와 문중사람들이 달려와 만류하였다. 증산 상제님은 "앞세상에는 이런 것에 의지해서는 아니 됩니다." 하고 물러서지 않았다.

다시 증산 상제님은 말한다. "모든 것이 나로부터 다시 새롭게 된다."(『도전』 2:13).

인류역사를, 나아가 우주 역사를 당신의 손으로 다시 쓰겠다는 일종의 선언이었다. 또한 이 말씀은 일찍이 '하느님의 아들' 예수의 제자 중 한 명이었던 사도 요한이 「계시록」에서 "(하느님 강림과 개벽의 그날) 그때 옥좌에 앉으신 분이 '보아라! 내가 만물을 새롭게 하노라' 하셨습니다."(「요한계시록」 21:5)라고 증언했던 '옥좌에 앉으신 분', 바로 그 하느님이요, 그 하느님의 '말씀'이다.

칠성각에서 성도하다

그날 이후 증산 상제님은 시루산 상봉으로 올라가 수도에 들어갔다. 수도방법 역시 과거 성자들의 그것과는 달랐다. 기록들에 따르면 상투를 풀고 치렁한 머리카락을 늘어뜨린 채 시루산 상봉에 홀로이 앉아 깊은 명상에 잠겼다. 수도 중에 갑자기 큰 소리를 내어 울기도 하였고, 때로는 도술을 부려 안개를 일으키고, 호랑이로 변하여 산상의 바위에 앉아 눈앞에 펼쳐져 있는 세상을 뚫어지게 노려보기도 하였다. 당시 증산 상제님의 수도를 시중들었던 이는 정씨부인이었다. 남편의 행동을 이해할 수 없는 정씨부인은 종종 불화를 일으키기도 하였다. 증산 상제님은 더욱 열정적으로 수도에 임했다. 이때 증산 상제님이 발견한 광구천하의 길은 "종전의 알며 행한 모든 법술로는 세상을 건질 수 없다"는 것이었다. 다시 말하면 "모든 일을 자유자재로 할 조화권능이 아니고서는 광구천하의 뜻을 이룰 수 없다"(『도전』 2:1:2-3)는 것이다. 증산 상제님이 추구하는 이와 같은 '조화권능'은 신의 권능을 통해 인간을 구원하는 기존의 종교와 달리 자신이 직접 신의 존재로 왔다는 점에서 보다 현실적이고 적극적이라고 할 수 있다.

1901년 6월 초, 증산 상제님은 시루산에 공부막工夫幕을 짓고 14일 수도에 들어갔다. 참으로 모진 수도였다. 그러나 결판이 나지 않았다. 6월 16일, 증산 상제님은 다시 수도장을 옮겼다. 전주 모악산 대원사大院寺 칠성각七星閣이다. 증산 상제님의 대원사 수도과정 역시 기존의 성자들이 보여준 것과는 달랐다. 몇 가지 일화가 전한다. 칠성각에 들어가 일체의 외부인 접근을 막고 수도하던 어느 날 밤, 풍우와 번개, 천둥이 몰아치는 가운데 지축을 뒤흔드는 큰 소리가 들렸는데 다음날 아침 금곡이 보았을 때 칠성각 건물의 방향이 뒤틀려져 있고 이 사찰에 모시고 있던 진묵대사震黙大師(1562-1633)의 영정이 마당에 나동그라져 있었다. 하루는 금곡이 칠성각 안을 엿보았는데 방안에는 연기가 자욱한 가운데 증산 상제님이 종이에 무슨 글인지 계속 써서 불을 사르곤 하였다. 이때 증산 상제님은 단식을 하면서 이레 동안 단 한 번도 자리를 떠나지 않은 채 수행을 하고 있었다. 한밤중에 마당으로 나와 천둥 같은 목소리로 고함을 지르는가 하면 다섯 길이 훨씬 넘는 감나무 위를 훌쩍훌쩍 뛰어 넘고, 절 뒤쪽의 가파른 절벽을 타고 오르는가 하면 산골짜기를 뛰어 넘어가 수왕암水王庵에 가서 목욕을 하고 오기도 했다. 이와 같은 몇 가지 일화에서 우리는 6년 설산고행 끝에 보리수 아래서 성도한 석가, 광야에서 40일 동안 금식기도를 올린 뒤 하나님의 아들임을 확인한 예수, 동굴에서 어느 날 갑자기 신의 계시를 받은 마호메트 등과는 많은 차이를 보인다는 점을 확인할 수 있다.

증산 상제님께서 대원사에 가신 지 보름 만인 7월 초하루부터 식음을 전폐하시고, 한번 앉으신 자리를 잠시도 떠나지 않으신 채 이레 동안 수도에만 일심하시니라. 대원사 칠성각에서 공부하신 지 스무하루 만인 신축년 7월 7일에 천둥과 지진이 크게 일어나고 상서로운 큰비가 쏟아지는 가운데 무상의 대도로 천지대신문天地大神門을 여시니 이로부터 삼계대권三界大權을 주재主宰하시고 우주의 조화권능을 뜻대로 행하시니라.(『도전』 2:11:2-4)

증산 상제님이 도통하기 전날 밤이었다. 증산 상제님은 금곡을 불러, "산 너머 금산사에 가서 미륵전을 지키라."고 명하였다. 대원사에서 금산사로 가려면 절 뒤쪽으로 올라가 능선을 넘어야 한다. 금곡이 대원사를 떠날 때 문득 이상한 기운이 느껴져 뒤를 돌아보았다. 이때 금곡이 보았던 광경에 대해 『도전』에서는 "찬란한 불기둥이 하늘로부터 칠성각 지붕으로 내리 뻗쳐 있더라."(『도전』 2:11:6)고 기록하였다. 또 금곡이 금산사 미륵전을 지키고 있을 때, 갑자기 천지가 진동하여 미륵불과 미륵전이 무너질 듯 크게 흔들렸다.

금곡이 두려워 정신을 차릴 수 없고 몸조차 가눌 수 없어 미륵전 기둥을 잡고 견디는데 오히려 기분은 황홀하여지더라. 날이 밝자 금곡이 대원사로 돌아와 간밤의 일을 아뢴즉 그때가 바로 증산 상제님께서 도를 통하신 시각이더라.(『도전』 2:11:8-9)

천지대신문天地大神門 증산 상제님이 성도하는 순간에 '천둥과 지진이 크게 일어나고 상서로운 큰비가 쏟아졌다'는 것은 『도전』을 비롯하여 대부분의 기록이 일치한다. 증산 상제님과 같은 위인이 어떤 결정적인 사건을 맞이하였을 때 상서로운 일이 일어나는 것은 과거 성자들의 경우에도 당연히 있었던 일이다. 꽃비가 내리고 대지가 진동하는 등 기적이 일어나는데, 차차석 교수의 『다시 읽는 법화경』에서는 온 우주가 축복하는 우주적 퍼포먼스라고 표현하였다. 석가의 경우만 해도 탄생, 성도, 설법, 열반 등의 결정적인 사건이 있을 때는 반드시 우주적 축제가 일어났다.

석가모니 부처가 『법화경』을 설하였을 때도 이런 일이 일어났다. 하늘에서는 무수한 꽃비가 내렸으며 온 세상이 크게 진동하였다. 이 상서로운 우주적 축제를 중국 양나라 시대의 고승 법운法雲은 『법화경의 기』에서 '법화육서法華六瑞'라고 하였다. 상서로운 꽃비가 내리고, 땅이 흔들리고, 광명의 빛이 비치는 등의 이 상서로운 우주적 축제는 증산 상제님이 도통하는 순간에도 그대로 재현되고 있었다. 바야흐로 증산 상제님이 탐음진치貪淫瞋癡를 비롯한 모든 마魔를 굴복시키고 무상의 대도로서 천지대신문天地大神門을 활짝 여는 순간이다.

『도전』에서는 증산 상제님의 성도를 '천지대신문을 열었다'고 표현하였다. 역시 과거 성자들의 그것과 근본적인 차이를 보이는 대목이다. '천지대신문을 열었다'는 문장을 독해하기 위해서는 우리 고유의 신앙인 신교에 대한 이해가 선행되어야 한다. 여기서 신교에 대한 상세한 논의를 할 여유는 없으므로 해당 문장만을 이해하는 정도로 논의한다. '천지대신문을 열었다'는 표현은 문자 그대로 '하늘땅의 신도神道의 큰 문'을 열었다는 뜻이다. 『도전』의 해석에 따르면 하늘과 땅은 그 자체가 양극 구조를 한 대생명의 영체(하늘은 신神, 땅은 귀鬼)이기 때문에 천지에 대한 모든 인식은 신도로만 체험된다. 이는 하늘(신)과 땅(鬼)의 생성운동으로 태어난 인간의 몸속에서 정精·기氣·혈血·신神의 생성운동을 통해 성립되는 신이 인간 생명의 주체로 작용하기 때문이다. 따라서 수행을 할 때 천지 자체가 언제나 대광명체의 신성으로 인식되며, 신도로서만 천지의 조화성을 깨닫게 되는 것이다. 결국 '천지대신문을 연다'는 것은 천지 자연 질서의 주재 위격에 있으며 우주에 벌여져 있는 모든 신명세계를 통일하여 인사로 전환시켜 가는 증산 상제님의 행위, 본격적인 의미에서 앞으로 증산 상제님이 행하게 될 천지공사의 큰 기틀을 보는 핵심의 하나가 된다.

또한 『도전』에서는 증산 상제님이 무상의 대도로 천지대신문을 열었고, 이로부터 삼계대권을 주재하고 우주의 조화권능을 뜻대로 행하였다고 기록하였다. 삼계는 하늘과 땅과 인간세계를 가리킨다. 흔히 삼재三才라고도 한다. 신명세계는 천지조화의 주재 위격이 되며 신도를 통칭 '하늘'이라 한다. 따라서 삼계대권은 천도와 지리와 인사를 우주 주재자의 뜻대로 집행할 수 있는 대권능을 일컫는다. 천지대신문을 열었으므로 증산 상제님은 삼계대권을 주재하고 인류를 구원할 수 있는 '조화권능'을 자유자재로 집행할 수 있는 권능의 소유자로서 즉, 우주 주재·통치자로서 당신의 신원을 완전히 회복하였다.

1) 상제님께서 금곡에게 "미음 한 그릇을 가지고 오라." 하시니 금곡이 올리매 다 드시고 나서 "금곡아! 이 천지가 뉘 천지인고?" 하시거늘 금곡이 답할 바를 몰라 머뭇거리니 상제님께서 천둥 같은 음성으로 "내 천지로다! 나는 옥황상제玉皇上帝니라." 하시고 크게 웃으시니라.(『도전』 2:11:10-12)

2) 이제 온 천하가 큰 병이 들었나니 내가 삼계대권을 주재하여

조화로써 천지를 개벽하고 불로장생不老長生의 선경仙境을 건설하
려 하노라. 나는 옥황상제玉皇上帝니라.(『도전』 2:16:1-3)

1)은 증산 상제님이 성도한 직후의 첫 일성이다. 천지가 당신의 것이
고, 당신이 옥황상제라는 밝힘은 곧 우주 조화옹의 신원 확인이다. 이
것은 당신의 종교적 생애를 관통하는 '전체성'에 다름 아니다. 앞으로
전개된 증산 상제님의 종교 생애가 곧 천지공사에 해당한다고 할 때,
1)의 내용은 전체 천지공사의 주춧돌이라고 할 수 있다. 천지공사는
옥황상제이므로 가능하고, 옥황상제이므로 천지공사를 행할 수 있다.
　인용문 2) 역시 1)의 기반 위에 진행된 천지공사의 기초다. 세분하
면 다음과 같다. 첫째, 현실진단이다("이제 온 천하가 큰 병이 들었다"). 여
기에는 인류가 처한 현대는 곧 멸망을 앞둔 개벽기라는 의미가 내포
되어 있다. 둘째, 상제의 권능을 표현하고 있다("나는 삼계대권을 주재한
다"). 셋째, 앞으로 상제로서 당신이 진행하게 될 천지공사를 두 가지
로 구분하여 예시하고 있다("조화로써 천지를 개벽하겠다" / "불로장생의
선경을 건설할 것이다"). 넷째, 당신의 신원에 대한 재확인이다("나는 옥황
상제니라"). 삼계대권을 주재하여 조화로써 천지를 개벽하고 불로장생
의 선경을 건설할 수 있는 권능의 소유자는 우주 주재자인 옥황상제
일 수밖에 없다. 결국 증산 상제님 자신의 언술에 기대면 당신은 인간
으로 온 우주 주재자요, 천상의 통치자요, 최고신(The High God)이며,
개벽장 하느님(Renewing God)이다.

시속에 어린아이에게 '깨복쟁이'라고 희롱하나니 이는 '개벽장開
闢長'이 날 것을 이름이라. 내가 삼계대권을 주재主宰하여 천지를

개벽하여 무궁한 선경의 운수를 정하고 조화정부를 열어 재겁에 싸인 신명과 민중을 건지려 하니 너는 마음을 순결히 하여 천지공정天地公庭에 수종하라.(『도전』 4:3:2-5)

증산 상제님의 이와 같은 언술은 과히 파천황적이라고 할 수 있다. 증산 상제님의 생애를 재구성하면서 우리는 쉰 주교의 책을 검토하였다. 일찍이 인류역사를 통해 자기가 신으로부터 나왔다든가, 신의 메시지를 받았다고 주장하는 사람들이 더러 있었다. 그러나 최고신으로 직접 이 땅에 온 이는 증산 상제님이 거의 유일하다. 우리가 종종 검토하게 되는 과거 성자들은 모두 자신들이 누군가에 의해 보내진 인물이라고 실토했다. 석가는 '나는 다만 길을 가리키는 구도자일 뿐'이라고 하였다. 예수는 하나님의 아들로서 왔다(마태복음 3:16, 17). 마호메트는 알라의 메신저라고 했다. 성자들 각자 다르게 얘기하였으나 그 내용을 요약한다면, 그들은 모두 누군가로부터 보냄을 통해 왔다. 그리고 우리는 그들을 보낸 이가 다름 아닌 증산 상제님이었음을 당신의 언술을 통해 확인하였다. 그들은 각자 자기 할 일을 하고 돌아갔다. 이제 성자들을 내려 보냈던 하나님, 미륵불, 옥황상제로 표현되지만 결국 한 분인 증산 상제님이 직접 인간으로 왔고, 이제 본격적으로 광구천하의 행보에 나설 준비를 완전히 갖추었다.

내가 이제 천지를 개벽하여 억조창생을 건지려 하노라

전주 대원사에서 천지대신문을 연 이후 증산 상제님이 한 일은 '천지공사'라고 한다. 천지공사는 우주 주재자인 증산 상제님이 공정한 우주재판[천지공정天地公庭]을 통해 뒤틀린 자연 질서와 그릇된 인간질서에 대한 재조정

작업을 시도하여 우주생명의 판과 틀을 새롭게 짜서 바꾸는 일이다. 다시 말하면 증산 상제님이 "선천 말대의 천지운로運路를 뜯어 고치시고 후천세계 인간 생활의 모든 질서를 결정"(『도전』 5:435:1)하는 천하사요, 천지대업이다. 증산 상제님은 이미 천하가 큰 병이 들었다고 현실을 진단하였다. 또한 증산 상제님은 "성인은 천하의 직책과 천하의 업무를 우선으로 삼나니/천하의 직은 병들어 죽어 가는 삼계를 살리는 일[의醫]이요/천하의 업은 삼계문명을 통일하는 일[통統]이니라." (『도전』 5:347:16) 하였고, 이를 실천이라도 하듯 김제 구릿골에 약방을 차렸다. 그리고 이 약방을 '만국의원萬國醫院'이라고 하였다.

증산 상제님은 말한다.

> "한 지방의 병만을 막아도 아니 될 것이요, 온 세상의 병을 다 고쳐야 하리라. 또 한 때의 병만을 막아도 아니 될 것이요, 천하 만세의 병을 다 고쳐야 하리니 이로써 만국의원을 개설하노라." 하시니라.(『도전』 5:249:13-14)

증산 상제님이 개설한 약방이 단순한 의술을 행사하는 약방이 아니요, 천지의 병을 치료하는 장소가 된다. 이 개념의 연장선상에서 천지공사는 바로 환자인 천지와 인류의 미래역사를 진단하고 처방, 치유하는 우주적 프로젝트다. 원정근 박사의 논문「후천개벽과 인간개벽」에 따르면 천지공사의 '천지'는 하늘과 땅, 사람의 삼계를 포괄하는 개념이다. 여기에 신명계까지 포함한다. '공사'는 말 그대로 공적인 일을 의미한다. 따라서 천지공사는 사회적 공공성만이 아니라 인간사회를 포함하여 세계, 나아가 우주에 존재하는 모든 생명을 위한 공사라는 뜻이다.

천지공사는 1901년 겨울, 객망리 증산 상제님의 자택에서 시작되었다. 의식은 신비롭고 비장했다. 한겨울인데도 아궁이에 불을 지피지도 않았고 창문에는 종이를 모두 뜯어내 문살만 앙상하게 드러나 있다. 홑옷차림의 증산 상제님은 식음을 전폐한 채 9일 동안 의식을 집행했다.

> 신축(辛丑 : 道紀 31, 1901)년 겨울에 본댁에서 천지대신문天地大神門을 여시고 천지공사를 행하실 때 식음을 전폐하시고, 불을 때지 않은 방에서 창문에 종이를 바르지 않으신 채 홑옷 차림으로 아흐레를 지내시며 신명들에게 칙령勅令을 내리시니 새가 벼 말리는 뜰에 내리지 않으며 집안 식구도 방문 가까이 가기를 두려워하고 이웃 사람들은 문 앞을 지나가기조차 어려워하더라.(『도전』 5:2:1-3)

이 첫 공사의 정확한 의미를 당시는 물론이요, 많은 세월이 지난 오늘날까지도 쉽사리 파악할 수는 없다. 이 공사뿐만이 아니라 앞으로 증산 상제님이 집행하게 될 모든 천지공사의 정확한 의미를 파악하기란 불가능하다. 우주 주재자가 천지도수를 짜는 공사의 의미를 한낱 인간의 지식으로 파악한다는 것 자체가 불가능한 것은 당위일 터다. 이 공사도 마찬가지다. 다만 9년 천지공사를 집행하기 위해 기본 틀을 짜는 의식을 집행한 정도로 추측될 뿐이다.

5 금산사 돌무지개문 위에서 부르다

　본격적인 천지공사는 1902년부터 집행되었다. 처음 의식 때와 마찬가지로 공사의 출발은 처음부터 비장감이 흘렀다. 그해 4월 13일 구도자 김형렬은 집에 있었다. 그의 집은 불출암에서 증산 상제님을 처음 만났을 때 살았던 금구 환평이 아니라 전주군 우림면 하운동 제비창골에 위치하고 있었다. 물론 이사를 한 것이었다. 집이라고 하지만 개인 소유가 아니라 안동 김씨 재실을 임시로 사용하고 있었다. 집 주위로 대나무와 소나무가 우거졌다. 주위에는 인가 한 채도 보이지 않았다. 대문 옆에는 제법 크게 자란 감나무 한 그루가 서 있고 대문 앞 넓은 터에도 드문드문 감나무들이 자라고 있었다. 집에는 만삭이 된 아내가 앉아 있었다. 주위는 고요하다. 그때였다. 어디선가 김형렬을 부르는 소리가 들리는 듯하였다.

　"형렬아, 형렬아!"

　재 너머 금산사 쪽이었다. 그를 부르는 소리가 또렷이 들렸다. 김형렬은 자리에서 일어섰다. 그는 자기를 부르는 소리를 따라 서전재西殿峙를 넘어갔다. 그가 당도한 곳은 금산사 초입의 돌무지개문[虹霓門] 앞이었다. 아. 돌무지개 위에는 뜻밖에도 증산 상제님이 앉아 있었다.

　김형렬은 크게 반가워하며 증산 상제님을 모시고 용화동으로 돌아왔다. 이 풍경을 어떻게 이해할 것인가. 분명히 예사로운 풍경이 아니었다. 지금 김형렬이 모시고 오는 증산 상제님은 예전에 알고 지내오던 '인간' 강증산이 아니다. 그의 밝힘에 따르면 상제요, 미륵불이다.

신이다. 김형렬이 서전재를 넘기 전에 들었던 부름은 신이 인간을 불러내는 일이었고, 지금 돌아오는 이 길은 인간이 신을 모시고 오는, 실로 엄청난 일이 일어나고 있었다. 인류 역사상 과연 이런 일이 언제 어느 곳에서 일어날 수 있었겠는가.

증산 상제님, 김형렬을 부르다

김형렬의 집으로 온 증산 상제님의 말씀도 예사롭지 않았다. 용화동으로 돌아 제비창골에 들어선 형렬이 증산 상제님을 모시고 집 앞에 이르러 "선생님, 안으로 들어가십시다." 하였다.

대문 앞에서 증산 상제님은 움직이지 않고 김형렬을 물끄러미 바라보았다. "자네 집에 산기産氣가 있네 그려."

형렬이 놀라 "어떻게 아셨습니까?" 하고 물었다.

"삼신三神이 말을 몰고 자네 집으로 들어가므로 알았노라." 증산 상제님이 말했다. "여기가 제비창골帝妃創谷이라지?"

"예, 그렇습니다. 어디서 들으셨습니까?"

"응, 촉나라 길이 험하다 하여도 한신韓信이가 알더라고, 천하사天下事를 하러 다니는 사람이 제비창골을 모르겠나. 감나무 아래로 가세."

증산 상제님이 먼저 감나무 아래로 갔다. 김형렬이 마주앉았다. 잠시 무거운 침묵이 흐른 뒤에 증산 상제님은 "그대는 나와 더불어 천지공사를 꾀함이 어떠하냐."고 하였다. 뜻밖의 질문에 영문을 알 수 없는 김형렬이 "천지공사라니요. 그게 무슨 말씀이신지요?"하고 물었다.

증산 상제님은 대답한다.

"현하의 천지대세가 선천은 운을 다하고 후천의 운이 닥쳐오므로 내가 새 하늘을 개벽하고 인물을 개조하여 선경세계를 이루리니 이때는 모름지기 새판이 열리는 시대니라. 이제 천지의 가을운수를 맞아 생명의 문을 다시 짓고 천지의 기틀을 근원으로 되돌려 만방에 새 기운을 돌리리니 이것이 바로 천지공사니라."

(『도전』 3:11:3-4)

"내가 이제 천지를 개벽하여 하늘과 땅을 뜯어고치고 무극대도無極大道를 세워 선천상극의 운을 닫고 조화선경造化仙境을 열어 고해에 빠진 억조창생을 건지려 하노라. 이제 온 천하가 한집안이 되게 하나니 너는 오직 순결한 마음으로 천지공정天地公庭에 참여하라."(『도전』 5:3:2-5)

김형렬은 어리둥절할 뿐이다. 지금껏 어디에서 누구로부터 듣지도 보지도 못한 얘기다. 그러나 형렬 역시 일찍이 도를 구하던 '도인'이었다. 아마 모를 일이로되, 김형렬은 증산 상제님으로부터 갑작스런 얘기를 듣고 확인이 필요하였을 터다.

"새판을 짠다는 것은 어떻게 하신다는 말씀입니까?" 김형렬이 물었다.

"이때는 천지의 비극적 시운時運으로 이름 없는 악질이 창궐하리니 만약 선의仙醫가 아니면 만조萬祖에 일손一孫이라도 건지기 어려우리라." 증산 상제님은 시운에 대하여 장시간 언급한 후에, "두 집이 망하고 한 집이 성공하는 공부를 하려는가?" 벼락치듯 물었다. 아니, 묻는 것이 아니라 명이었다.

김형렬은, 요즘 말로 준비된 '제자'였다. 바로 이 날을 얼마나 기다려왔던가. 그는 뛸 듯이 기뻐하였다. "열 집이 망해도 하겠습니다. 열 집이 망하고라도 한 집만 성공하면 열 집이 다 성공될 것 아닙니까?"

증산 상제님은 김형렬의 태도가 썩 흡족하였던 것 같다. "그렇지, 자네 말이 옳도다. 그러나 모두 자네 같은가? 어려운 일일세."

증산 상제님은 세 번 다짐을 받고서야 방에 들어가 앉았다. 김형렬이 증산 상제님의 첫 번째 성도가 되는 순간이다. 다시 말하면 증산 상제님의 도문이 열리는 순간이라고 할 수 있다.

바로 그때였다. 김형렬의 아내가 셋째 아들을 낳았는데 잠시 후에 안에서 아들 낳은 소식을 알려왔다. 증산 상제님은 그 자리에서 '천리마'라 이름을 지어 주었다. 본래 형렬의 아내는 아이를 낳으면 반드시 산후복통이 나서 한 달 동안 앓는 증상이 있었다. 이번에도 다르지 않았다. 아내가 죽는다고 소리쳤다. 옆에서 지켜보고 있는 형렬은 크게 근심할 뿐, 뾰족한 수가 없었다.

"인생의 고초가 저렇도다. 이 뒤로는 모든 일에 나를 믿고 근심을 놓으라." 증산 상제님은 처방을 일러 주시며 "약 두 첩을 지어 오라."고 말했다.

형렬이 증산 상제님이 명하는 대로 약을 달여 먹였다. 과연 아내의 복통이 그치고 그 밖에 천촉喘促과 해소咳嗽 같은 별증別症들도 곧 씻은 듯이 나았다. 더욱 기쁜 것은 산모였다. 그녀는 기꺼운 마음으로 증산 상제님을 뵙고 집에 오래 계시기를 간청하였다.

"세상 사람은 자기가 먼저 좋아야 남을 생각하는 법이라." 증산 상제님은 웃으며 흔연히 허락하였다.

이때 상제님의 성수聖壽는 32세이시고 형렬의 나이는 41세라. 노소는 다를망정 가까이 모셔 보니 감히 앞으로 다니기가 황송할 지경이더라. 이후로 상제님께서 형렬의 집을 주인으로 정하시고 천지공사를 행하시니 형렬에게 공사에 수종들 수 있도록 심령心 靈을 열어 주시기 위해 4월 15일부터 수련을 시키시니라.(『도전』 3:12 :8-11)

증산 상제님은 김형렬 성도의 집을 천지공사의 주인으로 정하고 본격적으로 천지공사의 깃발을 올라갔다(이후 '공사'로 줄임말과 혼용하여 사용한다. '천지공사'에 대한 개념 등 상세한 내용은 다음 장을 참조할 것). 매일같이 수십 명이 천지공사에 참여하여 수종을 들었다. 『도전』에서는 이들에 대해 "각기 상제님께서 어천御天하시는 그 날까지 후천 천지대개벽 공사에 지대한 공덕을 쌓았나니 그 노고를 높이 받들고 그 뜻을 천추만대에 기리기 위해 천지공사에 수종한 종도從徒를 성도聖徒라 추존推尊하니라."(『도전』 3:2:21-4)고 하였다. 『도전』 말씀을 존중하여 앞으로는 증산 상제님을 따랐던 제자들을 '성도'로 표기한다.

시始도 여기서 일어나고 종終도 여기서 마치리라
김형렬의 집에 식주인을 정한 뒤, 어느날 증산 상제님은 형렬에게 "쇠머리 한 개를 사 오고 떡을 찌라."고 명하였다. 형렬을 비롯한 몇몇 성도들이 무슨 일이냐는 듯 증산 상제님을 보았다.

"제비창골 일을 해야 한다."

증산 상제님의 반응은 간단했다. 이어 감나무 밑에 음식을 차리게 하였다. 음식이 차려진 뒤에 증산 상제님은 감나무를 잡고 '만수萬修'를 불렀다. 만수는 증산 상제님이 대공사를 볼 때 자주 부르는 신이다. 증산 상제님의 보호신장이라고 할 수 있다. 다시 말하면 지금 보고 있는 이 공사가 단순한 제사가 아니라 대공사라는 얘기다. 만수를 부른 뒤에 증산 상제님은 갑자기 〈성주풀이〉를 하였다.

경상도 안동 땅 제비원帝妃院 솔씨 받아
소평小坪 대평大坪 던지더니
밤이면 이슬 맞고 낮에는 볕뉘 쐬어
그 솔이 점점 자라 청장목靑壯木이 되었구나.
황장목黃腸木이 되었구나.
낙락장송이 쩍 벌어졌구나.
태평전太平殿 대들보가 되어
어라 만수萬修 어라 대신大神이야.
대활연大豁然으로 이 땅으로 설설이 내립소사.
시始도 여기서 일어나고 종終도 여기서 마치리라.(『도전』 3:13:3-6)

이 〈성주풀이〉는 오늘날 흔히 부르는 잡가가 아니라 서사무가이다. 〈성조가成造歌〉, 〈성조신가〉, 〈성주가城主歌〉, 〈가신유래가〉 등으로 칭하기도 한다. 특히 이 노래는 집을 지을 때 혹은 집터를 닦을 때, 부르는 무가인데 집(터)을 맡아본다는 성조신成造神과 성조부인成造夫人을 읊은 노래다. 일반적인 구성은 청배淸拜·나무의 생성生成·재목의 운반·양택풍수陽宅風水·건축·주련柱聯·성조고사成造告祀·가구자장家具資糚·경문經文 등으로 이루어졌으나 그때그때 알맞은 대목을 뽑아서 부르기도 한다. 원래 경상도 지역에서 전승되는 성주신의 내력을 노래한 서사무가이지만, 이후 전국 각 지역에서도 다른 전승을 도입하여 부르고 있다. 각 지역마다 불리는 〈성주풀이〉는 그 내용이 다르지만, 한 가지 같은 것이 지금 증산 상제님이 부르는 대목이다. '경상도 안동 땅 제비원 솔씨 받아' 뿌린 씨앗이 자라서 각 가옥에 쓸 수 있는 재목이 되었다는.

증산 상제님의 공사에는 많은 상징체계가 작용하고 있다. 이것을 제대로 독해하는 것이야말로 공사 내용을 이해할 수 있는 첩경이 된다. 이 공사 역시 다르지 않다. 증산 상제님은 지금 당신이 앞으로 9년 동안 행하게 될 천지공사를 하나의 거대한 성을 짓는 과정에 비유하여 이 노래를 부르고 있는 것이다. 아니, 공사를 행하고 있는 것이다. 공사 말씀 하나하나는 어느 것도 허투루 버릴 수 없는 재목이 된다. 다시 말하면 공사에서 사용되는 언술 하나하나가 아무 것이나 갖다 쓰는 것이 아니라 그만한 까닭이 있다는 얘기다. 온 인류의 미래가, 미래 운명이 달려있는 천지공사를 행하는 마당에 다름 아닌 하느님이 어찌 아무렇게나 할 수 있겠는가. 모든 공사에는 우연히 있을 수 없다. 조화옹인 증산 상제님 당신의 의지에 따른 필연의 결과다.

증산 상제님은 왜 당신의 천지공사를 하나의 성을, 아니 성안의 궁궐인 '태평전'을 건축하는 과정에 비유하면서 이 서사무가를 불렀을까? 먼저 필연 관계를 검토하자. 경상도 안동은 증산 상제님이 당신의 천지공사의 식주인으로 정한 김형렬의 본관이다. '제비원'은 현재 김형렬이 살고 있는 제비창골과 관련이 있다. 이와 관련해서는 증산 상제님이 처음 이곳에 오던 날 김형렬에게 "여기가 제비창골帝妃創谷이라지?" 물었던 내용과 관계가 깊다. 증산 상제님이 공사를 행하는 현장인 제비창골帝妃創谷→경상도 안동 제비원→(곧 행하게 될) '제업창골帝業創谷' 공사가 하나의 필연 과정을 거치면서 이 공사가 진행되고 있는 것이다.

또한 천지공사의 시작에 다름 아닌 ('경상도 안동 땅 제비원') 솔씨도 주목할 필요가 있다. 여기서 경상도 안동 제비원 설화를 모두 소개할 수는 없지만, 장차 낙랑장송으로 떡 벌어진 재목들이 된 솔씨는 단순한 제비원이 아니라 안동 제비원에 있는 미륵불 어깨 위에 있는 것들이다. 여기서 미륵불이 곧 증산 상제님이 된다는 것을 독해한다면, 우리의 공사 읽기는 훨씬 쉬워질 것이다. 다시 말하면 공사 집행자인 증산 상제님과 식주인 김형렬의 관계(의미)가 이 노래 속에 내포되어 있다. 이 공사 마지막에 증산 상제님은 그 의미를 적나라하게 드러내고 있다. 당신의 9년 천지공사의 '시始도 여기서 일어나고 종終도 여기서 마치리라'는. 『도전』에서는 이를 "신천지 개벽공사의 시종을 김형렬 집에서" 공사로 이름 붙이고 있다.

> 이렇게 노래 부르신 후에 금산사를 넘어다보시고 "여기를 큰집으로 할까, 작은집으로 할까. 제비 새끼 치는 날에 제비창골이 가득 차리라." 하시고 쇠머리를 땅에 묻으시니라.(『도전』 3:13:7)

공사 재료로 사용된 쇠머리를 땅에 묻었으므로 이 공사는 끝났다고 할 수 있다. 그러나 공사가 끝나기 직전에 했던 증산 상제님의 언술을 검토할 필요가 있다. 증산 상제님은 왜 이 공사를 마치면서 금산사를 넘어다 보았을까. 모를 일이로되, 금산사 미륵불을, 다시 말하면 자신을 돌아보았다는 의미가 된다. 이 공사에 대한 결재도장을 찍은 것과 다름 아니다.

형렬의 집에 계실 때 하루는 상제님께서 "여기가 어찌 제비창고帝妃創庫일까?" 하시더니 말씀하시기를 "옛집을 다시 찾는다는 말이니라. 이곳은 제비창골이 아니요 제업창골帝業創谷이니라." 하시니라.

하루는 하운동에 사는 박성태朴成台에게 말씀하시기를 "앞으로 제비창골에 날마다 백 명씩은 왕래하리라." 하시고 "그러나 여지가 좋지 못하다." 하시니라.(『도전』 3:13:8-10)

앞의 〈성주풀이〉 공사와 함께, 중요한 것은 이 공사의 핵심어인 '제비창골'이다. 증산 상제님은 '제비창골'이 아니라 '제업창골帝業創谷'이라고 했다. 여기서 '제'를 상제인 증산 상제님이라고 하였을 때, 이 공사 내용은 곧 당신의 천지공사 '사업'이 된다. 상제님의 사업이니까 곧 '천하사'라고 할 수 있다.

김자현의 입문

김자현金自賢(1875~1927)은 금산사 초입에 위치한 구릿골 사람으로 김형렬의 친족이었다. 그에게는 고질병이 있었다. 다리에 습종이 돋아 고생한 지 3년이 지났으나 백약이 무효하여 다리를 영영 베일 지경이었다.

김형렬이 김자현을 찾아온 것은 이 무렵이었다. 잠시 한담을 나누던 형렬은 증산 상제님 이야기를 꺼냈다. 그는 며칠 전에 겪었던 증산 상제님이 아내의 산후통을 고쳐 주신 신효한 내력을 얘기했다.

"그 동안 종기로 얼마나 고생하는가? 의관을 하여 그 분을 찾아뵙고 여쭈어 봄이 어떠한가?"

자현으로서는 듣던 중 반가운 소리였다. 그러나 언뜻 형렬의 말이

믿어지지가 않았다. 이 세상에 어느 누가 있어 이 고질병을 고쳐 주겠는가, 하는 의혹이 문득 일어났다.

"제 다리는 못 고칩니다. 이미 단념한 지 오래입니다." 자현은 사양했다.

"아, 이런 병이 뭐 대수인가. 병은 천지병天地病이 큰 병이지 이런 병은 병도 아니네. 그분은 천지병을 고치시는 분이라네. 천의天醫가 오셨으니 생각해 보아서 꼭 오게나." 형렬이 꾸짖듯 말했다.

그제야 자현이 "그럼 내일 찾아뵙겠습니다." 시큰둥하게 말했다.

다음날이다. 여기는 제비창골 김형렬의 집이었다. 증산 상제님은 코로 냄새를 맡으며 "어찌 이런 흉악한 냄새가 나는가?" 하였다. 형렬이 깜짝 놀라 방을 쓸고 닦는데 증산 상제님이 또 냄새를 맡으시며 "썩는 냄새가 이리 나는가?" 하였다. 형렬이 어쩔 줄을 몰랐다. 그는 밖으로 나가서 변소문을 덮고 하며 부산을 떨었다.

바로 그때였다. "성님 있소?" 하고 나타난 것은 구릿골에 사는 종제從弟 김갑칠金甲七(1881~1942)이었다. 다리가 아픈 김자현을 지게에 지고 온 것이었다. 갑칠이 자현을 땅에 내려놓았다.

자현이 뜰 밑에서 증산 상제님을 향해 "선생님, 사람 살려 주소서." 하고 다리를 내보였다.

"응, 저 다리가 오니 그런 냄새가 났도다. 나는 못 속이지." 증산 상제님이 자현을 보고 말했다.

"선생님, 사람 살려 주소서." 자현이 다시 외쳤다.

"내가 하늘님이던가!" 증산 상제님이 말했다.

"아이고 선생님, 살려 주소서." 자현이 거듭 애원하였다.

"음, 내가 삼신인가. 점잖은 손님이 오면 떡시루가 오는 법인데 나

같은 손님이 오니 썩은 다리가 들어왔네. 내가 무슨 의원이라고 나 같은 사람의 말을 듣고 약을 쓰려 하시오?" 증산 상제님이 딴청을 부리듯 말했다.

"무슨 약이라도 가르쳐만 주시면 쓰겠습니다." 자현은 더욱 간절한 목소리로 말했다.

그제야 증산 상제님이 엄한 표정을 지으며 말했다. "뒷산에 가서 창출蒼朮 한 되 캐서 그 달인 물로 상처난 곳을 씻고, 원평장에 가서 엿 다섯 가래를 사다가 찧어서 붙이라."

집에 돌아간 자현은 창출을 캐고 엿 다섯 가래를 사다 놓았다. 그런데 엿 한 가래를 아들 태준泰俊이 먹어버렸다. 자현은 할 수 없이 엿 네 가래를 찧어 붙였다. 효험은 금방 드러났다. 3년이나 고생하던 다리가 불과 보름 만에 씻은 듯이 나았다.

자현이 기뻐하며 이바지를 준비하여 증산 상제님을 배알하고 은공에 사례하였다. 증산 상제님은 자현을 반기며 환부를 보았다. 그런데 대님 매는 자리에 엿 한 가래만치 흉터가 나 있었다.

증산 상제님은 웃으며 말했다. "엿을 네 가래만 찧어 붙였으니 엿 한 가래가 다리에 붙었구나."

> 이에 자현이 더욱 탄복하여 그 날로 상제님을 따르겠다고 나서니 상제님께서 "죽어도 따르겠느냐." 하시매 자현이 "죽어도 따르겠습니다." 하고 대답하거늘 이와 같이 세 번을 다짐 받으신 뒤에 형렬을 불러 다시 "세 집이 망하고 천하가 흥하는 공부를 해보자." 하시고 자현이 천지사업에 동참하는 것을 허락하시니라.(『도전』 3:16:16-18)

김자현. 본관 안동. 현재의 김제군 금산면 청도리 구릿골에서 부친 김원장과 모친 박씨의 장남으로 태어나 이 곳에서 생을 마쳤다. 1902년 4월에 청도리 제비창골에서 친척(10촌)인 김형렬 성도의 인도로 상제님을 따르게 되었다. 이후 그는 변함 없는 믿음으로 김형렬 성도와 함께 9년 천지공사에 가장 오래 수종하게 된다.

김갑칠, 은한공숙, 김보경의 입문

김형렬에 이어 김자현의 입문은 특히 구릿골에 살고 있는 안동 김씨 친족들을 중심으로 회자되었던 것 같다. 누구보다도 거의 산송장이나 다름없었던 김자현을 직접 지게에 짊어지고 제비창골 김형렬의 집으로 가서 증산 상제님에게 보여 주었던 김갑칠의 감동은 컸다.

김갑칠. 본관 안동. 본래 이름은 판식判植이다. 1881년 김제군 금산면 청도리에서 부친 김기윤과 모친 황씨 사이에서 둘째 아들로 태어났다. 부인 이씨와 혼인하여 슬하에 아들 태일을 두었다. 김형렬 성도와는 4촌간이다. 입수한 사진에 따르면 키는 큰 편은 아니었으나 단단한 체격이었던 것으로 보인다.

> 김갑칠은 형렬과 사촌간이라. 상제님께서 자현의 고질병을 고쳐 주심을 보고 그 신이하신 권능에 감복하여 상제님을 따르니 이 때 나이 22세라. 이후 상제님께서 이름을 갑칠甲七로 고쳐 주시니 상제님께서 외처로 출행하실 때 담뱃대 등 행장을 들고 따르면서 일등 비서 역할을 수행하며 많은 공사에 수종드니라.(『도전』 3:17:1-4)

김갑칠은 증산 상제님의 천지공사에서 일등비서 역할을 수행하였다. 그는 많은 공사에 참여하여 수종들게 된다. 김갑칠뿐만이 아니었다. 김갑칠 이후 구릿골에서는 증산 상제님 도문에 입도의 바람이 불었다.

임인년 4월에 상제님께서 형렬의 집에 머무르시며 천지공사를 행하시니 구릿골 사람 한공숙韓公淑, 함열咸悅 사람 김보경金甫京 등이 이 내력을 전해 듣고 감동하여 차례로 따르니라. (『도전』 3:17:5-6)

눈길을 끄는 것은 김보경金甫京(1860~1934)이다. 그는 함열 사람이다. 그가 증산 상제님 도문에 입도한 것은 구릿골 안동 김씨의 영향으로 보인다. 김보경 역시 본관이 안동이기 때문이다. 그의 본명은 영준榮駿. 1860년 출생이니까 다른 성도들에 비해서 나이가 조금 많은 편이다. 그중 나이가 많았던 김형렬보다도 두 살 위였다. 그는 익산군 성당면 대선리에서 부친 김기원과 모친 서씨 사이에서 장남으로 태어났다. 그는 기골이 190cm에 상당할 정도로 장대하였다고 한다. 학문을 좋아하여 14세에 사서삼경을 뗐으며 한때 서당에서 훈장을 하기도 하였다. 안동 김씨 문중 일을 주로 도맡아서 하였다고 한다.

한반도의 운명을 어디다 둘 것인가

증산 상제님의 '초기 도문'(임시용어임)을 장식하게 될 성도들의 면모가 어느 정도 갖추어졌다. 이제 증산 상제님은 본격적인 활동에 들어갔다. 천지공사가 그것이다.

하루는 성도들에게 물으시기를 "너희들 내가 누구인 줄 아느냐?" 하시니 아무도 감히 대답하는 사람이 없거늘 말씀하시기를 "너희들이 내가 누구인지를 알기만 하여도 반도통은 되었느니라." 하시니라.

또 말씀하시기를 "나는 동정어묵動靜語黙 하나라도 천지공사가 아님이 없고 잠시도 한가한 겨를이 없이 바쁜 줄을 세상 사람들은 모르느니라." 하시니라.(『도전』 3:18:1-3)

증산 상제님은 당신의 동정어묵動靜語黙 하나하나가 천지공사가 아님이 없다고 하였다. 천지공사의 개념은 물론 상세한 내용은 다음 장에서 논하게 되겠으나 증산 상제님은 이 말은 당신의 삶 자체가 곧 천지공사라는 의미로 읽혀질 수 있다. 다시 말하면 증산 상제님이 인간으로 온 이유가 곧 천지공사를 행하기 위함이라는 얘기다.

증산 상제님의 천지공사는 세운공사世運公事와 도운공사道運公事로 크게 나뉘어 전개되었다. '세운'은 문자 그대로 세계의 움직임, 운로이다. 세계의 정치 질서를 말한다. 그러나 세운공사의 '세운'은 더욱 포괄적인 개념으로 사용하고 있다. 세계의 운명을 정하는 천지공사로서 앞으로의 세계질서의 움직임, 운명을 천지도수로 정하여 인사로 전개되도록 하는 공사를 일컫는다. '도운'은 증산 상제님 자신의 진리의 운명을 정하는 천지공사 즉, (증산 상제님)도의 종통 계승의 운로를 가리킨다.

하느님이 하는 일이지만, 아니 하느님이 하는 일이니까, 동시대의 인민들의 고통을 외면할 수 없었을 터이므로 증산 상제님의 공사에는 당시의 시대와 환경이 반영되어 있다. 바꾸어 말하면 오늘날 증산 상제님의 천지공사를 독해하기 위해서는 당시 시대와 환경, 사회상을 병행하여 읽어야 한다는 얘기다. 이런 전제가 동의된다면, 우리의 일차적 과제는 당시 증산 상제님이 국제정세의 판도를 어떻게 보았는지를 확인해야 하는 일이다.

닻을 올린 천지공사는 본격적으로 진행되었다. 이 무렵 증산 상제님은 '서양으로 넘어가는 동양을 붙들어 주시는'(『도전』 5:4) 공사를 행하였다. 때는 들불같이 일어났던 갑오년 동학혁명이 잠든 지도 8년이 지날 무렵이다. 이제 조선은 제국주의 일본뿐만 아니라 서양 열강들의 각축장이 되어버렸다. 다시 말하면 한반도는 제국주의 열강들 앞에 놓여 있는 한 점 고깃덩이에 지나지 않았다. 먹느냐 먹히느냐가 아니라 누구에게 먹히느냐가 문제였다.

그날 공사는 시작부터 왠지 모를 처절함이 흘렀다. 증산 상제님은 무슨 영문인지 독한 소주 한 동이를 하루 밤과 낮 동안에 걸쳐 다 마셨다. 이어 최덕겸을 비롯하여 여러 성도들을 데리고 길을 나섰다. 대문을 나서자마자 대님을 끌러 옷을 걷어 올리고 갑자기 길 옆 미나리꽝으로 뛰어들었다. 그리고 미나리꽝에 질펀하게 주저앉아 둑에 등을 기대고 발을 바닥에 단단히 지탱한 채 무엇을 힘껏 잡아당기는 몸짓을 하였다.

"너희들 이것 봐라. 동양이 서양으로 넘어간다. 아이고! 아이고! 목구녕까지 다 넘어갔다. 저 목구녕에 다 넘어가!"

증산 상제님은 몸부림을 하였다. 그리고 둑을 지지대 삼아 밭쪽으로 발을 쭉 뻗고 손으로 허공을 끌어당겨 탁 챘다.

"목까지 넘어갔는데 내가 끄집어냈다. 나 아니었으면 꼼짝없이 넘어가 서양에 먹힐 뻔했다." 잠시 후 증산 상제님은 미나리꽝에서 나오며 말했다. 이로써 공사는 끝났다. 이와 같이 천지공사는 증산 상제님의 언행으로 이루어진다. 언어로 표기되어 있는 이런 공사 내용을 처음 대면하는 독자들 매우 생소할 것이다. 이런 경우는 경험자들의 해석에 의지하는 것이 공사를 이해하는 첫걸음이다. 증산도문에서는 이 공사를 '서양으로 넘어가는 동양을 붙들어 주는' 천지공사로 이해하고 있다. 앞으로 모든 공사 내용을 이해하는 것도 마찬가지다.

증산 상제님은 이후 '해원공사, 후천세운공사', '지구촌 세계질서의 큰 기틀을 짜는'(회문산 오선위기) 공사(『도전』 5:6), '상씨름으로 판을 마치는'(『도전』 5:7) 공사 등을 잇달아 집행한다(천지공사는 다음 장에서 상세하게 논의된다. 여기서는 공사 내용에 대한 상세한 논의는 생략한다).

회문산 오선위기공사, 씨름판 공사는 세운공사의 전체성 혹은 대표성을 갖고 있다. 세운공사를 이루는 대들보가 된다는 얘기다. 따라서 증산 상제님의 향후 세운공사는 이 공사를 보충하는 형태로 진행된다. 1903년 '조선 대신명을 서양으로 파견하여 대역사를 시키는 공사'(『도전』 5:19-22, 26), '일본으로 하여금 서양제국을 몰아내는 일꾼으로 세우는 공사―러일전쟁 발발 공사'(『도전』 5:27, 28), 1904년 '일진회 세력을 거두는 공사'(『도전』 3:57), 1906년 '남조선 국운 심판공사'(『도전』 5:89), '대한민국 국호도수'(『도전』 5:90), '일본 국운 심판공사'(『도전』 5:91), '조선 국운 수습과 천하대운을 정하는 공사'(『도전』 5:93), '조선의 국운을 거두는 공사'(『도전』 5:96), '천지대운의 동방으로 몰고 오기 공사'(『도전』 5:112), 1907년 '조선을 일본에 의탁하는 공사'(『도전』 5:119, 122), '오선위기혈에 단주의 해원도수를 붙여 조선의 국운을 돌리는 공사'(『도전』 5:121), '대전쟁공사'(『도전』 5:144) 등이 그것이다.

6 '후기 도문'을 장식하는 큰 일꾼들

도운(공사)에서 첫손가락에 꼽히는 인물은 증산 상제님의 반려자요, 수부首婦가 된 고판례高判禮(1880~1935) 부인이다. 증산 상제님이 처음 사용한 '수부'란 글자 그대로 머리 수首, 여자·아내 부婦로서 모든 여성들의 머릿여자, 우두머리 곧 영어의 'First Lady'와 같은 문자적인 의미를 담고 있다. 『도전』에 따르면 '수부'의 뜻은 앞으로 열리는 후천음존시대를 맞아 선천 5만 년 동안 형성되어 온 억음존양抑陰尊陽의 질서를 깨고 새로운 창조의 질서를 열도록 여성구원의 선봉장, 인사의 주장자로 내세운 종통대권의 자리(도운의 개창자)이며 또한 하느님의 반려자로서 광구천하의 절반을 맡아 여성 해원시대의 새 문화를 여는 천지의 여주인[首婦], '해방과 자유의 첫 여인'으로서 큰 사역자를 뜻한다.

고판례 부인은 수부도수 종통대권 공사의 주인이다. 그러나 이 공사에서 빼놓을 수 없는 인물이 있다. 월곡月谷 차경석車京石(1880~1936)이다. 차경석이 증산 상제님의 도문에 들어온 것은 1907년 5월이었다.

증산 상제님, 차경석이 만나다

차경석.

그는 증산 상제님의 도운사道運史는 물론 세계 종교사에 있어서도 다른 어떤 인물보다 굵게 기록될 인물이다. 그는 갑오년 동학혁명 때 군단장급인 장령으로 활약한 동학접주 차치구車致九(1851~1894)의 4남1녀 중 장남이다. 동학혁명이 실패한 뒤 동지의 밀고로 검거된(혹은 자수했다는 얘기도 전한다) 차치구는 온 몸을 불태워 죽이는 분살형焚殺刑에 처해졌다. 차경석은 열다섯 살 나이에 처형장으로 달려가 아버지의 시신을 들쳐업고 나와 장례를 치를 정도로 담대한 인물이었다.

아버지의 죽임에 대한 복수심 때문일까. 그는 일찍이 사회운동에 뛰어 들었다. 그가 처음 만난 사회단체는 물론 몰락한 동학의 후신이었다. 일진회가 그것이다. 그는 일진회에 가입하여 전남북순회관을 지냈으나 곧 탈퇴하였다. 일진회의 친일행태가 못마땅한 탓이다. 그는 다시 천도교에 입교했으나 뜻이 맞지 않아서 뛰쳐나왔다. 그는 장래를 담보할 수 있는 새로운 진리를 찾았다.

차경석이 증산 상제님을 만난 것은 이 무렵이었다.

> 5월 17일에 상제님께서 형렬의 집을 떠나시며 말씀하시기를 "이 길이 길행吉行이라. 한 사람을 만나려 함이니 장차 네게 알리리라." 하시고 용암리龍岩里 물방앗간에 머무르시다가 그 앞 주막에서 정읍 사람 차경석車京石을 만나시니 당년 28세로 구척장신에 용모가 준수한 젊은이라. (『도전』 3:180:1-2)

그 날 경석은 재산 문제로 송사하기 위해 정읍에서 전주로 가는 길이었다. 그가 용암리 주막에서 점심을 먹고 막 떠나려 할 즈음이다. 대삿갓에 풀대님 차림을 한 증산 상제님이 김자현 등 두어 사람을 데리고 들어왔다.

> 경석이 상제님을 뵈니 의표儀表는 소탈한 가운데 씩씩한 기운을 띠시고 언어동지言語動止는 순진하고 꾸밈이 없으시며 안광眼光이

사람을 쏘는 듯하여 감히 똑바로 볼 수가 없더라.

사람을 대하여 정겹게 말씀을 나누시면 마치 봄바람이 온 들에 가득 찬 듯하고 일의 사리를 밝히심에는 대하大河가 물결치듯 풀어 놓으시고 말씀의 운치는 너그럽고 크시어 천둥이 구르는 듯하며 모든 행동하심이 호호탕탕하여 폭 잡을 수가 없는지라.(『도전』 3:180:6-10)

경석은 절로 마음이 끌렸다. 증산 상제님의 기품에 취해버린 경석은 가까이 다가서며 말씀을 청하였다. 증산 상제님은 온화하게 대답하고 술을 들다가 닭국 한 그릇을 경석에게 권하였다. 경석이 막 닭국 사발을 받았을 때 어디선가 벌 한 마리가 날아와 국에 빠졌다. 경석이 수저를 멈추고 혹 상서롭지 못한 일이 아닌가 하고 머뭇거렸다.

"벌은 규모 있는 벌레니라." 증산 상제님이 꾸짖는 듯 하면서도 인자한 음성으로 말했다.

"무슨 업을 하십니까?" 경석이 대뜸 물었다.

"의원 노릇을 하노라."

"어느 곳에 머무르십니까?"

"나는 동역객東亦客 서역객西亦客 천지무가객天地無家客이로다."

짧은 몇 마디지만 증산 상제님과 차경석의 문답은 물 흐르는 듯하였다. 『도전』은 "경석이 상제님의 거주지를 여쭌 것은 뒷날 찾아뵈려 한 것인데 이렇게 말씀하시니 다시 찾기가 어렵겠으므로 떠나지 않기로 결심"(『도전』 3:180:17)하였다고 기록하였다. 경석은 증산 상제님의 지식을 시험하기 위해 다시 "어떻게 하면 인권人權을 많이 얻을 수 있습니까?" 하고 여쭈었다.

"폐일언蔽一言하고 욕속부달欲速不達이니라." 증산 상제님의 대답은 단호하다.

"자세한 뜻을 알지 못하겠습니다."

"사람 기르기가 누에 기르기와 같아서 일찍 내이나 늦게 내이나 먹이만 도수에 맞게 하면 올릴 때에는 다 같이 오르게 되나니 이르고 늦음이 사람의 공력에 있느니라." 증산 상제님이 말했다.

증산 상제님의 한 마디 한 마디 말씀은 경석의 내부에 종소리처럼 크게 울렸다. 경석은 큰 충격과 함께 감동을 받았다. 경석은 송사 서류를 내어 보였다.

"'세 사람이 모이면 관장官長의 공사를 처결한다.' 하오니 청컨대 이 일이 어떻게 될지 판단하여 주십시오."

증산 상제님은 그 서류를 소리 내어 읽은 뒤에, "이 송사는 그대에게 유리하리라. 그러나 이 송사로 인하여 피고의 열한 식구는 살길을 잃게 되리니 일의 곡직을 불문하고 대인으로서는 차마 할 일이 아니니라. 남아가 반드시 활인지기活人之氣를 띨 것이요, 살기를 띰은 옳지 못하니라." 하고 후려치듯 말했다.

"선생님의 말씀이 지당하오니 이 길을 작파하겠습니다." 경석은 기국과 도량이 큰 인물이다. 크게 감복한 경석은 그 자리에서 그 서류를 불살랐다.

증산 상제님의 모든 거동이 범속과 다름을 이상히 여긴 경석은 그곳을 떠날 수가 없었다. 공경심이 절로 우러났기 때문이다. 증산 상제님은 경석의 존재에 대해 크게 신경을 쓰지 않은 듯하였다. 날이 저물었다. 증산 상제님이 움직였다. 경석은 당신의 뒤를 따라갔다. 용암리 물방앗간이다. 그때쯤 경석의 마음은 이미 증산 상제님에게 완전히 압도되어 있었다.

> 경석이 상제님의 말씀을 들을수록 마음이 끌리어 그 자리에서
> 상제님을 모시겠다고 간청하되 상제님께서 허락하지 아니하시
> 니라.(『도전』 3:181:9)

용암리 물방앗간은 김치경金致京이라는 사람의 소유였다. 증산 상제님은 물방앗간에 숙소를 정하고 며칠을 나려고 하는 것 같았다. 음식이며 잠자리며 모든 것이 누추하기 이를 데 없었다. 도저히 곁에서 보고 있기조차 민망하였다. 경석 자신도 증산 상제님 곁에서 함께 고초를 겪으면서도 떠나지 않았다. 그리고 틈이 보였을 때 경석은 "정읍, 저의 집으로 모시겠습니다." 하고 여쭈었다.

"이놈아. 그게 무슨 소리냐." 증산 상제님이 진노하여 큰 소리로 꾸짖었다. "나는 너와는 아무런 인연이 없노라. 어서 내 앞에서 썩 물러가라, 이놈아!"

증산 상제님이 경석이 떠나지 않음을 괴로워하며 수차 물러가기를 재촉하였다. 경석은 듣지 않고 계속 자기 집으로 함께 가시기를 간청하였다. 그때마다 증산 상제님은 혹 성을 내시고 욕을 하며 쫓아냈다. 그럴수록 경석이 보기에는 모든 일이 더욱 범상치 않을 뿐 아니라 최수운의 《용담유사》에서 "여광여취如狂如醉 저 양반을 간 곳마다 따라가서 지질한 그 고생을 뉘로 대해 그 말하며" 하는 구절이 떠올랐다. 경석은 증산 상제님 곁을 떠나지 않고 열흘 동안을 머물면서 제자가 되기를 청하였다.

경석의 끈질긴 애원에 증산 상제님도 지친 모습이다. 증산 상제님

은 포기한 듯 말했다. "네가 나를 따르려면 모든 일을 전폐하고 오직 내가 가르치는 바에만 일심하여야 할지니 이제 돌아가서 모든 일을 정리하고 6월 초하룻날 다시 이곳으로 찾아오라."

경석이 그제야 하직하고 물방앗간을 떠났다. 정읍 대흥리에 있는 집으로 돌아온 경석은 아우들을 모아 놓고 증산 상제님을 만난 일과 전주 송사를 작파한 일을 털어놓았다. 아우들은 무슨 말인지 모르겠다며 반대했다. 경석의 마음은 이미 정해졌다.

"너희들, 사람 생명이 크냐, 돈이 크냐? 나는 사람을 죽일 수가 없어 그냥 돌아왔다. 이제 나는 선생님을 따라 사람 살리는 공부를 하려 하노라."

아우들을 설득한 경석은 증산 상제님이 하라는 대로 모든 일을 정리하였다. 6월 초하룻날 집을 나선 경석은 다시 용암리 물방앗간으로 왔다. 그는 증산 상제님을 뵙고 정읍으로 가기를 간청하였다.

이 길은 남조선南朝鮮 뱃길

그날 밤에 증산 상제님은 풀밭에서 잠을 잤다. 닭이 운 뒤에 일어난 증산 상제님은 "잘못 풀밭에 누웠구나. 왜 일찍 깨우지 않았느냐." 하고 뼈 있는 한 마디를 하였다. 물론 차경석을 두고 한 말이었다. 경석이 증산 상제님의 그 언중유골言中有骨을 알아차렸는지 확인할 길은 없다. 분명한 것은 경석이 증산 상제님을 지극정성으로 모시고 있다는 점이다. 증산 상제님의 제자가 되고자 하는 경석의 급한 마음이야 아는지 모르는지 증산 상제님은 짐짓 모른 체 하며 돌 위에서 잠을 자기도 하고 들판의 농부들과 한가로이 얘기를 나누기도 하는데, 경석이 뒤따르며 지성으로 모셨다.

증산 상제님은 계속 경석의 추종을 불허하였다. 사흘 동안을 지내신 뒤에야 비로소 허락하며 증산 상제님은, "내가 일찍이 목물 속에서 허우적거리며 고생하다가 겨우 헤어나 발목물에 서 있는데 네가 다시 나를 깊은 길물로 끌어들이는구나." 하였다.

> 상제님께서 일진회가 일어난 뒤로 삿갓을 쓰시다가 이 날부터
> 의관을 갖추시고 경석을 데리고 물방앗간을 떠나 정읍으로 가시
> 니라. 이때 원평에 이르시어 군중을 향해 말씀하시기를 "이 길은
> 남조선南朝鮮 뱃길이니 짐을 채워야 떠나리라." 하시고 한 주점에
> 들어가시어 모든 행인을 불러 술을 나누어 주시며 말씀하시기를
> "이 길은 성인聖人 다섯을 낳는 길이로다." 하시니 사람들은 그 뜻
> 을 알지 못하더라.(『도전』 3:183:1-4)

이 공사에 나오는 '남조선 배', '성인 다섯을 낳는 길' 등은 증산 상제님의 천지공사에서 중요한 항목이다. 전자에 대해서는 일부 연구가 이루어졌고. 후자의 '성인 다섯'에 대해서는 아직도 명확한 독해가 내려지지 않은 단계다. 여기에 대해서는 다른 기회에 얘기한다.

원평을 떠난 일행은 고부 쪽으로 방향을 잡았다. 차경석은 고부 솔안[松內] 최씨 재실에 살고 있는 절친한 친구 박공우朴公又(1876~1940)에게로 증산 상제님을 모셨다. 박공우 또한 동학 신도로서 그때 49일 동안 기도하는 중이었다.

박공우. 본관 밀양. 호 인암仁菴. 전주시 교동에서 부친 박순문과 모친 오묘전 사이에서 장남으로 태어났다. 키가 180cm 이상의 장신이었고 풍채가 당당하였다. 음성은 사방에 울릴 정도로 웅장하였다. 차월곡과는 절친한 친구 사이였다.

박공우는 기골이 장대하고 웬만한 나무도 뿌리째 뽑아버리는 장
사로 의협심이 충만한 인물이라. 일찍이 정읍, 고창高敞, 흥덕興
德 등 다섯 고을의 장치기꾼을 하면서 한창 때는 당할 자가 없는
씨름장사로 이름을 날리니라. 이후 예수교의 전도사로 수십 명
을 포교하기도 하고 다시 동학을 신봉하여 혼인도 하지 않고 열
렬히 구도에 정진하다가 경석의 인도로 찾아오신 상제님을 뵈니
이때 공우의 나이 32세더라.(『도전』 3:184:1-4)

증산 상제님을 중심으로 차경석, 박공우가 모여 밤새도록 도담을
나누었다. 밤새 향을 피워 모기를 쫓던 공우가, "제가 지금 49일 기도
중에 있는데 이렇게 선생님을 뵙게 된 것이 기적이 아닌가 합니다."
라고 말했다.

경석과 공우를 그윽한 눈빛으로 바라보던 증산 상제님은 말한다.

"이제 만날 사람 만났으니 통정신通情神이 나오니라. 나의 일은 비
록 부모 형제 처자라도 모르는 일이니 나는 서양 대법국 천개탑
천하대순이라. 동학 주문에 '시천주조화정侍天主造化定'이라 하였으
니 나의 일을 이름이라. 내가 천지를 개벽하고 조화정부를 열어
인간과 하늘의 혼란을 바로잡으려고 삼계를 둘러 살피다가 너의
동토에 그친 것은 잔피孱疲에 빠진 민중을 먼저 건져 만고에 쌓
인 원한을 풀어 주려 함이라. 나를 믿는 자는 무궁한 행복을 얻
어 선경의 낙을 누리리니 이것이 참동학이니라. 궁을가弓乙歌에
'조선강산 명산이라 도통군자 다시 난다.' 하였으니 그 또한 나의
일을 이름이라.

동학 신도간에 '대선생大先生이 갱생하리라.'고 전하나 죽은 자가 다시 살아오지는 못할 것이요 이는 '대선생이 다시 나리라.'는 말이니 내가 곧 대선생이로다." (『도전』 3:184:7-15)

월곡 차경석과 인암 박공우를 주목한다. 증산 상제님 도문에서 핵심 일꾼이 될 두 명의 성도가 거의 같은 시간에 입도함으로써 증산 상제님의 '후기' 도문(임시용어임)은 본격적으로 가동되었다.

차경석은 입도 과정부터 주목거리다. 그는 증산 상제님을 만나 몇 차례 시험 끝에 증산도문에 입도했다. 차경석. 그는 증산 상제님이 일부러 찾아가 만난 거의 유일한 성도였다. 아마도 증산 상제님이 "이 길은 길행"이라고 하면서 찾아가 차경석을 만났고, 그가 입도하게 된 '증산 상제님만이 알고 있는' 어떤 이유가 있을 터다. 당시 증산 상제님은 37세였고 차경석은 28세였다. 그리고 차경석 성도와 더불어 증산 상제님 도문의 한 축을 짊어지게 될 박공우는 32세였다.

미륵불을 찾아 떠도는 안내성

차경석과 박공우 성도가 후기도문을 장식할 큰 일꾼이라고 할 때, 후기 도문을 장식할 또 한 명의 성도를 빼놓을 수 없다.

안내성安乃成(1867~1949).

과연 안내성만큼 많은 이야기를 간직한 성도가 또 있을까. 안내성만큼 극적으로 증산 상제님을 만난 성도가 또 있을까. 아니, 그의 삶 자체가 드라마틱함 그 자체다.

안내성. 본관 순흥. 본명 내선乃善. 호는 경만敬萬. 그는 1867년 경상남도 함안군 가야면 도음실에서 부친 안성유와 모친 남씨 사이에서 장남으로 태어났다. 그가 대여섯 살이 되어 부친이 글을 가르치려 하는데 공부는 하지 않고 밖으로 다니며 씨름이나 주먹질만 일삼았다. 조부가 "저 아이는 글을 가르칠 아이가 아니니 내버려 두라." 하였다. 부모의 마음은 또 달랐다. 내성의 부친이 감히 거역하지는 못하였으나 마음이 편치 못하여 끙끙 앓던 어느 날 집을 나가 행방불명이 되고 말았다.

내성이 여덟 살 되던 해에 조부가 타계하였다. 주위에서는 늘 놀기만 좋아하는 내성인 줄 알았으나 그것은 오해였다. 그는 훌쩍 성숙한 '애어른' 같은 아이였다. 아홉 살 때 내성은 부친을 찾아 집을 떠났다. 『도전』에 따르면 그는 황해도, 평안도 할 것 없이 전국 방방곡곡을 걸어서 돌아다녔다.

어느 날 내성의 발길은 금강산으로 접어들었다. 그 길로 내성은 어느 절에 들어가 3년 동안 불목하니 노릇을 하였다. 하루는 중들이 나누는 얘기 중에 "미륵존불이 출세해야 세상이 밝아진다."는 말을 들었다. 내성은 귀가 번쩍 뜨여 아버지도 찾고 스승도 찾을 겸 다시 길을 떠났다. 그날부터 내성은 미륵존불을 간절히 염원하며 이 소문 저 풍문을 좇아 장돌뱅이로 전국을 안 가본 데 없이 돌아다녔다. 나중에는 멀리 청국清國 산천까지 밟으며 십팔기十八技를 익히기도 하였다.

이렇게 미륵님을 찾아 천지를 헤매 다니는 중에 한번은 북경北京에 이진사李進士라는 도통군자가 있다는 소문을 듣고 천리를 멀다 않고 찾아갔거늘 그 사람이 북경에 있지 않고 남경南京에 갔다 하므로 남경까지 찾아가니 이번에는 그곳에서 도로 북경으로 돌아갔다 하매 내성이 다시 북경으로 가서 마침내 그 사람을 만나

니라. 이에 이진사가 말하기를 "천하를 건질 천선생天先生은 조선
에서 나오니 공연히 여기서 헤매지 말고 당신 나라로 돌아가라."
하거늘 내성이 순간 '천하를 건질 천선생님이라면 출세하신 미륵
님이 틀림없다.' 확신하고 뜻밖의 반가운 소식에 기뻐하며 서둘
러 조선으로 돌아오니라. (『도전』 3:189 :10-14)

조선으로 돌아온 이후로 내성의 마음은 더욱 불타올랐다. 그는 불
경을 염송하며 반드시 '천선생님'을 찾고야 말겠노라는 일념으로 전
국을 떠돌며 지냈다.

어느 날 내성은 경상도 진주 촉석루에 이르러 설핏 낮잠이 들었다.
이때 홀연 정신이 황홀한 가운데 하늘에서 한 선관의 음성이 들렸다.

"내선아, 네가 이곳에 있을 줄 알았노라. 노래를 받아라."

선관이 낭랑하고 유려한 음률로 〈임천가林泉歌〉를 들려주는데 일찍
이 들어 보지 못한 아름다운 선율이었다.

임 잃고 임 생각할 제
밤마다 꿈 몽夢 자요
생각 념念 자 탄식하니
어깨 너머 눈물 루淚 자
우리는 언제나 정든 님 모시고
웃음 소笑 자 즐거울 락樂 자로
세월을 보낼 건가.
바람 불고 비 오실 줄 알면
학창의 지어 줄에다 걸자

차후는 임 오신다는 소식이 풍월에 들리거든

유문장등留門長燈하고 자리 보존하고

저 달이 떴다 지도록 기다리소. ─〈임천가〉 일부 ─

내성은 처연한 마음으로 〈임천가〉를 들었다. 두 눈에서 뜨거운 눈물이 주르르 흘러 내렸다. 노래가 끝난 뒤에 다시 선관이 "석가모니는 지나간 부처니 염불은 그만하고 이제부터 너는 천선생을 찾아 모시도록 하라." 하는 말을 남기고 아득히 하늘로 사라졌다.

내성이 문득 깨어 보니 꿈이었다. 이에 크게 용기를 얻은 내성은 '지성이면 감천이다. 내가 틀림없이 천선생님을 만나겠다.' 다짐하고 내쳐 길을 떠나 오매불망 아버지와 천선생님을 찾아 돌아다녔다.

1907년 여름이다. 내성이 당도한 곳은 이 나라 미륵신앙의 대성지인 금산사였다. 그는 금산사 미륵전에 들어가 그대로 무너지듯 큰 절을 하였다. 이후 며칠 동안 미륵전에 머물면서 꿈에도 그리운 아버지와 현신출세 미륵불이신 천선생님을 만나게 해 주시기를 미륵불께 지성으로 발원하였다.

정읍 새재에서 증산 상제님을 만나다

그해 6월 22일이었다. 내성이 금산사에서 기도를 마치고 돌아오는 길에 정해井海를 지나 정읍 새재를 넘어가고 있었다. 그날따라 유난히도 날이 푹푹 쪘다. 고갯마루가 아직 멀었으나 벌써부터 온몸이 땀으로 흠뻑 젖었다. 막 새재 입구로 들어선 내성은 길 가에 한가롭게 늘어져 있는 주막을 보았다. 그는 "목이나 좀 축이고 갈까." 하다가 "기왕이면 올라가서 쉬자." 하고 길을 재촉하였다. 그러나 땀이 비오듯 하였다. 옷소매로 땀을 닦고 칡잎을 따서 훨훨 부쳐 가며 걷고 또 걸었다. 마침내 새재 고갯마루다. 그는 허위허위 고갯마루에 올라 나무 그늘을 찾았다. 그때 서늘한 돌 위에 패랭이를 쓴 한 젊은이가 앉아 있는 것이 보였다. 바로 증산 상제님이었다.

내성이 젊은이 곁에 등을 대고 앉아 땀을 들이고 있는데 문득 지난 시절이 떠올라 회한이 파도처럼 밀려왔다.

'내가 아버지와 천선생님을 찾아 천지 사방을 헤매 다녔건만 여태 소식 한 장 못 듣고, 그리자니 꿈속의 임이로구나. 이번 길에도 못 찾으면 다시 청국에나 가야겠다.'

그때였다. 문득 옆에 앉아있는 증산 상제님이 담배를 재어 한 모금 빨고는 먼 데를 바라보며 뜬금없이 "참, 별 미친놈을 다 보겠네." 혼잣말처럼 말했다.

내성은 뜨악한 표정으로 젊은이를 흘끔 쳐다았다. 내성이 본래 진주, 사천 바닥에서 '안바람'으로 통하는 이름난 장치기꾼인 데다 일찍이 어디 가서도 싸움에 져 본 적이 없는 위인이다. 보아 하니 손아래인 듯한 젊은이가 시비를 거는 투라 슬슬 심사가 나는데 방금 미륵전에 다녀오는 길인지라 마음을 다스려 볼 참이었다.

내성이 점잖게 말했다. "누구보고 그런 말씀을 하시는 게요?"

증산 상제님이 대뜸 고개를 돌려 불벼락을 쳤다. "이놈아! 여기에 너밖에 더 있냐! 너 들으라고 하는 소리다, 이 미친놈아!"

내성이 더 이상 듣고 있기조차 거북하여 무엇인가 행동을 취하려고 몸을 휙 돌려 눈이 마주치는 순간, 뭐라 형언할 수 없이 목이 메고 사람을 꿰뚫어 보는 듯한 눈빛과 뻗치는 서기에 그만 기가 꺾여 자신도 모르게 무릎을 덜썩 꿇었다. 그러나 증산 상제님은 숨 돌릴 겨를도 주지 않았다.

"나도 미친 놈이다만 네놈도 단단히 미친놈이로구나. 네 이놈! 너 아버지 찾으러 다니지? 네 아버지 삼월 초열흘날 ○○에서 죽었어. 그날 제사나 잘 지내라, 이놈아! 그래, 청나라로 가면 네가 큰일을 한번 하겠다. 아주 청나라로 가거라, 이 미친놈아!"

증산 상제님이 불같이 호통을 치는데 혼이 쑥 빠질 지경이었다. 이상한 일이다. 이 느닷없는 호통에 내성이 기분이 나쁘기는커녕 오히려 속이 뻥 뚫리는 듯 하고, 처음 보는 사람이 자신의 속내를 마치 손금 보듯 속속들이 꿰고 있음에 놀랍기도 하였다. 순간 내성은 '혹시 이분이 천선생님이 아닐까!' 하는 생각이 한 줄기 섬광처럼 뇌리를 스쳤다.

"선생님! 뵙겠습니다." 내성은 다짜고짜 머리를 조아렸다.

"저놈, 저 미친놈! 내가 어째서 네 선생이냐, 이 강도놈아!" 증산 상제님은 마치 다른 사람에게 호통을 치듯 말하면서 자리를 털고 일어났다.

내성이 지금 당장 붙잡지 않으면 다시는 못 뵐 것 같은 생각이 들었다. 정읍 쪽으로 내려가는 증산 상제님을 쫓아갔다.

"이 도둑놈, 썩 물러가지 못할까. 당장 청국에나 가라!" 증산 상제님이 버럭 화를 내며 길가의 호박돌을 집어 던졌다.

내성은 이미 금산사 미륵전에서 서원을 세운 바가 있어 천선생을 만나면 '죽어도 따르리라.' 마음먹은 터라 그 큰돌을 피하지 않고 그대로 머리에 맞았다. 순간 눈에서 번쩍 하고 번개가 튀는가 싶은데 상처는커녕 오히려 머리가 맑아지고 몸이 가뿐해지므로 더욱 증산 상제님에게 매달렸다.

"이놈의 자식, 따라오지 말라는데 뭣 하러 자꾸 성가시게 따라오는지 모르겠다." 증산 상제님은 내처 더 큰 돌을 던졌다.

내성이 피하지 않고 머리, 어깨, 가슴, 팔다리 할 것 없이 무수히 맞으며 정읍 대흥리까지 따라갔다. 차경석 성도의 집이다. 그때까지도 증산 상제님은 화가 풀리지 않는다는 듯 손에 잡히는 대로 다 집어 던지시고 심지어 목침까지 던지며 문전박대를 하였다.

> 이리하여 내성은 그토록 애타게 찾아 헤매던 상제님을 만나니 이때 내성의 나이 41세라. 이로부터 내성이 상제님을 추종하거늘 상제님께서는 항상 매정하고 박절하게 대하시니라.(『도전』 3:192:11-12)

그러던 어느 날이다. 그날도 공사를 행하는데 증산 상제님이 내성에게 "너 오늘 어디 가서 돼지 한 마리 구해 오너라." 하였다. 내성이 돈도 없고 아는 사람도 없으나 증산 상제님이 처음으로 내리는 명인데다가 비로소 자신을 불러 써 주심에 황감하기만 하였다. 그는 '무슨 수를 써서라도 말씀을 받들리라.' 마음먹고 여러 집을 다니며 사정해 보았으나 아무도 부탁을 들어주지 않았다. 그는 '명을 받들지 못할 바엔 차라리 죽겠다.'는 각오로 어느 집에 가서 이 백 근이 넘는 큰 돼지를 둘러메고 와 증산 상제님에게 올렸다.

증산 상제님께서 그 돼지를 삶아 공사를 본 후에 성도들로 하여금 고기를 나누어 먹게 하는데 정작 내성은 맛도 못 보게 하였다. 내성이 너무 배가 고픈 나머지 밤중에 가만히 부엌에 들어가 돼지 삶은 국물을 솥바닥이 훤하도록 마구 퍼먹으매 배탈이 나서 밤새 뒷간을 들락

날락하였다.

"아따, 그놈 국량 하나 크다!" 이튿날 증산 상제님이 솥을 열어 보고 말했다. "저놈 배 터져 죽는다. 돼지고기 삶은 물 먹고 저놈 뒈진다."

증산 상제님이 소리를 지르는데 내성이 뱃속에 든 것을 남김없이 쏟아 버렸다. 이상한 일은 그럴수록 몸이 축나기는커녕 오히려 거뜬해지는 것이었다.

> 이 공사를 행하신 뒤에 하루는 상제님께서 "저놈 불쌍하니까 내 방에 와서 자라고 해라." 하시더니 이후로는 내성을 부드럽게 대하시니라. 하루는 내성에게 일러 말씀하시기를 "내성아! 네가 하늘을 섬기면 하느님이 있는 것이고, 하늘을 배신하고 믿지 않으면 하느님도 없는 것이니 너 알아서 하거라." 하시니라.(『도전』 3:194 :9-10)

그날 이후에도 안내성에 대한 대우가 달라진 것은 아니었다. 증산 상제님이 좌석에 앉으시면 성도들의 자리가 정해지는데 내성은 항상 구석을 차지했다. 그날은 조금 달랐다. 음식을 많이 장만한 자리였는데 증산 상제님은 내성도 들어오게 하였다. 그리고 성도들에게 "앉은 순서대로 시조를 부르라." 하였다.

증산 상제님은 "시조 한 장씩은 부를 줄 알아야 하느니라." 하고, "시조를 못 하면 아무 소리라도 하라." 하였다. 이에 김형렬과 차경석 두 사람이 각기 평조平調 한 장씩 하고 내성이 자기 차례가 되어 시조를 읊었다.

만학천봉萬壑千峰 운심처雲深處에

두어 두둑 밭을 갈아

삼신산三神山 불사약不死藥을

여기저기 심었더니

문전門前에 학鶴 타신

선관仙官이 오락가락

  내성의 시조창을 잠자코 듣고 있던 증산 상제님은, "자진가락으로 한 장 더하라." 하였다. 장치기꾼 안내성이 많은 시조를 알고 있기가 만무하다. 증산 상제님의 명을 받고 잠시 꾸물거리는 사이에 촉석루에서 한 선관으로부터 들었던 〈임천가〉가 떠올랐다. 내성이 마음속으로 회한이 사무칠 수밖에 없다.

  내성의 〈임천가〉가 끝나자 증산 상제님은, "진주 촉석루는 어이 갔던고?" 하고 물었다.

  "…." 내성은 깜짝 놀라 증산 상제님을 보았다. 『도전』에 따르면 내성이 이때 비로소 상제님이 바로 한평생 찾아 온 천선생님이요 하느님이심을 깨달았다(『도전』 3:195:8).

  하루는 상제님께서 성도들에게 이르시기를 "너희들 각자 호가 있느냐?" 하시매 모두 자기의 호를 아뢰니 "그러하냐?" 하시고 종이에 글자 두 자를 쓰시어 손으로 가리시고 내성에게 이르시기를 "눈을 감고 보라. 이 글자가 무슨 자냐?" 하시니라. 내성이 본시 글을 모르는 데다 눈까지 감으라 명하시니 알 길이 없어 주저하는데 상제님께서 "얼른 말하라!" 하고 호통을 치시거늘 순간 내성이 자신도 모르게 "공경 경敬, 일만 만萬 두 글자가 있습니다." 하고 대답하는지라 상제님께서 "그러면 그렇지. 아따 저놈 '무식영웅'이라!" 하시고 손을 떼시니 과연 '경만敬萬'이란 글자가 쓰여 있더라.

이어 상제님께서 이르시기를 "운암강수雲岩江水가 만경래萬頃來라. 김만경金萬頃 뜰을 가지고 천하사 세 번 못하겠느냐." 하시고 "너희들 내성이한테 '경만장, 경만장' 하면서 세 번씩 외우라." 하시니 성도들이 모두 명하신 대로 하니라. 상제님께서 다시 내성에게 말씀하시기를 "앞으로 세상 사람들이 너를 우러러 존경할 것이다." 하시니라. (『도전』 3:196:1-8)

7 수부도수와 종통대권 공사

증산 상제님은 차경석을 만나러 가기 전에 "이 길이 길행이라. 한 사람을 만나려 함이다"라고 하였다. 그 '한 사람'이 정확하게 누구인지 단정 지을 수는 없으나─예컨대 차경석을 통해 만나게 될 고수부일 수 있는 까닭이다─, 당장에는 차경석으로 이해될 수밖에 없을 것 같다. 증산 상제님의 도문에서 차경석은 그만큼 비중 있는 인물이 된다. 차경석을 공사 주인으로 한 공사도 많이 행하여졌다.

> 10월에 하루는 경석에게 돈 30냥을 마련케 하시고 말씀하시기를 "경석아, 이것은 너를 위한 일이니라. 내가 오늘은 너와 함께 순창에 가려 하노라." 하시며 어떤 법을 베푸시고 … 경석을 데리고 순창 농바우 박장근의 집에 이르러 말씀하시기를 "이제 천하대세를 회문산 오선위기형五仙圍碁形의 형세에 붙여 돌리나니 네게 한 기운을 붙이노라." 하시니라.(『도전』 3:207:1-8)

차경석에게 회문산 오선위기혈의 한 기운과 함께 '장군 도수'를 붙이는 공사의 한 장면이다. 공사의 전체적인 내용을 완전히 독해할 수는 없으나 어느 정도의 짐작은 가능하다. 증산 상제님은 공사를 진행하는 과정에서 박장근의 머슴을 불러 어젯밤 무엇을 본 일이 있는지 물어 보라고 하였다. 박장근의 머슴은 "어젯밤 꿈에 한 백발 신선이 하늘에서 내려와 농바우를 열고 큰칼과 투구와 갑옷을 꺼내는데 장검은 서릿발이 돋은 듯하고 갑옷과 투구는 빛이 나서 눈이 부셨습니다. 신선이 칼과 투구와 갑옷을 저에게 주면서 '한 장군이 명을 받들고 여기에 올 것이니 이것을 그 장군에게 주라.' 하므로 제가 그것을 받아서 두었사온데 그 자리가 바로 저 자리입니다." 하며 차경석이 앉은 쪽을 가리켰다. 이 지역에는 농바우 속에 갑옷과 투구와 긴 칼이 들어 있는데 '장군이 나면 내어가리라.'는 말이 전하여 오고 있었다. 박장근의 머슴 얘기를 잠자코 듣고 있던 증산 상제님은 "네가 꿈을 옳게 꾸었도다. 농바우의 전설이 허망한 말이 아니로다." 하고 다시 박장근에게 "너는 이 공사의 증인이니라."고 하였다.

독음독양이면 만사불성이니라.
이 장군 도수의 깊은 내막을 완전히 독해할 수는 없지만, 장군 도수를 받을 정도로 차경석은 기국이 큰 인물이었다는 정도는 짐작할 수 있다. 농바우에서 공사를 마치고 돌아오는 길에 증산 상제님은 더욱 중요한 도운공사를 집행한다.

농바우에서 대흥리로 돌아오시는 길에 깔바위에 가시어 제를 지내신 후에 성도들과 단란하게 노시다가 다시 태인 행단杏壇에 이르시어 경석에게 … 이어 말씀하시기를 "천지공사에 수부首婦가 있어야 일이 순서대로 될 터인데 수부를 정하지 못한 연고로 도중에 지체되는 일이 허다하도다. 지금 수부 책임하의 중대한 공사가 산적해 있느니라. 내 일은 수부가 들어야 되는 일이니 네가 참으로 내 일을 하려거든 수부를 들여세우라." 하시니라.(『도전』 3:209:1-5)

정미년 10월에 상제님께서 순창 농바우에서 대흥리로 가실 때 태인 행단에 이르시어 차경석에게 일러 말씀하시기를 "천지에 독음독양獨陰獨陽은 만사불성이니라. 내 일은 수부首婦가 들어야 되는 일이니, 네가 참으로 일을 하려거든 수부를 들어 세우라." 하시니라. 또 말씀하시기를 "천지공사에 수부가 있어야 순서대로 진행할 터인데 수부가 없으므로 도중에 지체되는 공사가 많으니라." 하시고 "수부의 책임하에 있는 중요한 공사가 산더미같이 쌓여 있으니 속히 수부를 택정擇定하라." 하고 특명을 내리시니라.(『도전』 6:34:1-5)

차경석에게 수부 택정의 특명을 맡기는 장면이다. 수부신앙은 이전 종교에서 찾아볼 수 없는 증산 상제님 도문의 독특한 신앙체계이다. 수부신앙을 이해하기 위해서는 증산 상제님의 해원사상은 물론 정음정양사상, 음陰개벽사상, 후천 곤도坤道사상 등에 대한 이해가 선행되어야 한다. 여기에 관해서는 구체적인 논의를 할 여유가 없으므로 『도전』 말씀으로 대신한다.

상제님께서 선천 억음존양의 건곤을 바로잡아 음양동덕陰陽同德의 후천세계를 개벽하시니라. 이에 수부首婦님께 도통을 전하시어 무극대도를 뿌리내리시고 그 열매를 수화(水火:坎離)의 조화 기운을 열어 주는 태극과 황극의 일월용봉도수日月龍鳳度數에 붙이시어 신천지新天地 도정道政의 진법 도운을 여시니라.
상제님의 도권道權 계승의 뿌리는 수부도수首婦度數에 있나니 수부는 선천 세상에 맺히고 쌓인 여자의 원寃과 한恨을 풀어 정음정양의 새 천지를 여시기 위해 세우신 뭇 여성의 머리요 인간과 신명의 어머니시니라.(『도전』 6:2 :1-6)

증산 상제님 도문에서 수부의 존재는 아무리 강조해도 지나치지 않다. 증산 상제님이 "내 일은 수부가 들어야 되는 일"이라고 하는 언술에서 보는 바와 같이 천지공사에서 수부의 존재는 필수조건이 된다. 『도전』에서도 수부택정공사는 몇 차례에 걸쳐 기록하고 있다.

정미(丁未 : 道紀 37, 1907)년 10월에 상제님께서 차경석車京石에게 일러 말씀하시기를 "천지에 독음독양이면 만사불성이니라." 하시고 "내 일은 수부首婦가 들어야 되는 일이니, 네가 참으로 일을 하려거든 수부를 들여세우라."(『도전』 11:4 :1-2)

그 후 증산 상제님은 정읍군 입암면笠巖面 대흥리 차경석의 집으로 와서 "네가 전일에 '수부를 천거한다.' 하더니 어찌 되었느냐?"고 재촉하였다. 차경석이 수부로 천거한 인물은 그의 이종사촌 누님인 고판례 부인이었다.

<u>수부 고판례</u> 고판례 부인은 1880년 5월 전남 담양군 무면武面 성도리成道里에서 고덕삼高德三과 박씨부인 사이에 출생했다. 여섯 살 때 아버지를 잃었고 진외가陳外家(아버지의 외가) 송씨의 승문僧門에 귀의했다. 아홉 살 때 어머니를 따라 정읍 대흥리에 있는 이숙 차치구의 집으로 이사했으며 이때부터 동학을 신앙했다. 1894년 열다섯 살 때 같은 마을에 사는 신씨申氏 집안에 출가하였다. 그러나 오래가지 않아 남편과 사별하고 말았다. 차경석이 수부로 천거할 당시, 고부인은 딸 태종과 함께 살고 있었다. 증산 상제님이 대흥리 집에 왔을 때 차경석이 고부인에 대한 사정을 얘기하였다.

증산 상제님은 "수부감을 지척에 두고 못정했구나. 속히 주선하라. 공사지연이로다."(『도전』 6:34:6)라고 재촉하였다. 증산 상제님의 이와 같은 반응을 보고 뜻밖이었다거나 파격 정도로 이해하였다면, 세속적인 선입견이 작용한 결과일 터다. 지금 증산 상제님은 세속적 상식으로 이해되는 부인을 구하는 것이 아니라 인류의 생사가 걸려있는 천지공사를 함께 행할 반려자인 수부를 정하는 중이다. 증산 상제님에게서 청춘과부인 고부인이 문제가 되는 것은 아니었다.

> 동짓달 초사흗날에 상제님께서 대흥리 경석의 집에서 수부 책봉의 예식을 거행하실 때 고부인께 일러 말씀하시기를 "내가 너를 만나려고 15년 동안 정력을 들였나니 이로부터 천지대업을 네게 맡기리라." 하시고 경석의 집에 수부님의 처소를 정하시어 '수부소首婦所'라 하시니라. 상제님께서 항상 수부님의 등을 어루만지며 말씀하시기를 "너는 복동福童이라. 장차 천하 사람의 두목頭目이 되리니 속히 도통道通하리라." 하시고 "이후로는 지천태地天泰가 크다." 하시니라.(『도전』 11:5 :1-5)

이 공사는 수부 책봉공사일 뿐만 아니라 증산 상제님의 종통공사이기도 하다. "천지대업을 네게 맡기리라"는 한 마디에서 증산 상제님이 후계사명을 누구에게 내리고, 종통대권을 전하였는지 문제의 핵심을 파악할 수 있다. 결론이 이러하다면 한 가지 의문이 제기될 수도 있을 터다. 종통대권공사는 당장에는 증산 상제님 도문에 있는 성도들, 크게는 증산 상제님과 수부가 행하는 천지공사에 영향을 받지 않을 수 없는 온 인류의 운명과 직결되어 있는 중대한 문제다. 증산 상제님은 왜 그동안 자기를 추종했던 성도들 대부분이 잘 알지도 못했던 한 여인, 그것도 비천하고 비극적인 삶을 살았던, 남편과 사별하고 홀로된 지 다섯 달밖에 되지 않은 한 여인을 들어 올려 반려자로 삼고 종통대권을 전해 주었을까?

보조국사 지눌은 "땅에 넘어진 자, 그 땅을 짚고 일어서야 한다(因地而倒者 因地而起)"고 가르쳤다. 위의 문제제기 역시 증산 상제님의 언술에서 그 해답을 찾을 수 있다. 증산 상제님은 여러 차례에 걸쳐 이에 상응하는 공사를 처결한 바 있다.

선천은 억음존양抑陰尊陽의 세상이라. 여자의 원한이 천지에 가득 차서 천지운로를 가로막고 그 화액이 장차 터져 나와 마침내 인간 세상을 멸망하게 하느니라. 그러므로 이 원한을 풀어 주지 않으면 비록 성신聖神과 문무文武의 덕을 함께 갖춘 위인이 나온다 하더라도 세상을 구할 수가 없느니라. 예전에는 억음존양이 되면서도 항언에 '음양陰陽'이라 하여 양보다 음을 먼저 이르니 어찌 기이한 일이 아니리오. 이 뒤로는 '음양' 그대로 사실을 바로 꾸미리라.(『도전』 2:52 :1-5)

여자가 천하사를 하려고 염주를 딱딱거리는 소리가 구천에 사무쳤나니 이는 장차 여자의 천지를 만들려 함이로다. 그러나 그렇게까지는 되지 못할 것이요, 남녀동권 시대가 되게 하리라. 사람을 쓸 때에는 남녀 구별 없이 쓰리라. 앞세상에는 남녀가 모두 대장부大丈夫요, 대장부大丈婦이니라. 자고로 여자를 높이 받들고 추앙하는 일이 적었으나 이 뒤로는 여자도 각기 닦은 바를 따라 공덕이 서고 금패金牌와 금상金像으로 존신尊信의 표를 세우게 되

리라. 내 세상에는 여자의 치마폭 아래에서 도통이 나올 것이니라.(『도전』 2:53 :1-7)

『주역』「계사전」은 천존지비天尊地卑라는 말로 시작된다. 하늘을 높이고 땅을 천시한다는 뜻이다. 같은 책에서 하늘은 건乾으로 표상되고 땅은 곤坤을 표상된다. 건은 양이고 곤은 음이다. 양은 남자이고 음은 여자다. 그러니까 천존지비, 남존여비男尊女卑 따위는 초록이 동색이다. 이 선천의 논리가 가장 치열했던 시대가 다름 아닌 증산 상제님이 공사를 처결하였던 20세기 초, 제국주의 시대임은 말할 나위가 없다. 좀 거칠게 표현하면 자국의 이익을 위해 다른 나라를 침략하고 식민지화하여 온갖 약탈을 자행하는 일이 정당화되는 것이 제국주의의 작태다. 약육강식, 적자생존의 질서만이 존재한다.

바로 그 제국주의가 치열했던 19세기 말 20세기 초에 인간으로 온 증산 상제님이 우주의 새 판을 짜면서 선천의 남성우월주의를 부정하는 공사를 집행하고 있는 것이다. 후천은 정음정양으로서 남녀동권시대가 된다. 무슨 설명이 더 필요하겠는가. 증산 상제님은 다른 사람이 아닌 당신의 반려자로서, 그리고 종통 후계자로서 고부인을 한껏 들어 올림으로써 정음정양 도수를 몸소 실천하고 있는 것이다. 이후 고수부에게로의 종통전수공사는 몇 차례에 걸쳐 집행되었다.

"이로부터 천지대업을 네게 맡기리라" 수부도수 종통대권 공사를 집행한 증산 상제님은 곧이어 정읍 대흥리 차경석의 집에서 고수부에게 '천지대업 중도불변의 약속을 받는 공사'를 집행하였다. 두 칸 장방에 성도들이 둘러앉았다. 본격적인 공사를 행하기 전에 증산 상제님은

"내가 진주眞主 도수를 천한 데 가서 가져온다." 하고, "정읍은 왕자포정지지王者布政之地요, 정井 자는 새암 정 자 아니냐."라고 말했다. 이어 차경석에게 "수부 나오라 해라." 하였고, 뒤이어 고수부가 나타났다.

증산 상제님은 말한다. "내가 너를 만나려고 15년 동안 정력을 들였나니 이로부터 천지대업을 네게 맡기리라."

이 또한 종통전수의 확인공사에 다름없다. 이어서 증산 상제님은 고수부로 하여금 자리에 눕게 하여 직접 배위에 걸터앉고 장도칼로 정수리를 겨누었다. 증산 상제님이 물었다. "천지대업에 중도 불변하겠느냐?" 고수부가 "변할 리가 있으리까." 다짐했다. 다시 증산 상제님이 누워 고수부로 하여금 증산 상제님 자신에게 같은 약속을 받도록 하였다(『도전』 6:37).

이 의식에는 몇 가지 상징적인 의미가 있다. 첫째, 칼을 들고 정수리를 겨눔으로써 생사를 결단하는 자세로 수부의 사명을 다하겠다는 맹약을 받아냈다는 점이다. 고수부 역시 같은 자세로 증산 상제님의 사명을 확인하였다. 둘째, 증산 상제님이 고수부의 배위에 올라탔고, 또한 고수부가 같은 행동을 보여줌으로써 정음정양을 실천하고 있다는 점이다. 셋째, 특히 고수부가 증산 상제님의 배위에 올라타고 장도칼을 그의 정수리에 겨누고 맹약을 받아냄으로써 『주역』에서 후천의 괘인 '지천태'의 상을 현실화시키고 후천선경세계에 대한 인사적 면모를 보여주고 있다는 점이다. 공사가 끝난 뒤 증산 상제님은 "이것이 천지 대도의 수부공사니라. 만백성의 부모가 되려면 이렇게 공사를 보아야 하느니라."(『도전』 6:38:1-2)고 그 의미를 가르쳐 주었다.

상제님께서 수부님께 수부의 법도를 정하시고 말씀하시기를 "나는 서신西神이니라. 서신이 용사用事는 하나, 수부가 불응不應하면 서신도 임의로 못 하느니라." 하시고 여러 가지 공사를 처결하실 때 수부님께 일일이 물으신 뒤에 행하시니라. 상제님께서 말씀하시기를 "수부의 치마 그늘 밖에 벗어나면 다 죽는다." 하시니라.(『도전』 6:39:1-4)

증산 상제님은 자신의 후계사명을 맡은 고수부의 위상에 대해 확실하게 자리매김해 주었다. 우주 주재자인 증산 상제님 자신도 수부가 없다면 공사를 집행할 수 없다는, 수부의 위격은 우주 주재자인 증산 상제님과 동격이라는 점을 명확하게 한 것이다. 이로써 천지공사는 증산 상제님 혼자 집행하는 것이 아니라 수부와 함께 행한다는 것이 증명된 셈이다. 널리 알려진 바와 같이 동양적 사유방식의 바탕은 음양론이다. 모든 이치에는 음양이 있다. 음이 있으면 양이 있고, 반대의 경우도 마찬가지다. 하나님도 예외일 수는 없다. 증산 상제님을 '백보좌 하나님'이라고 할 때, 고수부는 곧 여자 하나님이다.

차경석, '동학역신해원공사'를 맡다

증산 상제님은 늘 고수부의 등을 어루만지며 "너는 복동이라. 장차 천하 사람의 두목이 되리니 속히 도통하리라"고 기운을 붙여 주었고, 수석성도 김형렬에게 "대상大祥이란 상祥 자는 상서祥瑞라는 상 자니라"(『도전』 6:69:2-3)고 고수부가 도통을 받는 때를 암시하기도 하였다. '대상大祥'이란 사람이 죽은 뒤에 두 돌만에 지내는 제사를 가리킨다. 이 공사는 증산 상제님 사후 2년만에 고수부가 도통을 받을 것을 암시한 것이다. '상祥 자는 상서祥瑞라는 상 자'라는 것은 증산 상제님의 떠남이 인류에게 증산 상제님 도운 개척사의 첫발을 떼는 축복의 시간대를 여는 것이라는 의미가 있다. 이후 증산 상제님은 그동안 수부의 부재 때문에 미루어 두었던 공사들을 하나씩 처리해 나갔다. 그해 12월 '진주천자 도수를 준비하심'(『도전』 5:201), '후천음양도수'(『도전』 5:204) 공사를 잇달아 집행한 증산 상제님은 뒤이어 '동학역신해원공사'를 열었다.

> 지난 갑오년에 동학신도들이 여러 만 명 학살되어 모두 지극히 원통한 원귀寃鬼가 되어 우주간에 나붓거리는지라. 원래 동학은 보국안민을 주창하였으나 때가 때인 만큼 안으로는 불량하고 겉으로만 꾸며대는 일이 되고 말았나니 다만 후천 일을 부르짖었음에 지나지 못한 것이니라. 마음으로 각기 왕후장상을 바라다가 뜻을 이루지 못하고 그릇 죽은 자가 수만 명이라. 그들의 원한이 천지에 가득하니 그 신명들을 해원시켜 주지 아니하고 그대로 두면 후천에 역도逆度에 걸려 반역과 화란이 자주 일어나 정사를 못하게 되리라. 그러므로 이제 그 신명들을 해원시키려고 원혼을 통솔케 할 자를 정하려는 중인데 경석이 12제국을 말하니 이는 스스로 청함이라. 그 부친이 동학접주로 그릇 죽었고 경석도 또한 동학 총대였으니 오늘부터는 동학 때 한 맺힌 신명들을 전부 경석에게 붙여 보내어 이 자리에서 왕후장상의 해원이 되게 하리라. (『도전』 5:205:2-9)

증산 상제님이 별안간 큰 목소리로 결론짓듯 "경석에게 동학역신東學逆神 해원도수를 붙였노라"고 말했다. 갑오년 동학농민전쟁으로 죽은 자는 적어도 30여만 명에 이른 것으로 알려지고 있다. 그 원한 맺힌 원혼들을 해원시키기 위해 동학과 인연이 깊었던 차경석으로 하여금 그들을 해원시키는 대권을 위임한 것이다. '동학역신해원공사'가 절정에 이르렀을 때 증산 상제님은 문득 "춘치자명春雉自鳴인 그 설화를 들어보라"고 노래하듯 뇌었다. '춘치자명'이란 봄꿩이 제 스스로 운다는 뜻이다. 누가 지시하거나 요구하지도 않았는데 자기 스스로 먼저 나서 손해를 보거나 심지어 죽음을 당하는 것을 암시한 것이다. 물론 경석의 앞날을 가리키는 것이다.

증산 상제님은 "(경석의-인용자주) 배짱이 그만하면 능히 그 책임을 감당하리니 뒷날 두고 보라. 경석이 금전도 무수히 소비할 것이요, 사람을 모으는 것도 갑오년보다 훨씬 많게 될 것이요, 경석은 제왕만큼 먹고 지내리라. 이렇게 풀어 놓아야 후천에 아무 일도 없으리라."(『도전』 5:205:12-15)고 말했다. 증산 상제님이 동학역신해원공사를 집행하는 것은 물론 그의 핵심이념인 후천개벽과 원시반본, 그리고 해원사상에서 비롯된 것이지만, 증산 상제님 사후에 전개될 도운과도 깊은 관련이 있다. 이 공사가 현실화되어 차경석은 증산 상제님 어천 후 27년 동안 6백만 혹은 7백만 신도를 거느리는 보천교 교주가 되어 과연 '제왕만큼 먹고 지내게' 된다. 그러나 보천교 내부의 끊임없는 내분, 그리고 일제의 탄압은 마침내 보천교 강제해산이라는 비운을 맞게 되고, 차경석 역시 삶을 마감하게 된다. 증산 상제님이 짜놓은 도수 그대로 '춘치자명'이 현실화된 것이다.

그대와 나의 합덕으로 삼계三界를 개조하느니라

1908년 2월 '무오옥화戊午獄禍'(임시용어다. 혹은 '고부화란高阜禍亂'이라고 지칭한다)로 고부 경무청에 수감되어 모진 고문을 받고 석방된 직후에 증산 상제님은 주로 도운공사를 집중적으로 집행하였다. 무오옥화 직후 그의 심적 상태를 추측할 수 있는 한 자료다. 무오옥화 이후 가장 먼저 집행한 도운공사는 '(고수부와) 내가 너 되고 네가 나 되는 일' 공사였다(『도전』 6:46). 대흥리 차경석의 집에서 성도 10여 명을 뜰아래 늘여 세운 뒤에 고수부와 나란히 마루에 앉은 증산 상제님은 "네 나이는 스물아홉이요 내 나이는 서른여덟이라. 내 나이에서 아홉 살을 빼면 내가 너 될 것이요 네 나이에 아홉 살을 더하면 네가 나 될지니 곧 내가 너 되고 네가 나 되는 일이니라."고 말한 뒤, "그대와 나의 합덕으로 삼계三界를 개조하느니라."고 고수부의 위치를 더욱 분명하게 굳혀주는 공사를 집행했다. 증산 상제님 자신과 고수부와의 관계, 특히 종통대권의 향방에 대해 다시 한 번 하늘과 땅(여기에 신명계가 포함된다는 점을 명심하자), 인류를 향해 선언한 것이다.

특히 수부도수首婦度數와 종통대권宗統大權 공사가 이 기간에 집중되었다는 것은 주목할 필요가 있다. 도운(공사)에서 첫손가락에 꼽히는 인물은 증산 상제님의 반려자요, 수부가 된 고판례 부인이다. '수부'란 증산 상제님이 처음 사용한 용어다. 당시 수부 택정의 임무를 맡은 인물은 월곡 차경석 성도다. 그는 고수부의 이종사촌동생이다.

1908년 2월 증산 상제님은 '무오옥화'를 겪게 된다. '무오옥화'란 편의상 붙인 임시용어이다. 혹은 '고부화란高阜禍亂'이라고 한다. 1907년 음력 12월 25일 증산 상제님이 고부 와룡리 문공신文公信 (1878~1954)의 집과 운산리 신경수申京守(1838~1923) 두 성도의 집을 왕래하며 33인의 성도들이 참여한 가운데 대공사를 집행했을 때 의병이 모였다는 밀고에 의해 다음날 새벽 증산 상제님을 비롯하여 문공신, 박장근朴壯根(?~?), 이화춘李化春(1870~?) 등 십여 명의 성도들이 검거된 사건이다. 고부 경무청에 수감되어 모진 고문을 받았던 증산 상제님은 38일만인 1908년 2월 4일 경칩절에 석방되었다.

1908년 4월부터 1909년 어천할 때까지 증산 상제님은 마무리 판짜기 공사에 들어간다. 제3기 천지공사 매듭기다. 지금까지 살펴본 바와 같이 증산 상제님의 천지공사는 전반기에는 세운공사를, 후반기에는 도운공사를 주로 집행하였다. 마무리 단계에서는 지금까지의 천지공사 전개과정과는 달리 세운과 도운공사를 병행하여 더욱 구체적으로 집행한다. 또한 이 시기는 도·세운공사 모두 후천 개벽을 주제로 한 공사가 많이 집행되었음도 주목할 필요가 있다.

증산 상제님의 전 생애를 통해 단위시간으로 검토할 때, 이 시기는 천지공사가 가장 많이 집행된 기간이었다는 점도 주목된다. 당신의 어천이 임박했다는 사실을 알고 있었던 증산 상제님이 공사 자체를 정리하였다는 의미로 파악된다. 증산 상제님이 출세한 이유 중의 하나가 진멸지경인 후천 개벽기에 단 한 명이라도 더 많이 인류를 구원하는 것이라고 한다면, 제3기에서는 그만큼 급작하지 않을 수 없었을 터다.

무오옥화 직후 한동안 도운공사를 집중적으로 집행하던 증산 상제님은 또 한 번의 전기를 마련한다. 구릿골에 약방을 개설한 것이 그것이다. 증산 상제님이 구릿골 김준상金俊相(1878~1966)의 아내의 고질병이었던 발의 종창을 치유해 주고 그 대가로 머릿방 한 칸을 얻어 약방을 차린 것은 1908년 4월이었다. 며칠 뒤 증산 상제님은 '만국의원 광제국廣濟局 공사'를 집행한다.

구릿골 약방개설은 천지공사 전 기간을 통해 하나의 전기를 이루었다. 증산 상제님은 "만법 가운데 의통법이 제일이로구나."(『도전』 5:242:18)라는 공사를 집행할 정도로 구릿골 약방은 정성을 들여 개설하였다. 여기에는 증산 상제님의 의세醫世 사상이 바탕에 깔려 있지만 상세한 논의는 생략한다.

구릿골 약방을 개설한 직후 증산 상제님은 '조선과 일본의 국운공사'를 집행한다(『도전』 5:240). "이씨와 일본왕과 싸움을 붙였더니 이씨가 패하였다"(『도전』 5:240:4)는 공사다. 증산 상제님 도문에 기대면 1908년에 집행한 이와 같은 증산 상제님의 공사는 불과 2년 뒤 1910년에 한·일병탄으로 현실화된다.

그 해가 가기 전에 증산 상제님은 후천대개벽기에 '국가와 사가의 큰 불덩어리를 묻는 공사'(『도전』 5:391), '천지백성을 건져내는 개벽공사'(『도전』 5:414), 일본의 원로 정치가로서 조선침략의 원흉인 이토 히로부미(伊藤博文)를 제거하는 '천지의 일등일꾼 출세 공사'(『도전』 5:341), '세계일가 통일정권 대공사', '선천세계의 제왕기운을 거두시는 공사'(『도전』 5:325), '무신납월 공사가 천지의 대공사'(『도전』 5:332), '세운과 도운의 상씨름 공사'(『도전』 5:368), '세계가 하나로, 동서통일 공사'(『도전』 5:371), '동양의 운명을 뒤집는 세계 상씨름 매듭 공사'(『도전』 5:377), '관운장의 서양 대전쟁 공사'(『도전』 5:401), '중국의 사회주의 국운 공사'(『도전』 5:402), '오선위기 세계질서의 대세'(『도전』 5:405), '상씨름 종결 대전쟁 공사'(『도전』 5:406), '오선위기 도수의 총결론 ; 상씨름 대전大戰의 대세 ; 판과 바둑은 주인에게 돌아간다'(『도전』 5:415) 등의 세운공사를 집행하였다.

1909년은 증산 상제님이 천지공사를 마치고 어천하는 해가 된다. 공사를 정리할 시간이 임박하였다는 얘기다. 증산 상제님이 출세한 목적 중의 하나가 잔피에 빠진 한민족을 살리고, 나아가서 전 인류를 구원하기 위한 것이었으므로 천지공사를 마무리 짓는 그 해에 가까이는 한민족의 해방, 멀리는 후천대개벽과 관련하여 중요한 공사를 많이 집행하였다. 이 무렵 증산 상제님은 '남조선 국운도수'(『도전』 5:388), '관운장의 서양 대전쟁 공사', '중국의 사회주의 국운 공사'를 집행한 뒤에 다시 '오선위기 세계질서의 대세', '상씨름 종결 대전쟁 공사'(『도전』 5:405), '동서양 통일과 언어통일'공사(『도전』 5:409), 한국을 세계를 주도하는 상등국으로 우뚝 세워놓은 '후천선경 종주국 공사'(『도전』 5:389), 그리고 '괴질병이 전 지구를 엄습한다'는 공사(『도전』 7:33), '세계전쟁이 붙으리라'(『도전』 7:35) 등 크고 작은 공사들을 잇달아 처결하였다. 많은 공사 가운데 특히 뒤의 두 공사는 인류의 생사가 걸려있는 후천 개벽공사로서 주목된다. 두 공사 내용을 함께 독해하면 후천개벽상황에서 먼저 전쟁이 일어나고, 그 전쟁은 괴질이 덮치면서 자연스럽게 끝나게 된다는 내용으로 이해된다.

추수하는 일꾼

약방 개설 직후에 집행한 도운공사는 '후천선경을 여는 도운 개창도수'(『도전』 6:51)공사이다. 해원사상, 정음정양사상 등이 바탕에 깔려 있는 이 공사에서 증산 상제님은 당신이 추구하는 이상세계인 후천에서의 남녀동권을 이루는 인류의 삶의 한 단면을 보여주고 있다. 이어서 '도운 개척의 세 살림 도수'(『도전』 6:82), 정읍에 포정소 도수를 정하는 공사(『도전』 6:78)를 행하였다. 앞의 공사는 증산 상제님이 어천한 후 제1변 도운을 펼쳐나갈 고수부의 앞날을 예고하는 내용이다.

제1변 도운공사에 주력하던 증산 상제님은 제2변, 제3변 도운공사를 잇달아 집행하였다. '대사부는 개척의 첫발을 용화동에서'(『도전』

6:66), '내 일을 할 사람은 다시 나온다'와 '도운 개척기 대사부大師父의 고난 도수'(『도전』 6:64) 등이 그것이다. '난법을 거두는 공사'도 이 무렵에 집행되었다. 이어서 '옥황상제라 자칭하는 난법자 심판 공사'(『도전』 6:118)도 처결되었다.

천지공사로서 난법을 거둔 뒤 증산 상제님은 계속 도운공사를 처리하였다. 이 무렵 전개된 공사 중에는 특히 3변 도운과 관련된 공사가 많았다. 증산 상제님은 "(…) 천지공사를 결정하리라. 우리끼리 일했으나 나의 일은 판밖에 있느니라"(『도전』 6:118:2-3), "내 일은 판밖의 일이니라. 가르쳐도 모를 것이요, 직접 되어 보아야 아느니라."(『도전』 6:73:5) 등 '후천대개벽의 추수운, 갑자꼬리 도수'(『도전』 6:71)를 잇달아 진행하였다. '도운의 매듭 공사, 도통판의 진주 도수'(『도전』 6:74), '신천지의 참주인 진주노름의 독조사 도수'(『도전』 5:226), '도운道運을 추수하는 매듭 일꾼'(『도전』 5:357), '도운의 개창자와 추수자'(『도전』 6:106), '도운의 시작과 종결, 분열과 대통일' 공사(『도전』 6:109), '성공은 오직 일심뿐'(『도전』 8:52) 그리고 '종통맥이 사는 맥'(『도전』 6:128) 등이 이 무렵에 진행된 3변 도운공사다.

8 새 기틀이 열리리라

> 상제님께서 하루는 수부首婦님께 일러 말씀하시기를 "내가 이 세
> 상에 있으면 삼계의 모든 일이 지연되리라. 이제 천상에 가서 공
> 사를 펴내어 빨리 진행케 하고 오리니 기다리지 말라. 공사를 마
> 치면 돌아오리라." 하시니라.(『도전』 10:1:1-2)

1908년 무신년 겨울 어느 날, 증산 상제님은 고수부에게 위 『도전』
말씀을 불쑥 말했다. 당신의 어천을 예고하는 내용이다. 당시 증산 상
제님의 성수聖壽는 38세였다. 증산 상제님은 다른 공사에서도 당신의
어천을 암시하였으나 고수부는 물론 성도들도 특별한 반응을 보이지
않았다. 증산 상제님이 '상제'로서 영원히 이 세상에 머물 줄 알았던
고수부와 성도들은 당신의 어천 자체를 믿지 않았던 것 같다.

짧은 문장으로 구성되어 있는 위의 공사에서는 많은 내용이 포함
되어 있다. 증산 상제님이 인간으로 출세하여 38년이 지났다. 여기에
증산 상제님이 천상을 떠나 출세하기 전에 삼계를 둘러보며 천하를
대순하였고, 다시 금산사 미륵불에 임하여 30년을 지냈다고 하였으
니까, 햇수로는 거의 두 배가 된다. 천하를 대순하는 시간을 제외하면
68년이 지났다고 할 수 있다.

증산 상제님이 어천한다면 어느 곳으로 가는지 정확하게 얘기하기
는 쉽지 않다. 『도전』에서는 증산 상제님의 신원에 대해 "천상의 호천
금궐昊天金闕에서 온 우주를 다스리시는 하느님"(『도전』 1:1:4)이라고 하

였다. 이 밝힘에 따르면 증산 상제님이 어천하여 돌아간 곳은 호천금궐이 된다. 또한 증산 상제님이 스스로 당신은 미륵불이라고 밝혀 주었다는 것은 앞에서 얘기하였다. 증산 상제님을 미륵불이라고 할 때, 당신이 어천한 후 돌아가는 곳은 도솔천일 터다.

불교의 세계관에 따르면 우주에는 삼계三界가 있다. 욕계欲界·색계色界·무색계無色界가 그것이다. 욕계는 지하, 지상, 하늘의 세계로 나뉜다. 하늘세계는 다시 6개의 세계로 나뉜다. 이를 욕계 6천欲界六天이라고 한다. 이들 6천은 시간의 흐름이 각기 다르다. 도솔천은 욕계 제4천이다. 도솔천의 하루는 인간세계의 400년에 해당한다. 또한 도솔천의 인간 수명은 그곳의 시간으로 4,000세라고 한다. 참고로 욕계 6천 가운데 제3천은 야마천夜摩天이다. 이 천상의 하루는 인간세계의 200년에 해당하고, 이곳에 살고 있는 천상사람들의 수명은 2,000세라고 한다. 욕계 제6천은 타화자재천他化自在天이다. 이곳의 하루는 인간세계의 1,600년에 해당하고, 이곳 사람들의 평균 수명은 1만6,000세. 도솔천의 하루가 인간세계의 400년이라고 할 때, 인간세계의 67년은 도솔천의 시간으로 보면 4시간에 해당된다. 잠깐 외출하는 정도에 지나지 않는다고 할 수 있다(다시 강조하지만, 지금까지 얘기한 도솔천 시간은 어디까지나 불교의 세계관에 따른 것임을 기억하자). 그럼에도 불구하고 우주 조화옹으로서 증산 상제님은 천상의 원래 그 자리를 오래 비워둘 수는 없었을 터다. 말씀과 같이 '삼계의 모든 일이 지연'되는 까닭이다.

당신의 어천이라는 큰 이별의 슬픈 소식을 전함에도 불구하고 마지막 구절은 희망적이다. 증산 상제님은 천상에 가서 공사를 빨리 진행하고, 공사를 마치면 돌아오겠다고 약속하였다.

당신의 어천을 앞두고 친족과 외족, 처족까지 살폈던 것을 보면 성도들에게는 말할 나위가 없을 터다. 실제로 증산 상제님은 성도들에게 당신이 어천한 뒤의 일들에 대해 매우 자상하게 살피고 당부하는 것을 잊지 않았다. 1909년에 들어서면서 증산 상제님은 몇 차례에 걸쳐 당신이 어천할 것을 암시하였다. 아니, 어느 때는 드러내놓고 말했다.

그날 저녁 때 성도들이 모인 자리에서도 마찬가지다. 증산 상제님은 불쑥 "이곳에서 일을 꾸미기가 구차하여 이제 떠나려 하노라."고 하였다. 성도들은 아마도 어디 가까운 곳으로 잠시 외출하는 정도로 알았던 것 같다.

증산 상제님은 다시 말했다. "내가 팔월 초하루에 환궁還宮하리라."

'환궁'한다는 것은 당신이 출세하기 전에 머물렀던 천상의 옥경, 이른바 호천금궐로 돌아가겠다는 얘기다. 이때도 성도들은 반응을 보이지 않았다. 아니, 반응을 보였는데 기록하지 않았는지 알 수 없다.

다음 일화도 마찬가지다. 어느 날 증산 상제님은 성도들에게 "세상이 너무 악하여 몸 둘 곳이 없으므로 장차 깊이 숨으려 하니 어디가 좋겠느냐?" 물었다. 성도들은 그저 예사롭게 하는 얘기로 들었던 것 같다. 채사윤은 "내장사內藏寺로 가심이 좋겠습니다." 하고, 신원일은 "부안 변산의 내소사來蘇寺로 가심이 좋겠습니다."라고 말하는 등 저마다 생각나는 대로 대답하였다. 잠시 후에 증산 상제님은 "나는 금산사에 가서 불양답佛糧畓이나 차지하리라."하였다.

며칠 뒤에 증산 상제님은 또 넌지시 말했다. 위 공사와 비슷한 내용이므로 『도전』 기록으로 대신한다.

또 하루는 말씀하시기를 "내가 미륵이니라. 금산사 미륵은 여의
주를 손에 들었거니와 나는 입에 물었노라." 하시고 "내가 금산
사로 들어가리니 나를 보고 싶거든 금산 미륵불을 보라. 금산사
미륵불은 육장六丈이나 나는 육장 반으로 오리라." 하시니라.(『도
전』10:33:5-7)

증산 상제님이 당신의 어천을 암시하는 행적을 보인 일화는 이밖에
도 많이 있다. 꽃샘바람이 몰아치는 그해 2월, 금구 내주평에 가서 혼
인한 후 제대로 처가대접을 해주지 못한 처족들을 일일이 찾아보기도
하였고, 5월에는 객망리에 가서 각 선령의 묘소에 성묘하고, 수십 호
문중 노인들을 찾아 인사를 드리기도 하였다. 그리고 증산 상제님 자
신이 잉태되었던 서산리 외가를 찾았고, 다시 당신이 출세한 땅, 객망
리로 돌아와 부모님께 이별의 예를 올리기도 하였다. 또한 정씨부인
을 달래기도 하였다.

천지공사로 바쁜 일정을 보내던 증산 상제님이 구릿골 약방으로 돌
아온 것은 1909년 6월 10일이었다. 증산 상제님은 모든 성도들에게
스무 날에 구릿골 약방으로 모이라는 통지를 띄웠다. 그날 이후 증산
상제님은 일체의 음식을 끊었다. 곡기를 끊은 지 보름이 지났다. 증산
상제님은 소주를 동이째 가져다 놓고 큰 대접에 생청生淸을 타서 하루
에도 몇 차례씩 마시며 곡기를 대신하였다. 소주 동이는 사흘 만에 바
닥이 보였다. 피가 위아래로 걷잡을 수 없이 솟구치고 쏟아졌다. 성도
들이 닦으려 하면 증산 상제님은 닦지 못하게 하였다. 입고 있는 명주
항라가 온통 피로 젖었다. 계속 선연한 피를 쏟아 옷을 버리므로 김형

렬의 큰며느리 이정숙이 여러 번 옷을 빨아 입혀 드려야 할 정도였다.

증산 상제님은 일찍이 "나는 동정어묵動靜語黙 하나라도 천지공사가 아님이 없고 잠시도 한가한 겨를이 없이 바쁜 줄을 세상 사람들은 모르느니라."(『도전』 3:18:3)고 하였다. 당신의 움직임 하나, 말씀, 침묵까지도 하나하나가 모두 천지공사라는 얘기다. 성도들을 불러 놓고 피를 거듭 쏟아가면서 곡기를 끊었다는 것은 무엇인가. 이에 대해 『도전』은 '선천 상극천지의 원과 한을 대속'하는 것이라고 하였다(『도전』 10:44:1-2). 천지의원으로서 닥쳐올 후천 가을 개벽기에 한 명의 창생이라도 더 많이 살리기 위해 찌는 무더위 속에서 보름동안 곡기를 끊고 선천 상극천지의 모든 깊은 한과 원을 거두어 대속하는 공사였다.

6월 20일 김형렬, 김경학, 김갑칠, 김자현, 김덕찬, 유찬명, 박공우, 신원일, 이치복, 이공삼, 최덕겸, 채사윤 등 평소 증산 상제님을 믿고 추종했던 성도들이 구릿골 약방에 모여 들었다. 이미 열흘 동안 단식을 하여 피골이 상접해진 증산 상제님은 그날 아침 천지공사를 마쳤음을 선포했다.

> 이제 하늘도 뜯어고치고 땅도 뜯어고쳐 물샐틈없이 도수를 짜 놓았으니 제 한도限度에 돌아 닿는 대로 새 기틀이 열리리라.(『도전』 5:416:1-2)

공사의 종결을 선언한 뒤, 증산 상제님은 자리에 누웠다. 당신이 지상에서 마지막으로 하는 일은 역시 남은 인류를 챙기고 구원하는 것이었다. 증산 상제님은 "내가 이제 천하의 모든 병을 대속하여 세계 창생으로 하여금 영원한 강녕을 얻게 하리라."(『도전』 10:28:2) 말했다. 이후 증산 상제님은 각종 병을 번갈아 앓았다. 한두 시간씩 고통스러워하며 병을 앓은 뒤에는 갑자기 일어나 앉았는데, 그 수척하고 열기가 떠올랐던 기색이 어느 새 씻은 듯이 사라지고 곧 원기를 회복하였다.

> 앓으신 병은 대략 운기運氣, 상한傷寒, 황달黃疸, 내종內腫, 호열자虎
> 列刺 등이더라. 병을 다 앓으신 뒤에 말씀하시기를 "세상에 있는
> 모든 병을 다 대속하였으나 오직 괴병은 그대로 남겨 두고 너희
> 들에게 의통醫統을 전하리라." 하시니라.(『도전』 10:28:5-7)

이때 충청도 청주와 전라도 나주에서 괴질이 창궐했다. 민심이 들끓었다. 이 소식은 구릿골 약방에도 들려왔다. 증산 상제님은 괴질도 대속하였다. 김형렬에게 새 옷 다섯 벌을 급히 지어 올리게 하여 한 벌씩 갈아입고 설사하여 버리는 것이었다. 이 뒤로 괴질이 곧 그쳤다.

인류 구원의 의통
그해 여름, 음력 6월 23일.

증산 상제님의 육신은 이미 당신의 의지대로 움직일 수 없는 상태였다. 그날 오후 증산 상제님은 김형렬과 차경석 성도에게 업혀 구릿골 약방마루 위, 뜰, 사립문 밖, 김형렬 집, 약방에 돌아가며 눕는 일을 반복하였다. 뒤이어 차경석으로 하여금 양지에 "全羅北道전라북도 古阜郡고부군 優德面우덕면 客望里객망리 姜一淳강일순 西神司命서신사명"이라고 써서 불사르도록 하였다. '전라북도 고부군 우덕면 객망리'는 증산 상제님이 인간으로 온 곳이다. '강일순'은 증산 상제님의 본명이다. 마지막으로 '서신사명'은 무엇인가.

서신사명. 역시 우리의 독해 범위를 벗어난다. 『도전』 주석에 따르

면 이 한 마디 말씀을 통해 오늘의 인류가 처해 있는 모든 문제들을 우주와 신도神道의 차원에서 그 핵심을 깰 수 있다고 하였다. 동양의 음양오행사상에 따르면 '서西'는 방위로는 서방, 계절로는 가을의 뜻이다. 가을은 성숙·통일의 광명시대이다. 따라서 서신은 가을의 신, 가을에 오시는 우주의 신이다(이때의 신의 의미는 서양 기독교 문명권의 신의 개념과 차이가 있다). '사명'의 사전적 의미는 사람의 생명을 좌우할 권한을 가지는 것을 의미한다. 따라서 서신사명은 하늘의 변화의 길[天道]을 주재하고 조화하여 '가을의 시간에 인간 생명을 추수 사업하는 상제[西神]'가 천지의 1년 농사 시간대의 시명時命을 집행한다는 뜻이다. 상제 위에 누가 또 있어 사명을 내리는 것이 아니다. 우주의 통치자 하느님이 우주정신의 결실기에 인간으로 강세하여 대개벽의 통일세계를 열어 다스리는 것을 말한다.

이 독해와 같이 증산 상제님은 인간으로 와서 9년 천지공사를 집행함으로써 새 천지의 기본 틀을 다 짜 놓고 이제 가을개벽의 백보좌 하느님으로서 서신사명을 마치고 하늘의 보좌로 돌아가려고 하고 있다. 다시 말하면 "「…西神司命서신사명」이라고 써서 불사르도록 하였다"는 것은 곧 당신이 집행하여 온 천지공사를 마쳤음을 선포함에 다름 아니다.

문제는 「…西神司命」이라고 써서 불태운 임무를 맡은 이가 차경석 성도라는 점이다. 많은 성도들 중에 왜 군이 차경석 성도에게 그 임무를 맡겼을까? 물론 비슷한 시간에 차경석 성도에게 맡긴 임무는 그뿐만이 아니었다. 증산 상제님은 김형렬과 차경석에게 업혀 구릿골 약방과 형렬의 집을 대여섯 번 왕복하였다. 그리고 구릿골 약방으로 돌아온 증산 상제님은 차경석에게 「玉皇上帝옥황상제」라는 명정銘旌

을 써서 불사르게 하였다. 옥황상제가 증산 상제님을 가리키는 것이라고 할 때, 이 임무의 막중함은 헤아리고도 남는다. 이 공사에 대해 『도전』은 증산 상제님이 "어천하실 것을 천지신명에게 선언"(『도전』 10:45)한 것으로 해석하였다. 그럼에도 불구하고 우리가 제기한 문제는 여전히 남는다. 왜 이 임무를 차경석 성도가 맡았을까. 아니, 왜 차경석 성도에게 맡겼을까, 하는 의문이다. 역시 우리의 독해 범위를 벗어나 있지만, 굳이 독해한다면 증산 상제님 도문 이후, 도문을 이끌어갈 인물 중의 한 명으로 차경석 성도를 지목한 것이 아닐까, 짐작할 뿐이다. 우리의 해명이 어느 정도 수용된다면, 그것은 일제 강점기 당시 6백 만 신도가 운집하였던 보천교와 관련이 있을 터다.

그날 밤 성도들을 모두 물리친 증산 상제님은 박공우 성도를 불러 옆에서 자라고 하였다. 밤이 깊었다. 증산 상제님은 공우를 가까이 오라고 하였다. 모두가 잠든 밤, 구릿골 약방에는 하나의 움직임이 있었다. 차경석 성도였다. 그는 그날 저녁 무렵 증산 상제님이 친구인 박공우만 불러들인 이후 왠지 모를 이상하고도 불안한 느낌을 갖고 동정을 살피는 중이었다. 증산 상제님이 공우에게 무엇인가 비명秘命을 내릴 것이라는 예감이다. 그는 증산 상제님이 공우에게 하는 얘기를 엿듣고자 마루 귀퉁이에 숨어 있었다. 공우는 눈치를 채지 못하였다.

같은 시각 방안에서는 과연 차경석의 예감대로 무엇인가 '전수의식'이 거행되고 있었다. 박공우만 따로 불러 깊은 밤에 벌어진 일이었으므로 그만큼 은밀하였다. 특별한 의식이 따로 있는 것은 아니었다. 이에 대해 『도전』은 극적으로 묘사하고 있다.

증산 상제님이 물었다. "공우야, 앞으로 병겁이 휩쓸게 될 터인데 그때에 너는 어떻게 목숨을 보존하겠느냐?"

공우가 "가르침이 아니 계시면 제가 무슨 능력으로 목숨을 건지겠습니까." 대답하였다.

증산 상제님이 말했다. "의통醫統을 지니고 있으면 어떠한 병도 침범하지 못하리니 녹표祿票니라."

바로 이 시각, 마루 귀퉁이에 숨어 있던 차경석은 더 오래 엿듣다가는 탄로할 것이 두려워 몸을 돌려 물러갔다.

방안에서는 전수의식이 계속 진행되었다. 증산 상제님이 다시 말했다. "공우야, 네 입술에 곤륜산을 매어 달라. 내가 천하사를 하기 위하여 곧 떠나려 하노라."

증산 상제님이 당신의 어천 사실을 털어놨다. 공우가 만류하였으나 증산 상제님은 요지부동이었다. 공우가 따라가겠다고 간청하였다.

증산 상제님은 간곡한 음성으로 말한다. "공우야, 네가 갈 곳이 아니니라. 여기에서 천하사를 하기에는 불편한 것이 많으므로 그곳에 가서 할 것이니라."

공우는 말이 없다.

"장차 괴질이 대발하면 홍수가 넘쳐흐르듯이 인간 세상을 휩쓸 것이니 천하 만방의 억조창생 가운데 살아남을 자가 없느니라." 잠시 무거운 침묵이 흘렀다. 증산 상제님이 조용하지만 태산같이 무거운 음성으로 다시 말한다. "공우야, 무진년 동짓날에 기두하여 묻는 자가 있으리니 의통인패醫統印牌 한 벌을 전하라. 좋고 나머지가 너희들의 차지가 되리라."

공우가 차마 떨어지지 않는 입으로 묻는다. "때가 되어 병겁이 몰려오면 서양 사람들도 역시 이것으로 건질 수 있습니까?"

증산 상제님의 대답은 간단하다. 그만큼 단호하다는 얘기다. "천하가 모두 같으니라."

이 전수의식을, 혹은 이 공사를 어떻게 독해할 수 있을까. 우리는 더 이상의 독해를 시도하지 않는다. 『도전』에서는 이 공사에 대해 '인류 구원의 의통을 전수하심'(『도전』10:48)이라는 제목을 붙였다.

"나 금방 올라간다." 1909년 6월 24일, 아침이다. 증산 상제님은 구릿골 약방에 누워 있고 김형렬을 비롯한 성도 몇 명이 방에 있고 나머지 성도들은 마루와 마당, 그리고 약방 아래쪽 김형렬의 집, 고살 등지에 흩어져 있었다.

당신의 어천을 앞두고 증산 상제님은 누구보다도 어린 김호연 성도가 눈에 밟혔던 것 같다. 호연은 어렸을 때부터 증산 상제님에게 그림자처럼 붙어 다니며 공사현장을 시종하였다. 그날 아침 증산 상제님은 호연을 불러 들였다. 여기서 증산 상제님이 어린 호연을 떠나보내는 광경을 모두 기록할 여유는 없다. 『도전』은 많은 분량에 걸쳐 이 광경을 기록하였다(『도전』10:50부터 10:61까지를 참조). 인간으로 온 증산 상제님은 마치 아버지가 딸을 떠나보내듯 그렇게 인간으로서 애틋한 정을 보여주었다. 이와 같은 장면 역시 공사로 이해하는 것이 9년 천지공사를 마치고 어천하는 당신에 대한 우리 인간의 예의일 터다. 아니, 우리 인간을 위한 성공적인 독해일 터다.

그날 사시巳時(오전 9시-11시)께 증산 상제님은 김형렬의 집 사랑방에 누워 있었다. 몇몇 성도는 방안에 있었고 나머지 성도들은 모두 마당에 무릎을 꿇고 엎드려 있었다. 증산 상제님의 천지공사가 곧 막을 내리는 순간이다. 1902년 그날, 증산 상제님의 장소는 제비창골에서 구릿골로 달라졌으나 바로 수석성도 김형렬의 집에서 〈성주풀이〉 공사를 행하였다. 이 공사에서 증산 상제님은 〈성주풀이〉를 하였는데, 마지막 구절에서 "시始도 여기서 일어나고 종終도 여기서 마치리라."고 하였다. 이 공사 내용과 같이 증산 상제님은 이제 당신의 공사에 대한 대단원의 막을 내리려고 하는 순간이다.

성도들은 긴장할 밖에 없었을 것이다. 밖에는 증산 상제님으로부터 구릿골로 모이라는 통지를 받은 성도들과 소문을 들은 사람들이 연이어 도착하고 있었다. 예나 지금이나 절차는 엄하기만 하였다. 성도들이 도착하면 서기가 사랑으로 안내를 하였다. 서기로부터 보고를 받은 김형렬이 증산 상제님께 아뢰어 몇몇 사람만 들게 하고 그 외의 사람들은 서기가 따로 받아서 일일이 거주성명을 물어 적었다.

바로 그때였다. 증산 상제님이 문득 밖에 모인 여러 성도들에게 꾸짖듯이 말한다.

> "글 배우는 사람이 도둑놈이지 도둑놈이 따로 없나니 붓대 가진 놈이 제일 큰 도둑놈이니라. 잡부자작雜敷自作하지 말라. 나의 도가 씨가 되어 싹이 나고, 또 싹이 나서 연連하게 될 때 그놈들이 앉아서 요리조리 다 만드니 앞으로는 해를 돌아가면서 속고 사는 세상이니라."(『도전』 10:57:5-7)

증산 상제님의 말씀에 대한 왜곡을 경계하는 공사다. 이 공사내용과 같이 증산 상제님은 당신의 말씀이 왜곡되지 않고 진실 그대로 전해지기를 이승에서의 마지막 그 순간까지 원하고 있었다.

증산 상제님의 얘기가 끝났을 때, 형렬이 옆에 앉아 있는 호연에게 '나가자.'고 눈짓을 하였다. 호연이 밖으로 나가려고 막 일어서려고 할 때였다. 갑자기 앞뒷문이 벌컥 열리면서 바람이 쏜살같이 들어오고 장대비가 마구 쏟아지며 시퍼런 번갯불이 천둥소리와 함께 방안으로 들어왔다. 순간 증산 상제님이 오른손으로 번갯불을 탁 잡으며 크게 호령하였다.

"어떤 놈이냐? 내가 시간을 저울질하고 있는데 네가 잘난 체하여 마음대로 불칼을 내두르느냐! 나 금방 올라간다."

『도전』에 기록되어 있는 이 일화를 어떻게 이해할 것인가. 물론 증산 상제님의 행적을 얘기할 때, 과학 지식으로 무장된 현대인들의 선입견으로 쉽사리 이해할 수 없는 일화는 한두 가지가 아닐 터다. 어디 증산 상제님뿐이겠는가. 종교적인 인물의 생애를 논의할 때, 늘 제기될 수밖에 없는 문제 중의 하나다. 우리가 몇 차례에 걸쳐 지적하였으나 역시 문제는 믿음이다. 믿음이 전제되지 않은 종교적 세계로의 여행은 참으로 어려운 일이 아닐 수 없다. 아니, 처음부터 소통은 불가능할 터다.

지금 증산 상제님이 방안으로 들이치는 번갯불을 손으로 휘어잡고 누군가를 향해 꾸짖는 장면도 다르지 않다. 이 일화에 대한 해명은 굳이 필요치 않다. 풍경은 여기서 완결된 것이 아니라 이어지기 때문이다.

다시 하늘 보좌로 『도전』에서 이 일화의 전달자는 아직 천진난만하기 이를 데 없는 어린 호연이다. 어리지만 호연은 증산 상제님의 지도 아래 정해진 수행까지 마쳐 신안을 통한 경지에 오른 인물이다(『도전』 3:145부터 3:148까지를 참조할 것). 여기서는 당시 호연이 신안으로 보았던 장면을 있는 그대로 재구성한다.

증산 상제님이 누군가를 꾸짖는 모습을 보고 호연이 신안으로 보았는데, 장수 옷을 입은 헤아릴 수 없이 많은 신장들이 말을 타고 기치창검으로 무장한 채 문밖과 집 주위를 에워싸고 있었다. 신장들이 증산 상제님에게 각기 인사를 드리며 '저는 아무개입니다, 아무개입니다.' 하고 일일이 보고를 드린 다음 한 신장이 앞으로 나서서 "모시러 왔습니다." 하였다.

증산 상제님이 다시 호통을 친다. "시간이 아직 안 되었는데 뭣 하러 그새 발동을 했느냐! 때가 되기도 전에 갈 수 없느니라."

증산 상제님의 서릿발 같은 호통에 신장들이 일제히 양쪽으로 갈라서서 다음 하명을 기다렸다.

잠시 후 증산 상제님이 신장들을 향해 "나○○ 왔느냐?" 하고 물었다. 아마도 증산 상제님이 찾는 신장이 아직 당도하지 않았는가 보았다. 다른 신장이 나서며 "오시午時 지났습니다." 하고 아뢰었다.

"이놈아, 네가 시기를 아느냐?" 증산 상제님이 다시 꾸짖었다. 이어 형렬에게 "꿀물 한 그릇을 가져오라." 명하였다.

잠시 후 형렬이 갖고 온 꿀물을 들이킨 뒤에 증산 상제님은 "날은 덥고 머나먼 길을 어찌 갈꺼나." 혼잣말처럼 말하며 형렬에게 몸을 기댄 채 작은 소리로 태을주를 읽었다.

훔치 훔치 태을천 상원군 훔리치야도래 훔리함리 사파하….

방안에는 김형렬과 최상문, 그 외 두 명의 성도가 무릎을 꿇고 앉아 있을 뿐이었다. 그때 문득 하늘문이 눈부신 빛을 쏟으며 소리 없이 열렸다. 그리고 선녀들이 황금빛 발판이 달린 빨간 줄을 좌우에서 내려

주고 마당과 고샅을 가득 메운 신명들은 노래하듯 일제히 어떤 글을 읽는데 마치 벌떼가 윙윙거리는 듯한 소리가 온 하늘에 울려 퍼졌다. 마치 거대한 오케스트라가 연주하는 교향곡처럼 웅장한 광경이다.

증산 상제님이 다급하게 "형렬아!" 하고 불렀다. "잘들 있거라. 잘 있거라, 간다."

순식간의 일이다. 증산 상제님은 선녀와 신장들에게 둘러싸여 하늘로 올라가고 있었다.

어느새 옥색 도포에 관을 쓰시고 붉은 띠를 두루마기 끝까지 길게 늘이시고 홍포선紅布扇으로 얼굴을 가리신 모습이 마치 장가드는 새신랑 같더라. 선녀들은 하늘에서 줄을 끌어올리고 말을 탄 신장들은 양옆에서 상제님을 호위하며 공중을 떠가거늘 그 광경이 참으로 위엄 있고 웅대하며 눈부신 대광명 속에 열려 있는 하늘길이 이루 형용할 수 없이 찬연하고 황홀하더라.

상제님께서 "나중에 또 이와 같이 내려오리라." 하시고 하늘문에 드시니 순간 문이 닫히거늘 먹구름이 온 대지를 흑암으로 물들이는 가운데, 기세를 더하여 거칠게 휘몰아치는 바람과 세차게 떨어지는 장대비와 번쩍번쩍 대지를 훤히 밝히는 번개와 방포성과도 같은 천둥소리에 온 천지가 소요하더라. (『도전』 10:59:5-10)

증산 상제님이 인간으로 오기 전에 머물렀던 하늘로 오르는 순간, 사방에 잠시 흑암이 깃드는가 싶더니 갑자기 호연이 있는 방으로 번갯불이 쑥쑥 들어오며 문이 저절로 열렸다. 호연은 그제야 무슨 일이 벌어지는지 직감하였다. 버선발로 뛰어나온 호연이 증산 상제님을 찾았다.

"올라가지 마요. 떨어지면 어째요? 나랑 가요!" 호연이 발을 동동거리며 울다가 그대로 주저앉아버렸다.

하늘로 오르던 증산 상제님이 호연을 보았다. "호연아, 잘 있거라. 이 다음에 또 만나자!"

증산 상제님이 마지막 인사말을 남긴 뒤로는 더 이상 아무런 응답이 없었다. 마당과 고샅에서 엎드린 채 비를 맞으며 흐느끼던 성도들이 모두 일어서서 오색서기가 비치는 하늘길만 쳐다보며 울고 있었다.

하느님이 인간으로 왔다가 다시 하늘로 돌아간 날이다. 『도전』은 이 날을 다음과 같이 기록하였다.

> 이 날은 환기桓紀 9108년, 신시개천神市開天 5807년, 단군기원檀君
> 紀元 4242년, 조선 순종純宗 융희隆熙 3년, 기유(己酉 : 道紀 39, 1909)
> 년 6월 24일(양력 8월 9일)이요 상제님의 성수聖壽는 39세이시더
> 라.(『도전』 10:60:9-10)

증산 상제님, 이적을 보이다
증산 상제님이 어천하던 날 안내성 성도는 구릿골에 없었다. 그날 새벽에 증산 상제님이 정읍으로 심부름을 보냈기 때문이다. 내용을 알 수 없으나 심부름은 그날 중으로 끝나는 것이 아니었다.

내성이 정읍에서 일을 보고 수일 후에 구릿골을 향해 터벅터벅 돌아오고 있었다. 막 주막 앞을 지날 때였다. 누군가 내성을 불렀다. 주막에 앉아 술을 마시고 있던 증산 상제님이었다.

"이리 와서 내 술 한잔 먹고 가라."

증산 상제님이 자리를 권했다. 내성이 한 잔 술로 목을 축이자 증산 상제님이 "먼저 가 있으라."고 하였다.

잠시 후 내성이 홀로 구릿골에 들어서는데 약방 안팎에서 곡하는 소리가 진동하였다. 내성이 의아하여 연고를 물으니 마을사람이 "선생님께서 돌아가셨소." 대답하였다. 내성이 황당하여 "방금 전에 선생님께 술을 받아먹고 왔는데 그 무슨 소린가?" 하며 사람들을 밀치고 급히 방으로 들어가 보았는데 증산 상제님의 옥체에 흰 천이 덮여 있었다.

내성이 깜짝 놀라 어쩔 줄 몰랐다. 문득 그날 새벽에 증산 상제님이 "내성아! 너는 내 몸을 쳐다보지도 말고 손도 대지 말고 일절 관여도 하지 마라." 하신 말씀이 떠올랐다. 내성이 크게 깨달은 바가 있어 뒤도 돌아보지 않고 집으로 돌아갔다.

성체를 초빈하다 증산 상제님이 어천하였다는 소식은 금방 인근에 퍼져 나갔다. 사방에서 사람들이 모여들어 누가 가고 누가 오는지도 모를 정도였다.

증산 상제님의 대여大輿가 나가는 9일 동안 구릿골 온 동네가 떠들썩하였다.

식사 때가 되면 큰 솥을 마당에 걸어 놓고 한 끼에 두어 가마니씩 밥을 해댔다. 증산 상제님이 평소 개고기를 좋아하였으므로 마을에서 개를 잡아 올리기도 하였다.

증산 상제님이 어천한 지 이레 뒤였다. 출상 날이다. 김형렬은 상여꾼을 얻지 못하게 하고 종도들로 하여금 직접 상여를 메게 하였다. 그리고 종도 네 사람으로 하여금 증산 상제님의 성체를 대여에 모시도록 지휘하였다.

대여는 점심때가 지나서야 겨우 나갔다. 구릿골 김형렬의 집에서 출발한 대여는 용화동, 제비창골을 거쳐서 섭다리골을 돌아 구릿골로 오는데 벌써 해가 뉘엿뉘엿하였다. 날은 저물고 하여 증산 상제님의 성체를 사랑에 모신 채 다시 하룻밤을 보냈다.

날이 밝아서 재궁을 다시 대여에 모시고 구릿골을 나섰다. 전날과 같이 종도 열여섯 명이 대여를 메고, 서른두 명이 그 뒤를 따르며 번갈아 멨다.

대여의 맨 앞에는 「호남서신사명」이라고 쓴 명정을 세우고 이어서 만장, 공포, 불삽, 운삽이 따르며 그 뒤를 수없이 많은 종도들이 '수壽'와 '복福'이 새겨진 기를 들고 따랐다. 과연 수많은 깃대들이 길게 이어지는 모습이 마치 물결치는 듯 장관을 이루었다.

구릿골을 출발한 대여는 내주평을 거쳐 고부로 갔다. 대여가 고부 객망리에 이르렀을 때 마을 사람들이 모두 나와 맞이하였다.

이튿날 구릿골 김형렬의 집 뒤 모시밭을 지나 대밭 끝에 증산 상제님의 성체를 초빈草殯하였다.

친구 안필성, 증산 상제님을 만나다

증산 상제님을 장사한 지 얼마 후, 둘도 없는 친구 안필성은 구릿골 약방으로부터 증산 상제님이 어천하였다는 부고를 받았다. 필성은 '미친놈들, 내가 얼마 전에 장사를 지냈는데 뭔 놈의 부고냐.' 혼자 투덜거렸다.

필성이 삼거리 정자나무 아래에서 청도원에 사는 이 아무개를 만난 것은 이 즈음이었다.

이 아무개가 말했다. "원평 장터에서 증산 선생을 뵙고 같이 술 마시고 얘기했네."

증산 상제님을 장사한 지 이레 후에는 함열에 사는 친구 채 참봉이 필성의 집에 왔다. 필성을 본 그는, "아까 금구 주막에서 증산 선생님하고 술 마시면서 자네 얘기를 듣고 웃었네."라고 하였다.

"증산이 죽어서 내 손으로 직접 묻었는데 그게 뭔 소린가? 내가 자네한테만 들은 것이 아니라 여러 사람한테 들었으니 무덤에 같이 가보세." 필성이 말하고 자리에서 일어났다.

필성은 채 참봉과 함께 증산 상제님을 모신 곳으로 달려갔다. 무덤의 봉분이 원래 모신 모습 그대로 달라진 것이 전혀 없었다. 필성이 혹시나 싶어 무덤을 파헤쳐 보았는데 그저 빈 흙무덤일 뿐이었다. 필성은 "제자 놈들이 서로 찢어 갔을 것이다." 혼잣말처럼 중얼거렸다. 한편으로는 '증산이 또 무슨 요술을 부렸나.' 하고 의아스러웠다.

29일 장날이 되어 안필성은 원평장에 갔다. 그곳에서 필성은 뜻밖에도 증산 상제님을 만났다. 필성이 깜짝 놀라서 물었다. "자네가 죽어서 분명히 내 손으로 묻었는데 멀쩡히 살아서 다니네?"

증산 상제님은 껄껄 웃으며 필성을 데리고 주막으로 가서 술을 권했다. 필성이 술을 마시며 연유를 물었다. 증산 상제님은 "나는 살아도 살고, 죽어도 산다네." 아무 일도 아니라는 듯 말했다.

증산 상제님이 어천 후 이적을 보였다는 기록은 이밖에도 숱하게 전한다. 더 이상의 얘기는 생략한다.

금산사 미륵전을 찾은 성도들

그해 7월 그믐께 차경석, 김경학, 김광찬, 박공우 성도가 김형렬 성도를 방문하였다. 증산 상제님이 어천 한지 한 달이 조금 지난 뒤였다. 성도들은 장래 일을 의논하였다.

차경석이 먼저 금산사 미륵전 치성을 제의하였다. "선생님께서 당신이 곧 미륵불이라 말씀하셨고, 또 어천하실 때 '금산사로 들어가리라.' 하셨으니 우리가 이제 미륵전에 참배하여 당신을 대한 듯이 정성을 들여 취할 길을 생각하면 반드시 선생님의 감화를 받아 깨달음이 있으리라."

금산사 미륵전은 일찍이 신라시대 진표율사가 미륵불을 친견한 뒤에 미륵하생을 기원하며 이 땅에 미륵계법을 널리 홍포하기 위해 세운 전당이다. 그로부터 천 년이 지났다. 도솔천 천주 미륵불 증산 상제님은 당신이 머물고 있는 도솔천에서 내려와 바로 이 금산사 미륵전에서 30년 동안 영으로 임어해 있었다. 그 사이에 최수운을 내려보냈으나 조선정부는 그를 혹세무민의 죄로 처형하였다. 8년 뒤, 미륵전에 임어해 있던 증산 상제님이 출세하였다. 그리고 증산 상제님은 어천을 앞둔 어느 날, 당신은 금산사로 들어가리니 나를 보고 싶거든 금산 미륵불을 보라고 성도들에게 말했다는 것은 앞에서 검토하였다.

차경석 성도는 누구보다도 증산 상제님에 대한 신심이 돈독한 인물이었다. 그때는 허투루 들었으나 그는 증산 상제님의 공사말씀을 기억하고 치성을 제의한 것이었다. 성도들도 모두 동의하였다. 김경학 성도가 소 한 마리를 준비하고 나머지 치성 제물은 다른 성도들이 준비하였다. 여기서 치성 제물이 눈길을 끈다. 미륵전에 치성을 드리는 제물일진대, 소를 잡았다고 하였다. 불교 입장이라면 감히 상상도 할 수 없는 일이다. 증산 상제님의 신앙관이 유불선을 포함한 우리 고유의 신교의 맥을 잇고 있음을 보여주는 대목이다. 치성과정도 마찬가지다.

제물을 준비한 성도들은 금산사로 갔다. 일행이 미륵전에 들어가 참배하고 종이에 '玉皇上帝之位옥황상제지위'라고 써서 미륵불상 몸에 붙였다. 김경학의 진행으로 치성을 올렸다. 치성이 끝난 뒤에 종이 위패를 떼어 안고 경내의 한 사실私室에 들어가 벽에 모시고 각기 정심하여 증산 상제님을 사모하며 정성껏 기도 드렸다. 『도전』은 이 대목에서 매우 신비롭게 기록하고 있다. 이때 김형렬 성도가 문득 신안이 열렸다. 그는 대장전大藏殿에 가서 석가불에게 장래 일을 물었다. 석가불이 책을 들고 입을 열어 가르치려 할 즈음에 증산 상제님이 완연한 미륵불의 형상으로 들어와 책을 빼앗고 입을 막았다.

　증산 상제님을 만나게 된 김형렬은 목이 메어 말했다. "스승과 제자 된 사이에 알면서도 이렇게 무심할 수 있습니까?"

　증산 상제님은 말없이 시 한 수를 보여 주고 홀연히 사라졌다. 시는 다음과 같다.

　　魚糧水積三千界요 雁路雲開九萬天이라
　　어량수적삼천계　　안로운개구만천

　　無語別時情若月이언마는 有期來處信通潮라
　　무어별시정약월　　　　　유기래처신통조

　　어량魚糧은 물 속 삼천 세계에 쌓여 있고

　　기러기 길은 구름 개어 하늘 구만리로다.

　　말없이 이별할 때의 정은 으스름 달빛처럼 애련한 것이언만

　　다시 올 기약 있어 믿는 마음은 조수처럼 어김이 없을진저.(『도전』

　　10:84)

　이 시에 담겨 있는 뜻을, 증산 상제님의 의도를 파악하기는 쉽지 않

다. 다만 마지막 행에 핵심 주제어가 집약되어 있다고 보고, 증산 상제님이 언제인가 다시 오겠다는 기약은 어김이 없을 것이라는 정도로 이해하자. 김형렬이 일행에게 대장전에서 있었던 일을 전했다. 김형렬이 공부를 파하고 돌아와 생각해 보니까 그날이 바로 증산 상제님이 '환궁하리라.' 하였던 8월 초하루였다.

증산 상제님이 어천한 지 3년 뒤에 김형렬을 중심으로 성도들은 당신의 성골을 장탯날에 장사지냈다.

> 상제님께서 금방이라도 다시 살아나실 줄로 믿었던 성도들의 믿음과는 달리 그저 시간만 흐를 뿐 아무런 기미도 보이지 않으니 대밭에 초빈했던 성체를 형렬의 집 뒤안 감나무 밑으로 옮겨 모셨다가 어천하신 지 3년이 지난 뒤에 비로소 장탯날에 고이 장사지내니라.(『도전』 10:104:1-3)

이때는 생사판단生死判斷을 하는 때니라
앞에서 우리는 증산 상제님이 어천을 앞두고 당신이 출세한 이후 행하여 왔던 일, 그리고 우주의 미래에 대해 언급한 공사말씀을 두 차례 인용하였다. 강조하는 의미에서 다시 한 번 인용하자. "이제 하늘도 뜯어고치고 땅도 뜯어고쳐 물샐틈없이 도수를 굳게 짜 놓았으니 제 한도에 돌아 닿는 대로 새 기틀이 열리리라."(『도전』 5:416:1-2)

이 공사의 전반부는 증산 상제님이 이 세상에 와서 남겼던 행적인 천지공사가 압축적으로 요약되어 있다. 천지공사, 즉 하늘도 뜯어고치고 땅도 뜯어고쳐 물샐틈없이 도수를 굳게 짜 놓았다. 후반부는 당신의 어천 후 인류에게 남긴 당부의 말씀이다. 당신이 짜놓은 도수(천지공사)

대로 '제 한도에 돌아 닿는 대로 새 기틀이 열린다.'는 것이다. 그것이 인류는 물론 우주의 미래 운명이다.

증산 상제님은 이 공사와 비슷한 내용의 공사를 처결한 바 있다.

선천에는 모사謀事는 재인在人이요 성사成事는 재천在天이라 하였으나 이제는 모사는 재천이요 성사는 재인이니라.(『도전』 4:5:4-5)

그랬다. 과거에는 모사재인 성사재천이라고 했다. 일을 꾸미는 것은 사람이나 그것이 이루어지느냐는 하늘에 달려 있다는 얘기다. 최선을 다한 후에는 그 결과에 연연해하지 말라는 뜻이다. 《삼국지연의》에서 유래한 말이다. 촉의 군사 제갈량은 위나라 군사 사마의를 제거하기 위해 계곡으로 유인한다. 계곡에는 엄청난 양의 폭탄을 사전에 설치해 놓았다. 제갈량의 계략에 걸려든 사마의 군사는 포위되었고, 꼼짝없이 몰살할 위기에 처했다. 그런데 갑자기 폭우가 쏟아졌다. 촉군의 포탄세례도 멈추었고, 미리 설치한 폭탄도 터지지 않았다. 이때 제갈량이 하늘을 바라보며 탄식하던 말이 바로 모사재인 성사재천이다.

증산 상제님은 이 말을 바꾸었다. 아니, 말을 바꾼 것이 아니라 그 기운을 가져다 쓰되, 반대로 쓰는 것이었다. 일을 꾸미는 것은 하늘이요, 그 일을 성사시키는 것은 사람에게 있다. 전자는 이미 이루어졌다. 증산 상제님의 9년 천지공사가 그것이다. 이제는 성사재인의 시대다. 일의 성공 여부는 사람에게 달려 있다. 증산 상제님이 물샐틈없이 짜놓은 천지공사를 감당할 몫은 인간에게 있다.

증산 상제님은 말한다.

가을바람이 불면 낙엽이 지면서 열매를 맺는 법이니라. 그러므로 이때는 생사판단生死判斷을 하는 때니라. (『도전』 2:44:2-3)

인류 전멸의 위기인 후천 가을개벽기가 임박한 지금, 바로 여기, 생사의 기로인 두 갈래 길에서 어느 길을 선택하느냐 하는 것은 바로 당신들의 몫이다. 낙엽처럼 떨어져 썩어갈 것인가? 아니면 열매가 되어 저 찬란한 미래를 기약하겠는가?

II부

위대한 설계,
천지공사

강 영 한

1 상극의 시대, 문명 진단

세상 일이 일어난 데는 모두 원인, 이유가 있다. 증산 상제님은 풀 잎 하나 마르는 것도, 흙 바른 벽이 무너지는 것도, 손톱 밑에 가시 하나 드는 것도 이유가 있다고 하였다. 그러니 우주 주재자인 증산 상제 님이 인간으로 온 것이나 상제님이 9년 동안 한 일은 말할 것도 없다.

그렇다면 "19세기 말, 20세기 초 인류가 어떤 상황에 처해 있었기 에 우주 주재자가 인간으로 강세할 수밖에 없었는가?" "증산 상제님 은 왜 하늘과 땅과 인간을 물샐 틈 없이 뜯어고치는 천지공사의 삶을 살았을까?"

이 모든 의문에 대한 답은 당시로부터 현대로 이어지는 몇 가지 역 사적 문명적 상황을 알아봄으로써 그 실마리를 찾을 수 있다. 이에 대 한 이해는 우주 주재자이자 통치자로서의 증산 상제님의 위대한 삶과 사상을 온전하게 알 수 있는 출발점이다.

제국주의의 탐욕 ── 오늘날 세계 경제체제의 대세는 자본주의이다. 이른 바 상품을 팔아서 돈을 벌기 위한 경제활동, 이윤을 획득하려고 하는 정신적 태도가 주를 이룬다. 이런 자본주의가 뿌리를 내린 것은 19세 기이다. 증산 상제님이 인간으로 강세하기 얼마 전부터였다.

산업혁명과 과학기술을 배경으로 발전한 근대 자본주의가 확산되면 서 19세기 말 이후 세계는 그야말로 힘의 논리에 의해 돌아갔다. 왜냐 하면 근대 자본주의 국가들, 산업혁명을 성공적으로 경험한 강대국들이 더 많은 이윤추구에 혈안이 되어있었기 때문이다. 그들은 힘 있는 강한 자만이 살아남는다는 제국주의 논리로 무장하고 새로운 시장과 원료 공급지 확보를 위한 치열한 식민지 쟁탈전을 벌여나갔다.

강한 군사력, 앞선 경제력, 발전된 과학기술을 바탕으로 다른 나라나 민족을 침략하여 식민지로 삼으려는 제국주의 대열은 영국과 프랑스가 주도하더니, 이내 독일, 미국, 일본 등이 뛰어들면서 그들 간 경쟁은 점입가경이었다.

아프리카·태평양·아시아로 향하던 자본주의가 만들어 낸 힘의 정치, 즉 제국주의의 손아귀는 마지막 남은 동북아로까지 손을 뻗쳤다. 그 결과 조선의 잇몸이었던 중국[청]이 마침내 희생양이 되었다. 1840년대 아편전쟁으로 청나라가 휘청거리더니 1860년에 영국과 프랑스에 의해 북경이 점령되었다는 소식은 가히 충격적 사건이었다. 이후 중국은 제국주의 국가들과 일방적으로 강요된 각종 불평등조약을 맺고 반식민지로 전락하였다.

제국주의의 탐욕으로부터 조선이라고 자유로울 수는 없었다. 동양 각국이 서양 제국주의 열강의 폭압에 침몰당해 갈 무렵, 서구 열강은 1860년대부터 군사력을 앞세우고 조선 침략을 본격화하였다. 1866년 7월, 미국 상선 제너럴 셔먼호가 무장을 하고 대동강을 거슬러 올라가 평양 주민을 약탈하고 죽이는 일이 벌어졌다. 그해 9월에는 프랑스가 함대와 군사를 앞세워 한 때 강화도를 점령하였다. 약 2년 뒤에는 독일 장사꾼 오페르트가 와 대원군 아버지 무덤을 도굴하려 하기도 했다. 미국 역시 1871년에 조선과 통상을 트기 위해 무력을 앞세워 강화도를 공격하였다. 이즈음 일본도 제국주의 대열에 끼어들었다. 서구 열강에 일찌감치 문호를 개방한 일본은 정한론에서 알 수 있듯이, 인접한 조선과 중국에게 문명화의 논리로 지배와 종속을 시도하였다. 1875년, 일본은 군함 운요호를 앞세워 강화도 앞바다를 불법으로 침입하며 개항을 요구하더니 결국 다음해 강화도조약을 맺었다. 러시아 역시 청일전쟁 이후 만주를 차지하는 등 조선을 위협하는 세력이었다.

당시 서양 제국주의 국가들이 조선을 침략하는 모습을 보고 증산 상제님은 어느 날 김병욱을 데리고 동양과 조선을 걱정하는 이야기를 하였다.

> "일본과 러시아가 조선의 허약함을 틈타 서로 세력 다툼을 하는
> 데 조정에서는 당파가 나뉘어 누구는 일본과 친선하려 하고 누
> 구는 러시아와 결탁하려 하니 너의 생각은 어떠하냐?"
> "인종의 차별과 동서양의 구별이 있으니 일본과 친선하고 러시
> 아를 멀리함이 옳겠습니다."
> "네 말이 옳으니라. 이제 만일 서양 사람의 세력을 물리치지 않
> 으면 동양은 영원히 서양에 짓밟히게 되리라."(『도전』 5:50:1-5)

증산 상제님은 제국주의의 마수가 앞으로 어떻게 뻗칠지, 그 미래에 대해 염려하였다.

이런 위기 상황에서도 어린 고종을 대신하여 실권을 잡은 흥선대원군은 서양 선박을 경계하고 통상을 금지했을 뿐 다른 조치를 취할 수는 없었다. 오히려 서양 열강의 조선에 대한 통상 요구와 위협은 높아만 갔다. 그로 인해 조선 사람들의 서양에 대한 인심은 사나워져만 갔다.

증산 상제님이 강세하기 전후 19세기 말 동북아의 전통적 국제질

서는 이들 제국주의 국가들에 의해 급속하게 무너지고 있었고, 조선의 처지는 그야말로 바람 앞의 등잔불과 같았다. 조선의 이런 위기 본질을 증산 상제님은 여러 차례 언급하였다. 하루는 증산 상제님이 독한 소주 한 동이를 다 드시고 최덕겸과 여러 성도들을 데리고 길을 나서는데, 문을 나서자마자 대님을 끌러 옷을 걷어 올리고 갑자기 길 옆 미나리꽝으로 뛰어들었다. 상제님께서 질펀하게 주저앉아 미나리꽝 둑에 등을 기대고 발을 바닥에 단단히 지탱하신 채 무엇을 힘껏 잡아당기는 몸짓을 하며, "너희들 이것 봐라. 동양이 서양으로 넘어간다. 아이고~ 아이고~ 목구녕까지 다 넘어갔다. 저 목구녕에 다 넘어가!"(『도전』 3:300:1-4) 하였다. 또 하루는 "이제 동양이 서양으로 떠 넘어가는데 공부하는 자들 중에 이 일을 바로잡으려는 자가 없으니 어찌 한심치 않으리오."(『도전』 2:120:5) 하였다. 나아가 "이제 동양의 형세가 누란累卵과 같이 위급하므로 내가 붙들지 않으면 영원히 서양으로 넘어가게 되리라."(『도전』 5:4:6) 하였다. 이는 동양이 서양으로 떠 넘어가고, 조선이 장차 제국주의의 손아귀로 넘어가, 결국 식민지가 될 위기 상황임을 말한 것이다.

자본주의 문명의 병폐

19세기부터 뿌리내리기 시작한 근대 자본주의는 많은 문명이기를 가져왔다. 자본주의는 산업적 기술을 비약적으로 발전시키며 자연세계의 지배 영역을 넓히고 인간 삶의 영역을 크게 확장시켰다. 물질문명을 발전시키며 세계를 신비로부터 해방시켰다. 나아가 역사의 진보에 대한 절대적 믿음을 갖게 만들었다. 그리하여 자본주의는 마치 인류 구원의 새로운 길로 여겨졌다.

그런데 그렇던 자본주의 문명에 빨간불이 들어왔다. 비상등이 켜졌

다. 산업 자본주의의 발전은 생산, 욕구, 빈곤의 확대를 초래하고 불평
등을 심화시키며 온갖 위기 증상을 폭발시켰다. 제국주의의 탈을 쓴
19세기 근대 자본주의 국가들은 식민지 탈취, 그들에 대한 착취와 억
압, 나아가 자원 약탈과 생태계 파괴 등 인간의 존재를 위협해 나갔다.
무한히 발전할 것만 같았던 근대 자본주의의 산업화된 감각문화는 인
간의 정신세계를 극도로 마비시키고 영혼마저 무너뜨렸다.

자본주의는 심지어 전쟁을 부추기기도 했다. 인류의 현대사는 항상
전쟁이나 테러가 벌어지는 지구촌에서 세계 헤게모니를 놓고 다투는
집단이나 국가들 간의 갈등으로 가득하다. 지난 날을 돌이켜 보면, 전
쟁은 어떤 경우에는 정의의 이름으로, 어떤 경우에는 평화의 이름으
로 자행되었다. 어떤 경우에는 아이러니하게도 전쟁을 끝내기 위해
최후의 전쟁을 하기도 하고, 전쟁을 막기 위해 전쟁을 하기도 했다.
과연 전쟁 없이 자본주의 문명이 굴러갈 수 있었을까? 돌이켜보면 세
계 산업 자본주의는 전쟁 속에서 태어나고 전쟁을 먹고 자랐다.

수많은 전쟁과 폭력이 인간에게 남긴 것은 무엇인가? 그 흔적은 대
립과 분열, 증오와 원한으로 남아 있다. 그로 인해 죽은 자들은 죽어
서도 원한에 사무쳐 눈을 감지 못하고 있다.

이처럼 자본주의의 끝없는 탐욕은 문명을 돌이킬 수 없는 중병으로
몰아갔다. 그 씨앗이 바로 19세기부터 본격화되었다. 증산 상제님은
근대문명의 실체를 이렇게 밝혔다.

"세상의 모든 학술과 정교한 기계를 발명케 하여 천국의 모형을
본떴나니 이것이 바로 현대의 문명이라. 서양의 문명이기文明利器
는 천상문명을 본받은 것이니라."(『도전』 2:30:7-8)

"(서양 사람이 발명한 모든) 문명이기는 하늘로부터 내려온 것이니라."(『도전』 5:340:2)

서양문명! 그것은 천상문명을 본 뜬 것이다.

나아가 증산 상제님은 서양문명의 문제점, 병폐에 대해서도 이렇게 말하였다.

"이 문명은 물질과 사리에만 정통하였을 뿐이요, 도리어 인류의 교만과 잔포殘暴를 길러 내어 천지를 흔들며 자연을 정복하려는 기세로 모든 죄악을 꺼림 없이 범행하니 신도神道의 권위가 떨어지고 삼계三界가 혼란하여 천도와 인사가 도수를 어기는지라." (『도전』 2:30:9-10)

이는 근대 이후 서양의 과학 기술 문명이 천지 만물에 깃들어 있는 신성을 제거한 채 자본주의와 결합하여 초래한 역기능을 말한 것이다. 서양문명은 온갖 죄악을 저질러 하늘과 땅과 인간세계를 혼란으로 몰아가고 있다. 과연 위기에 처한 문명을 구하는 길은 무엇일까?

인간의 영성靈性 상실 영성, 그것은 영적·신비적 가치에 대한 마음·태도·경험을 말한다. 곧 인간을 넘어서 있는 초월적 초인간적 존재, 초월적 신비, 성聖에 대한 정신성이자 경험이다. 영성은 사람들의 생명 가장 깊은 곳에 있는 생명의 영적 유전인자와 같은 것이다. 말하자면 인간성 안에 보편적으로 품수稟受되어 있는 신성의 가능 형태이고 잠재된 모습이다.

우리 민족은 상고시대부터 영성이 크게 열려 있었고, 늘 상제를 받들어 제사하고 상제의 뜻에 전적으로 의존하고 상제의 가르침을 받아내리는 삶을 살았다. 이른바 신교를 근간으로 하는 상제를 받들고 모시는 영성적 삶을 생활화하였다.

그러나 조선시대에 들어 상제를 받들고 모시는 문화는 크게 위축되고 말았다. 그도 그럴 것이 증산 상제님이 강세하던 19세기 말에도 조선의 지배적 통치 이념은 주자의 성리학이었기 때문이다. 거기에는 인격적 존재로서 천지 만물을 주재하고 통치하는 하늘·상제가 없다. 있어도 주변적일 뿐이었다. 더욱이 새로운 사상이 발전하고 새로운 종교가 들어오면서 신교에 근거한 삶이 쇠퇴하더니 본래부터 가지고 있던 영성적 삶도 잃어버렸다. 기독교의 확산과 전파는 유일신 외의 모든 신을 부정할 뿐만 아니라 영성을 왜곡하기까지 하였다.

조선에서 하늘·상제가 관념적인 이법천으로 여겨지고 인격적 상제가 부정되자, 17세기 이후 미수나, 백호, 다산과 같은 주자로부터 해방을 지향하는 탈주자학적 인물들이 나타나 고경古經을 바탕으로 상제를 재발견하고 상제로 돌아갈 것을 주장하기도 했다. 이어 19세기에 수운은 상제를 직접 접하고 천명에 따라 동학을 창교하여 시천주, 다시개벽, 그리고 무극대도의 도래를 조선 온 누리에서 가르쳤다. 그러나 수운이 나라에서 금지하는 가르침을 편다는 이유로 잡혀 처형됨으로써 천명은 완수되지 못했다.

상제를 잊은 것은 물론 근대 이후에 사람들은 영성마저 상실하였다. 합리주의의 발전은 그것을 가속화하였다. 계몽주의 이후 근대문명, 자본주의 문명을 거치며 인류 정신사에서 일어난 큰 변화는 이성, 합리성, 물질적 가치에 대한 강조로 나타났다. 그리하여 지난 날 강조되었던 신, 초월적 존재, 성聖에 대한 가치나 의식은 상대적으로 약화되었다.

근대 과학기술의 발전 또한 영성을 쇠퇴하게 한 하나의 요인이었다. 과학기술의 발전은 인간으로 하여금, 경험세계, 보이는 세계, 존재하는 대상, 실용적 가치를 중시하게 하였다. 과학은 인간의 사고와 의식을 깊이가 없이 단순화시키면서 물질적인 우주, 눈에 보이는 세계에 집착하도록 한다. 그러므로 과학주의적 가치관이 지배적이게 되면 영성은 부정되거나 억압되고 약화 및 상실될 여지가 있다. 과학기술을 숭배하고 과학기술을 꽃으로 삼는 자본주의 문명이 지배하는 사회에서는 형이상학, 종교, 관념이 설 자리를 잃어버린다. 신·영성을 상대적으로 배제하고, 외형적 생산, 물질적 소유를 중시하는 근대 자본주의 문명은 신을 죽이는 문명이었다.

증산 상제님은, 서구문명은 죽음의 기[死氣]를 맞을 수밖에 없는 문명으로 단죄하였다.

"서양이 곧 명부冥府라. 사람의 본성이 원래 어두운 곳을 등지고 밝은 곳을 향하나니 이것이 곧 배서향동背西向東이라. 만일 서양 사람을 믿는 자는 이롭지 못하리라."(『도전』 2:120:1-3)

명부란 죽은 후 심판을 받는 저승의 법정을 말한다. 명부는 곧 죽음을 상징한다. 그러므로 이 말은 서구 과학문명, 자본주의 문명의 파괴성이 극에 이르고, 물질문화와 감각문화가 인간의 정신·혼을 파멸시켜가는 모습을 보고 서양문명이 곧 죽음에 이를 것임을 말한 것이다.

병든 천지
—————— 제국주의의 지배, 자본주의의 병폐, 인간의 영성 상실뿐만

아니라 19세기 말 이후 인간의 삶의 기반인 지구촌 환경 역시 위기에
처해 있었다. 그 결과 지구가 큰 병이라도 걸린 듯 지금은 온갖 아픔
과 괴로움의 신호를 보내고 있다. 그것은 마치 병든 천지가 인간에게
무언가를 절규하고 있는 듯하다.

근대 이후 인간은 발전·성장이라는 명목으로 과학기술을 앞세워 천
지자연을 정복하고 이용하고자 했다. 산업혁명이니 경제발전이니 뭐
니 하면서 지구의 자연을 무차별적으로 착취하고 지배하려 하였다.
그로 인해 지구는 지금 사경을 헤매며 생존을 위한 마지막 몸부림을
치고 있기 때문이다. 살아서 힘차게 숨 쉬어야 할 거대한 생명체 지구
가 마치 금방이라도 거꾸러질 듯 숨을 가쁘게 몰아쉬며 온갖 아픔을
토해내고 있으니 말이다.

지구온난화, 그것은 19세기부터 인간의 경쟁적인 자연 개발, 탐욕
적인 문명발전 욕구로 지구가 스스로 온도를 조절할 수 있는 메커니
즘을 깨 버린 결과이다. 기온이 올라 생태계가 심각하게 파괴되는 등,
지구가 지금 파멸의 구렁텅이로 빠지고 있음을 보여주는 여러 가지
증거가 있다. 인간 문명과 생태계에 불길한 미래를 예고하는 징조가
뚜렷하게 나타나고 있다. 그 중의 하나로 지구 기온의 상승으로 남북
극 빙하가 급속하게 녹아내리고 있다.

전문가들은 이산화탄소와 메탄가스가 통제할 수 없을 정도의 피드
백 효과를 내게 되면 대기의 온도를 급격히 올리면서 금세기 중에 티
핑 포인트에 이를 것이라고 경고한다. 지구의 온도가 임계점에 도달
하여 온도 상승률이 급격히 높아지게 되면, 기술적으로나 정치적으로
나 고삐 풀린 피드백 효과를 멈추기 위해 인간이 할 수 있는 일은 아
무 것도 없게 된다. 영구동토층의 해빙은 인류의 목을 서서히 조여 오

는 거대한 '시한폭탄'이다. 남극 대륙 서부의 빙상은 지구에 남아 있는 것 중 가장 큰 해빙이다. 그런 남극의 빙하가 예사롭지 않게, 예상치도 못한 속도로 빨리 녹고 있단다. 북극 '최후의 빙하'라고 불리는 곳의 일부도 녹아내리고 있다. 가장 오래되고 두꺼워서 지구온난화에도 마지막까지 견딜 것으로 여겨지던 그런 곳이 지금 무너지고 있어 걱정이다.

대자연의 급변은 온갖 자연재해로 나타나고 있다. 지구 자전축을 움직일 정도의 대지진이나 수많은 희생자를 발생시키는 잦은 화산 폭발은 자연의 대반격임에 틀림없다. 지금은 자연의 거대한 파괴 엔진이 인간에게 재앙을 가져올 위험이 지난 날 그 어느 때보다 높다. 자연은 자신을 약탈하고 정복해 온 인간에게 자신의 몸을 불태우며 복수의 향연을 벌이고 있다. 자연을 정복하고 무제한적으로 이용하려는 인간의 탐욕과 과욕의 화살은 이제 인간의 심장을 향하고 있다.

인류의 생존을 위협하는 이런 다양한 위기에 대한 뉴스는 세계 도처에서 꼬리에 꼬리를 물고 있다. 문제의 심각성은, 심상치 않은 이런 다양하고 급격한 변동이, 최근에는 세계에서 동시다발적으로 확산되고 있다는 데 있다. 더 빈번하게 일어나고 있다. 그 강도가 강해지고 있다. 특정 지역에 제한되지 않고, 마침내는 인간의 존재 자체를 위협할 수 있는 위기가 지구를 엄습하고 있다.

천지에 가득한 원한

제국주의의 마수를 직면한 인류, 자본주의가 만들어 낸 문명의 병폐, 인간의 영성 상실. 그리고 병든 천지, 이는 개별적인 문제가 아니다. 증산 상제님은 이를 한마디로 온 천하가 다 병들었다고 이렇게 진단하였다.

"천하가 개병皆病이니라."(『도전』5:347:7)

문제는 이 병이 단순한 인간만의 병이거나 자연계만의 병이 아니라는 것이다. 그것은 하늘, 땅, 인간 삼계의 총체적인 병이라는 것이다. 19세기부터 본격화된 인류가 앓고 있는 병의 대세는 '천지병'이다. 이런 병폐가 선천 상극의 역사에서 축적되어 여름에서 가을로 넘어갈 때면 총체적으로 폭발한다.

천지가 병들고 인간이 병들고 문명이 병든 것은 궁극적으로 만물 간에 작용하는 선천의 상극성에 기인한다. 선천의 봄여름에는 상극질서가 인간과 만물을 지배하여 하늘과 땅이 서로 극하고, 인간과 인간이 극한다. 상극은 봄여름 생장시대의 천리이므로 피할 수 없으며, 상극으로 인한 인간과 신명의 원억과 피눈물은 천지에 가득할 수밖에 없다. 문명의 차원에서 보면 이념 간 충돌, 문명 간 충돌이 발생하고 온갖 부조화와 갈등이 끊이지 않았다. 그 결과 인간은 깊은 상처는 물론 원한寃恨을 품게 된다.

원寃과 한恨, 원한寃恨이란 무엇일까? '원통할 원寃'(寃은 '冤'의 속자)은 작은 동물을 가두는 새장 모양의 우리를 의미하는 '덮을 멱冖'과 토끼를 의미하는 '토끼 토兔'가 결합된 글자로, 토끼가 우리에 갇혀서 나가지 못하고 움츠리고 있는 상태를 본뜬 회의문자다. 원은 '끊임없이 덮개 위로 뛰어 오름'을 의미한다. 따라서 원이란 외부적 억압 때문에 하고 싶은 것을 하지 못함으로써 마음에 쌓이는 고통과 절망이라고 할 수 있다. 나 자신보다는 타인의 해침이 원의 보다 큰 원인인 것이다. 욕망이 사회적·물질적 조건에 의해, 혹은 타인의 방해나 억압에 의해서 좌절될 때 그 욕망의 크기 만한 고통이 가슴에 쌓이는데 이를 원이라고 하는 것이다.

그런데 『설문해자』에서는 '恨, 怨也'라 하여 한恨을 원怨이라 한다. 한은 외부에서 가해지는 원이 내면화된 고통을 말한다. 즉 원이 깊어져서 생긴 것이 바로 한이다. 원이 외부적 원인에 의한 것이라면, 한은 자신의 잘못이 더 큰 원인이 되어 생기는 후회, 한탄스러움 등의 감정이라고 할 수 있다. 그리고 원과 한이 깊어진 병리적 현상을 원한이라고 한다.

원과 한이 문제가 되는 이유는 원과 한이 부정적 심리 상태로 그치는 것이 아니라 자신과 타인, 그리고 병과 죽음의 근원적 원인일 수 있기 때문이다. 원과 한이 극에 달하면 그 고통은 내면에 잠재하는 것이 아니라 외부로 표출된다. 이렇게 표출되어 드러난 힘을 척隻이나 살기殺氣라고 한다. 원과 한이 원한으로 화할 때 여기서 척과 살기가 발생하게 된다.

척과 살기는 복수와 같은 것으로, 흔히 자신에게 원한을 일으킨 자나 제3자에게 앙갚음을 행하는 것으로 표출된다. 그래서 경우에 따라서 원한은 어느 누구든 상관하지 않고, 누구에게든지 자신이 입은 상처와 아픔을 너도 한번 당해보라는 식으로 뒤집어 씌우는 행동으로 나타나기도 한다.

증산 상제님은 선천이라는 시간대와 그에 따른 원한의 관계를 다양하게 밝혔다.

"선천은 상극相克의 운運이라. 상극의 이치가 인간과 만물을 맡아 하늘과 땅에 전란戰亂이 그칠 새 없었나니, 그리하여 천하를 원한으로 가득 채우므로, 이제 이 상극의 운을 끝맺으려 하매 큰 화액禍厄이 함께 일어나서 인간 세상이 멸망당하게 되었느니라.”
(『도전』 2:17:1-5)

“선천에는 상극의 이치가 인간 사물을 맡았으므로 모든 인사가
도의道義에 어그러져서 원한이 맺히고 쌓여 삼계에 넘치매 마침
내 살기殺氣가 터져 나와 세상에 모든 참혹한 재앙을 일으키나니”
(『도전』 4:16:1-3)

원한은 단순한 우주 원리의 문제가 아니다. 원과 한은 인간의 내면
에 근원적으로 분열을 일으킴으로써 온갖 죄악을 저지르는 불행의 악
순환을 야기하여 그 무엇으로도 해결할 수 없는 파멸의 불씨를 지핀
다. 그 위력은 어떨까?

“상극의 원한이 폭발하면 우주가 무너져 내리느니라.”(『도전』 2:17:4)
“한 사람의 원한寃恨이 능히 천지기운을 막느니라.”(『도전』 2:68:1;
5:53:16)
“선천의 모든 악업惡業과 신명들의 원한과 보복이 천하의 병을 빚
어내어 괴질이 되느니라.”(『도전』 7:38:2)

그야말로 원한이 맺히고 쌓이면 살기가 터져 나와 세상에 모든 참
혹한 재앙을 일으키는 것은 물론, 우주를 무너뜨릴 수도 있다.
문제는 증산 상제님의 가르침처럼, 이런 천지에 가득한 원과 한을
그 어느 누구도 해소할 수 없다는 점이다.

“세상 사람이 다 하고 싶어도 법法을 몰라서 못 하느니라. 이제

각 교 두목들이 저의 가족 살릴 방법도 없으면서 '살고 잘 된다'는 말을 하며 남을 속이니 어찌 잘되기를 바라리오. 공자가 알고 하였으나 원망자가 있고, 석가가 알고 하였으나 원억寃抑의 고를 풀지 못하였거늘"(『도전』 2:95:1-3)

그 누구도 풀 수 없었다. 선천의 어떤 성자들도 인류가 가진 원한을 온전하게 풀지 못했다.

증산 상제님이 인간으로 강세할 당시의 이러한 상황은 한마디로 말해 삼계三界가 총체적 위기에 처해 있었다. 자연질서, 인간질서, 문명질서가 총체적으로 이그러지고 뒤틀어졌다. 상극의 이치가 인간과 만물을 맡아 하늘과 땅에는 전란이 그칠 새 없었고, 천하를 가득 채운 온갖 원한이 폭발하면 인간 세상이 멸망함은 물론 우주가 무너져 내릴 지경이었다. 하늘도 병들고 땅도 병들고 인간도 병든 것이다. 온 천하가 큰 병[大病]이 들어있었다.

세상은 무너져 내릴 지경이고 인류는 멸망한 지경인 이러한 역사적 문명적 상황에서, 아무 손도 쓸 수 없다면 그 다음 수는 무엇일까? 아무 할 것도 없다. 물론 천지신명이 이를 근심하고 불쌍히 여겨 구원해 주고자 했다. 그러나 아무 방책도 없었다. 이에 하늘의 모든 신성神聖과 불타와 보살들이 구천에 있던 상제님에게 하소연을 하였다. 병든 천지를 바로잡고 새로운 세상을 열어주기를 간곡히 기도하였다. 그러자 상제님은 이를 차마 물리치지 못하였다. 그리하여 천상의 상제님이 인간으로 강세하였다. 새 우주를 열어 도탄에 빠진 인간과 신명을 건지기 위해 동방 조선 땅에 인간으로 강세한 상제, 그가 바로 증산 상제님이다.

2 하늘도 뜯어고치고 땅도 뜯어고치고

증산 상제님의 천지공사, 그것은 오직 삼계대권을 가지신 우주 통치자 상제님의 일이며, 상제님만이 할 수 있는 일이다. 선천의 천지를 새롭게하여 후천의 새 천지를 만드는 일, 증산 상제님이 이름하신 그일은 바로 천지공사이다.

증산 상제님이 한 일, 천지공사   증산 상제님은 인간으로 와서 무슨 일을 하였을까? 상제님의 말씀을 들어보자.

> "이제 온 천하가 큰 병이 들었나니 내가 삼계대권을 주재하여 조화造化로써 천지를 개벽하고 불로장생의 선경을 건설하려 하노라. 나는 옥황상제니라."(『도전』 2:16:1-3)
> "나의 일은 천지를 개벽함이니 곧 천지공사니라."(『도전』 5:3:6)

스스로의 신원을 옥황상제라고 밝힌 증산 상제님이 인간으로 와 9년 동안 한 일은 한마디로 말해 '천지공사天地公事'이다. 『도전』에는 상제님이 김형렬과 이야기하면서 천지공사가 무엇인지를 직접 밝히는 이런 내용이 있다.

> "그대는 나와 더불어 천지공사를 꾀함이 어떠하냐."
> "천지공사라니요. 그게 무슨 말씀이신지요?"

"현하의 천지대세가 선천은 운運을 다하고 후천의 운이 닥쳐오므로 내가 새 하늘을 개벽하고 인물을 개조하여 선경세계를 이루리니 이때는 모름지기 새판이 열리는 시대니라. 이제 천지의 가을운수를 맞아 생명의 문을 다시 짓고 천지의 기틀을 근원으로 되돌려 만방에 새 기운을 돌리리니 이것이 바로 천지공사니라."

(『도전』 3:11:1-4)

그렇다면 천지공사, 그것은 무엇일까? 수도공사, 도로공사, 전기공사라는 말에서 알 수 있듯이, 우리는 '공사'라는 말을 흔히 쓴다. 그러나 천지공사라는 말은 매우 생소하다. 그도 그럴 것이 천지공사라는 말은 증산 상제님이 처음 쓴 용어이기 때문이다.

천지공사에서 '천지'는 자연과 인간과 문명은 물론 신명계를 포괄하는 개념이다. 그야말로 천지는 자연질서, 인간질서, 문명질서는 물론 신도질서까지 포함한다. 온 세상에 존재하는 모든 것을 일컫는 것이다.

'공사'란 일반적으로 모든 사람들을 위한 공적인 일을 뜻한다. 그러나 더 넓게는 이 세상의 모든 존재를 위한 우주적인 일로 정의할 수 있다. 이 경우 공사란 우주 주재자로서 만물을 자유자재로 활용할 수 있는 증산 상제님이 하늘은 물론 인간과 문명, 그리고 신명계의 질서를 새로운 존재방식으로 바꾼 일을 의미한다.

그런데 세상이 지금 어떤 상황에 처해 있는가? 천하가 모두 병들어 있다. 천지병은 그냥 고칠 수 있는 것이 아니다. 그것은 천지도수를 뜯어고쳐야만 치유할 수 있고, 그래야만 상생의 새 역사질서가 열릴 수 있다. 그리하여 증산 상제님은 천지도수天地度數를 뜯어고치고 신도神道를 바로잡아 만고의 원을 풀며 상생의 도道로써 선경의 운수를 열고자 하였다. 증산 상제님이 선천개벽 이래로 상극의 운에 갇혀 살아온 뭇 생명의 원과 한을 풀어 주고 후천 오만년 지상 선경세계를 세워 온 인류를 생명의 길로 인도하였으니, 이것이 곧 9년 동안 동방의 조선 땅에서 집행한 천지공사이다. 증산 상제님이 인간으로 강세하여 온갖 신명들과 더불어 하늘도 뜯어고치고 땅도 뜯어고쳐 앞으로 열릴 새로운 인류 역사질서의 천지도수, 천시天時에 맞추어 인류사가 꼭 그렇게만 전개되도록 프로그램을 짠 역사의 시간표, 이정표를 물샐 틈 없이 짠 일, 그것이 천지공사이다.

'천지공사', 그것은 결국 증산 상제님이 천지와 함께 인간과 신명세계를 공도公道로써 바로 세운 일이다. 증산 상제님이 인간과 신명의 새 역사질서, 그 이정표를 공도적으로 짠 도업道業이다. 증산 상제님이 천지도수天地度數를 뜯어고쳐 신도神道를 바로잡아 만고의 원을 풀며 상생의 후천선경의 운수를 열고자 9년간 한 일이다.

증산 상제님이 행한 천지공사는 크게 하늘의 신명질서를 바꾼 공사, 땅의 기운을 바로잡은 공사, 그리고 인간사회와 문명질서를 바꾼 공사로 나눌 수 있다. 증산 상제님은 인간사회의 질서와 불가분의 관계에 있는 천상 신명세계, 즉 묵은 하늘이 사람 죽이는 공사만 보고 있는 현실을 직시하고 부조화에 있는 신명질서를 바꾸었다. 뿐만 아니라 하늘만 높이고 땅은 높이지 않아 지덕地德이 불균형을 이루므로 이를 바로잡기 위해 증산 상제님은 지기地氣와 지운地運을 통일하였다. 인간 삶의 바탕이 되는 땅 기운을 바로잡았다. 나아가 인간이 새 하늘 새 땅을 여는 주체가 되어 새 세상, 새 문명을 열도록 그 시간표[度數]를 짰다. 이것이 이른바 다음에서 밝힐, 상제님이 행하신 천지공사, 지地 공사, 인人 공사이다.

앞으로의 새 세상 질서, 후천의 새 세계는 우주 주재자인 증산 상제님이 집행한 천지공사를 인간이 성취함에 따라 열린다.

천지공사 이해의 전제 원리, 이신사理神事

천지공사를 이해하자면 증산 상제님의 도를 관통하는 기본 원리인 이신사 원리를 먼저 알아야만 한다. 이신사는 하늘과 땅과 인간을 비롯한 만물이 어떻게 생겨나고 운동하는지 그 이치를 담고 있다.

우리는 흔히 '모사재인謀事在人 성사재천成事在天'이라고 말한다. 그러나 증산 상제님은 이를 뒤집어 '모사재천謀事在天 성사재인成事在人'이라 하였다. 천하의 모든 사물은 하늘의 명이 있음으로 신도에서 신명이 먼저 짓는다. 이 세상에 일어날 일을 하늘에서 먼저 신명들이 모사를 한 다음에 현실로 전개된다는 것이다. 이신사理神事 원리로 보면 역사[事]는 자연의 이법과 신도를 근본으로 드러난다.

이신사의 '이'란 자연의 법칙, 천지 이법을, '신'이란 자연의 법칙, 천지 이법을 다스리는 신명·신도를, '사'란 인간세계의 사건, 현실세계, 역사를 말한다. 이신사 원리란 인간의 역사적 흔적, 현실세계는 자연의 법칙, 천지 이법과 그 이법을 다스리는 신명, 신도의 작용 결과라는 것이다. 천하의 모든 사물은 하늘의 명이 있음으로 신도에서 신명이 먼저 짓는다는 것이다. 이 세상에 일어날 일을 하늘에서 먼저 신명들이 모사를 한 다음에 현실로 전개된다는 것이다. 이렇게 보면 역사를 움직이는 이면에 있는 두 손길은 이법과 신도이다.

이신사에서 자연의 법칙, 천지 이법에서 핵심을 이루는 것은 우주 1년, 생장염장이다. 지구에는 지구 1년이 있고, 여기에 봄 여름 가을

겨울이 있어 1년이 사계절에 따라 생장염장의 과정을 거친다. 그렇듯 우주에도 우주 1년이라는 시간대가 있으며, 우주 사계절에 따라 인간 씨종자를 뿌리고 가을에 추수하는 그런 대자연의 법칙이 있다. 봄은 춘생春生, 인간과 만물을 낳고, 하장夏長, 여름에는 기른다. 봄여름에 낳아서 기른 그 과정, 역사의 진화, 문명의 진액을 싹 거두어서 가을에 열매를 맺는다. 수렴을 한다. 증산 상제님은 "내가 천지를 주재하여 다스리되 생장염장의 이치를 쓰나니 이것이 곧 무위이화無爲以化니라."(『도전』 4:58:4)라고 하였다. 이것은 천지의 이법이다. 천지의 자연한, 스스로 그렇게만 둥글어 가는 우주의 도의 질서, 대자연의 법칙이다.

그런데 이런 자연의 이법은 인간 세상에 저절로 실현되는 것이 아니다. 이법과 인간 삶을 매개해 주는 보이지 않는 손길이 있다. 그것이 바로 신·신명인데, 그 신도세계를 주재하는 주재자가 상제이다.

인간 역사[事]는 자연의 변화 원리[理]를 바탕으로 이법을 다스리는 온갖 신명[神]들이 삶 속에 개입하여 '사건'으로 전개되어 나간다. 그리하여 증산 상제님은 을사乙巳(1905)년에 부안 사람 신원일辛元一에게 이렇게 말하였다.

"천하의 모든 사물은 하늘의 명命이 있으므로 신도神道에서 신명이 먼저 짓나니, 그 기운을 받아 사람이 비로소 행하게 되느니라."(『도전』 2:72:2-3)

천지공사는 궁극적으로 천지인 병든 삼계를 개벽하여 새로운 삼계 질서를 열기 위한 일로, 오직 한 분, 삼계대권을 가진 우주 주재자만이 할 수 있는 일이다. 증산 상제님의 9년 천지공사를 이신사의 맥락에서 보면, 그것은 증산 상제님이 자연의 이법과 신도를 근본으로 해서 인사를 정한 일이다. 증산 상제님이 천상의 온갖 신명들을 데리고, 자연의 이법에 따라 앞으로 열릴 새 역사질서, 새로운 문명질서의 청사진을 마련한 일이다.

그렇다면 증산 상제님은 후천선경을 여는 천지공사를 어떻게 보았을까? 먼저 신도질서에 대한 공사 내용부터 알아보자.

천상 신명세계

상제는 우주의 주재자로 모든 신神들의 최고신, 지고신이다. 온갖 천지신명은 상제의 명을 받들어 가을 운의 대의大義로써 불의를 숙청하고 의로운 사람을 은밀히 도와준다.

신명은 과연 어떤 존재일까? 호연과 증산 상제님의 대화 속에 그 답이 있다.

> "참말로 신명이 있나요?"
> "신명이사 없다고 못 하지. 사람이 죽고 사는 것도 모두 신명의 조화로 되는 것이다."
> "지금도 네 양쪽 어깨에 신명이 없으면 기운 없어서 말도 못 혀. 눈에 동자가 있어야 보이듯이 살아 있어도 신명 없이는 못 댕기고, 신명이 안 가르치면 말도 나오지 않는 것이여. 신명이 있으니 이 모든 지킴이 있는 것이다."(『도전』 2:61:1-5)

이처럼 모든 일에는 신명이 작용한다. 천지간에 가득 찬 것이 신이니 풀잎 하나라도 신이 떠나면 마르고 흙 바른 벽이라도 신이 떠나면 무너지고, 손톱 밑에 가시 하나 드는 것도 신이 들어서 된다. 신이 없는 곳이 없고, 신이 하지 않는 일이 없다. 비구름의 운행도 또한 그것을 맡은 신명의 명命을 따르는 것이다. 그리하여 증산 상제님은 "천지개벽을 해도 신명 없이는 안 되나니, 신명이 들어야 무슨 일이든지 되느니라. 내 세상은 조화의 세계요, 신명과 인간이 하나 되는 세계니라. 내 일은 인신합덕人神合德으로 되느니라."(『도전』 2:44:5-7; 4:48) 하였다.

천하의 모든 사물은 하늘의 명이 있으므로 신도神道에서 신명이 먼저 짓고, 그 기운을 받아 사람이 비로소 행하게 된다. 상제님은 온갖 신명을 동원하여 그들의 원한을 해소시키며 천지공사를 행하였다.

증산 상제님은 천지공사 때 이런 신명을 부린다. 그리하여 무엇이라도 명하면 어느 신명도 감히 명을 어기지 못한다. 증산 상제님이 천지공사에 신명을 부를 때는 글을 쓰거나 물형物形을 그려 손이나 무에 먹물을 묻혀 찍고 불사르는데, 이 모두는 그 부호符號이다. 모든 신명은 상제님의 명을 따르고 받들며, 상제님을 배알할 때는 반드시 반천무지攀天撫地식으로 사배四拜를 올리고 상제님은 읍揖으로 대한다.

증산 상제님이 신명을 불러 공사를 볼 때면 성도들은 그저 혼잣말을 하는 것으로 여겼으나 호연의 눈에는 신명이 보였다. 그런 신명의 모습을 알 수 있는 구체적 사례가 있다.

"하루는 신명들이 약방으로 들어오지 못하고 대문 앞에서 서로 고개만 기웃거리며 방안의 동정을 살피더니, 한 신명이 뻘뻘 기어서 마당으로 들어와 상제에게 절을 하고 엎드리거늘, 증산 상제님이 "이제 일어나거라. 아직 우리가 나설 때가 못 되었으니 가서 준비를 하고 내가 부를 때까지 안존安存하라." 하니 모두 대답하고 물러가더라. 신명들이 올 때는 매양 고샅에서 벌이 웅웅거리는 듯한 소리가 나며 불빛이 반짝반짝하거나 그보다 더 훤하게 비치기도 하는데, 증산 상제님이 막대기로 마당에 금을 그으며 "와라!" 하면 그제야 마당으로 들어와 절을 올렸다. 그중에 높은 신명은 토방 밑까지 오고, 더러는 토방에 올라서서 인사를 드리거늘, 이들이 먼저 증산 상제님을 향하여 손을 들면 증산 상제님도 손을 들어 답하였다. 또 신명마다 입고 있는 옷이 다르니, 토방까지 올라오는 신명들은 붉은 빛이 도는 누르스름한 빛깔의 군복 같은 옷을 입고 허리에 띠를 둘렀더라."(『도전』 4:132:2-9)

상제님은 천지에 가득한 이들 신명들과 더불어 천지공사를 집행하였다. 신도로써 공사를 행하였다. 흔히 사람들이 상제님의 천지공사를 이해하는데 어려움이 있는 것은 바로 이때문이다. 신도세계를 모르기 때문이다. 그리하여 상제님의 천지공사를 믿기 어려운 기행과 이적으로만 여긴다.

한 가지 더 중요한 점이 있다. 선천시대에 인간과 신명을 포함한 만유는 상극의 운에 갇혀 원과 한을 맺을 수밖에 없다. 천지공사는 바로 선천의 상극 도수에 걸려 폭발할 지경에 이른, 천지신명의 온갖 원한을 해소하는 과정이라는 점이다. 증산 상제님은 천지공사에 신명들을 동원하여 그들의 원한을 해소해주었다.

왜 해원이 중요한가? 해원의 절대적 가치를 증산 상제님은 이렇게 밝힌다.

"이제 예로부터 쌓여 온 원寃을 풀어 그로부터 생긴 모든 불상사를 소멸하여야 영원한 화평을 이루리로다. 선천에는 상극의 이치가 인간 사물을 맡았으므로 모든 인사가 도의道義에 어그러져서 원한이 맺히고 쌓여 삼계에 넘치매 마침내 살기殺氣가 터져 나와 세상에 모든 참혹한 재앙을 일으키나니"(『도전』 4:16)

원한의 해소, 그것은 후천을 여는 출발점이다. 이런 맥락에서 보면 천지공사는 곧 신명 해원공사이다.

상제님은 사무친 원한을 품고 죽어간 역사상의 모든 원신寃神을 전쟁에 역사케 하여 세운공사를 행하였다. 웅대한 이상과 정의감을 지녔지만 역적으로 몰려 무참히 죽어간 혁명가의 영신인 역신逆神을 모두 도운공사에 붙여 역사케 하였다. 증산 상제님은 원신과 역신들의 원한을 풀어주고 그들을 새 역사질서를 여는 밑거름으로 삼았다.

신명정부의 개편 ───── 상제님이 인간으로 강세하여 한 크고 작은 일 모두가 천지공사이다. 증산 상제님이 한 아무리 작은 일도 그것은 후천개벽이라는 새로운 질서를 열기 위한 천지공사의 한 부분이다.

천지공사는 병든 자연과 인간을 조화하여 새로운 질서를 열기 위한 일이다. 문제는 인간질서, 문명질서가 새롭게 열리기 위해서는 이와 불가분의 관계에 있는 신명계를 먼저 바로잡아야 한다는 것이다. 왜냐하면 인간세계는 곧 천상세계의 반영이기 때문이다.

증산 상제님이 천지공사를 보기 위해 가장 먼저 한 일은 천상의 신명들을 재조직하여 신명정부를 연 일이다. 증산 상제님은 신축辛丑(1901)년 음력 7월 7일에 성도成道하고, 조화주 하느님으로서 대우주

일가一家의 지상선경仙境을 열기 위해 신명 조화정부를 세웠다.

신명정부는 달리 조화정부라고도 한다. 이는 증산 상제님이 신도의 조화造化로 하늘과 땅과 인간의 역사를 다스리는 사령탑이기 때문이다. 조화란 창조와 변화를 통칭하는 말이다. 증산 상제님이 만물을 생성·변화케 하는 통치의 손길이 바로 조화이다. 증산 상제님의 이런 특별한 능력을 조화권능이라고 할 수 있는데, 신명들에게 명령을 내리고 인간의 마음을 주재하는 증산 상제님의 모든 권능 행사는 바로 상제님의 도술 조화이다.

증산 상제님은 이 세상은 신명조화가 아니고서는 고쳐 낼 도리가 없다고 하였다. 옛적에는 판이 작고 일이 간단하여 한 가지 신통한 재주만 있으면 능히 난국을 바로잡을 수 있었으나 이제는 판이 워낙 크고 복잡한 시대를 당하여 신통변화와 천지조화가 아니고서는 능히 난국을 바로잡지 못한다. 병든 하늘과 땅을 바로잡으려면 모든 법을 합하여 써야 한다는 것이다.

증산 상제님은 "크고 작은 일을 물론하고 신도神道로써 다스리면 현묘불측玄妙不測한 공을 거두나니 이것이 무위이화無爲以化니라. 내가 이제 신도를 조화調和하여 조화정부造化政府를 열고 모든 일을 도의道義에 맞추어 무궁한 선경의 운수를 정하리니 제 도수에 돌아 닿는 대로 새 기틀이 열리리라."(『도전』 4:5:1-3) 하였다.

이처럼 조화정부란 천상의 통일 신명정부로, 온 우주의 자연계는 물론 인간계, 신명계를 통치하는 천지공사의 사령탑이다. 증산 상제님의 천명을 받들어 천지공사 전 과정을 기획하고 집행하는, 그야말로 천상 신명계의 입법 및 행정 기관이다. 증산 상제님은 조화정부를 바탕으로 조화권으로 하늘과 땅, 천지 만물을 다스린다.

이런 천상 조화정부는 수많은 신명들로 이루어졌다. 이를테면 선천의 인류 문명 발전에 큰 공덕을 남긴 철인, 종교인, 과학자의 신명인 문명신을 들 수 있다. 이들 중 공자, 석가, 예수, 노자와 같이 도道의 경지를 깨달아 통한 신명을 도통신道統神이라 한다.

야훼나 제우스, 천조대신, 반고가한, 환인이나 단군과 같은 각 민족의 주신主神인 지방신地方神도 그 한 범주이다. 지구촌에는 수많은 성씨가 있는데 각 성씨의 시조가 되는 조상신도 신도세계를 구성하는 한 축이다. 단주丹朱와 같이 선천의 상극 질서에서 깊은 한을 품고 죽은 자의 신명인 원신寃神, 전명숙과 같이 혼란한 세상을 바로잡으려다가 역적의 누명을 쓰고 무참히 죽임을 당한 혁명가의 신명인 역신逆神 역시 조화정부를 구성하고 있다. 조화정부에는 이러한 문명신, 지방신, 조상신, 원신, 역신과 같은 인격신 외에 칠성신, 천지망량신, 일월조왕신과 같은 비인격적인 자연신도 속해있다.

증산 상제님은 선천의 상극 질서로 인해 분열된 신명계 질서를 바로잡기 위해 신명 세계를 개편하였다. 신명계를 바로잡는 것이 인간 세계의 질서를 바로잡을 수 있는 전제이기 때문이다.

임인壬寅(1902)년 4월, 증산 상제님은 형렬의 집에서 여러 날 동안 명부 공사冥府公事를 행하는 가운데 이렇게 말하였다.

"명부 공사의 심리審理를 따라서 세상의 모든 일이 결정되나니, 명부의 혼란으로 말미암아 세계도 또한 혼란하게 되느니라."(『도전』 4:4:2)

명부는 인간과 신명의 명줄을 심판하여 그 탄생과 죽음의 시간대를 정하는 천상의 법정이다. 그런데 선천에서는 이 명부가 혼란하여 인간 세상에 모든 혼란을 가져왔다. 이에 증산 상제님은 명부를 정리整理하여 세상을 바로잡는다며 문명권의 명부대왕을 새로 임명하였다. 전명숙은 조선 명부, 김일부는 청국 명부, 최수운은 일본 명부, 이마두는 서양 명부를 각기 주장케 하여 명부의 정리 공사장整理公事長으로 삼았다.

뿐만 아니라 증산 상제님은 선천종교의 종장들도 교체하였다. '공자, 석가, 예수를 쓰기 위해 내려 보낸 증산 상제님은, "옛적에는 판이 작고 일이 간단하여 한 가지만 따로 쓸지라도 능히 난국을 바로잡을 수 있었으나 이제는 판이 넓고 일이 복잡하므로 모든 법을 합하여 쓰지 않고는 능히 혼란을 바로잡지 못하느니라."(『도전』 4:7)며, 선천 4대 종장들을 구릿골 마당에 불러 그들의 잘못을 심판하였다.

공자는 제사 때 육포를 상에 안올렸다고 아내를 내쫓았다. 뿐만 아니라 그의 아들, 그리고 손자도 아내를 내쫓았다. 3대가 모두 아내를 다 내쫓아 버렸으니 증산 상제님은 공자가 제가齊家를 하지 못했다고 심판하였다.

상제님은 석가釋迦를 불러 "너는 수음樹陰 속에 깊이 앉아 남의 자질子姪을 유인하여 부모의 윤기倫氣와 음양을 끊게 하니 너의 도가 천하에 퍼진다면 사람의 종자나 남겠느냐. 종자 없애는 성인이냐? 네가 국가를 아느냐, 선령을 아느냐, 중생을 아느냐. 이런 너를 어찌 성인이라 할 수 있겠느냐."(『도전』 10:40:12-14)며 꾸짖었다.

뿐만 아니라 상제님은 예수도 불러, 상제님의 도를 펴라고 내려 보냈더니 오히려 사람들을 환부역조하게 만들고, 조상을 박대하도록 가르쳤으며, 선령신을 반대한 죄가 무엇보다 크다며 꾸짖었다.

그리고 노자에 대해서는 여든한 해를 어미 뱃속에서 머리가 희도록 들어앉아 있었다 하니 그것은 불효이며, 그러므로 노자는 천하에 다시없는 죄인이라고 심판하였다.

증산 상제님은 이들을 불러 모아 이렇게 말하였다.

> "너희들이 인간으로서는 상 대우를 받을 만하나 너희들의 도덕
> 만 가지고는 천하사를 할 수가 없느니라. 너희들의 도덕이 전혀
> 못쓴다는 말은 아니니 앞으로 나의 도덕이 세상에 나오거든 너
> 희들 모두 그 안에서 잘 살도록 하라."(『도전』 10:40:25-26)

그리하여 증산 상제님은 후천 통일문명을 여는데 공덕을 쌓은 새로운 성자들을 후천의 새 종장으로 이렇게 임명하였다.

> "선도와 불도와 유도와 서도는 세계 각 족속의 문화의 근원이 되
> 었나니 이제 최수운은 선도의 종장宗長이 되고 진묵은 불도의 종
> 장이 되고 주회암은 유도의 종장이 되고 이마두는 서도의 종장
> 이 되어 각기 그 진액을 거두고 모든 도통신道統神과 문명신文明神
> 을 거느려 각 족속들 사이에 나타난 여러 갈래 문화의 정수精髓를
> 뽑아 모아 통일케 하느니라."(『도전』 4:8:1-6)

예수를 대신하여 마테오 리치를 서도의 종장으로, 석가를 대신하여 진묵을 불도의 종장으로, 공자를 대신하여 주희를 유도의 종장으로, 노자를 대신하여 최수운을 선도의 종장으로 개편한 것이다. 증산 상제님은 선천 종교의 종장을 교체하고 유불선 기운을 쏙 뽑아 선仙에 붙여 종교문화를 통일하였다.

지방신과 지운地運 통일

증산 상제님은 나아가 지방신도 통일하였다. 지방신은 각 민족을 맡아 다스리는 시조신을 말한다. 이를테면 야훼는 유대의 민족신이고, 환인-환웅-단군으로 이어지는 국조 삼신은 동방조선의 민족신이다. 이들은 천상의 최고 자리에 있는 통치자 하느님이 아니라 각 민족의 하느님이다.

선천 세상에서 인간은 동서가 통일을 이루지 못하고 화합도 이룰 수 없었다. 그리하여 각 민족은 자신들의 공간만 고수할 뿐 타 민족과 교류도 거의 이룰 수 없었다. 이는 기본적으로 선천 신명 세계의 반영이다. 즉 일정한 영역을 차지하고 사는 신명들이 자기 영역만 지킬 뿐 서로 교류가 없었기 때문이다. 그러므로 선천에서 인류는 하나 되어 살 수가 없었다.

증산 상제님은 선천에서 인류가 그럴 수밖에 없는 원인, 지구촌 민족 분쟁의 배경을 지방신의 분열에서 찾는다.

> "대개 예로부터 각 지방에 나뉘어 살고 있는 모든 족속들의 분란 쟁투는 각 지방신地方神과 지운地運이 서로 통일되지 못한 까닭이라. 그러므로 이제 각 지방신과 지운을 통일케 함이 인류 화평의 원동력이 되느니라."(『도전』 4:18:1-2)

증산 상제님은 인류가 하나 되어 살아갈 수 있는 새 역사질서를 열자면 먼저 지방신을 통일해야만 한다고 보았다.

그러면서 자기 민족의 민족신을 믿지 않고 다른 민족의 신을 믿는 것, 그것은 환부역조換父易祖라고 규정하였다. 그리고 환부역조하는 자와 환골換骨하는 자는 다 죽으며, 증산 상제님 자신도 단군의 자손이라 하였다.

증산 상제님은 이런 신명계의 질서를 바로 잡는 하늘 개벽 공사를 보았을 뿐만 아니라 동서양 땅 기운을 바로잡는 땅 개벽 공사도 보았다.

선천에서 인류는 동서 교류에 한계가 있었고 나아가 민족이나 부족 간 종교간 갈등도 다반사로 경험하였다. 이는 기본적으로 지방신地方神과 지운地運, 지기地氣가 서로 통일되지 못했기 때문이다.

지운, 그것은 인간이 태어나 자라며 호흡하는 생명의 젖줄인 땅 기운을 말한다. 태초 이래 동서의 각 민족들은 지역마다 상이한 땅 기운, 상이한 자연조건을 배경으로 상이한 종교문화를 발전시켜 나갔다. 그 결과 종교문화의 차이는 민족 간, 부족 간, 나아가 국가 간에도 온갖 갈등과 대립을 가져왔다. 거기에는 때때로 전쟁, 테러와 같은 극단적 행위도 동원되었다. 어쩌면 지운이 통일되지 않아 발생하는 가장 전형적인 전쟁은 종교전쟁일지도 모른다.

오늘도 자행되고 있는 중동에서의 대립을 보자. 유대인과 아랍인들의 분쟁, 그것은 본래 아브라함이라는 한 뿌리의 자손인 두 민족이 그들의 한 하느님[지방신]을 두고 각기 '야훼'와 '알라'라는 이름으로 부르며 서로 다른 믿음으로 분화되면서 비롯되었다. 두 민족의 지방신이 천상에서 대립함으로써 그 기운이 지상에 전해져 두 민족 간에도 민족 갈등, 종교 분쟁이 발생하는 것이다.

증산 상제님은 인류가 후천 가을의 신세계를 열자면, 천지를 개벽하고 조화선경을 열려면, 지구촌 산하의 분열된 기운이 통일되어야 한다고 이렇게 말하였다.

"천지를 개벽하여 선경을 세우려면 먼저 천지도수를 조정調整하고 해원으로써 만고신명萬古神明을 조화하며 대지강산大地江山의 정기精氣를 통일해야 하느니라."(『도전』 4:19:1-3)

그리하여 후천의 새로운 질서를 열기 위해 증산 상제님은 분열되고 혼란한 천상 신명계의 각 민족 주신들인 지방신 뿐만 아니라 각 민족이 터전으로 삼고 있는 땅 기운도 하나로 통일하였다. 지방신들이 자유롭게 동서를 드나들게 하고, 궁극적으로 인류가 서로 교류하며 살아갈 수 있는 환경을 만든 것이다.

그렇다면 지운은 어떻게 하면 통일이 될까? 대지강산大地江山의 정기를 통일하기 위해서는 무엇을 어떻게 해야 할까?

한 가정에는 부모가 있고, 한 기업에는 최고 경영자가 있다. 대체로 부모나 최고 경영자를 중심으로 가정이나 기업은 움직인다. 그러므로 가정이나 기업에 어떤 변화를 가져오려면 이들 부모나 경영자에게 변화를 가져오는 것이 가장 용이하다. 지구의 산하도 마찬가지이다. 거기에는 부모산이 있다. 그 부모산의 지기를 통일함으로써 지구 강산의 기령도 통일할 수 있다. 증산 상제님은 전 지구의 지운을 통일할 수 있는 부모산이 조선 땅에 있다고 하였다.

"전주 모악산母岳山은 순창 회문산回文山과 서로 마주서서 부모산이 되었나니 부모가 한 집안의 가장으로서 모든 가족을 양육 통솔하는 것과 같이 지운을 통일하려면 부모산으로부터 비롯해야 할지라."(『도전』 4:19:4-5)

전주 모악산과 순창 회문산이 서로 마주서서 각기 어머니 산과 아버지 산으로 부모산을 이룬다는 것이다. 선천 문명은 지기의 조종인 곤륜산이 시발점이 되어 그 기운이 석정산[佛], 니구산[儒]의 도봉道峰을 타고 내려와 석가와 공자를 냄으로써 인류문화의 꽃을 피우게 되었다. 그런데 증산 상제님은 이 선천문명을 통일·결실하는 후천문명의 종주산이 모악산과 회문산임을 밝힌 것이다.

증산 상제님은 이 부모산의 네 명당에서 후천 새 역사질서를 여는 기운이 발동하게 했다.

> "사명당을 응기시켜 오선위기五仙圍碁로 천하의 시비를 끄르며 호승예불胡僧禮佛로 천하의 앉은판을 짓고 군신봉조群臣奉朝로 천하의 인금人金을 내며 선녀직금仙女織錦으로 천하 창생에게 비단옷을 입히리니 이로써 밑자리를 정하여 산하대운을 돌려 발음發蔭케 하리라."(『도전』 4:19:9~13)

증산 상제님은 어머니 산인 모악산을 주장主掌으로 삼고 아버지 산인 회문산의 기운을 응기시켜 산하의 기운을 통일하였다. 이로써 나라와 나라, 지역과 지역 문화를 가로막은 장벽이 무너지고 지구촌에 통일 문화가 펼쳐질 환경이 마련되었다.

3 세계 정치질서 판짜기

세운世運의 기틀, 오선위기

증산 상제님은 천지공사를 행하여 우주의 무극대운無極大運을 연 무극상제無極上帝이다. 인간으로 강세한 증산 상제님은 1901년부터 하늘로 돌아가기 전까지 온갖 신명을 동원하며 10년 동안 앞으로 열릴 새 역사질서의 청사진을 마련하였다. 증산 상제님이 인간으로 와 보낸 삶은 온전히 천지공사의 삶이었다. 하늘도 고치고 땅도 고치고 인간도 고쳐, 즉 개벽을 통해 후천의 새 질서를 열기 위한 밑그림을 그린 것이다.

인간으로 강세한 상제님은 천상 신명계 질서를 재편하고 지구촌 산하기령의 통일을 바탕으로 앞으로 열릴 인류의 역사질서, 문명질서의 과정도 짰다. 증산 상제님이 집행한 이 개벽 공사는 크게 세운世運공사와 도운道運공사로 범주화할 수 있다. 그 중 '세운'이란 20세기 이후 세계 정치 질서의 변화 과정을 말한다.

증산 상제님은 상극의 선천 5만 년 동안 원한을 쌓고 죽은 수많은 원신冤神들을 지상에서 현실 역사를 만들어가는 뭇사람에게 응기시켜 그들의 깊은 원과 한을 푸는 과정을 세상의 정치질서와 접목시켜 세운의 과정을 짰다.

임인壬寅(1902)년 4월 어느 날, 증산 상제님은 천지의 판을 짜러 회문산에 들어갔다. 왜냐하면 거기에는 오선위기혈穴이 있었기 때문이다. 천하명당인 오선위기 혈의 땅기운을 취해 천지의 새 판을 짜기 위해서였다.

증산 상제님이 세운공사에 오선위기혈을 취한 것은 인류 역사상 최초이자 가장 뿌리 깊은 원한을 맺은 단주를 해원시키기 위함이다. 천지공사는 기본적으로 신명의 해원을 바탕으로 하므로, 기록상 인류 원한의 처음인 단주를 세운공사에 내세운 것이다.

> "회문산에 오선위기가 있나니 바둑은 당요가 창시하여 단주에게
> 전수하였느니라. 그러므로 단주의 해원은 오선위기로부터 비롯
> 되나니 천하의 대운이 이로부터 열리느니라."(『도전』 4:20:1-2)

원한의 뿌리인 단주의 원한을 해소시킴으로써 인류의 실질적 해원이 가능하기 때문이다. 그런데 단주가 누구인가? 그는 바로 바둑의 시조이다. 그는 아버지를 이은 제왕자리에 오르지 못하고 밀려나 한을 가슴에 품고 바둑을 두며 세월을 보냈다. 그래서 증산 상제님은 단주로 하여금 세운을 이끌어가도록 하여 해원을 근원적으로 이루고, 오선위기 혈의 기령으로 정치질서 판을 돌리고자 하였다.

증산 상제님이 짠 앞으로 열릴 세계 정치질서는 오선위기五仙圍碁 구도로 열린다.

> "현하대세를 오선위기五仙圍碁의 기령氣靈으로 돌리나니 두 신선은
> 판을 대하고 두 신선은 각기 훈수하고 한 신선은 주인이라."(『도
> 전』 5:6:2-3)
> "내 도수는 바둑판과 같으니라. 바둑판 흑백 잔치니라. 두 신선
> 은 바둑을 두고 두 신선은 훈수를 하나니, 해가 저물면 판과 바
> 둑은 주인에게 돌아가느니라."(『도전』 5:336:7-8)

오선위기란 다섯 신선이 바둑을 두는 형국을 말한다. 바둑은 일반적으로 두 사람이 바둑판을 마주하여 두고 이따금 주변에는 훈수를 두는 사람이 있다. 이로 보면 바둑은 바둑판, 바둑을 두는 두 사람, 훈수를 두는 두 편, 총 다섯으로 이루어진다. 바둑은 곧 다섯 신선의 놀음이다.

여기서 다섯 신선은 구체적으로 무엇을 말하는가? 바둑판, 즉 한반도의 주인인 조선[남·북한]과 바둑 게임에 참여하는 주변 4대 강국을 말한다. 증산 상제님은 바둑판인 한반도를 중심으로 세계 4대 강국들이 패권 다툼을 벌이며 지구촌 정치 질서의 대세를 형성해 나가도록 판을 짠 것이다.

<u>원한의 시초, 단주丹朱</u> 원한을 푸는 것, 즉 해원은 절대적으로 중요하다. 증산 상제님은 선천의 위기를 천지이법 차원에서 찾는데, '원한寃恨'을 근본 원인이라 밝혔다. 상생의 후천이라는 새로운 질서의 열림은 해원을 전제로 가능하다. 그리고 원한의 근원적 해결은 그 뿌리를 찾아내 끄름으로써 가능하다.

증산 상제님은 인류 역사에 기록으로 남은 최초의 원한, 근원적 원한, 원한의 뿌리를 단주의 원한이라 하였다.

"이로부터 천하의 크고 작은 모든 원한이 쌓여서 마침내 큰 화를 빚어내어 세상을 진멸할 지경에 이르렀느니라. 그러므로 먼저 단주의 깊은 원한을 풀어 주어야 그 뒤로 쌓여 내려온 만고의 원한이 다 매듭 풀리듯 하느니라."(『도전』 4:31:4-5)

"이제 원한의 역사의 뿌리인 당요唐堯의 아들 단주丹朱가 품은 깊

은 원寃을 끄르면 그로부터 수천 년 동안 쌓여 내려온 모든 원한
의 마디와 고가 풀릴지라."(『도전』 2:24:4-5)

이는 증산 상제님이 '해원解寃'의 방법, 영원한 인류 화평의 길을 제
시한 것이다. 상제님은 원한의 첫 머리를 요임금의 아들 단주丹朱라
하였다. 역사상 가장 강력하고 근원적인 원한의 주인공 단주!『서경』
을 비롯한 유가 경전이나 사마천의 『사기』 등에서는 성군의 대명사로
알려진 요임금의 불초不肖한 아들 정도였던 단주, 그는 누구인가?

'불초하다'는 말은 자식이 그 아버지를 닮지 못했다는 말이다. 아버
지의 현명함을 닮지 못한 못나고 어리석은 사람을 불초자라고 한다.
그럼 과연 단주는 진정 불초하였는가? 단순히 단주가 제위를 잇지 못
했기 때문에 원한이 생길 것일까? 단주의 원한은 이런 표면적인 원인
뿐 아니라 더 근본적인 이유가 있다. 제위를 이어받지 못했다는 사실
보다는 자신이 이상적인 통치로 생각하였던, 동방 동이족과 서방 화
하족의 통일이라는 원대한 대동사회 구현의 꿈을 실현할 수 없게 된
좌절 속에서 허망한 죽음을 당했기 때문이다.

인류 역사를 보면 정치권력이 투쟁의 과정을 거치지 않고 평화적으
로 이양된 적은 거의 없다. 직접적인 무력은 아닐지라도 결국에는 힘
의 논리가 지배하였던 것이 지나온 선천 역사의 속성이라 할 수 있기
때문이다.

순 임금은 제위를 차지한 후 자신의 정통성 확보를 위해서 적장자
인 단주를 폄하하지 않을 수 없었다. 또한 장수절張守節의 『사기정의史
記正義』의 기록에서는 요가 덕이 쇠해서 순에게 구금당하였고, 단주는
언偃 땅에 가두어 놓고 농림부장관 격인 농관農官 후직后稷에게 그를

감독하게 했으며, 부자지간에 만나지 못하게 하였다고 전한다. 순에 의해서 요와 단주 부자의 천륜이 끊어진 것이다.

대동세상을 열려는 꿈과 야망이 모두 깨져버린 단주는 동이족의 고위층 신분으로 단군조선의 국력을 배경으로 왕위에 오른 순舜을 향한 증오와 분노를 영혼에 깊이 새기게 되었다. 단주의 원한은 인간의 잠재의식에 유전되면서 인류의 죄악과 고통이 깊어지기 시작하였다. 원한은 삶의 본능을 빼앗고 나와 너 그리고 우리 모두를 죄악과 죽음의 늪으로 몰아넣는 극단적인 죽음의 본능이다. 오늘날 우리 인류는 이 죽음의 파괴본능이라는 불꽃에 휩싸여 있다. 바로 이 원한의 불꽃을 잠재우고, 인간과 신명들의 마음속 깊이 응어리져 있는 모든 억울함과 비통함을 풀어버리는 해원의 시초에 바로 단주 해원이 있다.

수천 년간 얼기설기 얽혀서 누적된 모든 원한의 시초 단주. 왜 증산 상제님은 단주의 해원을 첫머리로 하셨는가?

먼저 단주의 포부와 역량을 들 수 있다. 단주가 꿈꾸던 대동세계는 후천 상생 조화세계의 비전에 부합하기 때문이다. 또한 요순선양이라고 하는 역사왜곡의 실체를 바로잡는 역사의 정의 문제가 있기 때문이다. 나아가 단주의 원한은 천륜이 파괴된 원한, 그 상황이 명확히 기록되고 수천 년간 인구에 회자되면서 내려온 최초의 원한이기 때문이다.

순임금은 요와 단주 사이를 떼어 놓아 천륜을 해함으로써 이 사건을 통해 인류 역사의 방향을 화합에서 대립으로 바꾸어 놓았다는 데 그 심각성이 있는 것이다. 그리하여 증산 상제님은 오늘날 동서양의 대립과 갈등 구조가 마치 동방족과 서방족이 대립하던 당시의 시대상황과 유사하기 때문에, 단주를 신명계의 중심 주벽主壁으로 내세워 후천의 통일 조화문명시대를 열도록 천명을 내렸다.

"단주수명丹朱受命이라. 단주를 머리로 하여 세계 원한 다 끄르니 세계 해원 다 되었다네."(『도전』 6:93:9)

즉 제왕이 되지 못했던 한을 풀어주었고, 그동안 누적된 그의 원력冤力을 원력願力으로 승화시켜 세계질서를 통할하고 질서를 바로 잡는 데 일조할 수 있도록 해 준 것이다. 나아가 꿈과 이상으로만 품고 있던 '대동세계 건설'의 한을 풀어주어 동서양을 하나로 묶어 통합된 후천 선경세계가 열릴 수 있도록 하였다. 실로 우주의 주재자만이 할 수 있는 '절대적 신의 한 수'가 아닐 수 없다.

이렇게 단주의 해원을 머리로 하여 수천 년간 얽혀온 원한의 실타래가 낱낱이 풀어지는 해원의 노정 속에서 우리는 후천의 조화 상생 시대를 맞이할 수 있다.

삼변성도三變成道의 세계 정치질서

후천 새 역사의 문을 여는 오선위기 형국의 전쟁은 크게 세 마디를 거치며 발생한다. 증산 상제님은 이를 "내 일은 삼변성도三變成道니라."(『도전』 5:356:4) 하였다. 이른바 세 번의 큰 변화 과정을 거쳐 마침내 이루어진다는 것이다.

그런데 증산 상제님은 이 세 변화 과정을 씨름에 견주어 이렇게 말하였다.

"현하대세가 씨름판과 같으니 애기판과 총각판이 지난 뒤에 상씨름으로 판을 마치리라. … 씨름판대는 조선의 삼팔선에 두고 세계 상씨름판을 붙이리라. 만국재판소를 조선에 두노니 씨름판에 소가 나가면 판을 걷게 되리라."(『도전』 5:7:1-4)

전쟁은 애기판, 총각판, 상씨름판이라는 세 단계를 거치며 벌어진다는 것이다.

애기판 씨름은 아이들끼리 벌이는 씨름이다. 그것은 본게임 전에 벌이는 일종의 오픈 게임이다. 지난 역사로 돌이켜 볼 때 러일전쟁 (1904-1905)과 제1차 세계대전(1914-1918)이 여기에 속한다.

이를 이어 총각판 씨름이 벌어진다. 총각판 씨름은 애기판보다 규모가 다소 큰 씨름으로 청년들이 벌이는 씨름이다. 중일전쟁(1937-1945)과 제2차 세계대전(1939-1945)이 여기에 해당한다.

그러나 이것이 마지막 전쟁인 것은 아니다. 마지막 씨름인 상씨름판이 남아있다. 상씨름의 '상'은 '더 이상이 없는', '궁극의', '마지막'이라는 의미를 담고 있다. 그러므로 상씨름은 어른들이 천하장사를 가리는 본게임이며, 더 이상이 없는 최후의 씨름, 선천의 마지막 씨름이다. 상씨름은 훈수꾼이 벌이는 싸움이 아니라 바둑판 주인인 남북한이 벌이는 전쟁으로, 후천개벽과 직결되는 전쟁이다. 상씨름은 개벽전쟁이자 천지전쟁인 것이다.

이 상씨름판 전쟁은 한국전쟁으로부터 시작되었다. 한국전쟁은 상씨름의 초반전이었다. 그리고 지금도 진행 중이다. 한국전쟁이 발발한지 거의 70년이 되어가지만 전쟁은 아직 끝나지 않았다. 휴전중일 뿐이다. 느슨해진 샅바를 다시 당길 때, 그것은 곧 상씨름이 재개됨을 의미한다.

애기판 씨름의 시작, 러일전쟁

20세기 초, 세계정세는 제국주의 국가들이 힘없는 약소국을 침략하는 파워게임이 대세를 이루고 있었다. 제국주의 국가들은 군사력을 앞세우며 아프리카와 태평양 섬나라까지 식민지를 만들더니, 이제는 조선도 누란의 위기에 처해 있었다. 실로 절박한 위기 상황에서 증산 상제님은 약소국을 건지기 위해 동서 제국주의 국가들 간에 전쟁을 붙였다. 그리하여 발생한 것이 러일전쟁이다.

증산 상제님은 서양 제국주의 세력을 꺾고 꺼져 가는 동방의 빛을 후일 다시 밝히기 위해 일본 제국주의로 하여금 서구 열강을 몰아내게 하였다. "이제 만일 서양 사람의 세력을 물리치지 않으면 동양은 영원히 서양에 짓밟히게 되리라. 그러므로 서양 세력을 물리치고 동양을 붙잡음이 옳으니 이제 일본 사람을 천지의 큰 일꾼으로 내세우리라." 하시니라. 또 말씀하시기를 "내가 너의 화액을 끄르기 위하여 일러전쟁을 붙여 일본을 도와 러시아를 물리치려 하노라." 하였다.(『도전』 5:50:4-6)

증산 상제님은 일본을 천지의 일꾼으로 내세워 서구 열강을 몰아내려고 하였다. 러일전쟁은 바둑판 조선을 중심으로 서양 제국주의 러시아와 동양 제국주의 일본이 붙은 제국주의 간 전쟁이지만, 결코 두 나라만의 전쟁이 아니었다. 동북아를 쟁취하기 위한 패권전쟁이었으며, 나아가 제1차 세계대전으로 가는 작은 전쟁이었다.

러일전쟁의 구도는 일본과 러시아가 직접 대결하였지만, 바둑에는 으레 훈수를 두는 사람이 있듯, 러일전쟁에도 훈수꾼이 있었다. 러일전쟁이 일어나기 전 일본은 청일전쟁 이후 삼국간섭에 분개하여 러시아의 팽창을 두려워하는 영국과 영일동맹을 맺었다. 러시아 역시 유럽에서 독일 제국에 공동으로 대항하기 위한 목적으로 프랑스와 러불동맹을 맺고 있었다. 그리하여 러시아와 일본이 싸운 러일전쟁은 이들과 동맹관계였던 영국과 프랑스가 각기 훈수를 두는 구도로 이루어졌다.

1904년 2월, 일본 함대가 러시아의 남진정책 보루인 여순항을 기습 공격하면서 시작된 러일전쟁은 모두의 예상을 뒤엎고 일본의 승리로 끝났다. 그 결정적 해전이 쓰시마 해전이었다.

쓰시마 해전에는 상식적으로는 이해할 수 없는 힘이 작용하였다. 역사가들은 일본 함대가 뛰어난 기동력과 화력을 갖추어 승리했다고 분석하지만, 그 이면에는 분명 '신도의 손길'이 작용하였다. 전투 때 불었던 동남풍이 바로 그 예이다.

당시 쓰시마 날씨는 바람이 강하고 파도가 높았다고 한다. 이는 어느 한 편에는 날씨가 불리하게 작용할 수 있음을 말한다. 두 나라 함대의 배치 구도로 보면 발틱 함대가 역풍 때문에 매우 불리한 상황에 있었다. 포나 총을 쏘아도 명중률이 낮을 수밖에 없는 조건이었기 때문이다. 일본은 동남풍이 매서운 북서풍을 몰아내듯 한반도 북서쪽에서 내려오는 러시아를 물리치기에 유리했다. 결국 해전은 일본의 승리로 끝났다.

일본의 승리는 결코 우연적인 것이 아니다. 증산 상제님은 계묘년인 1903년에 전주 남고산성 만경대에서 동남풍 공사를 보았다.

> "제갈량의 전무후무한 재주라 함은 남병산南屛山에서 칠일칠야七日
> 七夜 동안 동남풍을 빌어 적벽화전赤壁火戰에 성공함을 말함이 아니
> 더냐. 이제 49일 동안 동남풍을 빌어 와야 하리라. 이 동남풍으
> 로 밀려드는 서양의 기세를 물리쳐야 동양을 구할 수 있으리라."
> (『도전』 5:53:2-3)

49일 동남풍 공사를 통해 쓰시마 해전에서 일본이 러시아의 기세를

꺾게 만든 것이다. 러일전쟁 때 일본이 해상 전투에서 러시아를 물리친 것은 증산 상제님이 본 동남풍 공사에 따른 것이다.

당시 일본 해군의 주역이었던 사네유키 중장은 발틱 함대가 쓰시마 해협을 항진하는 장면을 두 번이나 꿈에서 생생하게 보았는데, 그는 이 꿈을 '신의 계시'로 확신하였다고 한다.

일본의 승리는 그들에게 맺힌 원한을 풀어주기 위한 것이다. 그러나 더욱 중요한 점은 당시 서구 제국주의 국가들이 동양을 침략하여 동양 및 한반도를 지배하면 온갖 문제를 야기하므로 현실적으로 이를 막을 수 있는 유일한 세력인 일본으로 하여금 서구 제국주의를 물리치고 조선을 지키기 위해 승리하도록 공사를 본 결과라는 것이다.

신도 곡할 애기판 씨름, 제1차 세계대전

러일전쟁에서 패배함으로써 동아시아 침략의 야욕을 접어야만 했던 러시아는 유럽의 발칸 반도로 눈을 돌렸다. 이곳은 오랫동안 민족문제로 인해 긴장이 끊이지 않았는데 러시아의 관심은 곧 발칸 반도를 화약고로 만들었다. 당시 화약고와 같았던 유럽에는 두 편의 적대적인 세력이 형성되어 있었다. 영국과 프랑스 및 러시아가 주축을 이루는 삼국 협상과 게르만 민족으로서 독일과 오스트리아-헝가리 제국 그리고 이탈리아가 결합된 삼국 동맹이 바로 그것이다. 두 국가 집단 세력은 수년간 군비를 늘이고 팽창 정책을 펴며 긴장 관계를 이루고 서로 견제하고 있었다. 그것은 만일 이 국가들 간에 전쟁과 같은 갈등이 일어나기라도 하면 같은 진영에 속한 국가들이 필연적으로 전쟁에 말려들 수밖에 없는 상황이었다.

이러한 상황에서 증산 상제님은 천지공사를 통해 전쟁을 발생시키는 도화선에 불을 붙이게 하였다.

> "4월에 신원일을 데리고 태인 관왕묘 제원關王廟 祭員 신경원辛京元
> 의 집에 머무르실 때, 하루는 원일, 경원과 함께 관왕묘에 가시
> 어 관운장關雲長에게 천명을 내리시며 공사를 행하시니라. 이때
> 상제님께서 말씀하시기를 "이제 동양에서 서양 세력을 몰아내고
> 누란累卵의 위기에 처한 약소국을 건지려면 서양 열강 사이에 싸
> 움을 일으켜야 하리라."(『도전』 5:166:1-3)

관운장으로 하여금 서양에 가서 대전쟁을 일으키라는 천명을 내렸
다.

그 도화선이 1914년 6월의 사라예보 사건이다. 이른바 오스트리아
황태자 프란츠 페르디난트Franz Ferdinand가 세르비아의 민족주의자였
던 가브릴로 프린치프Gavrilo Princip에 의해 저격당한 사건이다.

이 저격사건은 상식적으로 이해하기 어려운 면이 있다. 오스트리아
의 유대계 소설가 슈테판 츠바이크Stefan Zweig(1881-1942)는 『어제의
세계Die Welt von Gestern』(지식공작소, 2014)라는 자신의 비망록에서 이
렇게 쓰고 있다. "어찌하여 유럽이 1914년 전쟁에 이르게 됐는지를
자문해 본다면 이성에 맞는 단 하나의 이유, 단 하나의 동기도 찾을
수 없다." 그는 제1차 세계대전이 미스터리 그 자체였다고 회고하였
다. 즉 이성의 눈으로 보면 제1차 세계대전은 도저히 일어날 수 없었
다는 것이다.

어떻든 저격은 실행되었고, 이를 계기로 제1차 세계대전은 시작되
었다. 발칸 반도를 중심으로 전쟁의 기운이 돈 것은 신도의 손길이 작

용한 것으로 볼 수밖에 없다.

독일·오스트리아·이탈리아의 삼국 동맹과 영국·프랑스·러시아의 삼국 협상이라는 대립 구도를 축으로 전개된 제1차 세계대전 이후 세계 정치 질서에는 큰 변화가 일어났다. 많은 왕정 국가가 무너짐으로써 전제 군주제가 공화정이라는 새로운 정치 체제로 바뀌었다. 뿐만 아니라 약소국들이 독립하거나 민족 운동을 벌였다. 그 배경이 된 것이 현실적으로는 윌슨Thomas W. Wilson의 민족 자결주의 원칙이다.

제1차 세계대전으로 회생자만도 5,000만에 이르자 전쟁에 대한 새로운 의식도 형성되었다. 이는 한마디로 다시는 세계대전과 같은 전쟁이 일어나서는 안 된다는 생각이었다. 세계 평화에 대한 염원이었다.

이러한 배경은 세계 국가들을 하나로 묶는 국제 연맹League of Nations을 낳았다. 전 세계를 한 가족으로 묶는 세계 일가 통일 정권 공사의 결과이다. 국제 연맹, 그것은 증산 상제님이 천상 조화 정부에서 짜 놓은 세계 일가 통일 정권이 제1차 세계대전 종결과 함께 지상에 발현된 것이다. 세계 통일의 첫걸음을 내딛는 것이었다.

총각판 씨름의 시작, 중일전쟁　애기판 싸움을 붙여 동양에서 서양 세력을 몰아낸 증산 상제님은 서양으로 보낸 조선의 신명들에게 한 차원 더 큰 규모의 전쟁을 일으키도록 하였다.

> "장차 일청전쟁이 두 번 일어나리니 첫 번째에는 청국이 패하고 말 것이요 두 번째 일어나는 싸움이 10년을 가리니 그 끝에 일본은 패하여 쫓겨 들어가고"(『도전』 5:405:1-2)

러일전쟁에서 승리한 일본은 대륙 침략의 야욕을 더욱 불태우며 만주를 침공(1931)했다. 이것이 첫 번째 전쟁인 청일전쟁이었다. 그 후 일본은 1936(병자)년, 1937(정축)년부터 본격적인 중국 공략에 나섰다. 1937년에 결국 두 번째 전쟁, 중일 전쟁이 일어났다.

만주 사변 이후 일본의 중국에 대한 노골적인 침략 야욕은 그치지 않았다. 1937년 7월 7일, 마침내 큰 일이 터졌다. 중일 전쟁을 불사르는 그야말로 우발적인 사건이 생긴 것이다. 일본군들이 베이징 교외의 루거우차오蘆溝橋 북쪽 완핑宛平성 부근에서 야간 훈련 중 이등병 한 명이 실종되었다.

당시 일본군은 이것이 중국의 소행이라고 생각했다. 병사를 찾기 위해 일본군은 중국군이 주둔하고 있는 완핑성으로 들어가려 하였다. 그러나 거부되었다. 이에 실종 병사가 복귀하였음에도 불구하고 일본은 8일 새벽에 완핑성을 포격하였다. 마침내 7월 28일 일본군은 베이징을 총공격하였고, 약 1주 만에 베이징·톈진을 점령하였다.

일본은 베이징 점령 이후 톈진을 비롯하여 화북 주요 도시들을 점령하고, 수개월의 공습을 통해 난징은 물론 상하이, 항저우, 광저우 등 화중과 화남의 60여 개 도시에 폭격을 가했다. 일본군이 난징을 점령하자 일본은 그야말로 축제 분위기였다. 일본 정부는 경축식을 열고 국민들은 거리로 뛰쳐나와 승리의 기쁨을 나누었다. 그러나 난징을 점령한 일본군은 이른바 '난징 대학살'을 자행했다. 일본군은 난징에서 대규모 학살은 물론 강간·방화·약탈 등 온갖 범죄를 저질렀다.

1938년에 중일 전쟁을 둘러싼 일본과 영국, 미국, 프랑스의 적대 관계가 격화되면서 전쟁은 한층 국제화되었다. 중일전쟁의 총각판 씨름은 중국과 일본이 주연을 맡고 소련과 독일이 각기 중국과 일본에 훈수를 두는 조연을 맡아, 중국과 소련 대 일본과 독일의 대결 구도로 이루어졌다. 두 번째 오선위기 판이 마련된 것이다.

둘째 판 총각판 씨름, 제2차 세계대전

1920년대 말 대공황이 세계로 확산되자 세계에서는 전체주의가 대두하였다. 그 전형이 이탈리아, 독일, 그리고 일본이었다. 이탈리아, 독일, 일본은 식민지와 자본의 축적이 충분하지 못한 상태에서 공황을 겪자 다른 나라에 대한 침략 노선을 택했다. 나치 독일은 유럽에서 무력으로 국제 질서를 바꾸기 시작했다. 중일 전쟁에서 일본을 도와 훈수를 두던 독일이 1938년 3월 오스트리아 병합에 이어, 1939년 3월에 체코를 점령하고, 9월 1일에는 선전포고도 없이 폴란드를 전격 침공하였다. 이에 영국과 프랑스가 즉각 반응하였다. 9월 3일 영국과 프랑스가 독일에 선전 포고를 한 것이다. 이로써 제2차 세계대전이 유럽에서 총체적으로 시작되었다. 유럽이 전쟁의 포화로 뒤덮이게 되었다.

그러자 독일은 이탈리아, 일본과 군사동맹을 체결함으로써 이른바 추축국을 형성하였다. 이탈리아는 이집트와 그리스를 침공하면서 침략전쟁에 가세하였고, 이미 만주를 점령한 일본은 1937년부터 중국과 전면전을 벌이기 시작하였다. 나아가 자원을 확보하기 위해 일본은 동남아로 침략을 확대하였다. 이에 미국은 자국 내의 일본 자산을 동결하고 석유와 전쟁 물자의 일본 수출 금지로 맞섰다.

1941년 독일군이 독소 불가침조약을 깨고 소련을 침공하면서 전쟁은 미국, 영국, 프랑스, 소련 등의 연합국과, 독일, 이탈리아, 일본 등의 전체주의 추축국이 싸우는 양상이 되었다. 그런 와중에 1941년 12월, 일본이 진주만을 폭격하면서 전선은 유럽에서 아시아, 태평양

지역에 이르기까지 전 세계로 확대되었다.

전세는 1942년부터 연합국에게 유리해졌다. 미국은 미드웨이 해전 이후 태평양에서 일본을 물리치기 시작했다. 소련군은 스탈린그라드 전투에서 승리하여 독일군을 소련에서 내몰았다. 이탈리아는 무솔리니가 쿠데타로 몰락하자 항복하였다. 서유럽에서는 노르망디 상륙작전의 성공으로 연합국이 파리를 되찾았다. 미군과 소련군이 베를린에 들어서자 독일은 1945년 5월 무조건 항복을 선언하였다.

한편 일본은 히로시마와 나가사키에 원자폭탄이 투하되고 소련군이 참전하자 1945년 8월 15일에 무조건 항복하였다. 그렇다면 왜 일본은 패망할 수밖에 없었을까? 외형적으로는 미국의 힘에 굴복할 수밖에 없었기 때문이다. 그러나 그 이면에는 일본의 무도無道[非禮]가 있다. 사람이 지켜야 할 도리, 인간 세계의 질서에서 지켜야 할 규범의 하나가 스승의 은혜에 보은하는 것, 스승을 저버리지 않는 것이다. 그것이 얼마나 중요한지는 증산 상제님의 이런 가르침에 잘 나타난다.

> "밥을 한 그릇만 먹어도 잊지 말고 반 그릇만 먹어도 잊지 말라. '일반지덕—飯之德을 필보必報하라.'는 말이 있으나 나는 '반반지은半飯之恩도 필보하라.' 하노라. '배은망덕만사신背恩忘德萬死身'이니라."
>
> (『도전』 2:28:2-4)

밥 반 그릇에 대한 은혜라도 반드시 갚아야 하며, 은혜를 저버리고 덕행을 망각하면 만 번 죽어 마땅한 몸이라는 것이다. 하물며 스승의 은혜에 대하여야 무슨 말이 더 필요하겠는가. 그런데 일본은 그런 짓을 했다. 일본은 일찍이 자신들에게 문화를 전해준 스승의 나라를 침탈하고 그 오랫동안 갖은 패악을 저질렀다. 또한 그들에게 근대 문명을 열어준 미국을 침공하기도 하였다. 1941년에 진주만을 공격하였다. 이로써 일본은 죄 없는 수많은 생명을 고통에 빠뜨리고 희생시켰다. 이것은 배사율背師律을 범한 행위이다. 문제는 개인이든 사회든 국가든, 배사율을 범하면 천지도 가만히 있지 않는다는 것이다. 그 죄가 얼마나 무서운지를 상제님은 일본을 예로 들어 말하였다.

> "조선은 원래 일본을 지도하던 선생국이었나니 배은망덕背恩忘德은 신도神道에서 허락하지 않으므로 저희들에게 일시의 영유領有는 될지언정 영원히 영유하지는 못하리라."(『도전』 5:117:1-2)
> "서양 사람에게서 재주를 배워 다시 그들에게 대항하는 것은 배은망덕줄에 걸리나니 … 일본 사람이 미국과 싸우는 것은 배사율을 범하는 것이므로 장광長廣 팔십 리가 불바다가 되어 참혹히 망하리라."(『도전』 5:119:1-3)

일본은 아시아·태평양 전쟁에서 자살돌격대인 가미가제까지 동원하여 서양의 스승인 미국을 공격하였다. 일본은 신도에서 결코 용서하지 않는 배사율을 범하였기 때문에, 즉 동양의 스승인 조선과 서양의 스승인 미국이라는 스승에 대한 은혜를 저버리고 배반하였기 때문에 하늘도 가만히 있지 않았다. 1945년 8월 장광, 즉 나가사키[長崎]와 히로시마[廣島]에 원자폭탄 세례를 받은 것은 그런 맥락으로 볼 수 있다.

제2차 세계대전 후 인류는 새로운 위기, 새로운 위협을 맞이해야만 했다. 인류는 핵이라는 가공할만한 무기에 노출됨으로써 새로운 위험에 대처해야 했기 때문이다. 그런 가운데 사람들은 인류를 절멸시킬 수도 있는 핵전쟁이나 대규모 전쟁이 다시 일어나서는 안 된다는 의식을 키워나갔다. 특히 세계 지도자들은 세계 전쟁과 같은 사건이 더 이상 발생하지 않도록 하기 위해서는, 국제 연맹보다 더 강력한, 새로운 세계적인 조직·기구가 필요하다고 보았다. 그리하여 만들어진 것이 국제연합United Nations이다.

애기판 총각판을 거치며 서구 제국주의 국가들의 힘이 많이 약화되어 그동안 기울었던 동서양 세력도 균형을 잡게 되었고, 많은 약소국들은 해방을 하고 독립을 하기도 하였다. 전후에는 끔찍한 세계 전쟁을 막기 위한 목적으로 국제 연맹을 보다 강화한 국제 연합이 만들어졌다. 국제연합은 이전의 국제 연맹처럼 세계 일가 통일 정권을 열기 위해 나아가는 또 하나의 과정이다.

4 천지전쟁, 남북 상씨름

제1변 세운 애기판 씨름, 제2변 세운 총각판 씨름에 이은 제3변 세운 상씨름은 더 이상이 없는 궁극의 씨름이라는 뜻으로, 바둑판 주인인 한반도의 주인을 결정하는 가장 큰 씨름이다.

상씨름은 증산 상제님이 선천 역사를 매듭짓기 위해 짠 최후의 한판 전쟁이다. 그런 맥락에서 보면 상씨름은 선천 상극질서에서 누적된 온갖 상극 요소를 제거할 뿐만 아니라 후천 상생의 지상선경을 여는 선천 최후의 전쟁이자 천지전쟁이다.

상씨름 구도 형성

제2차 세계대전이 연합국의 승리로 끝난 후 세계 정치질서에서 일어난 가장 큰 변화는 유럽 국가들이 몰락한 가운데 미국과 소련이라는 두 강대국이 등장하였다는 점이다. 파시즘이라는 공동의 적을 물리친 미소는 민주주의와 공산주의, 자본주의와 사회주의라는 이념과 체제를 두고 새로운 대결 구도를 형성하였다. 소련이 동유럽에서 친소적인 공산주의 정권을 확대하는 가운데, 미국은 공산주의의 팽창을 막으며 서유럽에서 민주주의 진영을 확대해 나갔다. 바로 경제적 지원과 군사적 보호를 바탕으로. 이로써 유럽은 두 개의 적대적 진영이 맞서게 되었다.

미국과 소련이 전후 체제 대립을 표면화하는 가운데 중국에서는 제2차 세계대전 후 국민당과 공산당 사이에 내전이 다시 일어났다. 그결과 공산당이 승리하여 1949년에 마오쩌둥을 주석으로 하는 중화

인민공화국이 들어서고, 패배한 국민당 정부는 타이완으로 쫓겨났다.

두 진영의 대립이 유럽을 넘어 아시아로까지 확대되는 가운데, 소련은 중국과 우호동맹을 맺었고 미국은 일본과 안전보장 조약을 맺었다. 그리고 이들의 대결이 장차 한반도에서 전쟁으로 이어지는 데는 많은 시간이 걸리지 않았다.

사실 미·소가 한반도를 두고 대립 구도를 형성한 것은 제2차 세계대전 막바지에 독일의 패배가 분명해지자 미국이 소련 측에 일본과의 전쟁에 참여해줄 것을 요청하면서였다. 1945년 8월, 소련은 일본에 선전 포고를 하고 만주와 연해주를 거쳐 한반도로 진격하였다. 소련이 한반도 전체를 점령할 것을 우려한 미국은 한반도 분할 점령을 제안하였고, 소련이 이를 받아들였다. 결국 일본의 항복을 전후하여 한반도에는 소련군과 미군이 들어왔다.

미·소는 38도선을 기준으로 각기 남북을 점령하였다. 그리하여 소련군의 지지를 등에 업은 북측의 공산당 세력은 김일성을 중심으로 권력을 장악하였다. 38도선 이남에서는 미군정의 지지에 힘입은 우파 정치 세력들이 미군정 행정 기구에 적극 가담하였다.

미국과 소련이 일본군의 무장해제를 위하여 지도 위에 그은 선에 불과한 38도선이 한반도를 남북으로 갈라 이후 정치적 군사적 이념적 경계선으로 고착되는 데는 그리 많은 시간이 걸리지 않았다. 왜냐하면 한반도에 자신들에게 우호적인 정부를 세우려는 미국과 소련의 주장의 대립과, 국내 좌우 세력의 극단적 분열로 인해 한반도에는 단독정부, 통일국가가 들어설 여지가 없었기 때문이다.

남한에 자본주의 경제체제를 도입하려던 미국은 한반도를 뜻대로 하지 못한다면 자신들이 점령한 남한에서라도 자신들의 세계정책에 적합한 정부를 세우고자 하였다. 그 결과 유엔을 등에 업고 인구 비례에 의한 남북한 총선거를 통해 한국에 단독 정부를 세우기로 하였다. 수많은 정치 세력과 단체의 격렬한 반대와 투쟁에도 불구하고 마침내 1948년 5월 총선거를 거쳐 8월 15일에 이승만을 대통령으로 하는 대한민국 정부가 수립되었다. 남한은 이후 미국의 경제적 원조와 군사적 지원을 받으며 자본주의의 길로 들어섰다.

남한에서 총선거가 실시되자 북한에서도 곧바로 단독 정부 수립에 돌입하였다. 그 결과 1948년 9월에 최고 인민회의가 개최되고, 김일성을 수상으로 하는 조선 민주주의 인민공화국 정부가 들어섰다. 북한은 소련과 중국의 지원을 구하며 공산주의 체제를 지향하였다.

그렇다면 38선은 우연히 남북을 가른 기준이 되었을까? 아니다. 임인壬寅(1902)년 어느 날이었다.

"하루는 증산 상제님께서 말씀하시기를 "현하대세가 씨름판과 같으니 애기판과 총각판이 지난 뒤에 상씨름으로 판을 마치리라." 하시고, 종이에 태극 형상의 선을 그리시며 "이것이 삼팔선이니라." 하시니라. 또 말씀하시기를 "씨름판대는 조선의 삼팔선에 두고 세계 상씨름판을 붙이리라." 하시니라."(『도전』 5:7:1-3)

곧 38선은 우연히 그어진 것이 아니다. 그것은 증산 상제님이 짠 천지공사에 따라 그대로 실현된 것이다. 남북 분단은 단순한 이념 대립의 결과를 넘어, 증산 상제님의 세운공사에 따라 오선위기로 펼쳐지는 한반도 주변의 국제 정세에 따른 결과이다.

남과 북에 이념과 체제를 달리하는 두 개의 정부가 들어섬으로써 이제 한반도는 세계 냉전체제를 더욱 공고화하였다. 미·소 두 진영의 갈등에 따른 독일의 분단과 경제적 군사적 원조 및 방위체제의 강화가 이를 뒷받침한다. 이후 미·소가 각각 일본 및 중국과 안전보장 조약이나 동맹관계를 맺은 것도 그 연장선으로 볼 수 있다. 그리하여 세계는 더욱 미국과 러시아를 중심으로 두 진영으로 확대 재편되어 나갔다.

남북 분단과 냉전 체제의 강화는 결국 남한이 미국과 일본과 한 편이 되고, 북한이 소련과 중국이 한 편이 되는 결과를 가져왔다. 오선 위기 상씨름판 세력 구도가 형성된 것이다.

상씨름 초반전, 6·25 한국전쟁

남북이 각각 이념과 체제를 달리하는 정부를 수립하였지만 그들이 공통적으로 지향한 것은 통일이었다. 그러나 그 주체는 모두 자기들이라 여겼다. 남북은 서로 상대의 소멸을 통해서만 완전한 정통성을 얻을 수밖에 없었으므로 분단은 전쟁으로 이어질 운명이었다.

북한은 전쟁을 통한 통일 전략을 세우고 1949년부터 전쟁을 준비하였다. 중국에서 공산당이 승리하고, 남한에서 미군이 철수한 것도 자신들에게 유리한 정세라 해석하였다. 그리하여 북한 최고 지도부는 소련과 중국을 방문하여 스탈린과 마오쩌둥에게 전쟁 협조를 요청하였고, 중국에서 활동하던 한국인 군대를 귀국시켜 전력을 강화하였다. 그런 가운데 남한은 반공정책을 강화하면서 '북진 통일'을 주장하였다. 그 결과 남북의 크고 작은 충돌은 갈수록 늘어만 가고 심각해졌다.

그러던 중 소련의 전쟁 후원을 등에 업은 북한군이 38선 전역에서 기습 남침을 하였다. 한반도에서 가장 폭력적 대결이었던 한국전쟁이 1950년 6월 25일 새벽에 시작된 것이다.

정미년 12월 24일, 문공신의 집에서 일이었다. 증산 상제님이 성도들에게 "이후에 전쟁이 있겠느냐, 없겠느냐?" 물었다. 이에 있으리라는 사람도 있고 없으리라는 사람도 있자, 증산 상제님은 "천지개벽 시대에 어찌 전쟁이 없으리오. 앞으로 천지전쟁이 있느니라." 하였다.(『도전』 5:202:1-3) 천지전쟁이 일어난다는 것이다.

이러한 공사에 따라 발발한 한국전쟁은 시작 3일 만에 북한군이 서울을 점령하고 약 두 달 뒤에는 낙동강까지 내려갔다. 북한의 무력 통일이 이루어지는 듯했다. 그러자 공산주의의 침략에 맞서 민주주의를 지킨다는 명분을 내세운 미국이 주도하여 유엔군이 파견되었다. 유엔군은 인천상륙작전을 통해 38도선을 넘어 압록강까지 진격하였다. 전세가 역전된 것이다.

이에 국경을 맞대고 있던 중국군이 개입하였다. 소련은 공식적으로 참전하지는 않았으나 북한과 중국을 지원하더니, 1951년 초에는 소련 공군도 부분적으로 전쟁에 참여하였다. 일본도 전쟁 당시 한반도에 소해정 부대를 보내 군사작전에 참여했을 뿐만 아니라, 미군의 핵심 거점 기지 역할을 하는 등 사실상 전쟁 수행에 직간접적으로 참여하였다. 이는 한국전쟁이 오선위기 형국의 국제전이 되었음을 말한다.

중국군의 참전으로 전선은 밀고 밀리더니 한반도 38도선 부근에서 고착되었다. 전쟁발발 후 1년이 지나면서 소강상태에 들어가자 1951년 7월부터 휴전협상이 시작되었다. 그리하여 당시 남북한이 대치하고 있던 곳을 경계로 한반도를 남북으로 동강내는 155마일(248Km) 군사분계선, 즉 휴전선이 그어지고, 전쟁 발발 약 3년 만인 1953년 7월 27일, 휴전 협정이 이루어졌다.

한국전쟁은 남한이 미국을 중심으로 하는 유엔군과 일본, 북한이 소련 및 중국과 손을 잡고 3년 간 치른 오선위기 형국의 상씨름이었다. 바둑판 한반도를 두고 주변 4대 강국이 편을 갈라 싸운 상씨름의 초반전이었다.

한국전쟁은 아직 끝나지 않았다. 전쟁은 잠시 멈추었을 뿐 종전은 아직 이루어지지 않았다. 그동안 남북 사이에는 크고 작은 무력충돌이 이어지더니 최근에는 핵과 미사일을 둘러싼 극단적 갈등마저 일어났다. 그 적대감이 얼마나 큰지 마치 금방 전쟁이라도 일어날 기세다. 한반도는 지구촌 갈등의 최전선이다.

1,001마리 통일소 ─────── 한국전쟁이 휴전 상태라는 것은 한국전쟁이 다시 시작될 수 있음을 말한다. 느슨해진 샅바를 당기는 순간 씨름꾼은 다시 샅바를 움켜쥐고 싸움을 벌이게 된다. 그렇다면 잠시 중단된 상씨름은 어떻게 다시 시작되고 마무리 될까? 그 종결 과정은 어떻게 전개될까? 증산 상제님의 천지공사에 그 실마리가 있다.

때는 임인壬寅(1902)년 어느 날이었다. 증산 상제님은 씨름판에 소가 나감으로써 상씨름 결전이 임박하다고 하였다.

> "씨름판대는 조선의 삼팔선에 두고 세계 상씨름판을 붙이리라.
> 만국재판소를 조선에 두노니 씨름판에 소가 나가면 판을 걷게
> 되리라."(『도전』 5:7:3-4)

한반도에 소가 나가면 상씨름이 재개되고 마침내 선천의 상극질서가 끝나게 된다는 것이다.

한국 전통 민속놀이인 씨름에서는 상으로 흔히 소를 걸었다. 그리

하여 천하장사를 가리는 결승전이 시작될 때면 소를 몰고 모래판 주위를 한 바퀴 돌며 분위기를 한껏 돋운다. 소가 등장하였다는 것은 이제 곧 결승전을 벌이겠다는 것이다.

그런데 휴전 수십 년이 지난 1998년 6월과 10월에 한반도 상씨름판에 소가 나가는 사건이 일어났다. 당시 현대그룹 명예회장이었던 정주영이 두 차례에 걸쳐 각각 500마리와 501마리, 총 1,001마리 소를 몰고 휴전선을 넘어 북한으로 간 것이다. 상씨름판인 한반도에 이렇게 '통일소'가 나갔다는 것은 머지않아 상씨름이 다시 시작된다는 것을 말한다. 남북이 휴전으로 그동안 풀었던 샅바를 다시 움켜잡고 상씨름의 우승자를 가린다는 것이다. 그리하여 머지않아 씨름판이 마무리된다.

씨름판은 우승자가 결정되면 판을 걷는다. 곧 씨름이 끝난다. 오선위기 바둑판 주인끼리의 최후의 결전이자 선천 역사를 매듭짓는 최후의 한 판 전쟁인 상씨름이 끝난다는 것은 작게는 남북 분단 상황의 종결, 크게는 선천 천지의 상극질서가 종결됨을 말한다.

천지 불덩이, 핵무기

체제와 이념을 달리하는 두 정부가 남북에 들어선 이후 한반도를 잠들지 못하게 했던 가장 큰 문제는 핵무기이다. 최근 몇 년 사이에 북한은 수차례에 걸쳐 핵실험을 하고 미사일을 발사하였다. 이로 인해 한반도는 물론 미국마저 위험에 처해있다는 인식이 확산되었다. 이에 국제사회가 손을 맞잡고 한반도 핵 문제 해결을 모색하기도 했다. 육자회담은 물론 서로 윽박지르기도 하고 달래기도 하였다. 그러나 그 모두는 실패했다. 그리하여 북한의 핵 보유는 현실화되었다.

그렇다면 상씨름판 전쟁에서 핵무기가 실제 동원될까? 증산 상제님은 천지공사를 통해 상씨름의 대세를 짜놓았다. 무신戊申(1908)년 하루는 증산 상제님이 신경원의 집에 있을 때 성도들에게 이렇게 말하였다.

> "천지에 변산처럼 커다란 불덩이가 있으니 그 불덩이가 나타나 구르면 너희들이 어떻게 살겠느냐."(『도전』 5:227:4)

그리고는 그해 3월에 불기운을 묻는 공사를 보았다.

> "만일 변산 같은 불덩이를 그냥 두면 전 세계가 재가 될 것이니라. 그러므로 내가 이제 그 불을 묻었노라."(『도전』 5:229:12-13)

여기서 불덩이란 선천의 상극질서 아래에서 천고의 원한을 품게 된 원신들이 토해내는 분노와 욕망, 인간 내면의 자기분열 같은 모든 불과 인간 역사 속의 모든 갈등의 불, 죽음의 불을 가리킨다. 이러한 불기운은 인간문명을 파괴하고자 하는 무형의 살기로 존재하며, 핵무기와 같은 극단적인 대량 살상무기로 그 형체를 드러낸다. 오늘의 인류는 바로 천지의 불기운이 타오르는 선천의 극기에 살고 있다.

증산 상제님이 불을 묻는 공사를 통해 선천 여름의 거센 불기운을 타고 득세하는 화신火神들의 세력을 꺾었다. 이른바 화둔火遁공사를 본 것이다. 북한의 비핵화를 통한 핵무기, 생화학무기를 포함한 지구촌의 모든 대량살상무기와 전쟁 장비를 폐기하는 것, 그것이 화둔도수의 궁극 목적이다. 증산 상제님은 화둔공사를 통해 인류가 상씨름판의 대결전에서 핵폭탄으로 종말을 고하지 않도록 천지 대세를 돌려 놓았다. 핵무기 사용을 막은 것이다.

대병란大病亂

상씨름이 다시 시작되면 평양과 서울이 불과 한두 시간 만에 불바다가 되고 아비규환이 될 수 있다. 이런 초기 전쟁 상황은 있지만 이 전쟁을 끝막는 또 다른 개벽의 손길이 있다. 천지 역사의 대세를 실제적으로 개벽상황을 향해서 집중하게 하는 사건이 있다. 바로 병란病亂이다.

> "앞으로 시두時痘가 없다가 때가 되면 대발할 참이니 만일 시두가 대발하거든 병겁이 날 줄 알아라."(『도전』 7:63:9)
>
> "병으로써 말리느니라. 장차 전쟁은 병으로써 판을 막으리라. 앞으로 싸움 날 만하면 병란이 날 것이니 병란兵亂이 곧 병란病亂이니라."(『도전』 7:35:5-6)

시두가 대발한다. 전쟁이 병으로 인해 멈추는 것이다.

병란 운수는 가을 우주의 추살 기운, 서릿발 기운, 우주 법칙, 이법과 신도로 온다. 그렇기 때문에 이것은 종말적 사건이 아니고 인류가 새로운 문명세계로 들어가기 위해 반드시 거쳐야 되는, 극복해야 되는 변혁 역사의 실제적인 손길이다.

이와 더불어 증산 상제님은 남북 상씨름이 세계전쟁과 가을개벽 상황으로 전환되는 과정을 공사로 처결하였다. 무신년 가을, 군산 바닷가에서의 일이다. 그것이 파탄도수이다.

"증산 상제님께서 담뱃대에 불을 붙여 몇 모금을 빨아 '푸우, 푸우'
하고 연기를 내 뿜은 뒤에, … "이것이 파탄破綻이 나가는 연기다.",
"파탄이 나간다. 파탄이 나간다." 하시니라."(『도전』 5:303:4-10)

파탄도수란 한마디로 선천 상극의 시비를 총체적으로 끝내고 원한
의 불기운을 제거하여 상생의 새 질서를 열기 위해 짜 놓은 상씨름 대
결 공사와, 상씨름이 가을개벽 상황인 병란兵亂 병란病亂 도수로 전환
되는 모든 과정을 말한다. 상씨름이 터짐과 거의 동시에 대병이 들어
와 전쟁 상황을 꺾으면 마침내 가을개벽의 마지막 과정에 이르게 된
다.

무신년 10월, 고부 와룡리 문공신의 집에 머물며 증산 상제님은 대
공사를 행하였다. 그때 상제님은 "상씨름이 넘어간다!"(『도전』 5:325:9)
고 외쳤다.

여기서 '넘어간다'는 말은 샅바를 잡고 씨름을 하다가 순간 한쪽이
넘어가는 것을 말한다. 이것은 단순히 전쟁이 일어난다는 의미가 아
니다. 하늘이 넘어가고, 땅이 넘어가고, 인간의 전 역사가 넘어가고,
모든 신명의 역사가 넘어간다는 말이다. 우주의 시간 질서, 자연 질
서, 인간역사의 질서가 새로운 단계, 새로운 판으로 넘어감을 말한다.
즉 우주의 여름철이 끝나고 천지인 삼계가 가을문화로 전환됨을 말한
다. 가을개벽을 말하는 것이다.

오선위기 도수로 전개되는 애기판, 총각판을 거치며 국제 연맹과
국제 연합과 같은 세계 통일 정부가 들어섰듯이, 상씨름판을 거치면
서 역시 세계 통일 정부가 나온다. 이는 가을개벽 상황을 극복하고 인
류의 신천지 새 역사를 주도하는 진정한 사령탑이 된다. 그리하여 세

계 일가 통일문명이 열린다. 전 세계, 온 우주가 이번에 일가 한집안 문화권으로 새로 태어난다. 인간으로 강세한 강증산 상제님이 '장차 조선이 제일 좋다'고 한 것처럼, 앞으로 세계 일가 통일이 이루어진다.

5 도맥道脈을 전하다

증산 상제님의 도道 전수 과정, 도운공사道運公事

증산 상제님은 세계 정치질서가 열리는 과정뿐만 아니라 당신의 사후(1909) 도道가 어떤 과정을 거치며 어떻게 전해질지에 대한 과정도 공사로 처결하였다. 세운공사와 짝을 이루는 이러한 공사를 도운공사道運公事라고 한다.

'도운'은 증산 상제님의 도가 인간 역사 속에 선포되어 자리 잡는 과정, 증산 상제님의 도가 역사적으로 전개되어 나가는 운로運路를 말한다. 산에는 산을 잇는 산맥이 있고, 땅속에는 물이 흐르는 수맥이 있고, 우리 몸에는 피가 흐르는 혈맥과 기氣가 도는 기맥이 있다. 그렇듯 도의 세계에도 '도맥', '도통맥', 도의 종통맥이 있다.

도운공사의 핵심을 이루는 것은 종통宗統의 전수 과정이다. '종통'의 '종'은 '마루 종宗' 자로 '더 이상이 없는 최상'을 의미한다. 그리고 '통'은 '거느릴 통統' 자로 기운을 바르게 끌고 나가는 정통을 뜻한다. 종통은 '진리의 계승'이라는 뜻에서 법통法統이라고도 하고, '도의 종통 맥'이라는 뜻으로 도통 맥, 또는 도맥道脈이라고도 한다.

종통 맥이란 증산 상제님으로부터 뻗어 내리는 도의 정통 맥을 말한다. 증산 상제님은 그 맥의 중요성을 이렇게 천명하였다.

> "사람은 그 사람이 있고, 도는 그 도가 있고, 땅은 그 땅이 있느니라. 시속에 '맥 떨어지면 죽는다.' 하나니 연원淵源을 잘 바루라."(『도전』 6:128:4-5)

"사람이 낳기는 제 어미가 낳았어도 맥을 전해 주는 사람이 있어야 산다. 사람이 아프면 맥을 먼저 짚어 보지 않느냐? 맥 떨어지면 죽느니라."(『도전』 6:65:1-2)

증산 상제님의 종통은 증산 상제님의 대행자로서 증산 상제님의 도를 펴고, 증산 상제님이 뜻한 도업道業을 이루어 나가는 계승자의 정통맥正統脈이다. 증산 상제님이 본 도운공사는 결국 증산 상제님의 종통, 증산 상제님이 내려준 진리의 가르침이 과연 누구에게, 어떻게 이어지느냐, 그 계승의 정통 과정을 정해 놓은 일이다.

차경석과의 인연

증산 상제님이 인간으로 강세하여 9년 천지공사를 행하던 1907년 5월 17일이었다. 지금의 금산사 절로 올라가는 쪽 아래에 큰 원평호 저수지가 있는데 그 아래 동네에서였다. 증산 상제님이 대삿갓에 풀대님 차림으로 김자현 등 두어 사람을 데리고 용암리 주막으로 들어갔다. 그때 마침 주막에서 점심을 먹고 떠나려는 한 사람이 있었다. 차경석車京石이었다.

당년 28세로 구척장신에 용모가 준수한 젊은이 차경석은 원래 동학 신도로서 일찍이 일진회 전북 총대總代를 지내기도 했다. 그는 이 날은 재산 문제로 송사하러 정읍에서 전주로 가는 길이었다. 떠나려는데 들어오는 사람이 있었다. 얼핏 보니 의표儀表는 소탈한 가운데 씩씩한 기운을 띠고, 언어동지言語動止는 순진하고 꾸밈이 없으며 안광眼光이 사람을 쏘는 듯하여 감히 똑바로 볼 수가 없었다. 사람을 대하여 정겹게 말을 나누면 마치 봄바람이 온 들에 가득 찬 듯하고, 일의 사리를 밝힘에는 대하大河가 물결치듯 풀어 놓고, 말의 운치는 너그럽고

커 천둥이 구르는 듯하며 모든 행동이 호호탕탕하여 폭 잡을 수가 없었다. 그가 본 것은 강증산 상제님이었다.

차경석은 절로 마음이 끌려 증산 상제님의 기품에 취해 말을 청하니 상제님은 온화하게 대답하고, 술을 마시다가 닭국 한 그릇을 경석에게 권하기도 하였다. 이날 차경석의 전주 길은 세무관과 송사할 일이 있어 서류를 가지고 가는 길이었는데, 경석이 서류를 내어 보이며 일이 어떻게 될지 물어보자, 증산 상제님은 송사는 차경석에게 유리하겠지만 이 송사로 인하여 피고被告의 열한 식구는 살길을 잃게 되므로 일의 곡직曲直을 불문하고 대인으로서는 차마 할 일이 아니며, 남아가 반드시 활인지기活人之氣를 띨 것이요, 살기殺氣를 띰은 옳지 못하다고 하였다. 이에 차경석이 크게 감복하여 즉시 그 서류를 불살랐다.

당시 차경석은 동학 신도로서 손병희를 따르다가 그 처사에 불만을 품고 다시 길을 바꾸려던 참이었다. 그런데 이 날 증산 상제님을 뵙고 모든 거동이 범속과 다름을 이상히 여겨 떠나지 않고 날이 저물기를 기다려 증산 상제님의 뒤를 따라가니 용암리 물방앗간이었다. 차경석은 증산 상제님의 말을 들을수록 마음이 끌려 그 자리에서 상제님을 모시겠다고 간청하였으나 허락을 받지 못했다.

증산 상제님이 숙소를 김치경金致京의 용암리 물방앗간에 정하니 음식이며 잠자리며 모든 것이 누추하기 이를 데 없어 여느 사람도 견디기 어려워하였다. 차경석이 이러한 고초를 겪으면서도 떠나지 않고 증산 상제님을 정읍의 자기 집으로 모시겠다고 하자, 증산 상제님은 진노하며 아무런 인연도 없는 너의 집으로 왜 가느냐며 꾸짖었다.

증산 상제님은 경석이 떠나지 않음을 괴로워하며 수차 물러가기를 재촉하였으나 듣지 않고 계속 자기 집으로 함께 가기를 간청하니 그때마다 혹 성을 내고 욕을 하며 쫓아내기도 하였는데, 차경석이 보기에는 그러한 모든 일이 더욱 범상치 않을 뿐 아니라, 수운가사水雲歌詞에 있는 '여광여취如狂如醉 저 양반을 간 곳마다 따라가서 지질한 그 고생을 뉘로 대해 그 말하며' 하는 구절이 생각나, 떠나지 않고 열흘 동안을 머물면서 제자가 되기를 굳이 청하였다. 그러자 증산 상제님은 자신을 따르려면 모든 일을 전폐하고 오직 자신이 가르치는 바에만 일심一心하여야 하므로 돌아가서 모든 일을 정리하고 오라 하였다.

차경석이 집에 돌아와 아우들을 모아 놓고 상제님을 만난 일과 전주 송사를 작파한 일을 말하며 아우들을 설득하였다. 드디어 모든 일을 정리하고 6월 초하룻날에 다시 용암리에 와서 증산 상제님을 뵙고 정읍으로 가기를 간청하였다.

이로부터 차경석은 증산 상제님을 모시며 많은 천지공사에도 참여하였다. 한마디로 최측근 중의 하나가 되었다.

종통대권은 나의 수부首婦, 너희들의 어머니에게 맡긴다

증산 상제님은 무신년(1908) 섣달에는 고수부에게 종통대권을 전수하였다. 그 현장을 보자.

> "하루는 상제님께서 자리에 누우시더니 식칼을 내 놓으시고 수부님께 이르시기를 "나에게 올라타서 멱살을 잡으라." 하시고 다시 "그 칼을 잡으라." 하시며, "나를 찌를 듯이 하여 '꼭 전수傳授하겠느냐?' 하고 다짐을 받으라." 하시니라.
> 수부님께서 차마 말이 나오지 않아 머뭇거리시니 상제님께서 역정을 내시며 "시간이 지나간다." 하시거늘, 수부님께서 하는 수

없이 목안 소리로 "반드시 꼭 전하겠느냐?" 하시니, 상제님께서 "예, 전하지요." 하시고 "이왕이면 천지가 알아듣게 크게 다시 하라." 하시므로, 수부님께서 좀 더 큰 소리로 "꼭 전하겠느냐?" 하시니 "꼭 전하지요." 하시며, 이렇게 세 차례에 걸쳐 다짐을 받게 하시니라."(『도전』 6:95)

그리고는 "나의 수부, 너희들의 어머니를 잘 받들라. 내 일은 수부가 없이는 안 되느니라.", "수부의 치마폭을 벗어나는 자는 다 죽으리라."(『도전』 6:96:5-6) 하였다.

증산 상제님은 종통의 계승자, 천지 만물의 어머니를 '수부首婦'라 하였다. 수부란 머리가 되는 지어미를 뜻한다. 수부는 증산 상제님의 아내이자 반려자로 증산 상제님과 동격인 분이다. 하늘과 땅에 살고 있는 모든 인간과 신명의 어머니가 되는 분, 그 분은 뭇 창생의 큰 어머니이다. 그래서 '태모太母'라 부른다.

증산 상제님의 종통 전수는 매우 파격적이었다. 선천 성자들의 종통 전수에서와는 달리 여성에게 종통을 전수한 것이다. 이러한 증산 상제님의 종통 전수는 천리天理에 바탕한 것이다. 천리가 무엇인가. 만물을 낳고 기르는 생명의 근원이다. 실제로 하늘과 땅, 건곤천지乾坤天地를 바탕으로 모든 생명의 변화가 일어난다. 일찍이 증산 상제님은 "천지에 독음독양獨陰獨陽은 만사불성이니라"(『도전』 6:34:2) 하였다. 증산 상제님은 후천 곤도坤道 우주의 창조 원리에 따라 고수부에게 종통을 잇게 하였다.

증산 상제님이 여성에게 종통을 전한 것은 증산 상제님의 도업이 정음정양의 이치로 역사에 뿌리내릴 수 있게 함이었다. 만물이 천지

의 음양 조화 속에서 태어나 살아가듯 인간이 새 역사를 열어가는 것
도 천지부모가 조화를 이루어야 한다. 인간으로 강세한 하늘, 아버지
상제가 땅, 어머니 수부에게 천지대권을 전수함으로써 인류가 아버지
어머니 하느님을 함께 모시게 되어 비로소 인간 구원의 새 역사가 출
발한 것이다.

고부인은 증산 상제님을 만나 증산 상제님의 아내는 물론, 천리에
따라 모든 생명의 어머니, 천지의 큰 어머니, 여자 하느님이 되었다.

3수로 열리는 종통 도맥道脈과 4체四體

자연의 변화가 생生-장長-성成
의 세 마디 원리로 전개되듯, 도운 역시 일정한 과정을 거치며 전개된
다. 증산 상제님의 도통이 전수되는 과정, 인간으로 온 천지 하나님의
심법과 진리의 종통이 전수되는 과정은, 세운공사가 세 판의 씨름 과
정을 거치듯, 역시 제1변 도운[생], 제2변 도운[장], 제3변 도운[성]의
삼변성도三變成道로 전개된다. "삼천三遷이라야 내 일이 이루어지느니
라."(『도전』 6:64:8)고 한 증산 상제님의 말은 이를 두고 한 말이다.

도운의 큰 틀이 세 번의 큰 변화 마디를 거친다는 것을 무신년에 증
산 상제님은 이렇게도 말하였다.

> "사람이 낳기는 제 어미가 낳았어도 맥을 전해 주는 사람이 있어
> 야 산다. 사람이 아프면 맥을 먼저 짚어 보지 않느냐? 맥 떨어지
> 면 죽느니라. 사람이 다 죽고 나면 어떻게 해서 나간 곧이를 알
> 것이냐? 가만히 있어도 세상의 이치가 일을 성사시키는 우두머
> 리를 불러낸다. 내 이름은 죽으나 사나 떠 있느니라." "내 일은
> 고목에서 움이 돋고, 움 속에서 새끼를 낳아 꽃이 피고枯木生花 열

매가 되어 세상에 풀어지느니라."(『도전』 6:65:1-5, 9)

여기서 고목은 1변, 움은 2변, 움 속의 새끼는 3변임을 알 수 있다.

그런데 증산 상제님은 "나는 천지일월天地日月이니라.", "나는 천지天地로 몸을 삼고 일월日月로 눈을 삼느니라."(『도전』 4:111:14-15) 하여, 종통 도맥의 틀을 4체로 말하였다.

한편 증산 상제님이 9년 천지공사를 마치고 천상 보좌로 어천하기 나흘 전인 1909년 6월 20일, 구릿골 약방에서 김형렬이 새로 지어 올린 옷으로 갈아입고 천지공사를 마쳤음을 성도들에게 선포할 때, 김경학金京學이 "공사를 마치셨으면 나서시기를 바라옵니다." 하였다. 이에 증산 상제님은 "사람 둘이 없으므로 나서지 못하노라."(『도전』 10:27:2-3) 하였다. 여기서 사람 둘은 증산 상제님의 대행자 두 사람을 말한다. 태모 고수부님은 "세상이 바뀔 때에는 대두목大頭目이 나오리라. 그래야 우리 일이 되느니라."(『도전』 11:54:3) 하였다.

증산 상제님의 도맥의 틀[道體]은 건곤감리 사체四體, 즉 천지일월天地日月로 구성된다. 천지는 생명의 근본이고, 이를 대행하여 음양변화를 일으켜 만물을 낳고 기르는 것은 일월이다. 천지와 일월, 즉 건곤감리는 체와 용의 관계이다. 따라서 증산 상제님 도법의 종통맥은 모사재천 하는 두 체와 성사재인 하는 두 체, 곧 사체로 구성되어 현실 역사 속에서 인사로 전개된다.

제1변 도운, 고수부의 선도 개창

1909년 음력 6월 24일(양력 8월 9일), 누구도 예상치 못한 일이 일어났다. 증산 상제님이 구릿골 김형렬의 사랑방에서 어천한 것이다. 갑작스러운 죽음이었기에 그를 따르던 사람들은 모두 허망하고 비통할 뿐이었다.

증산 상제님의 어천 약 두 해 뒤인 1911년 9월 19일, 상제님의 도道를 이은 고수부가 차경석에게 증산 상제님 성탄 치성을 올리라고 한 명에 따라 대흥리에서 치성이 시작되었다. 그런데 다음날 아침, 고수부가 마당을 거닐다가 정신을 잃고 넘어졌다. 집안사람들이 방안으로 떠메어다 눕히고 사지를 주물렀으나 소생할 가망이 없자 모두 둘러앉아 통곡했다. 수부가 이렇게 네댓 시간을 혼절해 있는 중에 문득 정신이 어지럽고 황홀한 가운데 큰 저울 같은 것이 공중으로부터 내려왔다. 자세히 보니 오색찬란한 과실이 높이 괴어 있는데 가까이 내려와서는 갑자기 헐어져 쏟아졌다. 순간 놀라 깨어나니 들어앉아 애통해하던 집안사람들이 모두 기뻐하였다.

이때 수부가 일어나 앉아 갑자기 강증산 상제님의 음성으로 경석에게 "누구냐?" 하고 물으니, 경석이 놀라며 "경석입니다." 하였다. 또 "무슨 생이냐?" 하고 물으니, 경석이 "경진생庚辰生입니다." 하고 대답하였다. 이에 고수부가 "나도 경진생이라. 속담에 동갑 장사 이쳐 남는다 하나니 우리 두 사람이 동갑 장사 하자." 하였다. 다시 생일을 물으니 경석이 "유월 초하루입니다." 하고 대답하자, 고수부가 "내 생일은 삼월 스무엿새라. 나는 낙종落種 물을 맡으리니 그대는 이종移種 물을 맡으라. 추수秋收할 사람은 다시 있느니라." 하였다.(『도전』 11:19:1-10) 고수부는 도운의 전개를 일년 벼농사에 비유하여 낙종, 이종, 추수의 3단계 원리로 말하였다. 고수부가 도운의 씨를 뿌리고 차경석이 새 교단을 열어 이종을 하며, 그리고 추수판 도운을 통해 새 도운이 열린다는 것이다.

이날 고수부는 강증산 상제님의 성령으로 수부의 신권과 도권을 내려 받았다. 이로부터 고수부는 대권능을 자유자재로 쓰고 신이한 기적을 행할 수 있었다. 대도통을 이룬 것이다. 도통을 한 고수부는 증산 상제님의 성령에 감응感應되어 수부로서의 신권神權을 얻고 대권능을 자유로 쓰며 신이神異한 기적을 행하였다. 고수부의 기행이적이 알려지자 증산 상제님 사후 일시나마 아노미 상태에 빠졌던 신도들은 이제 고수부에게 모여들기 시작하였다.

낙종落種, 이종移種, 추수秋收의 도운 종통 맥을 선언한 고수부는, 이로부터 열흘 후 구릿골 약방에서 약장을 가지고 와 성도들을 모아 교단을 창립하였다. 1911년 10월, 고수부가 대흥리 차경석의 집을 본소本所로 정하고 포정소布政所 문을 열어 도장 개창을 선언하였다. 이 교단 이름이 '선仙' 또는 선도仙道이다. 여기서 '선'이라는 것은 유불선의 선, 노장의 선이 아니다. 가을우주의 진리, 가을우주의 불멸의 인간, 열매 인간이 선이다. 무극대도의 선이다. 태을주를 읽음으로써 선이 된다. 그런데 세상 사람들은 당시 선도에서 태을주를 읽고 포교하자 이를 '태을교'라고 하기도 했다. 또 태을주의 내용인 훔치를 따서 '훔치교'라고 하기도 했다. 이로써 증산 상제님의 포정소布政所 도수에 따라 정읍 대흥리에서 도운의 낙종 도수가 인사로 실현되었다. 증산도 제1변 도운이자 고수부의 첫째 살림(1911. 10 초-1918. 9. 21)이 시작되었다.

당시 포교 때는 태을주를 중심으로 하였는데, 포교 3년 만인 1914년 무렵에 전라남·북도, 충청남도, 경상남도, 그리고 서남해의 모든 섬에서는 태을주 소리가 끊이지 않고 울려 퍼졌다."(『도전』11:28) 이로부터 우리나라에 비로소 증산 상제님의 무극대도 포교 운동이 조직적으로 전개되어 신도들이 구름 일듯이 모여들기 시작하였다.

고수부의 세 살림 한편 차경석의 교권 장악으로 뒤로 밀려나 신도들을 만나지 못하고 답답한 심정으로 세월을 보내던 고수부는 1918년 (무오년) 9월 가을에 대흥리를 떠나 김제 송산마을을 거쳐 조종리 도장으로 이거하였다. 이로부터 시작된 둘째 살림 교단은 1929년 9월까지 11년간 계속되었다.

둘째 살림 시대에 고수부는 장차 대두목이 나올 것임을 말하였다. 기미년(1919) 어느 날, 하루는 성도들이 고수부에게 물었다. "어머니, 우리 도판이 언제나 발전해서 사람도 많이 생기고 재력도 풍족하게 될는지요?" 이에 "내 일은 셋, 둘, 하나면 되나니 한 사람만 있으면 다 따라 하느니라.", "세상이 바뀔 때에는 대두목大頭目이 나오리라. 그래야 우리 일이 되느니라." 하였다.(『도전』 6:2:1-3)

대두목, 그것은 글자 그대로 '큰 우두머리', '최고 지도자', '위대한 지도자'를 뜻하는데, 곧 증산 상제님과 태모 고수부가 천지에 선포한 무극대도의 맥을 잇는 종통의 적자를 말한다. 대두목은 상제님의 대행자요, 대개벽기 광구창생의 추수자로, 증산 상제님의 계승자인 고수부가 개척한 무극대도 창업의 추수운을 열어 선천 인류문화를 결실하고 후천선경 문명을 개창하는 인류의 큰 스승[大師父]이다.

고수부는 1926년부터 10년 천지공사를 시작하였다. 병인丙寅(1926) 년 3월 5일, 고수부는 여러 성도들을 도장에 불러 모으고, "이제부터는 천지가 다 알게 내치는 도수인 고로 천지공사를 시행하겠노라. 신도행정神道行政에 있어 하는 수 없다."(『도전』 11:76:2)고 선언하고, "건乾 십수十數의 증산 상제님께서는 9년 공사요, 곤坤 구수九數의 나는 10년 공사이니, 내가 너희 아버지보다 한 도수가 더 있느니라."(『도전』 11:76:3-4) 하였다.

증산 상제님과 억조창생의 부모로서 음양동덕인 고수부는, 증산 상제님이 건도乾道를 바탕으로 9년 천지공사를 행하였듯, 곤도坤道를 바탕으로 10년 천지공사를 행한 것이다. 고수부는 당신의 천지공사에 대해 "상제님의 천지공사는 낳는 일이요, 나의 천지공사는 키우는 일이니라."(『도전』 11:99:3) 하였다.

태모 고수부는 무진년(1928) 9월에 태인 숙구지로 가서 추수관으로 오는 대두목을 깨우는 공사, 즉 숙구지宿狗地 공사를 집행하였다. 태모 고수부가 종종 "내가 숙구지 공사를 보아야 하느니라." 하더니, 9월에 이르러 "이제 때가 멀지 않으니 자는 개를 깨워야겠다." 하며 성도 수십 명을 거느리고 태인 숙구지로 행차하시어 공사를 행한 것이다. 그리고는 "이제 잠든 개를 깨웠으니 염려는 없다." 하였다.(『도전』 11:215)

상씨름판의 추수도운을 일으켜 장차 판몰이 기틀을 마련하는 대두목을 고수부는 '잠자는 개'에 비유하여 말한 것이다.

뿐만 아니라 고수부는 둘째 살림 시대에 증산 상제님과 당신의 말씀을 성편하는 공사도 신미辛未(1931)년 어느 날 보았다.

"하루는 고민환이 태모가 행하는 공사 내용을 일기로 기록하려고 하니, "야, 이놈아! 뭘 그렇게 끄적거리냐? 너 책 장사 하려고 적냐?"며 꾸짖고 적지 못하게 하였다. 그리고는 "때가 되면 상제님과 나의 사략史略을 편찬할 사람이 판밖에서 나오느니라.", "장차 테밖에서 성공해 들어와야 우리 일이 되리라." 하였다.(『도전』 11:312)

곧 『도전』이 나오는 공사를 본 것이다.

1929년 9월, 고수부는 조종리 도장을 떠나 순흥 안安씨들이 집성촌을 이루고 사는 정읍 왕심리로 갔다. 그리고 1931년 동지절에 김제 용화동으로 도장 살림을 옮겨 교단을 새롭게 시작하였다. 이것이 1933년 11월 초까지 2년 동안 계속된 용화동 셋째 살림의 시작이다.

고수부는 용화동 셋째 살림 시대에 추수 도운과 관련한 여러 공사를 보았다. 용봉공사는 그 하나이다. 태모 고수부가 용화동에 있을 때 여러 차례 용봉龍鳳을 그려 깃대에 매달아 놓고 공사를 행하였다.

> "용화동을 떠나시기 얼마 전에 다시 용봉기龍鳳旗를 꽂아 두시고 이상호에게 이르시기를 "일후에 사람이 나면 용봉기를 꽂아 놓고 잘 맞이해야 하느니라." 하며, "용봉기를 꼭 꽂아 두라." 하시며 다짐을 받으시니라. 또 말씀하시기를 "용화동은 동요동東堯洞이요, 건곤乾坤의 사당祠堂 자리이니 미륵이 다시 서느니라. 사람들이 많이 오게 되나니 법은 서울로부터 내려오는 것 아니더냐. 앞으로 태전太田이 서울이 되느니라." 하시고, "사람 욕심 내지 마라. 올바른 줄 하나 치켜들면 다 오느니라." 하시니라."(『도전』 11:365)

여기서 용과 봉은 증산 상제님의 도업을 성사시키는 두 지도자를 상징한다. 용으로 상징되는 지도자가 김제 용화동에서 먼저 도운의 판을 개척하고, 이것이 발판이 되어 천지 불기운의 봉황으로 상징되는 지도자가 이어서 출세한다.

용봉으로 상징되는 두 지도자의 출세에 대해서는 일찍이 증산 상제님이 밝힌 바 있다. 무신년 어느 날, 하루는 공우를 데리고 용화동龍華

洞을 지나며 "이곳이 곧 용화도장이라. 이 뒤에 이곳에서 사람이 나서 거든 부디 정분을 두고 지내라." 하였다. 또 하루는 용화동 뒤의 계룡봉鷄龍峯을 가리키며 "이곳이 불무 발판이니 불무는 두 발판을 부지런히 밟아야 바람이 나는 것이라. 그러니 이곳을 자주 밟아야 바람이 나게 되리라." 하였다.(『도전』 6:66:1-4)

1933년 11월, 고수부는 세 살림을 모두 정리하고 파란波瀾 많은 세월을 뒤로 하고 군산에 있는 오성산 도장으로 갔다. 이곳에서 2년 세월을 보낸 후, 고수부는 어머니 하느님으로서 10년 천지공사를 마치고, 1935년 10월에 증산 상제님이 있는 천상 궁궐로 선화하였다.

제1변 도운의 종통과 도통의 주역이었던 태모 고수부가 선화하고 (1935년), 이어 1936년 보천교의 교주인 차경석이 죽자 교단은 와해되었다. 특히 일제의 민족종교에 대한 탄압은 그 직접적 원인이었다. 마침내 1937년에 일제는 유사종교 해체령을 내려 민족종교를 모두 해체시켰다. 그리하여 해방이 되기까지 약 10년 동안 증산 상제님의 도는 암울한 침체기를 맞이하였다.

제2변 도운의 개창

도운의 첫 개창은(제1변 도운) 종통대권을 계승한 태모 고수부가 직접 열었다. 이에 비해 제2변 도운은 세운에 새 기틀이 열려 일본 제국주의가 쫓겨 들어가고 우리 민족이 대망의 광복을 맞이하면서 열렸다. 이종, 낙종 도운이 모두 지난 을유년(1945) 해방과 더불어 천지부모인 증산 상제님과 태모 고수부의 용봉공사에 따라, 증산 상제님의 대행자가 나와 김제 용화동에서 교단을 연 것이다. '추수할 사람은 따로 있다'고 한 태모 고수부의 말처럼, 세상을 주유하며 때를 기다리던 증산도 안운산(1922-2012) 태상종도사님이 도운의 새 시대를 열었다.

고수부는 종종 성도들에게 "자던 개가 일어나면 산 호랑이를 쫓느니라." 하고 여러 차례 "내가 숙구지 공사를 보아야 하느니라." 하더니, 조종리 도장 살림 말기인 1928년 9월에 이르러 "이제 때가 멀지 않으니 자는 개를 깨워야겠다." 하며 성도 수십 명을 거느리고 태인 숙구지로 행차하여 공사를 행하고, "이제 잠든 개를 깨웠으니 염려는 없다." 하였다.(『도전』 11:215)

전북 태인 화호리에 개가 잠자는 숙구지혈이 있다. 고수부가 숙구지 공사를 통해 잠든 개를 깨운 것은 고수부의 종통을 계승하여 추수 도운을 개척할 대사부가 잠자는 개, 즉 임술壬戌(1922)생으로 올 것임을 말한 것이다. 안운산 태상종도사님이 바로 임술생이다.

1945년 음력 8월 15일 추석절에 증산 상제님의 대도 이념을 새로이 선포한 태상종도사님은 1950년 한국전쟁 무렵까지 수십만이 신앙하는 제2의 증산도 부흥시대를 일구었다. 안운산 태상종도사님은 태을주 수행과 우주 1년 도표로 포교하여 5년 만에 수십만 신도를 규합하여 도운의 대 부흥을 이끌었다. 추수도운의 시작을 천지에 선포한 것이다.

하지만 제2변 도운은 상씨름의 초반 싸움인 한국전쟁으로 인해 20년 휴계기를 맞이하였다. 이는 증산 상제님의 말도 도수에 따른 것이다. 병오丙午(1906)년 3월에 증산 상제님이 광찬을 데리고 말도末島에 들어갈 때 갑칠과 형렬을 만경 남포로 불러, "내가 이제 섬으로 들어가는 것은 천지공사로 인하여 귀양 감이라. 20일 만에 돌아오리니 너희들은 지방을 잘 지키라." 하였다.(『도전』 6:22:1-3) 이 말도 도수에 따라 태상종도사님은 한반도가 전쟁의 포화로 뒤덮인 신묘(1951)년 동지절에 도운의 휴계기休契期를 선포하고, 갑오(1954)년부터 20년 동안 세상으로부터 은둔하였다.

태전太田에서 열리는 제3변 도운

후천개벽을 집행하는 제3변 도운은 20년 휴계기休契期가 끝나고, 한민족이 근대화와 경제 부흥을 위해 힘차게 움직이던 70년대 중반인 갑인(1974)·을묘(1975)년부터 시작되었다. 증산 상제님은 100여 년 전 도운 공사를 행하면서 "이 운수는 천지에 가득 찬 원원한 천지대운天地大運이므로, 갑을甲乙로서 머리를 들 것이요, 무기戊己로서 굽이치리니, 무기는 천지의 한문汗門인 까닭이니라." 하였다.(『도전』 6:109:5-7)

증산 상제님이 천지공사로 정해 놓은 대로, 증산도 태상종도사님이 한밭 벌 태전에서 제3변 도운 개창의 깃발을 꽂은 것이다. '갑을로 기두하라'는 증산 상제님의 천지도수에 맞추어 태전에서 태상종도사님이 증산도 새 부흥의 문인 제3변 도운을 연 것이다. 이때 태상종도사님과 함께 도운 개척에 앞장 선 분이 증산도 안경전 종도사님이다. 안운산 태상종도사님과 안경전 종도사님은 태전에 본부 도장을 설치하고 새롭게 포교 활동을 시작한 것이다. 이로써 제3변 결실도운이 시작되었다.

제3변 추수도운은 개벽기에 인류를 구원하는 의통성업을 집행하고, 후천 선경세계를 현실 역사에 건설함으로써 증산 상제님과 태모 고수부님의 천지공사를 인사로 매듭짓는 때이다. 나아가 제3변 도운은 추수도운 중에서도 그 마무리 판으로서 진리의 두 주인이 증산 상제님의 진리 틀을 바로 잡아 무극대도의 진법문화를 여는 때이다. 이 제3변 도운의 성지가 태전이다.

"일꾼이 콩밭[太田]에서 낮잠을 자며 때를 넘보고 있느니라. 내가 후천선경 건설의 푯대를 태전에 꽂았느니라.", "새 세상이 오면 서울이 바뀌게 되느니라. 큰 서울이 작은 서울 되고, 작은 서울이 큰 서울이 되리니 서울은 서운해지느니라."(『도전』 5:136)

이 말은 제3변 추수도운이 열려 전개되는 곳이 태전임을 밝힌 것이다. 천지 대업의 열매가 태전에서 맺는다.

III부

참된 법을 내다

유 철

인간으로 오신 증산 상제님은 새로운 시대에 맞는 새로운 가르침을 전했다. 3부 '참된 법을 내다'는 상제관과 우주관을 거쳐 인간에 대해 다루는 부분이다. 그러나 인간이나 인격 자체를 다루는 것이 아니라 인간의 삶과 역할, 수행과 구원 등과 관련된 모든 문제를 대상으로 한다. 이 부분이 인간관에 속하는 것은 왜일까? 가르침의 내용은 천지 인 삼계 모두에 관련된 것이지만, 하늘과 땅에 대한 말씀 역시 그 천지를 형상하여 생겨난 인간의 삶과 역할, 깨달음에 관련되기 때문이다.

가르침을 다루는 3부의 내용은 '우주의 길'과 '인간의 길'로 상호 연관하여 묘사할 수 있다. 왜냐하면 인간관에서 다루는 증산 상제님의 가르침이 '인간이 가야할 길'과 '우주가 변화하는 길'이 서로 다르지 않음을 보여주기 때문이다. 인간은 천지의 생명기운으로 태어나며, 천지와 한마음으로 같은 길을 걷고, 그 천지의 뜻을 이루는 삶을 살아간다. '천지와 하나된 삶'이며 '천지의 목적을 이루는 삶'이다.

『증산도 도전』은 천지와 인간의 관계를 '소천지가 대천지'(『도전』11:223)라는 말로 표현하고 있다. 사람은 천지와 같으니 소천지이고, 사람은 천지의 길을 가니 곧 사람의 삶속에 우주가 있다는 것을 말함이다. 그러므로 인간의 성공은 또한 '천지의 성공'이다. 천지성공이란 하늘과 땅의 성공이면서 인간이 천지와 하나 되어 함께 성공하는 것을 말한다.

이때는 천지성공 시대라. 서신西神이 명命을 맡아 만유를 지배하여 뭇 이치를 모아 크게 이루나니 이른바 개벽이라. 만물이 가을 바람에 혹 말라서 떨어지기도 하고 혹 성숙하기도 함과 같이 참

된 자는 큰 열매를 맺어 그 수壽가 길이 창성할 것이요 거짓된 자
는 말라 떨어져 길이 멸망할지라.(『도전』 4:20)

이때는 개벽시대이며, 이때는 하늘과 땅도 크게 이루며, 사람도 성
숙하고 열매를 맺어 그 수가 창성할 것이라고 하였다. 천지와 인간이
함께 성공함을 말한 것이다.

이처럼 증산 상제님의 가르침은 곧 개벽시대 인간이 가야할 길을
우주의 길에서 보여주는 것이며, 그 길을 걸을 때 인간의 사명을 다하
면서 천지와 함께 성공을 이루게 됨을 뜻한다.

1 내가 낸 법이 진법

증산 상제님의 가르침은 기존의 성인, 성현들의 가르침과는 그 차원이 다르다. 일단 천, 지, 인 삼계와 신명계를 포함하는 진리의 스케일이 다르며, 천지를 뜯어고쳐 선경을 열며 인류를 구원하는 구체적인 방법에서도 완전히 다르다. 그래서 무극대도無極大道라고도 하고, 참된 법이라는 뜻으로 '진법眞法'이라고도 한다. 증산 상제님 스스로 "나의 도는 고불문금불문古不聞今不聞이요 고불비금불비古不比今不比니라. 옛적에도 듣지 못했고 이제 또한 들을 수 없으며 옛적의 그 어떤 도道와도 견줄 수 없고 이제도 또한 견줄 만한 것이 없느니라."(『도전』 2:41)고 하였다.

먼저 천명을 내리다. 증산 상제님의 무극대도가 이 땅에 출현할 것이라는 기쁘고 복된 소식은 동학의 창도자인 수운 최제우에 의해서 선언되었다. 그 사정을 증산 상제님의 말씀으로 확인해보자.

나의 일은 비록 부모, 형제, 처자라도 알 수가 없나니 나는 서양대법국 천개탑 천하대순이로다. 동학 주문에 '시천주 조화정侍天主造化定'이라 하였나니 천지간의 모든 신명들이 인류와 신명계의 겁액을 나에게 탄원하므로 내가 천조天朝의 대신大臣들에게 '하늘의 정사政事를 섭리하라.'고 맡기고 서양 천개탑에 내려와 천하를 둘러보며 만방의 억조창생의 편안함과 근심 걱정을 살피다가 너

의 동토東土에 인연이 있는 고로 이 동방에 와서 30년 동안 금산
사 미륵전에 머무르면서 최제우에게 천명天命과 신교神敎를 내려
주었더니 조선 조정이 제우를 죽였으므로 내가 팔괘 갑자八卦甲子
에 응하여 신미(辛未 : 道紀 1, 1871)년에 이 세상에 내려왔노라.(『도
전』 2:94)

증산 상제님은 천지간의 모든 신명들이 인류의 겁액을 탄원하여 서
양 천개탑에 내려와 천하를 둘러보시다가, 태고시절 이후 동방 조선
과의 인연이 있으므로, 30년 동안 전라북도 김제시에 있는 금산사 미
륵전에 머물면서 수운 최제우에게 천명과 신교를 내리셨다는 말씀
이다. 그리고 최제우가 상제님으로부터 천명과 신교를 받은 시점은
1860년 4월 5일이었다. 이는 수운의 저서인 『동경대전』과 『수운가
사』에 분명히 기록되어 있다.

사월이라 초오일에 꿈일런가 잠일런가 천지가 아득해서 정신수
습 못할러라. … (「안심가」) 천은이 망극하여 경신사월 초오일에
… 만고없는 무극대도 여몽여각 득도로다. … (「용담가」) 너를 세
상에 내어 사람들에게 이 법을 가르치게 하니 의심하지 말라. …
나의 영부를 받아 사람들을 질병에서 건지고 나의 주문을 받아
사람들을 가르쳐서 나를 위하게 하면 너도 또한 장생하여 덕을
천하에 펴리라.(「논학문」)

증산 상제님이 금산사 미륵전에 머물며 수운 최제우에게 천명과 신
교를 내리던 그때, 수운은 장조카의 생일 잔치에 초대되어 식사하던

중 오한이 들고 천지가 아득해지는 지경에 집으로 돌아왔다. 하늘의 음성이 들려온 것은 바로 그 순간이었다. 하느님과 구도자의 신비스러운 만남! 이 만남이 인류 역사상 그 어떤 사건보다 획기적인 전환을 가져온 것이다. 그것은 무엇보다 인류 태고시대의 시원종교인 신교의 부활과 인류사의 신기원을 떠나 우주사의 신기원이 열린 것이다.

우주의 주재자 상제님이 수운에게 내린 천명과 신교는 무엇인가? 상제님과의 대화가 담긴 『동경대전』을 보면 수운이 천명을 받아 세상에 전한 메시지는 세 가지로 압축된다. 첫째는 인간으로 오시는 상제님을 지극히 모시고 신앙하라는 것(시천주)이고, 둘째는 선천 5만년의 운이 다하고 후천 개벽이 닥쳐온다는 것(다시개벽), 세 번째는 상제님의 무극대도가 이 땅에 선포된다는 것(무극지운)이다. 여기서 첫째는 상제관에서 다루고, 둘째는 개벽과 구원관에서 다룬다면, 세 번째 메시지는 인간관에서 다룰 내용이다. 즉 증산 상제님의 가르침으로서 무극대도이다. 그리고 무극대도의 다른 이름이 진법이다.

"내가 낸 이 법이 진법이니라"(『도전』 2:132)

증산 상제님은 스스로의 가르침을 진법이라고 하였다. 세상에 수많은 가르침이 존재하지만 그 가르침들은 선천세상에서 살아가는 법도와 이치일 뿐이다. 개벽시대는 개벽시대에 맞는 새로운 진리가 나와야 한다. 증산 상제님의 가르침을 '진법'이라고 한 것은 그것이 지금 시대에 맞는 진리이며, 지금 시대에 필요한 진리이기 때문이다. 이러한 진리야말로 진법이며, 진법은 말 그대로 "새 시대 새 진리"이다.

동방의 이름없는 구도자 수운에게 천명과 신교를 내리신 상제님. 그러나 동방 조선은 상제님의 천명을 받은 수운을 사문난적으로 몰아 형장의 희생물로 삼았다. 수운이 전한 소식은 모두 상제님의 탄강을 선언한 것이었다. 그리고 그로부터 10여년의 세월이 흐른 1871년, 오곡이 익어가는 가을, 이 땅에 하느님의 성스러운 발길이 닿았다.

증산 상제님의 탄강은 우주사적 사건이며, 전무후무한 일이다. 왜냐하면 하느님이 직접 인간으로 왔기 때문이다. 상상할 수 없는 일이 일어났으니 기적이며 신비한 일이다. 상제가 인간으로 왔다면 그 이유는 무엇일까? 상극의 세상을 사는 우리들에게 무언가 새로운 법을 전하고, 구원의 길을 알려주기 위함일 것이다.

상제님께서 원시반본原始返本의 도道로써 인류 역사의 뿌리를 바로 잡고 병든 천지를 개벽開闢하여 인간과 신명을 구원하시기 위해 이 땅에 인간으로 강세하시니라.(『도전』 1:1)

『증산도 도전』 첫 편 첫 장에 기록된 말씀이다. 이로써 증산 상제님의 강세와 그 이유가 무엇인지 알 수 있다. 한마디로 개벽과 구원이다. 이를 위해 하느님이 인간으로 온 것이다.

인간으로 오신 상제! 인간의 몸으로 왔으니 인간이지만 상제의 자리에서 왔으므로 상제이기도 한 것은 어쩌면 당연하다. 한편 상제의 신원이지만 인간의 몸으로 강세하였기에 인간의 삶을 살 수밖에 없는 것이다. 인간으로서 수행도 도통도 인간적 삶의 한 요소였다.

증산 상제님이 이 땅에 강세하여 새로운 법을 내는 과정은 『도전』에 자세히 기록되어 있다. 민초의 집안에 태어나 영기가 넘치고 혜명하시며, 신이한 어린 시절을 보내신 증산 상제님은 청년시절 조선의 격동기이자 근대의 문을 연 동학농민전쟁의 한 중간에 서 있었다. '시천주 조화정'을 외치던 농민군들은 외세의 총칼에 무참히 죽어갔다. 세상은 여전히 구천지의 법도가 인간과 신명을 잔인한 상극의 삶으로 내몰고 있었다.

그 후 세상의 인정과 흐름을 몸소 체험하고 인간과 신명을 구원할 법방을 찾기 위해 3년간 조선팔도를 순회하신 증산 상제님은 30세 되시던 해 다시 고향으로 돌아왔다. 증산 상제님은 본댁에 거하며 "시루산은 호남서신사명을 관장하는 주인산이라"(『도전』 1:78) 하시고 시루산 상봉에 올라 수도에 전념하였다. 이를 『도전』에서는 다음과 같이 기록하고 있다.

> 증산께서 여러 해 동안 각처를 유력하시며 천하 만상을 둘러보신 후에 신축년에 이르러 '이제 천하의 대세가 종전의 알며 행한 모든 법술로는 세상을 건질 수 없다.' 생각하시고 모든 일을 자유자재로 할 조화권능이 아니고서는 광구천하의 뜻을 이루지 못할 줄을 깨달으시고 수도에 더욱 정진하시니라.(『도전』 2:1:1-3)

참혹한 세상을 둘러본 증산 상제님의 결론은 더 이상 이 세상을 구할 진리가 선천 세상에는 없다는 것이었다. 그럼 어떻게 해야 하는가? 새 세상을 위해서는 새 법이 필요한 것이다. 증산 상제님은 지금 이때는 지난 세월과 달리 새 법으로 새 법방을 내어야 하는 때라고 진단하였고, 그 새로운 법을 내기 위한 수도에 정진하시게 된다.

1901년 6월 초.

증산 상제님은 시루봉 정상에 앉아 명상에 잠기었다. 시루산에서 14일 동안 수도하시는데 이때 정씨 부인이 수종들었다. 그 모습은 다음과 같다.

이때 항상 남방에 자리를 잡으시고 청수상清水床은 정淨한 자리에 놓으시며 하루에 세 번 천지인 삼위에 메 세 그릇씩 올려놓고 공부하시니라.(『도전』 2:2)

그리고 수도가 끝나는 날 바로 대원사에 가시니 6월 16일이다. 증산 상제님의 가르침에서 시루산, 곧 증산과 대원사 칠성각은 그 어떤 장소보다 깊은 의미가 있다. 시루산은 태어나신 동네를 감싸고 있는 산이고, 대원사는 도통을 한 장소이다. 그 중 칠성각은 인간으로 오신 상제가 다시 상제의 권위와 능력을 찾은 곳이다.

대원사에서 공부하실 때에는 주지 박금곡이 시봉하였다. 금곡은 증산 상제님의 언어동지에 감동하여 '이 세상에 천신이 강림하였다.'고 믿게 되었다. 하루는 시봉하던 금곡이 증산 상제님에게 소원을 아뢰었고 증산 상제님께서 허락하시니 그 소원은 두 가지였다. 하나는 평생 대원사의 주지로 있게 해 달라는 것이었고, 다른 하나는 대원사에 감나무가 많으나 감이 열리지 않으니 감이 잘 열리도록 해달라는 것이었다. 중의 그 소박한 소원을 기꺼이 받아주었다. 그러나 그 소원풀이는 금곡 개인의 욕망도 아니고 또 증산 상제님의 권능의 표시도 아니었다. 단지 천지의 깊은 이치가 증산 상제님의 말씀으로 드러난 것이다.

"그대는 전생이 월광대사인 바 그 후신으로 대원사에 오게 되었느니라. 그대가 할 일은 이 절을 중수하는 것이니라. … 이는(대원사에 감이 열리지 않는 것은) 진묵이 원한을 품은 연고라. 명년부터는 감이 잘 열리리라."(『도전』 2:10:3-7)

실제로 금곡은 93세까지 장수하며 대원사의 주지로 있었고, 대원사 감나무는 그 다음해부터 매년 가지가 부러지도록 감이 열렸다.

증산 상제님께서 대원사에 가신지 보름 만인 7월 초하루부터 식음을 전폐하시고 앉으신 자리를 떠나지 않으면서 7일간 수도에 일심하였다. 상제였지만 인간으로 강세하니 인간이며, 인간으로서 상제는 도를 닦는 일심 수행을 하게 된 것이다.

전주 모악산 대원사에 이르시어 칠성각에서 도를 닦으시니라. 이때 겹겹이 싸인 깊은 숙연을 닦으시고 미래의 세상을 살피시어 장차 온 천하가 대개벽기의 운세에 닥쳐 멸망당할 것을 걱정하시며 무궁한 조화의 법을 통하시어 움직이지 않고 고요히 앉아 수일을 지내기도 하시고, 천지의 풍운변화의 조화법을 시험하기도 하시니라.(『도전』 2:3)

주체할 수 없을 정도로 담을 토하며 수행에 몰두하여 낮밤이 없이 지나던 시간이 21일째가 되던 날, 천둥과 번개가 크게 일어나고 상서로운 장대비가 쏟아지는 가운데 증산 상제님은 천지대신문을 열고 인간의 몸 그대로 옥황상제로서의 권능을 갖게 되었다.

도통하시기 전날 깊은 밤에 증산께서 금곡에게 명하여 "산 너머 금산사에 가서 미륵전을 지키라" 하시거늘 금곡이 대원사를 떠날 때 보니 찬란한 불기둥이 하늘로부터 칠성각 지붕으로 내리 뻗쳐 있더라. 미륵전을 지키고 있을 때, 갑자기 천지가 진동하여 미륵불과 미륵전이 무너질 듯 크게 흔들리니 금곡이 두려워 정신을 차릴 수 없고 몸조차 가눌 수 없어 미륵전 기둥을 잡고 견디는데 오히려 기분은 황홀하여 지더라. 날이 밝자 금곡이 대원사로 돌아와 간밤의 일을 아뢴즉 그때가 바로 증산께서 도를 통하신 시각이더라.(『도전』 2:11)

이때는 증산 상제님이 대원사에 가신지 21일이 흐른 신축년 7월 7일이었다. 증산 상제님은 이로부터 삼계대권을 주재하시고 우주의 조화권능을 뜻대로 행하시게 되었다.

내가 세상에 내려오면서 하늘과 땅의 정사를 천상의 조정에 명하여 다스리도록 하였으나 신축년 이후로는 내가 친히 다스리느니라.(『도전』 2:13:6-7)

1901년 7월 7일, 바로 이 순간이 인간으로 오신 상제가 다시 상제의 위격과 권위를 회복하신 때이다. 또 선천의 낡은 가르침이 모두 그 한도를 다하고 새로운 법방으로 인간이 나아갈 길이 열린 때이다.

가장 큰 도통, 중통인의 ──── 증산 상제님이 도통을 하고, 하늘의 주인으로 행하시던 삼계대권을 지상에서 다시 상제의 신원으로 행하시게 된 것은, 인간이지만 상제였던 신원에서 볼 때 너무나 당연한 것이었다. 그러나 그것이 어찌 일심수행 없이 이루어졌겠는가? 담을 토하고, 부를 불태우며 수일 밤을 지새우는 공부 끝의 일이었다. 증산 상제님은 7월 7일의 도통으로 삼계대권을 회복하면서 도통의 새 경지를 열었다.

> 예로부터 상통천문上通天文과 하찰지리下察地理는 있었으나 중통인의中通人義는 없었나니 내가 비로소 인의人義를 통하였노라.(『도전』 2:22:3-4)

그동안 성현철인들에 의해서 하늘과 땅에 대한 깨달음은 많이 있었지만 인간에 대한 근원적 깨달음은 없었다는 말씀과 그 인간에 대한 깨달음, 즉 중통인의는 오직 증산 상제님에 의해서 처음 드러난 것이라는 말씀이다. "공자가 알고 하였으나 원망자가 있고, 석가가 알고 하였으나 원억의 고를 풀지 못하였다"(『도전』 2:95)는 말은 이를 두고 한 것이다. 공자도 석가도 결코 중통인의를 이루지 못했고, 인간의 근원적 문제를 해결하지 못했다. 오직 증산 상제님만이 "사람의 마음을 찔렀다 빼었다 할 수 있는 것"(『도전』 2:22)이다.

중통인의란 무엇인가? '중통인의'의 '중中'은 천문의 상上과 지리의 하下와 대비된 것으로 천지의 중심인 인간의 경계에 통합을 상징하지만, 나아가 인의의 궁극적 본질에 통했다는 의미로 '적중的中'이기도 하다. 그래서 중통인의란 하늘과 땅 사이에 위치한 인간이 마땅히 가야 할 생명의 길을 통하는 것을 말한다. 여기서 인의는 '인간의 본질과 인간적 삶의 궁극적 경계 및 인간의 우주적 사명'을 상징한다. 이에 대해 안경전 증산도 종도사는 다음과 같이 말한다.

(중통인의는) 하늘, 땅, 인간 역사를 꿰뚫는 이법과 신도에 통하여 천명에 따라 천지를 바로잡고 새 세상을 열 수 있는 무상의 대도 통을 말한다. 우주의 가을을 맞이하여 참된 인간이 이르러야 할 인간성숙, 인간완성의 경계다.(『증산도의 진리』, 괄호첨가)

증산 상제님이 중통인의의 경계를 여시자 이는 곧 인간이 행해야 할 궁극의 깨달음이자, 인간으로서 가야 할 마땅한 길이 되었다. 즉 하늘, 땅과 더불어 삼재를 이루는 인간이 스스로의 참됨을 찾아 본성을 회복하고 천명을 깨닫는 것을 중통인이라고 한다. 이것이 인간의 몸으로 오신 상제와 후천 새 역사를 사는 인간이 만나는 지점이다. 인간은 다른 모든 것들과 함께 천지가 낳아 기른 천지의 자식이면서, 나아가 천지의 꿈을 성취하는 존재다. 따라서 인간에 대한 깨달음은 이미 하늘, 땅의 이치를 통하는 것을 전제하고 있는 것이다. 따라서 그것은 천, 지, 인 삼계의 무궁한 이치를 깨닫는 도통이다.

한편 천, 지, 인은 그 본성에서 보면 동일한 신성神性이다. 따라서 중통인의는 또한 인간의 영성이 열려 천지의 신성, 그 천지의 마음과 하나로 됐다는 것을 의미한다. 즉 중통인의의 깨달음은 삼계의 무궁한 이치를 통하고[이통理通] 천지의 신성과 일체를 이룬다는[신통神通] 것이다.

오직 이 무상의 대도통으로써만 선천의 병든 하늘, 땅을 바로잡고 인류를 구원하여 신천지, 신문명을 열 수 있다. 중통인의의 도통은 천문과 지리를 통하고 천지의 열매인 인간의 도리에 통하여 인류구원을 성취할 수 있는 가을철의 성숙한 도통인 것이다.

내가 낸 법이 진법

증산 상제님은 삼계대권을 다시 주재하게 된 1901년, 진리를 갈구하는 이 땅의 모든 사람들에게 참된 가르침을 전하고 이를 진법이라고 선언하였다. 이 말씀이 나오게 된 배경은 뜻밖에도 죽어가는 어린 아이를 살리는 처방에 대한 가르침을 종도들에게 전하면서였다.

상제님께서 태인 읍내를 지나실 때 한 여인이 아홉 살 된 아이를 업고 길을 가다 서럽게 울고 있어 그 연유를 물은 즉 그 자식이 다섯 살에 병이 들어 아홉 살이 된 지금까지 낫지 않아 의원을 찾았으나 못 고친다고 데리고 가라는 말에 절망해서 업고 나오는 길이라 한다. 그 병이 아이도 엄마도 얼마나 고통스럽게 했던지 그 여인은 '제 자식은 놓친 자식인데 얼른 죽지도 않는다'고 말하며 차라리 빨리 죽는 게 나을 것이라 한다. 상제님은 그 여인을 위로하시고 치병의 처방을 전하는데 "아침 일찍 절간에 올라가서 절간 종을 세 번씩 사흘만 치면 나을 것이다"라고 하였다. 그 말씀을 믿고 행한 그 여인의 아이는 병이 나았다. 그러자 종도들은 이를 이상히 여긴다. 왜냐하면 원평에서는 같은 증상을 보인 아이를 치유할 때 문어, 곶감, 대추로 살리셨는데 이번에는 종을 세 번 치는 것으로 치유하니 어느 것이 올바른 법인지 모르겠다는 것이다.(『도전』 2:130-131 참조) 이에 상제님은 다음과 같이 말씀하였다.

> 너희들은 본래 너희들이며 나는 본래 나니라. 그러므로 본래의 이치를 깨달은 자를 성인이라 하느니라. 만법이 머무는 법이 없거늘 내가 낸 이 법이 진법眞法이라는 말이니라. 알아듣겠느냐? 그러므로 '성인의 말은 한마디도 땅에 떨어지지 아니한다.' 하느

니라." 하시니라.(『도전』 2:132:4-7)

　이 말씀의 뜻은 무엇일까? 일단 종도들의 생각과 상제님 말씀의 경계는 분명한 차이가 있다는 것과 상제님의 치유법방은 시시각각 다르지만 모두 본래의 천지이치에 따른 것, 그리고 그 법방은 어느 한 측면에 고정된 것이 아니며 천지의 흐름에 따라 상제님이 취하신 법으로 때와 장소에 맞게 조화를 이룬다는 말씀으로 이해된다.

　이 말씀에서 '본래의 이치를 깨달은 사람=성인'이라고 하였다. 그러면 여기서 성인이 선천의 공자, 석가, 예수를 말하는가? 만일 그렇다면 그들의 가르침이 진법이 되는데 이는 새로운 법을 내신 증산 상제님의 선언과 모순된다. 여기서 성인은 곧 증산 상제님의 가르침의 경지를 드러낸 형용적 표현이며, 그러한 문맥에서 성인은 증산 상제님이다. 그리고 증산 상제님의 가르침을 스스로 진법이라고 이름하고 있다.

　그럼 '참된 법' 즉 진법은 무엇일까? 여기서 '진'은 '참 진' 자로, 참된true, 진실한sincere, 그리고 진짜real라는 뜻을 가지고 있다. 그래서 진법은 참되고 진실로 그러한 법이다. 진법은 가을의 우주원리에 부합하며, 새 시대의 정신에 맞는 법으로 증산 상제님의 가르침이며, 그 가르침을 실현하는 법을 포함한다.

　증산도에서 진법은 증산도 진리로서의 법의 진리성과 고유성을 의미하는 고유명사이면서, 나아가 그 진리가 적용되는 사태도 표현한다. 참된 법은 그 법이 적용되는 사태가 그 법의 정신과 부합하여야 하며, 그 법을 받아들이는 자들이 그 법을 법 자체로 공정하게 인식, 혹은 집행하여야 한다는 것을 뜻한다. 위의 정의에서는 '상제님의 뜻을 실현하는'이라는 구절은 이를 말한다.

> 나의 일이 장차 초장봉기지세楚將蜂起之勢로 각색이 혼란스럽게 일
> 어나 잡화전 본을 이루리라. 그러나 그 후에 다시 진법眞法이 나
> 오게 되리라.(『도전』 6:126)

여기서 말하는 진법은 참된 가르침이면서 이 가르침을 전하는 진법
맥을 말하기도 한다. 증산 상제님이 전한 가르침이 초반에는 각양각
색의 해석으로 각기 맥을 이었다고 하지만 참된 도맥은 후에 다시 나
게 된다는 의미이다. 도맥 역시 참된 가르침의 맥이므로 진법의 맥이
라고 할 수 있다.

진법은 진리이다. 이 땅에 인간으로 오신 증산 상제님의 가르침이다.
이러한 진리로서의 법은 '이치에 대한 깨달음'에서 주어지는 것이다.

> 본래의 이치를 깨달은 자를 성인이라 하느니라. 만법이 머무는 법
> 이 없거늘 내가 낸 이 법이 진법이라는 말이니라.(『도전』 2:132:4-7)

증산 상제님의 이 말은 곧 깨달은 자와 진법의 관계를 잘 나타내고
있다. 그리고 그 진법이란 바로 깨달음의 대상인 본래의 이치와 상응
하는 법이다. '만법이 머무는 법이 없다'는 것은 중의重意적인데, 하나
는 '선천의 모든 법은 항구적인 법이 아니다'라는 뜻과, 상제님의 말
씀은 어느 한 곳에만 고정된 법이 아니라 '때와 장소에 따라 천지의
흐름에 부합하는 법이다'라는 뜻으로 해석될 수 있다. 첫째 의미로는
진법과 기존의 법인 만법을 대비하는 의미이고, 그럴 경우 선천의 그

어떤 법(만법)도 고정된, 절대적 진리성을 갖고 있지 않다는 것과, 그 모든 법을 뛰어넘는 새로운 법, 곧 진법이 존재하며, 그 진법의 근거는 바로 증산 상제님 자신이라는 것을 알려준다. 그래서 다음의 말씀이 가능하다.

> 상제님께서 세상에 전하여 온 갖가지 예식을 두루 살피시고 크게 꺼려하시며 말씀하시기를 "이는 묵은 하늘이 그르게 꾸민 것이니 장차 진법眞法이 나오리라."(『도전』 4:144:1-2)

이 말씀에서도 기존의 모든 잘못된, 혹은 공허한 예와 법이 존재하지만 이는 과거의 세상에서 통용되는 그릇된 형식일 뿐 이제 앞으로 새로운 법, 곧 진법이 출현하게 된다는 것을 말하고 있다. 증산 상제님이 대원사 칠성각에서 도통을 한 후 집으로 돌아와서 모든 공명첩을 불사른 후에 선언한 바 "이제 모든 것이 나로부터 다시 시작된다"는 것은 증산 상제님으로부터 '새 법'이 시작된다는 의미일 것이다.

> … 나는 옛 성인의 도나 옛 가르침으로 하지 않느니라. 그러므로 너희는 낡은 삶을 버리고 새 삶을 도모하라. 묵은 습성이 하나라도 남아 있으면 그 몸이 따라서 망하느니라. 나의 도는 … 옛적에도 듣지 못했고 이제 또한 들을 수 없으며, 옛적의 그 어떤 도와도 견줄 수 없고 이제도 또한 견줄 만한 것이 없느니라.(『도전』 2:41:1-4)

증산 상제님은 스스로의 도와 법에 대해 지금까지 주어졌던 가르침과는 명백히 다르다는 것을 선언하고 있다. 이 진법은 새로운 법이며,

그래서 그 이전에는 들을 수 없었을 뿐 아니라 지금까지 어떤 법과도 비교할 수 없는 절대적 진리임을 밝히고 있다.

무극상제, 무극대도

그렇다면 증산 상제님이 인간으로 강세한 상제의 신원으로 인류에게 내려준 가르침의 본질, 즉 진법, 참법의 내용을 어떻게 규정할 수 있을 것인가? 증산도에서 말하는 진법이란 구체적으로 무엇을 말하는 것인가?

한마디로 증산 상제님의 가르침, 진법은 곧 무극대도無極大道이다. 그럼 또 다시 무극대도란 무엇인가? 진법이란 말보다는 더 많은 정보를 담고 있지만 그 의미 역시 명확하지 않다. 글자 풀이로만 본다면 '한이 없는 큰 진리'라는 뜻으로 절대적 진리를 뜻하는 진법과 같은 말이다. 그러나 그 개념적 의미는 좀더 구체적인데 '무극신無極神인 증산 상제님의 가르침'을 뜻한다. 그러나 이 또한 무극 상제의 가르침이기에 '무극'대도일 수밖에 없는 것으로 진법과 별반 다르지 않은 동어반복적(tautological) 정의이다. 사실 진법이 절대적 진리라면 무극대도 역시 우주와 인간에 관한 가장 큰 법칙이자 진리이므로 절대적이며, 그래서 그 이름 또한 무극대도이다. 무극은 '극이 없음', 그 한계가 없음, 다시 말해 절대적임을 뜻하기 때문이다. 『도전』을 통해 좀더 자세히 살펴볼 필요가 있다.

> 상제님의 … 도호道號는 증산甑山이시니 천지공사를 행하시어 우주의 무극대운無極大運을 여신 무극상제無極上帝시니라.(『도전』 1:11)
> 성사聖師 의통醫統 무극신无極神(『도전』 5:355)

증산 상제님은 인간으로 강세하신 무극신, 무극상제이다. 이 땅에서 하신 일은 상극의 이치로 인해 고통받는 천지 만물과 인간과 신명을 구원하고 조화선경을 건설하는 것으로, 이름하여 천지공사이다. 이때 인간으로 강세하신 증산 상제님이 새로운 세상의 새로운 진리로 가르쳐 준 것이 바로 무극대도이다.

"내가 낸 이 법이 진법眞法이라는 말이니라."(『도전』 2:132:6)
"내가 이제 천지를 개벽하여 하늘과 땅을 뜯어고치고 무극대도無極大道를 세워 선천 상극의 운을 닫고 조화선경造化仙境을 열어 고해에 빠진 억조창생을 건지려 하노라."(『도전』 5:3:2-4)

위 두 구절을 함께 살펴볼 때 증산 상제님의 진법이 곧 무극대도임을 알 수 있다. 증산 상제님은 스스로 천지를 개벽하고 새 세상을 열 때, 그 새 세상의 가장 근본적인 원리를 '무극대도'라고 지칭하였다.

이는 동학의 교주 최수운이 이미 예언한 바 새로운 진리의 탄생이다. 최수운은 증산 상제님과 밀접한 관련이 있는 구도자이다. 그는 깨달음을 얻기 위해 오직 하늘에 기도했고 그 일심기도로 하늘의 대답을 들었다. 1860년 4월 어느 날 상제님의 음성을 듣게 된 것이다. 보통 '천상문답사건'이라고 부르는 이 날의 만남은 한국 근대사의 큰 획을 그은 역사적인 날이었다. 상고上古 이래 신교의 법도로 살아온 이 땅에서 근 5백 년의 세월 동안 잊혀졌던 상제신앙의 새 길이 다시 열렸기 때문이다. 최수운은 이때의 일을 정확히 기록하고 있다.

어떤 신선의 말씀이 있어 문득 귀에 들리므로 놀라 캐어물은 즉 대답하시기를 '두려워하지 말고 두려워하지 말라. 세상 사람이 나를 상제라 이르기를 너는 상제를 알지 못하느냐' 그 까닭을 물으니 대답하시기를 '내 또한 공이 없으므로 너를 세상에 내어 사람에게 이 법을 가르치게 하니 의심하지 말고 의심하지 말라'(『동경대전』「포덕문」)

천상에서 들려온 이 음성으로 최수운에게 내려진 가르침이 바로 무극대도이다. 수운의 지극한 기도의 대상인 하늘님이 상제의 이름으로 수운에게 '너를 세상에 내어 사람들에게 이 법을 가르치도록 명한다'고 하였다. 물론 이 법은 진법이며, 무극대도이다.

만고없는 무극대도 여몽여각 득도로다. … 어화세상 사람들아 무극지운 닥친 줄을 너희 어찌 알까보냐. … 무극대도 닦아내니 오만년지 운수로다.(「용담가」)
만고없는 무극대도 이 세상에 창건하니 이도 역시 시운이라.(「권학가」)

무극대도가 이 땅에 나오게 되는 시운時運이 닥쳤음을 전하며 앞으로 오만년의 새 세상이 열린다고 하였다. 이러한 수운의 말은 오직 상제님의 명령을 받아 전한 것이다. 『도전』은 이를 다음과 같이 전하고 있다.

내가 … 금산사 미륵금상에 임하여 30년을 지내면서 최수운에게 천명과 신교를 내려 대도를 세우게 하였더니… (『도전』 2:30:13-14)

상제님께서 수운에게 내린 천명은 곧 무극대도를 세상에 널리 전하라는 것이었다. 바로 천상문답사건이 일어난 그때가 금산사 미륵불상에 임어하신 증산 상제님이 수운에게 천명을 내린 순간이었다.

그렇다면 무극대도는 어떻게 정의내릴 수 있는가? 무극대도를 '무극의' 대도, 혹은 '무극한' 대도라고 할 때 '무극'은 두 가지 의미로 이해된다. 하나는 상제님을 뜻하는 말이고, 다른 하나는 '무한의'란 뜻의 형용사적 사용이다. 즉 무극상제로서 증산 상제님의 진리를 무극대도, '무극상제의 대도'라고 칭할 수 있으며, 다른 한편 그 무극대도는 '무한하고 영원한' 진리라는 뜻으로 '무극無極'이기도 하다.

그리고 '대도大道'는 '큰 도'가 되는데, 이때 '대'는 도의 경계를 가리키는, 혹은 도의 경지를 일컫는 수식어이기에 본질은 도에 있다. 과연 도는 무엇인가? 이는 넓게 두 가지로 구분해서 이해할 수 있다.

하나는 궁극의 실체로서의 도이고, 다른 하나는 궁극적 가치로서의 도이다. 『도덕경』에서 "도는 하나를 낳고, 하나는 둘을 낳고, 둘은 셋을 낳고, 셋은 만물을 낳는다."고 할 때, 노자가 말하는 도는 우주의 시초이면서 천지 만물의 바탕이 되는 존재이다. 그러나 그것을 무엇이라고 규정해서 말할 수 없으므로 '무無'라고 불렀다. 이렇게 본다면 도는 우주의 가장 근본적인 존재이다. 이런 도의 존재론적 지위는 인식론적으로 볼 때 가장 보편적이고 궁극적인 진리이다. 즉 도는 존재론적으로 우주의 본질이면서 우주 변화의 법칙이며 원리이다. 그래서 도는 길, 이치, 원리, 근원, 방법, 기예 등을 뜻한다. 『주역』에 "형이상자 위지도形而上者 謂之道, 형이하자 위지기形而下者 謂之器"라는 말 역시 이와 같다.

그러나 이러한 의미는 지금까지 존재해왔던 모든 도에 관한 담론의 보편적 특성을 말한 것에 지나지 않는다. 우리가 여기서 다루고자 하는 것은 '도'의 정의가 아니라 증산도 '무극대도'에 관한 정의이다. 이를 이해하기 위해서는 '대도'의 의미보다는 '무극'의 뜻을 살펴보는 것이 더 중요하다고 생각된다. 왜냐하면 '무극대도'란 말에서 그 도의 본질을 특징지우는 개념이 바로 '무극'이기 때문이다. 이 무극에 의해서 진법이라고 불리어지는 '무극대도'의 고유한 의미가 드러날 것이다.

첫째, 무극無極의 무는 없다는 뜻이고 극은 끝, 한계, 다하다 등의 뜻을 갖는다. 그러므로 무극은 끝이 없음, 다함이 없음의 의미이므로 무극대도란 바로 '한계가 없는 큰 가르침'이라고 이해할 수 있다. 이때의 무극은 증산 상제님의 대도가 가진 경지가 무한함을 뜻하는 형용사의 의미를 갖는다.

둘째로 무극은 증산 상제님을 뜻하는 말이다. 앞에서 보았듯이 증산 상제님은 우주의 무극대운을 여신 무극상제無極上帝(『도전』 1:11:5-6)다. 증산 상제님은 무극상제이므로 '무극대도'는 무극 상제의 가르침이란 의미를 갖는다.

셋째로 무극은 우주의 가장 본원적인 존재를 일컫는다. "천지의 이치는 삼원三元이니 곧 무극無極과 태극太極과 황극皇極이라. 무극은 도의 본원本源이니 10토十土요…"(『도전』 6:1:1-2)라는 구절에서 보듯이 무극의 뜻은 우주생성의 본원이며, 우주 1년에서 가을의 성숙과 통일의 기운을 주재하는 존재의 의미를 갖고 있음을 알 수 있다.

그러므로 이런 세 가지 뜻을 종합하면 무극대도는 "우주 가을의 성숙과 통일을 주장하는 무극 상제의 큰 가르침"이라고 이해할 수 있다.

난법난도하는 자들 ──── 상극이 지배하는 선천의 말대에 증산 상제님의 가르침인 진법이 전해졌지만 세상은 그 진법을 온전히 받아들이지 못했다. 즉 증산 상제님의 가르침을 받고서는 그 가르침의 참된 의미를 보지 못하고 자신의 관점에서 해석하고 받아들이고자 하였다. 심지어 하늘에 기도하여 상제의 가르침과 천명을 받은 수운조차 진법의 테를 벗어나 무극대운을 열지 못했다.

> 최수운이 성경신이 지극하기에 내가 천강서를 내려 대도를 열게
> 하였더니 수운이 능히 대도의 참빛을 열지 못하므로 그 기운을
> 거두고 신미년에 직접 강세하였노라.(『도전』 4:9)

수운은 상제의 음성을 듣고 도를 받았으나 그 도를 도의 주인이 만족할 만큼 펴지 못했다. 결국 도의 주인은 스스로 그 도를 펴시기 위해 이 땅에 인간으로 오게 되었으니, 곧 말씀의 주인이신 증산 상제님이라는 내용이다.

나아가 몇몇 제자들은 상제님의 대도를 왜곡하기도 하였다. 증산 상제님을 하느님으로 믿고 따르던 수석제자 김형렬도, 만국대장 박공우도, 동학역신해원의 주인공인 차경석도 무극대도를 온전히 드러내지 못했다. 이렇게 진법의 부분만을 전하거나, 그 본래 진리에서 벗어난 법, 그래서 올바른 가르침을 포기하고 진리를 부정하는 사람들의 행위를 일러 난법亂法이라고 한다. 안경전 증산도 종도사는 난법에 대해 다음과 같이 정의한다.

> 난법은 '어지러울 난亂', '법 법法' 자로서, 난법자란 진리를 어지
> 럽히는 자를 말한다. 진리를 보는 눈이 정확히 초점이 맞지 않아

그 핵심을 못보고 제 눈에 안경, 귀에 걸면 귀걸이 코에 걸면 코걸이(耳懸鈴 鼻懸鈴) 식으로 상제님의 말씀을 자기 마음대로 해석하고 헛된 의미를 부여하여 신앙인의 눈을 가로 막는 자를 말한다.(『관통 증산도』)

증산도에서는 진법에 대립적인 개념으로 난법을 사용한다. 난법은 진법이 아닌 것이며, 진법이 아닌 법을 따르는 자들이 난법자들이다. 증산 상제님은 "내 도道에 없는 법으로 제멋대로 행동하고 난법난도亂法亂道 하는 자는 이후에 날 볼 낮이 없으리라."(『도전』 2:59)고 하였다.

진법은 무극대도라는 뜻의 진리적 측면과 종통맥宗統脈, 혹은 도통맥道統脈의 측면을 갖는다. 즉 진법은 참된 이치라는 의미와 함께 '참된 흐름', '참된 맥'의 의미를 갖는다. 그 법맥의 흐름에 대해 안경전 종도사는 다음과 같이 말하였다.

법法이란 글자는 삼수氵변에 갈 거去 자를 쓴다. 삼수변이란 곧 물 수水 자를 말하므로, 한마디로 법은 '물이 흘러가는 길'인 것이다. … 도가 만물과 인간 속에서 완성되는 것(道成德立)이 법의 목적임을 미루어 짐작해볼 수 있다. 그런데 물이 흘러갈 때 항상 일정한 길로 가는 것은 아니다. … 구부러진 길도 가고 바른 길로도 간다.(『관통증산도』)

법은 진리이면서 진리의 흐름이다. 그리고 그 진리가 인간과 만물 속에서 완성되는 것이 법의 목적이다. 그러므로 진리(법)의 올바른 흐름과 전수는 그런 측면에서 볼 때 진법이라고 불릴 수 있다. 난법은 진리의 흐름을 방해하고 왜곡하는 법의 흐름이다. 그래서 난법은 무법無法이나 비법非法과는 다르다. 그것은 법의 적용과 수용을 제대로 하지 못하고 사리사욕에 따라 잘못된 길을 가는 법으로 '진리를 어지럽히는 것'을 뜻한다.

> 원래 인간세상에서 하고 싶은 일을 하지 못하면 분통이 터져서 큰 병을 이루나니 그러므로 이제 모든 일을 풀어놓아 각기 자유 행동에 맡기어 먼저 난법을 지은 뒤에 진법을 내리니 오직 모든 일에 마음을 바르게 하라. 거짓은 모든 죄의 근본이요 진실은 만복의 근원이니라.(『도전』 4:17:1-4)

위 구절에서 우리는 난법과 진법의 관계를 알 수 있다. '난법을 지은 뒤에 진법을 짓는다'는 말씀은 이미 진리로서의 무극대도는 주어졌지만, 무극대도를 왜곡하고 부정하는 움직임(난법)이 일어난 후에 드디어 참된 법으로서 무극대도를 잇는 진법 맥이 전개된다는 것을 말한다.

그러나 난법이란 어쩔 수 없는 것이긴 하지만 그렇다고 올바른 것은 아니다. 그래서 증산 상제님은 난법에 대한 준엄한 경계를 하는 것이다.

> "나의 도道를 열어 갈 때에 난도자亂道者들이 나타나리니 많이도 죽을 것이니라. … 난법난도하는 사람 날 볼 낯이 무엇이며, 남을 속인 그 죄악 자손까지 멸망이라."(『도전』 6:21:1-3)

그러면 왜 난법이 생겨나는가? 그 이유는 욕망에 있다. 진리에 대한 욕망이며, 그 진리를 자신에게 맞추고자 하는 욕망이며, 자신이 진리의 주인이 되려는 욕망이다. '원래 인간 세상에서 하고 싶은 일을 하지 못하면 분통이 터져서 큰 병을 이루나니 그러므로 이제 모든 일을 풀어놓아 각기 자유행동에 맡기어 먼저 난법을 지은 뒤에…'라는 증산 상제님의 말씀처럼.

새 시대, 새 진리
대원사 칠성각을 내려오신 증산 상제님은 객망리로 돌아오시게 된다. 그러나 아침에 나갔다 저녁에 돌아온 것과는 다르다. 인간이되 인간이 아닌, 신이되 신이 아닌, 인간의 몸과 옥황상제의 신원을 가진 새로운 존재성을 갖게 되었다. 즉 인간이면서 신이며 신이면서 인간인 '특별한 자'의 전형을 이루었다.

> 상제님께서 금곡에게 "미음 한 그릇을 가지고 오라." 하시니 금곡이 올리매 다 드시고 나서 "금곡아! 이 천지가 뉘 천지인고?" 하시거늘 금곡이 답할 바를 몰라 머뭇거리니 상제님께서 천둥 같은 음성으로 "내 천지로다! 나는 옥황상제玉皇上帝니라." 하시고 크게 웃으시니라. 이때 금곡이 보니 방안이 대낮처럼 환하고 상제님의 용안龍顔이 해와 같이 빛나시는지라 저도 모르게 합장 부복하니라.(『도전』 2:11)

도통하신 다음날의 일이었다. 증산 상제님은 금곡에게 '이 천지가 뉘 천지인가'라는 물음으로 '내가 천지의 주인'임을 확인하며 그 신원을 알려주었다. "나는 옥황상제다"라고.

우리는 왜 '하느님이 인간으로 와야 했는가?'라는 질문을 던진다. 예수도, 부처도, 공자도 단지 인간일 뿐이었다. 예수에게 하느님의 권능이 있었으나, 그래서 하느님의 아들이었으나 본질적으로 그는 인간이었다. 부처 역시 깨달음을 얻었지만, 그 깨달음으로 '부처는 인간이 아니다'라고 말하는 순간 불교를 벗어나게 된다. 공자는 더 말할 것도 없다. 오히려 그들은 하느님을 찾았다. 예수는 '나의 주 아버지 하느님'이라고 하였고, 불경에서는 '미륵이 이 땅에 올 것'이라고 했으며, 공자도 '상제께서 동방 땅에 오신다.'고 하였다.

그러면 증산 상제님은 어떤가? 그도 인간인가? 증산 상제님도 인간의 몸으로 강세하였으니 인간이다. 그러나 인간 증산 상제님은 결코 신의 은총으로 권능을 부여받은 존재가 아니라 하느님 그 자체로 이 땅에 왔다. 공자, 석가, 예수가 애타게 불렀던 그 이름의 대상이 바로 상제이다. 그들이 부른 아버지가, 미륵이, 상제가 직접 인간으로 온 것이다. 비록 탄강한 후 30년간 인간의 몸으로 살았지만 1901년 신축년부터는 인간 상제의 신원으로 상제만이 할 수 있는 일들을 하였다.

상제가 인간으로 온 까닭은 이때가 인존시대이기에, 그리고 이 땅에 인간으로 존재함으로써만 인간의 본질적 문제를 근원적으로 해결할 수 있기에, 나아가 인간과 신의 경계를, 하느님과 인간의 경계를 없애버리기 위해, 그리고 무엇보다 상제가 직접 이 땅에서 공사를 보지 않고서는 상생의 후천세상이 열리는 도수가 불가능하기 때문이다.

대원사 주지 박금곡에게 증산 상제님은 보통의 인간이 아니었다. 그러기에 그는 자신의 소원을 고한 것이고, 그 소원은 이루어졌다. 21일간의 수도를 마치시고 중통인의를 이루신 후 칠성각을 나서는 증산 상제님은 분명 인간이 아닌 하느님이었다. 하느님으로, 상제의 신원으로 다시 객망리로 돌아온 증산 상제님의 첫 행사는 집안 대대로 전해 오던 진천군 교지와 공명첩, 족보, 문집 등 일체의 낡은 문서와 서책을 불사르는 일이었다. 당연히 부모님과 문중의 노소가 모여 증산 상제님이 행하는 첫 공사를 만류하였다. 그러나 새로운 세상을 여는 천지공사에서 이 모든 것은 단지 구습에 불과한 것이다.

> 내 세상에는 천하의 모든 성씨의 족보를 다시 시작하리라. … 유도의 구습을 없애고 새 세상을 열어야 할진대 유도에서는 범절밖에 취할 것이 없도다.(『도전』 2:13:2-4)

증산 상제님의 이 말씀은 이제 열리는 새 세상에서는 조선 5백 년을 이어온 유도의 관습과 규율로는 결코 올바른 법도를 삼을 수 없다는 것이다. '모든 성씨의 족보를 다시 시작'한다는 말씀에 깃든 총체적 변화의 정신을 읽을 수 있다. 그동안 환부역조로 인해 잘못된 혈통줄을 바로 잡아 시원의 근본을 되찾게 한다는 것이다. 그 당시 사람들에게, 또 그들의 법도에서 가장 중요한, 그러나 가장 잘못된 구습을 정리하고 새진리를 여는 첫 작업이 된 것이다.

> 모든 것이 나로부터 다시 새롭게 시작된다.(『도전』 2:13:5)

오직 상제로서만이 할 수 있는 위대한 선언이 아닐 수 없다. 유불선으로 왜곡된 삶과 관습과 법도를 바로 잡아 새로운 진리로 새로운 세상을 열어 새 시대의 참 법을 열리라는 선언이었다. 그리고 이러한 선언의 이면에는 1901년을 시점으로 새로운 우주, 새로운 진리가 증산 상제님에 의해서 새롭게 열려 바야흐로 새 시대가 열린다는 의미가 내포되어 있다. 인간으로 이 땅에 직접 강세하신 옥황상제의 친정시대가 열린다는 것이다.

> "내가 세상에 내려오면서 하늘과 땅의 정사를 천상의 조정에 명하여 다스리도록 하였으나 신축년 이후로는 내가 친히 다스리느니라."(『도전』 2:13:6-7)

2 신神으로 가득 찬 우주

증산 상제님의 가르침에서 가장 근본이 되고 중요한 것은 신의 존재와 그 역할에 관한 것이다. 신은 성스러운 초자연적 존재이며 영적인 존재를 말한다. 특히 신앙의 대상이 되는 최고신은 초월적 능력을 가진 절대적 존재이다. 신은 인간의 힘을 넘어선 존재로, 인간의 운명을 좌우하는 존재로, 비인간적이며 초인간적인 특성을 지닌 존재이다.

그러나 이러한 신의 존재에 대한 설명은 단지 추상적 관념적일 뿐이다. 종교에서 뿐 아니라 철학에서도 신은 다양하게 설명되고 있어서 신의 정확한 실체에 대한 규정은 매우 어렵다. 그 이유는 신의 영역이 세계와 인간과 동떨어진 피안의 세계로 설정되기 때문이다. 인간에게 신은 경험할 수 없는, 그래서 미지의 어떤 존재일 뿐이다.

증산 상제님은 신이면서 인간인 특별한 존재자이다. 그래서『도전』의 신관은 신이 들려주는 신의 세계에 대한 가르침이다. 이것은 그래서 특별한 이야기다. 인간과 물질의 세계에 신이 들어있다는 새로운 신관은 자연과 인간과 문명을 지금까지와 근본적으로 다르게 이해하는 바탕이 된다.

> "중천신中天神은 후사後嗣를 두지 못한 신명이요, 황천신黃泉神은 후
> 사를 둔 신명이라. 중천신은 의탁할 곳이 없어 황천신에게 붙어
> 서 물밥을 얻어먹어 왔으므로 원한을 품었다가 이제 나에게 하

소연을 하니 이후로는 중천신에게 복을 맡기어 사私가 없이 고루 나누게 하노라."(『도전』 4:104)

지금까지 누가 이런 말을 할 수 있었는가? 신의 종류와 자손과의 관계, 조상 제사, 그리고 그 신의 역할까지 모두 연계된 이런 말을 할 수 있는 자는 누구일까? 이러한 신의 세계에 대한 분명한 언급은 인간으로서는 불가능하다. 신계의 으뜸이며, 신 중의 신인 상제만이 할 수 있는 말이다. 『도전』은 증산 상제님의 말씀으로 이처럼 신을 눈에 보듯이, 그리고 세계의 일원으로 맡은 역할까지 구체적으로 기술하고 있어 신도神道와 신명神明의 교과서라고 불러도 결코 과언이 아니다.

동양과 서양, 신을 다르게 말하다. 동서를 막론하고 신은 만물의 근원이다. 서양에서는 신을 세계의 창조자로 섬기며, 인간과 만물은 피조물이다. 창조자와 피조물의 넘어설 수 없는 이분법이 서양 신관의 특징이다. 그러나 동양에서 신은 인간만사의 주관자이다. 신은 세상을 떠난 독립적 존재가 아니라 천지 만물의 생성변화와 함께 하는 내재적 존재이다. 그래서 증산 상제님은 모든 일은 신이 들어야 성공한다고 말씀하셨다.

천지개벽을 해도 신명 없이는 안 되나니 신명이 들어야 무슨 일이든지 되느니라. 그때그때 신명이 나와야 새로운 기운이 나오느니라. … 서교는 신명을 박대하므로 성공치 못하리라. 이는 서양에서 신이 떠난 연고니라.(『도전』 4:48)

이 말씀에서 의아한 것은 서양의 신관에 대한 비판의 말씀이다. '신명을 박대하는 서양', '신이 떠난 서양'은 무슨 뜻인가? 서양의 종교를 대표하는 기독교의 하나님은 세계를 창조한 신으로 수천년 믿음의 대상이었고, 최후의 심판으로 인간의 생사를 가르는 절대자이다. 그런데 왜 기독교가 신명을 박대하는 종교라서 성공할 수 없다고 하였는가?

그 이유는 유일신관에 있다. 오로지 창조신 하나님만 존재하며 그 이외의 신은 부정하고 무시하는 것이 기독교의 신관이다. 기독교에서 애지중지하는 '십계명'의 제 1계명이 무엇인가? 바로 '나 이외 다른 신을 섬기지 말라'는 것이다. 이 계명의 전제는 나 이외 다른 신이 존재한다는 것이다. 그러나 그 신을 섬기지도 그 존재를 인정하지도 말라는 계명이다. 강제된 유일신관인 셈이다. 서양 기독교가 신명을 박대하는 이유는 이러한 잘못된 신관에 있다.

세상에는 다양한 신관이 있다. 그리스 신화에서는 초월적 능력을 가지면서 인간적 감정을 지닌 다수의 신이 나타나는데 이러한 신관은 다신관이다. 그러나 유대교나 이에 연관된 기독교와 이슬람교에서는 전지전능한 힘으로 세계를 창조한 단 하나의 신만이 존재하는데 이러한 신관은 유일신관이다. 그 외 존재하는 모든 것 속에 신이 내재한다는 범신관, 신은 인간의 모습을 한 초월적 존재라는 인격신관, 인간과 무관한 그 어떤 절대적 존재라는 초월신관, 신은 세계를 초월해 존재하는 것이 아니라 사물 내에 깃들어 있다는 내재신관 등 신에 대한 이해는 다양하다.

신의 존재는 과학적으로, 또 경험적으로 검증할 수 없기에 이 모든 신관은 각자의 믿음으로 지지되고 설명된다. 그러나 그 믿음은 주관적이기에 종교학에서 혹은 철학에서는 신의 존재를 논리적으로 증명하고자 했다. 중세 철학자들은 그들의 신앙심을 증명하고, 이교도들에게 자신들이 믿는 신의 존재를 설득하기 위해 신을 설명하고 증명하기 시작했다. 그 중 유명한 논증은 안셀무스와 아퀴나스의 '신존재 증명'이다. 그 뒤에 나온 합리론자들의 신존재 증명 역시 이들 신학자의 증명과 그 논리는 유사하다.

안셀무스는 신학이 철학을 지배하던 중세 중기의 인물이다. 그는 믿는 것(신앙)을 알려고(지식) 하지 않는 것은 신앙인의 태만이라고 생각하고 신앙을 철학의 논리로 표현하고자 했다. 신의 존재를 논리적으로 증명하고자 한 것이다. '보이지 않고 경험할 수 없는 신에 대한 증명이라니, 그것이 어떻게 가능할까'라고 의문을 품을 수 있다. 그 의문은 정당하며, 그렇게 증명된다면 신은 논리의 산물일 뿐 살아있는 존재는 아니다. 그럼에도 그렇게 하는 것은 신앙에 대한 확신의 표현이기 때문이다.

그들의 신존재 증명은 논리적 가능성의 묘사이며, 그 논리는 의외로 단순하다. 예를 들어 안셀무스는 '우리는 누구나 신에 대한 관념을 가지고 있는데, 이는 그 이상 더 위대한 것을 생각할 수 없는 것에 대한 관념이다. 그런데 더 이상 위대한 것을 생각할 수 없는 그런 관념은 단지 우리의 생각 속에서만 있는 것이 아니라 실재해야만 한다. 왜냐하면 생각 속에서만 존재하는 관념은 더 이상 위대한 것을 생각할 수 없는 관념이 아니기 때문이다. 결국 더 이상 위대한 것을 생각할 수 없는 관념인 하느님은 실재로 존재할 수 밖에 없다.'는 논리로 신이 존재한다고 증명했다.

토마스 아퀴나스는 『신학대전』에서 신의 존재를 다섯 가지 방식으로 증명하고 있는데 그 논법은 서로 유사하다. 그 중 하나는 '모든 존재하는 것에는 원인이 있다. 모든 것은 그것과 구분되는 다른 어떤 것에 의하여 생겨난다. 원인의 무한 퇴행은 있을 수 없다. 왜냐하면 현재 어떤 것이 존재한다는 것은 그 원인의 무한이 퇴행해서는 안 되기 때문이다. 따라서 모든 것을 있도록 한 제일의, 혹은 첫 번째의 능동 원인이 존재하지 않을 수 없다. 이 제일의 능동 원인을 신이라 부른다.'는 논증이다.

이 두 논증은 철학적 신존재 증명의 대표적 예이다. 이 논증의 가능 근거는 오직 절대적인 유일신만을 상상하는 것이다. 그 절대자의 관념에 의지하는 증명이며, 그 결과는 오직 유일한 절대자의 존재에 대한 확신이다. 그러나 이러한 방식으로는 그 이외의 어떤 신도 증명되지 않는다. 그래서 상식인의 입장에서 볼 때는 이것이 무슨 증명이냐고 항변할 수 있다. 최초의 원인이 왜 '신'이어야 하며, 가장 위대한 관념이 왜 하느님이어야 하는지 이해할 수 없다고 비판할 수도 있다. 차라리 TV에 방영된 '전설의 고향'이 신을 이해하는데 더 효과적이라고 주장할 수도 있다. 실제로 이들의 신존재 증명은 여러 비판을 받는다. 그 중 하나가 '관념'과 '실재'는 다르다는 반론이다.

칸트는 가능적인(혹은 생각 속의) 100달러와 현실적인 100달러는 개념상으로는 조금도 다를 바가 없지만, 그러나 양자가 그 개념에 있어서는 동일하다 해도, "나의 재산상태에 있어서는 현실적인 100달러가 단지 100달러의 개념보다 더 많이 포함하는 것이다"라고 비유를 들어 비판한다. 개념 혹은 관념과 실재 혹은 현실의 동일시는 잘못된 증명이라는 것이다. 안셀무스처럼 우리가 신이라는 관념 내지는 개념을 갖고 있다고 해서, 이렇게 주관적으로 사유된 신 관념에 해당하는 객관적 실재자가 존재한다고 주장할 수는 없다는 비판이다.

사실 안셀무스와 아퀴나스는 각각 플라톤주의와 아리스토텔레스주의에 근거하고 있다. 그들의 신존재 증명 역시 두 철학자의 사상에서 벗어나지 않는다. 그럼 유명한 신학자이며, 신앙인이었던 이들에게 올바른 신관이란 무엇인가? 바로 기독교의 유일신관이다. 그리고 그 유일신에 대한 믿음을 철학적으로 설명하고자 했다. 이러한 증명처럼 이들의 신관이 절대적이며 보편적 신관인가?

  이들의 신존재 증명은 여러 철학자들에 의해서 비판되었다. 그리고 새로운 신관이 생겨났다. 데카르트나 스피노자는 실체적 신관과 범신적 신관을 주장했다. 그러나 이러한 유신론에 맞서 신의 존재를 부정하는 철학적 신념과 논리들 역시 생겨났다. 마르크스의 유물론은 신은 존재하지 않으며 오직 물질과 물질적 조건만이 존재한다고 하였다. 최근에 타계한 천재물리학자인 스티븐 호킹 역시 우주에 대한 물리학적 연구 결과 신이 존재한다고 말할 수 없다는 결론을 내렸다. 이 역시 신에 대한 일종의 증명이다.

  이들 각자의 서로 모순된 신관은 그 설명에 근거해서는 어느 것이 옳고 그런지를 판단할 수 없다. 왜냐하면 비록 신념에서 나온 것이긴 하지만 이들의 주장은 단지 논리적 방법으로 이루어졌고, 그 논리는 서로 모순되기 때문이다. 이제 올바른 신관을 위해서 우리는 새로운 신관에 대해 새로운 방식의 증명을 필요로 한다.

  일원적 다신관 인류의 역사는 신과 함께 한 역사이다. 동서양을 막론하고 인간의 삶에서 신이 떠난 적은 없다. 앞에서 말한 바와 같이 단지 그 신의 존재를 받아들이는 방식이 서로 달랐을 뿐이다. 서양의 기독교 신관에서는 신이 천지 만물을 창조했다고 하는 창조신관을 주장한다면, 동양에서는 천지 만물의 생성은 우주법칙에 따른 스스로의 변화 발전에 의한 것으로 설명된다. 창조자도 피조물도 없는, 천지가 신이고 신이 천지인 신관이다. 당연히 천지 만물의 변화는 신을 떠나서 설명되지는 않는다. 즉 현상적 사물의 이면에는 신이 존재하고 신은 변화의 바탕에 내재되어 있다. 이러한 신관을 창조신관과 구별해서 주재신관主宰神觀이라고 말한다. 즉 천지 만물의 변화를 신이 주재한다는 것이다. 증산도 신관은 주재신관을 바탕으로 하는 일원적 다신관이다.

증산 상제님은 우주를 다스리는 주재신이며 최고신이다. 그러나 오직 증산 상제님만이 신이고 신성을 소유한 것은 아니다. 천지에 가득한 것이 신이며, 증산 상제님은 그 모든 신들 중에서 최고의 위격을 가진 한 신(일신一神)이며, 그렇지만 모든 신을 주재하는 통치신이다. 모든 신들은 동일한 신성을 가진 존재들이다. 상제조차 신으로서 동일한 신성을 소유하고 있지만 그 위격은 서로 다른 것이다. 이러한 신관을 일원적 다신관이라고 부른다.

> 태시에 하늘과 땅이 문득 열리니라. 홀연히 열린 우주의 대광명 가운데 삼신이 계시니, 삼신은 곧 일신이요 우주의 조화성신이니라. 이 삼신과 하나 되어 천상의 호천금궐에서 온 우주를 다스리시는 하느님을 삼신상제, 삼신하느님, 상제님이라 불러 왔나니 상제는 온 우주의 주재자요 통치자 하느님이니라.(『도전』 1:1:1-5)

『증산도 도전』의 첫 구절이다. 여기서 증산도 신관의 핵심을 파악할 수 있다. '하늘과 땅이 문득 열리니'라는 구절이 의미하는 바는 우주가 누군가의 창조로 존재하게 되는 것이 아니라 스스로 존재하게 된 것을 말한다. 그리고 그 '스스로 존재하는 천지 만물 가운데 삼신이 계시니'라는 것은 만물의 생성에서 신이 동시에 그 속에 존재하며 작용하는 것을 의미한다. 삼신은 서로 다른 세 신이 아니라 세 가지 작용을 하는 일신이며, 그 삼신이자 일신은 우주 만물에 깃든 조화성신으로 천지 안에 가장 근원적인 신이다. 그래서 원신이라고 부른다. 그러한 삼신과 하나되어 우주를 다스리는 최고신이 바로 상제, 옥황상제, 삼신상제이다.

> 천상 세계에 곧 삼신이 계셨으니 곧 한분 상제님이시다. 주체는 일신이시니 각기 따로 신이 있는 것이 아니라 작용으로 보면 삼신이시다. 삼신은 조화로 만물을 빚어 내고 헤아릴 수 없는 지혜와 능력으로 온 세상을 다스리지만 그 형체를 나타내지 않으신다.(『환단고기』「삼신오제본기」)

상제는 우주의 조화성신과 그 신성을 함께 하기에 삼신상제이며, 삼신일체상제라고도 표현한다. 즉 원신으로서의 삼신과 그 신성과 능력과 위격이 같다는 것이다. 그러나 상제는 우주를 주재하고 다스리는 최고신으로 인격성을 지니고 있다. 즉 삼신과 하나 된 신이지만 인격성을 가지고 우주 만물을 주재하고 통치하는 최고의 인격신이다.

우주를 다스리는 주재신으로서 옥황상제는 호천금궐에 거處하면서 인간과 신명, 만물의 생성과 소멸을 뜻대로 하는 인격신이다. 그러한 옥황상제가 우주의 개벽기를 맞이하여 이 땅에 인간으로 오셨다. 증산 상제님은 곧 인간으로 오신 옥황상제이며, 이 땅에서 우주를 다스리는 통치자였다.

증산 상제님은 후천개벽 시대를 맞아 인간으로 강세하시어 인존
人尊시대를 열어 주신 통치자 하느님이시니라.(『도전』 4:1:1)
내가 삼계대권三界大權을 주재主宰하여 천지를 개벽하여 무궁한 선
경의 운수를 정하고 조화정부를 열어 재겁災劫에 싸인 신명과 민
중을 건지려 하나니 너는 마음을 순결히 하여 천지공정天地公庭에
수종하라. 내가 세상에 내려오면서 하늘과 땅의 정사政事를 천상
의 조정天朝에 명하여 다스리도록 하였으나 신축년 이후로는 내
가 친히 다스리느니라."(『도전』 4:3:3-7)

이렇게 볼 때 증산 상제님은 개벽시대를 맞아 인간으로 강세한 통
치자 하느님이며, 강세한 이유는 신명과 인간을 구원하기 위함이었
다. 또한 인간으로 강세하면서 천상의 일을 신명정부에 맡기었으나
1901년 신축년 이후는 인간 상제로서 직접 천상 정부와 인간세계를
다스리신다는 말씀이다.

증산도의 신관은 '일원적' 다신관으로 무수히 많은 신들을 인정하
면서 그 모든 신들 중의 최고의 신을 삼신상제라고 하며, 그 삼신상
제가 인간으로 강세하여 우주를 주재하는 동안에는 인간이자 상제인
증산 상제님으로 천지공사를 행하시고, 1909년 6월, 다시 천상의 호
천금궐로 돌아가 옥황상제로서 계신다.

신의 세계

신은 있는가 없는가? 이런 의문은 아주 어린 시절부터 누
구나 가졌던 근본적인 궁금증이었다. 화장실에 가면 달걀귀신이 있다
거나, 깊은 물속에는 물귀신이 발을 잡아당긴다는 이야기는 너무 흔
한 속설이다. 밤에 혼자 잠을 잘 때면 하얀 소복을 입은 처녀귀신이

나올 것 같은 분위기에 자정이 다가오면 음침한 무서움에 이불을 덮어쓰곤 했던 기억도 있다. 그럼에도 과학시간에는 '귀신은 없다'는 결론을 아무 근거 없이 내리곤 했다. 신은 있는 듯 없는 듯, 보일 듯 말 듯한 일상의 미스터리였다.

그러나 『도전』에 기록된 신에 관한 내용은 신이 존재하는가 존재하지 않는가의 문제가 아니다. 증산 상제님의 가르침으로 볼 때 천지에 가득 찬 것이 신이다. 『도전』을 읽어본다면 '신이 존재하는가?'라는 물음은 매우 어리석은 물음이다. 산이 있듯이 신이 있고, 사람이 살아가듯이 신들도 산다. 이것이 신에 대한 올바른 논의의 시작이다.

일원적 다신관에서 '일원적'은 우주의 조화성신으로서 삼신과 그 삼신과 하나 된 최고신으로 상제를 인정하면서, 우주 삼라만상 속에 깃든 '다수의 신'과 그 신성을 또한 인정하는 신관이다. 즉 무수히 많은 개별적 신의 존재를 인정하면서 그 모든 신의 통치자로서의 일신을 인정하는 것이다. 그렇다면 무수히 많은 신들의 존재는 어떻게 규정할 수 있는가?

증산 상제님은 신들의 통치기구인 조화정부를 통치하는 옥황상제가 인간으로 강세하였기에 그 신원은 인간의 몸을 한 상제이다. 당연히 신들의 세계와 신들의 존재에 대한 증산 상제님의 말씀은 신의 존재를 명확히 증거하는 것이다. 『증산도 도전』의 중심 주제 중 하나는 신이며, 증산 상제님의 천지공사 역시 신명과 인간이 중심이 되어 도수로 짜여지는 신명공사이면서 신명과 인간의 원한을 푸는 해원공사이다. 따라서 『도전』을 통해서 우리는 신에 대한 모든 것을 들을 수 있다.

먼저 조화정부를 통해서 신의 존재에 대해 살펴보자. 조화정부는 천상의 신명정부이다. 조화정부를 통해서 다양하고 많은 신들이 존재하며, 그 신들은 따로 존재하는 것이 아니라 인간세계와 마찬가지로 다양한 조직을 구성하고 있음을 알 수 있다.

> 크고 작은 일을 막론하고 신도로써 다스리면 현묘불측한 공을 거 두나니 이것이 무위이화니라. 내가 이제 신도를 조화하여 조화정 부를 열고 모든 일을 도의에 맞추어 무궁한 선경의 운수를 정하리 니 제 도수에 돌아 닿는대로 새 기틀이 열리리라.(『도전』 4:5:1-3)

조화정부는 신의 법칙, 즉 신도로 다스려 현묘불측한 변화를 이루 므로 이를 '조화'정부라 하는 것이다. 증산 상제님은 신도의 세계를 조직하여 천상 신명정부를 열고 이에 따라 무위이화로 모든 일을 행 하게 된다. 따라서 조화정부의 모든 일은 도수에 따라 만들어지고 이 루어지게 되며, 그 모든 조화로운 주재는 곧 증산 상제님의 무위이화 적 통치이기도 하다. 이러한 조화정부가 있다는 것과 그 조직 구성은 증산 상제님의 말씀이 없다면 아무도 모를 일이었다. 오직 증산 상제 님의 말씀을 기록한 『도전』이기에 신의 세계에 대한 기술이 가능한 것이다. 조화정부는 다음과 같이 구성된다.

> 증산 상제님께서 선천개벽 이래로 상극의 운에 갇혀 살아온 뭇 생명의 원寃과 한恨을 풀어 주시고 후천 오만년 지상 선경세계를 세워 온 인류를 생명의 길로 인도하시니 이것이 곧 인존상제님 으로서 9년 동안 동방의 조선땅에서 집행하신 천지공사天地公事 라. … 이에 상제님께서 만고원신萬古寃神과 만고역신萬古逆神, 세계 문명신世界文明神과 세계지방신世界地方神, 만성선령신萬姓先靈神 등을

불러모아 신명정부神明政府를 건설하시고 앞세상의 역사가 나아갈 이정표를 세우심으로써 상제님의 대이상이 도운道運과 세운世運으로 전개되어 우주촌의 선경낙원仙境樂園이 건설되도록 물샐틈없이 판을 짜 놓으시니라.(『도전』 5:1:1-9)

증산 상제님은 천지공사를 통해 신명과 인류를 구원하기 위해 신명조직을 새로이 구성하게 되는데 이것이 바로 조화정부이다. 그 조화정부를 구성하는 구성원은 모두 신명들이며 원신과 역신과 문명신과 지방신, 선령신 등 각각의 신명세계의 대표들이 이 정부에 참여하게 된다.

증산 상제님은 조화정부를 구성할 뿐 아니라 신명으로 구성된 심판조직인 명부세계를 새롭게 구성하기도 한다.

"명부 공사의 심리審理를 따라서 세상의 모든 일이 결정되나니, 명부의 혼란으로 말미암아 세계도 또한 혼란하게 되느니라. 그러므로 이제 명부를 정리整理하여 세상을 바로잡느니라." 하시고 "전명숙은 조선 명부, 김일부는 청국 명부, 최수운은 일본 명부, 이마두는 서양 명부를 각기 주장케 하여 명부의 정리 공사장整理公事長으로 내리라." (『도전』 4:4:2-4)

이러한 신도의 세계가 현상세계의 바탕이 되지만 지금까지 우리는 그 본질을 잘 보지 못했다. 명부세계는 목숨이 다한 사람의 혼령을 명부로 인도하는 저승사자로 잘 알려진 신명들의 한 영역이다. 얼마 전 개봉한 영화 〈신과 함께〉는 한국 영화사상 가장 많은 관객을 동원한

흥행작이었다. 전편이 개봉된 지 일 년이 채 지나지 않아 다시 속편이 개봉되었는데, 그 편 역시 천만 이상의 관객을 동원했다니 그 인기는 대한민국 영화사에 남을 일이다.

그 내용은 죽어서 저승사자와 함께 명부로 올라가 살아 있을 때의 과업過業에 따라 심판을 받고 다시 인간으로 환생할 수 있는지를 판정받게 된다는 것이다. 이런 뻔한 스토리에 천만 이상의 관객이 몰린 이유는 무엇일까? 사후세계에 대한 궁금증을 영화적 상상력으로 해소해주고, 신도세계와 명부의 심판과정을 흥미있게 그렸기 때문이 아닌가 싶다. 그 제목이 '신과 함께'인 것은 마지막 장면을 보고서도 적절한 것 같지 않았다. 아마도 그 제목이 호기심을 자극해서 관객이 더 오길 바라는 전략이 아니었을까 싶다. 그만큼 '신'은 모든 사람들에게 '화두'이자 '관심사'인 것이다.

증산 상제님이 영화에서 다룬 신의 세계인 바로 그 명부가 혼란스럽다고 한 것은 인간의 생사판단과 죄업에 대한 인과응보가 신도의 법도에 따라 엄정히 유지되지 못하였다는 것을 말함일 것이다. 뿐만 아니라 신들끼리도 서로 소통하지 못해 천상세계 역시 혼란한 상황이었다. 왜냐하면 선천의 세상은 신명과 신명, 신명과 인간의 소통이 원만하지 못한 닫힌 세계였기 때문이다.

> 선천은 닫혀있는 시대니라. 그러므로 각국 지방신들이 서로 교류와 출입이 없고 다만 제 지역만 수호하여 그 판국이 작았으나 이제는 세계통일 시대를 맞아 신도를 개방하여 각국 신명들을 서로 넘나들게 하여 각기 문화를 교류케 하노라. (『도전』 4:6:1-3)

이제 개벽시대를 맞이하여 신명과 인간의 닫힌 길이 활짝 열려 신과 인간이 서로 소통하며, 신의 세계와 인간의 세계가 교류하여 신도와 인도가 함께 새 세상을 만들게 된다는 것이다.

신과 함께   조화정부 결성이나 명부정리는 증산 상제님의 천지공사이며, 모든 공사는 신과 함께 이루어진다. 보이지 않는 신의 세계를 조정하여 보이는 세계를 변화시키는 것이다. 이는 인간의 현실세계는 신의 세계가 투영된 세계이기에 가능한 것이다. 궁극적으로 인간의 삶은 신과 함께 하는 삶이다. 그래서 증산 상제님은 신과 함께하는 천지 만물의 모습을 생생하게 드러내주고 있다. 그 대표적인 예가 호연과 금산사 예배당에 가서 잘못된 가르침을 보고 벼락을 때리며 하신 말씀에서 엿보인다.

> 상제님께서 "벼락신장은 어디 있느냐. 속히 벼락을 치라!" 하고 건물이 흔들리도록 큰 음성으로 칙령을 내리시니라. 순간 창창하던 밤하늘이 칠흑같이 어두워지더니 잠시 후 해처럼 밝은 불덩이가 나타나 번쩍번쩍 세상을 환히 비추고 뇌성벽력과 함께 비가 억수로 쏟아지며 난데없이 하늘로부터 미꾸라지, 메기, 쏘가리, 뿌럭지들이 수없이 떨어지니라.(『도전』 5:17)

벼락에 대한 과학적 이해는 구름과 구름의 충돌에 의한 것이다. 그러나 그것은 현상적 모습이고 그 밖에 보이지 않는 손길이 있으니 바로 신도이다. 벼락은 구름과 구름의 충돌 뒤에 숨어 있는 원인인 벼락신장에 의한 것임을 알 수 있다. 어디 벼락신장뿐이겠는가.

상제님께서 말씀하시기를 "천지간에 가득 찬 것이 신神이니 풀잎
하나라도 신이 떠나면 마르고 흙 바른 벽이라도 신이 떠나면 무
너지고, 손톱 밑에 가시 하나 드는 것도 신이 들어서 되느니라.
신이 없는 곳이 없고, 신이 하지 않는 일이 없느니라." 하시니
라.(『도전』 4:62:4-6)

『도전』에서 신의 존재를 설명하는 가장 쉽고 유명한 성구이다. 천지
간에 가득 찬 것이 신이라는 말씀에서 신은 무수히 많으며, 천지 만물
과 함께 하는 존재임을 알 수 있다. 풀잎에도 흙담에도 신이 들어 있
다는 말은 신의 편재성을, 손톱 밑에 가시가 박히는 사건도 신이 작용
한다는 말은 신의 작용성을 설명한 것이다.
　신이 우주 전체에 충만해 있고, 모든 일은 신의 작용이 있어서 일
어나는 일임에도 우리는 신의 존재를 쉽게 인정할 수가 없다. 왜냐하
면 신은 경험할 수 없는 존재이기 때문이다. 다만 간접 체험을 통해
신이란 존재의 실재성을 유추할 뿐이다. 이러한 불명확성은 신의 존
재를 부정하는 단계로 나아간다. 즉 신은 존재하지 않으며, 우리가
신이 존재한다고 생각하는 것은 잘못된 믿음이거나 착각이라는 것
이다. 증산 상제님 당시의 제자들도 그러했던 듯하다. 다음 『도전』의
구절은 의심 많은 종도들에게 신을 보여주어 믿도록 하는 모습을 기
록하고 있다.

"너희들이 신명 보기를 원하니 내일은 신명을 많이 불러 너희들
에게 보여 주리라." 하시거늘 성도들이 기뻐하니라. 상제님께서
이튿날 성도들을 데리고 높은 곳에 오르시어, 전에 없이 광부들

이 무수히 모여들어 사방에 널리 흩어져 있는 원평 앞들을 가리
키시며 말씀하시기를 "저들이 곧 신명이니, 신명을 부르면 사람
이 이르느니라." 하시니라.(『도전』 4:42:1-3)

신(신명)을 눈으로 직접 보고 믿음을 얻으려는 제자들에게 증산 상
제님은 신의 원리를 가르쳐주고 있다. 신명을 불렀지만 모여든 것은
광부(사람)들이었다. 그 모습을 보고 사람과 신명은 같다고 하였다. 이
는 신(명)과 사람이 둘이 아니라는 것을 말한 것이며 또한 사람의 움
직임에는 신이 응하고 있다는 것을 보여준 것이다.
증산 상제님의 공사 역시 신과 함께 하는 것임은 조화정부에서 잘
드러난다. 하지만 조화정부 외에도 증산 상제님은 각각의 공사에 신
이 참여하고 있음을 확인하여 준다.

귀신은 천리의 지극함이니, 공사를 행할 때에는 반드시 귀신과
더불어 판단하노라(『도전』 4:66:1)

인간의 일도, 증산 상제님의 공사도 모두 신과 함께 할 때 그 결과
가 현실세계에 드러나게 된다. 그러나 신과 인간의 관계만으로 모든
일이 성립되지는 않는다. 신과 인간의 일은 항상 우주의 법칙에 따라
일어나는 것이며, 그 이치가 신의 작용으로 인간에 감응하고, 인간의
행위로 현실세계에 구체적으로 실현되는 것이다.

이법理法-신도神道-인사人事(이신사理神事 원리) 이법은 우주의 원리
와 법도이며, 신도는 신의 세계, 인사는 현실세계에서 벌어지는 모든

사건을 말한다. 이법과 신도와 인사는 실제 사건이 벌어지는 과정이 며 조건이다. 즉 모든 사건은 우주의 이치에 맞아야 하며, 그 이치에 신도가 매개작용을 해서 현실에서 실현되는 것이다. 이를 증산도에서는 '이신사 원리'라고 부른다. 간단히 말해서 이신사 원리는 세상의 사건[事]이 일어날 때는 신神이 개입하여 이법[理]이 사건으로 실현되도록 하는 우주 만물의 변화법칙이다.

근대 이후 과학이 밝혀낸 것은 자연의 법칙성인데 이것은 자연 내 모든 변화가 일어나는 원리를 경험적으로 증명한 것이다. 그런데 근대과학이 보지 못한 것이 있는데, 그것은 바로 신이다. 예전에는 모든 사건의 시종始終을 신으로 해석했다. 즉 인간의 모든 행, 불행은 신에 의해, 신의 힘으로, 신과 함께 생겨났다고 믿었다. 그러나 신성이 사라지고 이성이 그 자리를 메운 근대에 들어서 사정은 달라졌다. 근대과학은 신이라는 전통적 요인 없이도 현실적 사건을 훌륭하게 밝혀 낼 수 있다고 자부했다. 그러나 과연 그런가? 과학이 알고 있는 것이 전부이고 신은 존재하지 않는가? 그에 대한 답은 과학의 영역이 아니다. 20세기 영성학의 대표자인 켄 윌버는 과학과 신은 서로 다른 영역에 속한다고 하였다. 그래서 과학이 신의 존재 유무를 말하는 자체가 잘못이며, 이를 범주오류라고 불렀다.

경험적 과학과 종교 간의 갈등은 언제나 그래왔듯이 종교의 유사 과학적 측면과 과학의 유사 종교적 측면 간의 갈등이다 … 이는 일종의 범주오류, 즉 신학자가 과학자가 되려 하거나 과학자가 신학자가 되려 하기 때문에 발생한 것으로 볼 수 있을 것이다. 과거에는 신학자가 과학자가 되려고 애쓰는 것이 가장 일반

적인 상황이었다. 그리스도의 말씀을 역사적 사실로서, 창조를
경험적 사실로서, 동정녀 출산을 생물학적 사실로서 보려는 것
이 그것이다.(켄 윌버, 『아이투아이』)

과학과 종교는 각자의 논리를 가지고 있고, 각자의 영역은 각자의
논리로 설명해야 한다는 것이다. 서로가 서로의 영역을 침범할 때 문
제가 생기는데 이럴 때 유사과학이거나 유사종교가 발생한다는 것이
다. 켄 윌버의 다음 말은 "지금은 과학자가 신학자가 되려고 한다"는
것이다. 즉 과학자들이 과학적 지식을 근거로 신은 존재하지 않는다
거나, 깨달음과 도통의 경지는 증명되지 않는다고 주장하며, 깨달음
은 불가능하거나 착각이라고 말한다. 이는 과학이 신학의 영역에 대
해 주제넘은 간섭을 하는 것이다.

증산 상제님은 근대과학이 "물질과 사리에만 정통했다"고 평하고
그 결과 "신도의 권위가 떨어졌다"고 말씀하였다.(『도전』 2:30) 근대과
학을 법칙과학이라 하지만 실은 신도를 알지 못했던 것이다. 그러나
과학이 보는 세계 너머에서는 법칙과 현상 사이에 보이지 않는 신의
작용이 존재하며 이를 이신사의 원리로 설명하고 있다.

천하의 모든 사물은 하늘의 명命이 있으므로 신도에서 신명이 먼
저 짓나니 그 기운을 받아 사람이 비로소 행하게 되느니라.(『도
전』 2:72:2~3)

여기서 "하늘의 명"은 리理에, "신도의 신명"은 신神에, 그리고 "천하
의 모든 사물" 혹은 "사람이 행하다"는 사事에 각각 해당한다.

만물에는 그 변화 원리인 이理가 내재해 있다. 이것을 천리, 원리, 법칙, 이치라고 부른다. 법칙은 개별적인 현상이 일어나도록 하는 원인이다. 이 원인을 경험법칙으로 증명한 것이 과학이다. 그 이전에 동양철학자 주희朱熹는 이치가 우주 만물을 주재한다고 하였다. 그러나 이치는 만물의 이면에 존재하는 원리일 뿐 그 이치의 실현이나 발동은 신의 영역이다. 즉 단순한 가능성으로서의 이법을 현실계에 실현시키는 힘이 곧 신神이다. 근대과학의 눈은 이 신의 요소를 배제해 버리고 리理가 스스로 사건을 일으킨다고 간주했다.

> 천지개벽을 해도 신명 없이는 안되나니 신명이 들어야 무슨 일이든지 되느니라. 그때 그때 신명이 나와야 새로운 기운이 나오느니라.(『도전』 4:62:4~6)

천지간에 가득찬 것이 신이며, 그 신명이 없이는 세상 만사가 실현되지 않는다는 말씀이다. 그래서 증산 상제님의 모든 일은 신도로써 시작하는 것이며, 그것이 천지공사이며, 신명공사인 것이다. "신도는 지공무사하며, 신도로써 만사와 만물을 다스리면 신묘한 공을 이루게 된다"는 것이다.

모사재천謀事在天 성사재인成事在人
모사재천이란 일을 기획하는 것은 하늘의 권능에 속한다는 뜻이다. 여기서 하늘은 신의 영역을 말한다. 우주 주재자인 상제, 만물의 이면에서 작용하는 신명이 바로 일을 기획하는 하늘이다. 이 하늘이 천지와 인간 역사의 운로에 대해 짜놓은 섭리가 모사재천이며, 이를 바탕으로 현실 역사가 인간에 의해 전개되고 성사된다는 것이 성사재인이다. 여기서도 신과 인간의 관계를 알 수 있다.

> 선천에는 모사謀事는 재인在人이요 성사成事는 재천在天이라 하였으
> 나 이제는 모사는 재천이요 성사는 재인이니라."(『도전』 4:5:4~5)
> 모사謀事는 내가 하리니 성사成事는 너희들이 하라."(『도전』 5:434:4)

선천에는 일이 이루어지는 절차가 모사재인 성사재천이라는 말씀에서 볼 때, 모든 일의 성패가 하늘에 달려 있다는 것이다. 이것이 양의 시대인 선천의 역사섭리이다. 이 말의 유래는 고대 중국의 역사 이야기인 『삼국지』에서 찾아볼 수 있다.

모사재인 성사재천은 『삼국지』에서 뛰어난 전략가인 제갈량이 한 말인데 그 전체 문구는 "모사재인謀事在人 성사재천成事在天 불가강야不可强也"이다. 즉 '일을 꾸미는 것은 사람이되 일을 이루게 하는 것은 하늘이어서 강제로 할 수가 없다'는 뜻이다. 왜 제갈량은 이런 말을 했을까?

제갈량이 북벌을 단행할 때 호로곡에서 사마의를 상대로 화공火攻을 펼쳐 궁지로 몰아넣었으나, 승리를 눈앞에 둔 결정적 순간에 비가 내리고 화공은 실패로 돌아갔으며, 사마의는 천신만고 끝에 목숨을 부지하고 도망가게 된다. 과거 적벽대전에서는 화공으로 조조의 대군을 물리쳤으나 이번 전투의 화공은 소나기로 인해 실패하였으니 천하제일의 전략가인 제갈량이 이를 두고 한탄스럽게 말한 것이다. 결국 자신의 완벽한 전략에도 불구하고 전혀 예상치 못했던 비가 내려 목적을 이루지 못했으니, 일의 성공여부가 하늘에 있음을 알게 되었다

는 것이다. 아마도 제갈량은 이렇게 말했을 것이다.

"나의 재주가 아무리 뛰어난들 성공하느냐 실패하느냐 하는 것
  은 하늘의 뜻에 달려 있구나!"

사실 이런 경우는 우리의 일상사에서도 너무나 많다. 나는 최선을
다해 준비했지만 그 결과는 노력을 배신하기도 한다. 그래서 "진인사
대천명盡人事待天命"이라 하지 않았던가. 인간은 최선을 다할 뿐 성공
여부는 하늘의 명에 달렸다는 뜻이다. 물론 이 말도 『삼국지』에서 유
래한 말이다.

그러나 증산 상제님의 가르침에 따르면 후천의 법은 다르다. 모사
는 재천이며 성사는 사람의 손에 달렸다는 것이다. 모사재천이란 천
지가 굴러가는 프로그램을 짜는 것은 하늘이며, 상제이며, 신이라는
의미이다. 그리고 성사재인은 하늘이 만든 그 프로그램을 실행해서
현실화시키는 것은 인간의 몫이라는 의미이다.

천지공사는 곧 상제님의 명이나 이법이 신도와 합일슴—하여 천지
와 인사의 새로운 변화를 짓는 것이다. 그런데 상제님의 뜻이 하늘에
서와 같이 땅에서도 실현되는 이理—신神—사事의 중심에 인간이 들어서
있다. 자연과 역사의 모든 변화는 천지 이법과 신도의 두 손길이 하나
가 되어 인간을 통해 이뤄지는 것이다.

인간은 상제님이 기획해놓은 모사재천의 섭리에 따라 천지대세를
깨달아 새로운 조화선경 세계를 건설하며, 마침내 천지의 이상은 인
간의 힘에 의해 실현된다. 이와 같이 인간은 천지의 뜻을 성취함으로
써 천지보다 더 큰 인존의 자리에 올라서게 된다.

"인존시대를 당하여 사람이 천지대세를 바로 잡느니라."(『도전』 2:22:2)

모사재천 성사재인이란 말에서 강조되는 것은 하늘이 일을 기획한다는 것과 기획된 일을 인간이 이루어나간다는 것이 동시에 들어 있다. 그리고 이는 신과 인간의 필연적 관계를 나타내는 말이며, 나아가 신과 인간이 함께 만드는 역사, 즉 신인합일의 역사를 나타낸다.

<u>신과 사람이 하나 되어</u>　　모사재천 성사재인이란 말씀이 내포한 뜻은 '신의 설계와 인간의 실천'이다. 그러나 그 둘은 서로 분리된 것이 아니라 동시에 작용하게 된다. 즉 이치에 따른 신의 매개작용이 모사재천이라면, 신의 매개로 인간이 일을 행하는 것이 성사재인이다. 즉 신과 인간은 하나의 사건을 성사시키는 공동 실행자이다. 이처럼 하나의 사건을 만들어내는 두 주체가 신과 인간이므로, 신과 인간의 합작을 '신인합일神人合一' 혹은 '신인합발神人合發'이라고 한다.

신인합발은 신과 인간이 서로 힘을 합하여 우주의 창조적 변화에 주체적으로 참여함을 말한다. 신인합일과 같은 말이지만 역동적 의미가 더 강하게 내포되어 있다.

"천지개벽을 해도 신명 없이는 안 되나니, 신명이 들어야 무슨 일이든지 되느니라."(『도전』 2:44:5)
"신인합일神人合一이라야 모든 조화의 기틀을 정한다."(『도전』 11:98:9)

천지에서 일어나는 모든 일은 신과 인간이 하나가 됨으로써 이루어진다는 말씀이다. 우주의 현상적 모습은 천지 만물이 물질적 존재이고, 물질 자체가 다양한 원인에 의해 변화하는 것처럼 보인다. 그러나 인간의 육체에 정신이 깃들어 있듯이 만물의 생성과 변화 역시 물질적 요소와 신적 요소가 함께 한다는 것이 증산 상제님의 가르침이다. 그 둘은 분리된 것처럼 보이지만, 내면의 본원적인 차원에서 본다면 우주와 인간과 만물의 본성은 모두 동일하다. 즉 겉은 모두 다양한 물질이지만 속은 동일한 신성이다. 온 우주의 참된 모습은 신성을 바탕으로 하고 있다는 것이다. 따라서 천지간에 일어나는 모든 일은, 자연적이든 문명적이든 역사적이든, 신의 작용을 떠나서 이해할 수 없다. 신인합발은 이러한 신도에 대한 인식에서 출발해야 한다. 증산 상제님이 "천지간에 가득 찬 것이 신이니 신이 하지 않는 것이 없다"고 한 것은 이를 이름이다.

천지 만물은 신성神性을 가지고 있고, 그 천지신성의 존재근거는 바로 우주의 조화성신造化聖神이다. 우주의 조화성신 속에서 인간과 신은 하나가 될 수 있다. 우주 만물의 창조와 진화는 신과 인간이 상호 유기적인 관계를 이룰 때 조화롭게 실현된다. 인간은 우주 안에서 그러한 우주의 유기적인 조화성을 자각할 수 있는 유일한 존재이다.

후천개벽기의 신인합일은 특별한 의미를 갖는다. 선천개벽 이래 신과 인간은 상극의 이치에 따라 분열에 분열을 거듭하여 서로의 영역을 견고하게 다져왔다. 다시 말하자면 우주는 음양의 불균형으로 인해 모든 것이 서로 갈등하고 대립하는 방향으로 전개되어 왔다. 그 결과 신과 신, 신과 인간, 인간과 인간의 교류는 원활하지 않았을 뿐만 아니라 분란과 쟁투를 야기하며 원과 한을 조성하여 마침내 걷잡을 수 없는 재앙을 일으키는 지경에 이르게 되었다. 닫힌 우주, 닫힌 삼계에서 인간과 신의 관계는 상호 배타적 관계에 있었다.

이러한 상극의 갈등과 분열은 원한을 낳고 원한은 우주를 병들게 하였다. 따라서 이 부분에 대한 치유가 절실하게 요청되었다. 천도天道, 지도地道, 인도人道 그리고 신도神道를 바로잡는 증산 상제님의 천지 해원공사는 이러한 병의 유일한 치유책이다. 그것은 닫힌 선천의 신명세계를 열어 인간과 서로 교류하게 하는 것이며, 병든 우주를 치유하고 후천을 열기 위한 우주통치 행위이다. 이제 인간과 신은 서로 분리된 영역에서 상호 독립된 삶을 사는 것이 아니라 서로 교통하고 조화되어 천지성공시대를 열어나간다. 열린 후천에서 인간은 신을 알고, 신은 인간을 알아서 함께 새로운 우주를 열어 나가야 한다.

"이 세상은 신명조화가 아니고서는 고쳐 낼 도리가 없느니라"
(『도전』 2:21:2)
산사람이 일을 한다고 해도 신명이 들어야 쉽게 되느니라.(『도전』 4:96:8)

이 두 구절은 이제 이 시대가 닫힌 삼계가 아니라 열린 삼계이며, 신인합발의 시대임을 알려준다. 후천은 인간이 신과 함께 하는 우주적 과정인 신인합발, 즉 인간 영성의 장대한 흐름이라는 것을 인식해야 한다. 그러므로 증산 상제님은 "추지기秋之氣는 신神"(『도전』 6:124:9)이라고 함으로써 우주의 가을이 영성의 시대임을 천명하고 있다. 영성의 시대는 인간과 신이 하나가 되는 신인합일神人合一의 시대이다.

조상이 너의 하느님

증산도 신관의 특징 중 하나는 조상신에 대한 다양한 설명이다. 그리고 이는 제사문화가 발달된 우리 한국에서는 신의 존재와 인간의 관계를 이해하는데 많은 도움을 준다. 나의 생명과 삶의 뿌리인 조상은 신이 되어 우리와 함께 한다는 것이 증산 상제님의 주요 가르침이다.

증산 상제님은 젊은 시절 세상을 유랑하다가 기생이었던 어느 여인의 한 많은 사연을 듣고 조상신에 대해 가르쳐 주었다.

사옥께서 이곳저곳으로 유랑하시다가 열아홉 살 되시는 기축(己丑 : 道紀 19, 1889)년 가을에 내장산에 가시니라. 저녁 노을에 물결치는 단풍을 바라보며 산에 오르시어 부모님이 계신 곳을 향해 눈시울을 적시다가 바위에 앉아 깊은 명상에 잠기시니라. 날은 저물고 사위四圍가 고요한데 어디서 목탁 소리가 들려오거늘 소리를 따라 청수암淸水庵에 이르시니 한 젊은 여인이 홀로 불공을 드리고 있는지라 사옥께서 그 여인에게 물으시기를 "어인 일로 이 적적한 암자에 혼자 계시오?" 하시니 그 여인이 아뢰기를 "저는 본래 고향이 전주인데 발을 잘못 들여 수월水月이라는 이름의 기생이 되었사옵니다. 지금은 정읍 부호 박인상의 첩으로 들어가 있사온데 두 해가 되도록 아직 혈육이 없사와 두 달째 정성을 들이고 있습니다." 하니라. 사옥께서 말씀하시기를 "선령신先靈神을 잘 받들고 정성을 지극히 하면 소원성취할 것이오." 하시니 수월이 "조상신이 참으로 있사옵니까?" 하고 여쭈거늘 말씀하시기를 "허허, 무슨 말씀을. 있고말고!" 하시니라.(『도전』 1:33:1-8)

조상신의 존재를 확언하여 주면서 조상신이 후손에게 자식을 점지한다는 것도 함께 알려주는 장면이다. 여기서 '조상신이 참으로 있습니까'라는 물음은 '조상신이 있다는 것은 알고 있는데 왜 내게 자식을 주지 않는가?' 하는 애절한 마음에서 나온 긍정적 의문이다. 기생의 한많은 물음에 신 중의 신이며, 하늘 보좌에서 인간으로 오신 증산 상제님은 인간 생명의 근원인 조상신의 존재를 분명히 말씀하였다.

조상신의 개념은 지구촌 여러 문화에서 찾아볼 수 있지만 조상에 대한 제사와 이를 통한 세대 간의 소통, 그리고 그 문화적 유산은 서양보다는 동양에서 찾아볼 수 있고, 그중에서 한국보다 더 풍부한 곳은 없을 것이다. 『도전』 1편 1장에서 보듯이 "동방 조선은 본래 신교의 종주국으로 상제님과 천지신명을 함께 받들어 온 인류 제사문화의 본고향"이다. 그 제사문화의 가장 근본이 한 나라의 입장에서는 천제이며, 가정에서는 조상 제사이다. 증산 상제님은 우리 각자의 조상신은 우리에게 하느님과 같은 존재라고 하였다. 조상신이 하느님이라니? 너무나 충격적인 말이지만 조상신의 중요함과 위대성을 한마디로 표현한 것이다.

만성 선령신萬姓 先靈神들이 모두 나에게 봉공奉公하여 덕을 쌓음으로써 자손을 타 내리고 살길을 얻게 되나니 너희에게는 선령先靈이 하느님이니라. 너희는 선령을 찾은 연후에 나를 찾으라. 선령을 찾기 전에 나를 찾으면 욕급선령辱及先靈이 되느니라. 사람들이 천지만 섬기면 살 줄 알지마는 먼저 저희 선령에게 잘 빌어야 하고, 또 그 선령이 나에게 빌어야 비로소 살게 되느니라. 이제 모든 선령신들이 발동發動하여 그 선자선손善子善孫을 척신隻神의 손에

서 건져 내어 새 운수의 길로 인도하려고 분주히 서두르나니 너
희는 선령신의 음덕陰德을 중히 여기라.(『도전』 7:19:1-5)

만성 선령신은 우리 각자의 조상신을 의미한다. '선령이 하느님'이
라는 것은 곧 조상신이 우리 생명의 뿌리이며 삶의 원천이기 때문에
할 수 있는 말이다. 또한 자손을 낳고 복을 받는 것은 선령신에 기도
하고 그 음덕으로 받는 축복이기 때문이다.

이제는 인존시대

"이제 인존시대를 당하여 사람이 천지대세를 바로 잡느니라."
(『도전』 2:21:2)

왜 지금 이 시대의 특성이 인존인가? 그리고 '인존시대를 당하여'라
는 말은 무엇인가? 인존시대라는 말에는 신과 인간의 관계에서 인간
의 역할이 중요하다는 뜻이 담겨 있다. 신과 인간의 관계를 염두에 둔
말이다. 그래서 '인존'이란 말은 '신'과 연관하여 다양한 의미를 갖는
다.

'인존人尊'이란 개념의 의미는 우주 만물 가운데서 인간이 가장 존
귀하다는 것이다. 그러나 증산 상제님이 말하는 '인존'은 단지 인간의
존엄성을 말한 것이 아니다. 이는 인간 중심 이념인 '인본'사상과는
뚜렷한 차이점을 지니고 있다. 그 이유는 증산도의 인존은 후천개벽
사상과 밀접하게 맞물려 있기 때문이다.

증산 상제님이 말한 인존은 단순히 인간이 모든 것의 근본 혹은 중
심이 된다는 것을 뜻하는 것이 아니라, 자연과 인간의 질서를 함께 새

롭게 하는 후천개벽의 실천적 주체가 바로 인간임을 강조하는 말이다. 이것이 '인간이 천지대세를 바로 잡는다'고 한 것의 의미다. 이러한 인간의 역할에서 볼 때 당연히 인간이 존귀하지 않을 수 없다.

증산 상제님은 '이제 인존시대를 당하여'라고 하였다. 여기서 '당하여'는 선천의 시대를 지나서 '이제', '곧' 인존의 시대가 '다가온다', '닥쳐온다'는 뜻을 담고 있다. 따라서 증산도의 인존사상을 올바르게 이해하기 위해서는 무엇보다 먼저 우리가 살고 있는 '이제'의 의미, 즉 후천 개벽시대가 어떤 시대이며, 이런 후천 개벽시대에 인간이 어떤 위치와 역할을 차지하고 있는가를 아는 것이 매우 중요하다.

이것은 삶과 죽음의 문제와 연관된다. 인존시대는 인간이 스스로의 삶을 결정하는 시대이며, 나아가 타인의 삶을 살리는 역할을 하는 시대이다.

> 천하대세를 아는 자에게는 천하의 살 기운(生氣)이 붙어 있고 천하대세에 어두운 자에게는 천하의 죽을 기운(死氣)밖에 없느니라.(『도전』 2:137)

지금 우리는 우주 만물이 천지생장시대를 지나서 천지성공시대로 나아가는 전환기에 살고 있다. 한마디로 천지가 개벽되어 새로운 세상이 열리는 때이다. 이러한 개벽기라는 시대적 상황은 인간의 역할과 의미를 새롭게 규정한다.

여기서 우리가 주목해야 할 것은 이런 가을의 천지개벽이 그저 그냥 주어지는 것이 아니라 우주생명의 주재자가 자연의 무위성에 따르면서도 그것을 창조적으로 변화시키는 실천의 결과라는 점이다. 다시 말해서 후천개벽은 천지공사의 설계도에 담겨 있지만 그 일의 실현과 성공은 인간의 노력에 달린 것이다. 모사재천 성사재인이다. 이것이 또한 증산 상제님이 말한 인존시대의 뜻이다.

천존天尊과 지존地尊보다 인존人尊이 크니 이제는 인존시대人尊時代
니라.(『도전』 2:13:3)

이전 시대는 하늘과 땅이 인간보다 더 존귀한 위치와 역할을 수행하였던 '천존시대天尊時代'와 '지존시대地尊時代'였다. 하지만 여름과 가을의 전환기에 증산 상제님은 신에서 인간으로 이 땅에 내려왔으며, 삼계를 뜯어고치는 천지공사를 통해 후천선경의 기틀을 도수로 정해 놓았고, 그 일을 실행하고 완성하는 책임은 오직 인간의 역할로 남겨 두었다.

이는 하늘과 땅과 신보다 인간이 더욱 존귀한 시대가 도래했다는 것이다. 그러나 지금 이 시대를 인존시대라고 규정한다고 해서 인간이 단순히 하늘과 땅과 신보다 더 존귀하다는 것만을 뜻하지는 않는다. 인존시대는 인간이 우주경영의 책임자가 되어서 능동적인 역할을 수행해야 한다는 것을 단적으로 보여주는 선언적 명제로서, 하늘과 땅과 신보다 인간의 책임과 역할이 더 막중한 시대라는 뜻이다. 그것은 선경을 건설하는 모든 일이 하늘과 땅과 신의 뜻에 달려있는 것이 아니라 인간을 통해서 완성되기 때문이다. 즉 하늘과 땅과 신의 뜻이 오로지 인간의 주체적 실천을 통해서만 성취될 수 있기 때문이다.

인간이 존귀함은 존귀한 역할 때문이다!

3 근본으로 돌아가라

증산 상제님의 가르침에 따르면 지금은 인존시대이다. 그리고 인존 시대는 인간이 새로운 인간으로 거듭나 증산 상제님의 가르침을 실천 하고 새로운 세상을 만드는 때이다. 그러면 인존시대를 살아가는 우 리는 어떤 실천이념을 가져야 하는가? 즉 하늘과 땅이 새롭게 열리는 이 시대의 정신은 무엇인가? 또한 새로운 세상, 후천선경을 건설하는 주체로서 인간이 해야 할 일과 그 일을 이루는 가장 근본적인 심법은 어떠해야 하는가?

> 증산 상제님께서 선천개벽 이래로 상극의 운에 갇혀 살아온 뭇 생명의 원寃과 한恨을 풀어 주시고 후천 오만년 지상 선경세계를 세워 온 인류를 생명의 길로 인도하시니 이것이 곧 인존상제님 으로서 9년 동안 동방의 조선땅에서 집행하신 천지공사天地公事 라. 이로써 하늘 땅의 질서를 바로잡아 그 속에서 일어나는 신도 神道와 인사人事를 조화調和시켜 원시반본原始返本과 보은報恩·해원解寃· 상생相生의 정신으로 지나간 선천상극先天相克의 운運을 끝막고 후 천 새 천지의 상생의 운수를 여시니라.(『도전』 5:1)

이 짧은 구절 속에는 증산도의 기원과 목적, 신도와 인사의 조화, 구원의 손길 및 개벽시대 인간의 올바른 삶의 자세 등이 모두 들어있 다. 특히 증산 상제님이 전한 핵심 가르침인 원시반본, 보은, 해원, 상생의 개념이 들어 있다.

증산 상제님의 지상강세는 천지공사를 통해 인류와 신명을 구원하고 후천선경을 열기 위함이다. 인간과 신명을 구원하는 증산 상제님의 일이 천지공사이며, 이는 모사재천에 해당한다. 그럼 우리 인간의 성사재인은 무엇인가? 인존시대, 인간의 가장 바람직한 삶을 규정하는 원리는 위에서 말한 바 원시반본이다. 그리고 그 실천이념은 보은, 해원, 상생이다.

시원을 찾아서, 원시반본

"이때는 원시반본하는 시대라"(『도전』 2:26)
"이제 개벽시대를 당하여 원시로 반본하는 고로…."(『도전』 2:37)

증산 상제님에 의하면 지금은 개벽시대이고, 또 이 개벽시대는 원시반본하는 때이다. 원시반본, 그동안 어느 책에서도 보지 못한 개념이다. 원시반본은 무엇인가? 왜 지금은 원시반본을 해야 하는 때인가?

원시반본은 증산도의 핵심 가르침이지만 생소한 개념이다. 그러나 그 뜻은 결코 생소하지 않다. 원시반본의 핵심적인 의미는 '돌아감'이다. 이미 동서양의 많은 철인들이 '돌아감'에 대해 말했다. 도가철학의 창시자인 노자老子는 '반자도지동反者道之動'이라고 했고, 니체는 '영원회귀永遠回歸'를 주장했다. 예수 역시 '회개하라'라고 외쳤으니 회개하는 것은 곧 돌아감이다.

예수의 복음은 신학자인 불트만이 얘기 했듯이 "때가 찼고 천국이 가까웠다. 회개하라"(「마가복음」)라는 케리그마로 요약됩니다.

여기서 회개라는 말의 원어는 히브리어 테슈바흐(teshuvah)입니다. 테슈바흐가 뜻하는 영혼 구원의 핵심은 '돌아오라'라는 뜻에 있습니다.(『증산도의 진리』)

그러나 그 돌아감의 방향과 목적은 각자 다르다. 노자는 '극즉반極則反'이라고 함으로써 돌아감은 필연이라고 했다. 그래서 '돌아감은 도의 길'이라고 한 것이다. 예수는 '처음행위'를 강조했다. "처음행위를 가지라. 만약 회개하지 아니하면 네 촛대를 그 자리에서 옮기리라."(『요한계시록』 2:5)고 하였다. 처음행위는 처음의 마음에서 우러나온 순수한 행위이다. 그 순수한 마음이 죄로 물들자 예수는 회개하고 그 처음의 상태로 돌아가라고 하였다. 니체가 말한 영원회귀는 세계가 영원히 반복되는 것으로 시작과 끝이 없다는 것을 상징하는 개념이다.

그럼 증산 상제님이 말한 원시반본은 무엇인가? 이 또한 돌아감을 말한 것이기에 이전 철인과 성인들의 말과 같은 것이 아닌가? 그 가장 큰 차이는 돌아감의 주체가 우주 만물이라는 것에서 찾을 수 있다. 또한 그 방향이 시원始原이며, 돌아갈 목적이 '근본'이라는 점에서, 그리고 돌아감의 때가 정해져 있다는 점에서 앞의 '돌아감'과는 차이가 있다.

원시반본은 돌아감의 방향을 '시'와 '본'으로 규정한다. 즉 원시반본의 돌아감은 시간적으로는 '시始'이며 존재론적으로는 '본'이다. 그 '시작'은 천지 만물의 생명이 생겨난 시점이며, '근본'은 그 생명의 가장 순수한 상태를 말한다. 그래서 원시반본은 만물이 창조된 그때의 가장 순수한 상태로 돌아감을 말한다. 이것이 원시반본의 방향이며 목적이다.

또 한 가지 원시반본에서 중요한 것은 돌아감의 방법이다. 바로 '시원'을 '살펴서' 돌아감이다. 노자의 돌아감처럼 도의 본성으로서 자연스러운 돌아감이나 아무런 목적 없이 그저 과거·현재·미래의 되풀이, 즉 생성과 변화의 끝없는 되풀이인 니체의 영겁회귀와 다르다. 예수가 말한 천국이 가까워오니 '마음을 돌이켜라'는 속죄와 회개라는 한정된 의미도 아니다. 원시반본이 말하는 모든 돌아감은 현재의 불안에 대한 인식과 시원의 상태에 대한 깨달음의 과정이 필요하다. '원시原始'에서 '원原'은 그 시원의 상태를 '살핌'이며, 그 살핌은 본원적 상태에 대한 성찰이며, 반성이다. 그러한 살핌을 통해 시원의 상태에 대한 깨달음이 오고, 그 깨달음의 경지에서 돌아감이 이루어지는 것이다.

모든 존재하는 것은 그 시작과 근본이 있다. 우주의 탄생도, 생명의 탄생도 그 시원의 상태가 존재한다. 그러나 탄생 순간부터 만물은 분열성장하기 시작한다. 변화하기 시작한다. 변화는 시원, 처음, 근본의 상태에서 멀어짐이다. 그리고 멀어짐은 조화에서 부조화로, 질서에서 무질서로의 이동이다.

만물의 시원 속에는 안정과 평화와 조화가 들어 있다. 그러나 시간은 그 상태를 변화시켜 새로운 상태로 나아가게 한다. 이러한 변화는 처음 상태의 안정을 깨고, 대립을 힘으로 삼아 복잡화와 부조화를 낳으며 성장한다. 그러나 성장에 무제한은 없다. 대립과 갈등과 부조화가 그 극에 달하면 성장은 더 이상 일어나지 않고 파괴와 소멸의 기운이 움트기 시작한다. 그것을 알지 못하면 역사와 문명과 생명은 모두 사라지게 될 것이다. 그러나 그때에 다시 시원을 살피고 근본을 돌아보는 '원시반본'의 정신에 의해서 현재의 상태를 시원의 상태로 회복하고, 치유하고, 회귀하는 극적인 변화가 일어나게 된다. 그래서 다시 되돌아갈 준비를 한다. 이것이 증산 상제님이 말씀하신 바 지금 우리가 처한 시대 상황이며, 그 시대를 치유하는 법방이 바로 원시반본이다.

천지도, 생명도, 문명도 성장의 극한에 도달하면 시원의 상태, 근본의 모습으로 되돌아가 평화와 안정과 조화를 갈망한다. 이것은 자연의 법도이며 삶의 이치이다. 시원은 고향과 같다. 생명의 고향이다. 존재의 고향이다. 인간은 고향을 떠나 타지에서 갈등과 대립을 겪으며 돈벌이를 하고, 인간관계를 넓히며, 자신의 명예를 쌓으며 바쁘게 살아간다. 처음 고향을 떠나올 때와는 달리 나는 많은 것을 가지며 많은 관계 속에서 다양한 일을 한다. 그러나 마음속에는 언제나 돌아가고 싶은 곳이 있다. 바로 고향이다.

고향은 가고 싶은 곳이며, 인간은 누구나 그곳에서의 평화와 안정이 그리운 것이다. 나는 이곳에서 많은 것을 얻었지만 그것은 모두 허상이고 진정한 나의 참모습을 그리워하는 것이다. 그곳은 내가 태어난 곳이며, 나의 처음이며, 나의 가장 순수한 모습을 간직한 곳이다. 내가 가야할 곳은 바로 안정과 평화와 조화가 깃든 고향이다.

고향은 내 삶의 시원이며, 근본이며, 원형이다. 원시반본은 천지의 고향, 문명의 고향, 생명의 고향으로 돌아감을, 돌아가야 함을 알려준다. 왜? 그것이 새로운 삶이며, 올바른 삶이며, 행복한 삶이기 때문이다. 그리고 그것이 바로 생명의 길이기 때문이다.

원시반본은 선천 상극의 세상에서 그 방향을 틀어 후천 상생의 세상으로 나아가는 것이다. 그 나아감은 오직 시원의 원형상태를 회복함으로써 가능한 것이다. 천지 만물의 생명의 길, 바로 증산 상제님이 말한 원시반본의 길이다.

처음처럼

처음은 곧 시원이다. 우리가 일상에서 자주 접하게 되는 명구名句가 '처음처럼'이다. 억압과 독재에 대항한 민주화의 상징적 인물인 신영복 교수가 감옥에서 만든 글씨체(신영복체)로 쓰여져 대중에게 알려진 구절이다. 신영복 교수는 그 '처음처럼'의 의미를 다음과 같이 말한다.

> 처음으로 하늘을 만나는 어린 새처럼
> 처음으로 땅을 밟고 일어서는 새싹처럼
> 우리는 하루가 저무는 저녁 무렵에도
> 아침처럼
> 새봄처럼
> 처음처럼
> 다시 새날을 시작하고 있다.

어린 새와 새싹!

여리고, 순수하고, 아름다운 그 모습에서 처음의 가치를 보는 신영복은 그 모든 순수함이 피로에 젖는 저녁에 이르러 다시 새날을 기약하며 희망을 찾는다고 적고 있다. 아침을 향한, 새봄을 향한, 처음을 향한 그 마음이 '원시'이며, '다시 새날을 시작'하는 것이 '반본'이다.

그럼 왜 우리는 처음의 상태를 그리워하는가? 그 시작의 가치를 생각할 때는 지금 우리가 있는 곳이 불안할 때이다. 고향을 떠나 점점 멀어져 가족의 정도 나의 본 모습도 잃어가는 곳에서 불안과 두려움이 커질 때 우리는 고향을 생각하며 돌아감을 생각한다. 고향을 떠나 멀고 먼 타향에서의 삶이 욕망과 투쟁과 원한으로 가득 찰 때 우리는 누구나 처음 떠나온 그 곳에서의 평화를 떠올리며 삶의 가치를 돌아보게 된다.

"길을 찾으려면 길을 잃은 곳에서 시작해야 한다. 우리는 언제 어디서 길을 잃어버렸는가?" 그러한 반성에서 처음을 돌아보듯이, 원시반본은 지금의 시대에 대한 반성에서 그 근본과 원형을 돌아보게 하는 것이다. 서 있는 곳이, 우리가 가고 있는 방향이 잘못임을 깨닫게 될 때, 그때가 바로 돌아가야 할 때다. 인류 문화가 잘못된 길로 접어든 그 시점을 찾아 새로운 방향을 설정해야 한다.

> 옛적에는 신성神聖이 하늘의 뜻을 이어 바탕을 세움(繼天立極)에 성웅이 겸비하여 정치와 교화를 통제관장統制管掌하였으나 중고中古 이래로 성聖과 웅雄이 바탕을 달리하여 정치와 교화가 갈렸으므로 마침내 여러 가지로 분파되어 진법眞法을 보지 못하였나니 이제 원시반본이 되어 군사위君師位가 한 갈래로 되리라. 앞세상은 만수일본萬殊一本의 시대니라.(『도전』 2:27)

위 성구에서 중요한 것은 처음의 상태와 시간의 흐름 속에 그 처음 상태가 흩어지고 다시 이제 원시반본하는 개벽시대를 당하여 처음의 그 상태와 정신을 회복하게 된다는 것이다. 옛적은 곧 '시'이며, 그곳으로의 반본이 곧 '만수일본'이다. 이렇게 원시반본의 정신은 처음의 상태를 회복하는 것이며, 그러므로 바로 '처음처럼'이다.

가을의 정신

그럼 우리가 살아가는 지금 이 시대에서 원시반본의 의미는 무엇일까? 증산 상제님의 말씀처럼 선천 말대의 시대인 지금은 모든 것이 성장의 극에 달하였고, 그만큼 대립과 모순과 원한도 크고 깊은 때이다. 후천개벽은 선천의 성장에서 드러난 모든 문제점을 고치고 치유하여 새로운 상태를 만드는 것이다. 증산 상제님은 그 선천 말대의 한계상황을 지칭하여 '천하가 큰 병이 들었다'(2:16)고 하였다. 그 병을 고치고 새 세상을 열기 위해 상제님이 오셨다.

> 이제 온 천하가 대개벽기를 맞이하였느니라. 내가 혼란키 짝이 없는 말대末代의 천지를 뜯어고쳐 새 세상을 열고 비겁否劫에 빠진 인간과 신명을 널리 건져 각기 안정을 누리게 하리니 이것이 곧 천지개벽天地開闢이라. 옛일을 이음도 아니요, 세운世運에 매여 있는 일도 아니요, 오직 내가 처음 짓는 일이니라.(『도전』 2:41)

가을 개벽기를 맞이하여 말대의 병든 천지를 뜯어 고쳐 인간과 신명을 구원하는 것이 천지개벽이며 천지공사다. 천지공사는 상극에 물든 가을 천지의 병을 고치는 것이고, 그 치유는 천지의 상태를 원시 반본하여 처음의 조화로운 상태로 돌려놓는 것이다. 이처럼 원시반본 이라는 가장 근원적인 변화는 후천 가을에 이르러 만물이 새롭게 되는 개벽으로 일어난다. 그렇다면 원시반본을 우주가을의 변화정신이 라고 부를 수 있다. 그 변화는 상극의 우주를 상생의 우주로 돌려 놓는 것이다.

이제 우리는 원시반본의 뜻과 그 정신을 알게 되었다. 간단히 정리 하면 원시반본은 우주 가을의 근본정신으로서 개벽기를 맞이하여 존 재하는 모든 것들이 처음 생겨날 때의 상태를 살펴서 그 근본으로 되 돌아간다는 뜻이다. 되돌아가야 하는 이유는 만물이 성장의 과정 속에서 처음의 상태를 점점 잃어버리고 근본에서부터 멀어졌기 때문이다. 이제 후천 가을개벽기를 맞이하여 우주도 원래의 상태를 회복하고 문명과 역사도 처음 시작할 때의 근본정신을 되살펴 새로운 이상적인 상태를 회복하게 된다. 천지공사는 바로 이러한 치유이다. 그리고 그 방향은 원시반본이다.

증산 상제님의 천지공사는 후천개벽의 근본정신인 원시반본에 따라 인류구원의 프로그램을 짜는 것이다. 그래서 가을의 정신, 개벽의 정신, 구원의 정신은 모두 원시반본이다.

"이때는 원시반본原始返本하는 시대라."(『도전』 2:26:1)

'이때'란 바로 '천지 가을의 큰 운수로 들어가는 시작점'을 뜻한다. 그러므로 원시반본이란 '가을의 정신, 가을의 추수 정신, 대자연의 가을의 변화 정신'이라고 하는 것이다. 우리가 살고 있는 현실은 끊임없이 매순간 시간의 물결에 휩쓸려 있다. 그리고 지금 뜨거운 여름을 지나 가을의 문턱에 와 있다. 가을에는 우주 만유가 근본으로 돌아간다. 마치 이는 봄여름 싹을 틔워 초록이 무성하다가 가을이 되면 떨어져 다시 그 뿌리로 돌아가는 것과 같다.

증산 상제님이 우주만유의 근본 법칙으로 가르쳐준 '원시반본'에서 우리가 깨달아야 할 것은 무엇일까? 가을이 되면 모든 것이 열매맺으며 그 근본으로 돌아간다는 때의 정신이다. 그것이 바로 원시반본이며, 곧 가을의 추수정신이다. 원시반본은 그래서 천지와 만물 생명이 열매를 맺는, 만물이 한 마음으로 조화, 통일되는 성숙의 도이다. 증산 상제님이 이 시대를 또한 '만물이 근본으로 돌아가는 때'라고 선언하였으니, 그것은 결론적으로 근본으로 돌아가지 않으면 뭇 생명은 가을의 낙엽처럼 다 소멸된다는 뜻을 내포한다. 그래서 원시반본은 가을개벽기 뭇 생명이 이루어야 할 제일의 과제이며 우리 삶의 궁극 목적이다.

이처럼 원시반본은 대자연의 도이며, 역사의 도이며, 앞으로 열리는 새로운 문명의 도이다. 그것은 이 세상에 살고 있는 인간과 만유 생명의 도이자 존재 법칙이다. 대우주의 순환 운동에서 지금은 여름에서 가을로 들어가는 대전환기이다. 그러기에 모든 인간은 "이때의 정신"에 따라 생명의 근원으로 돌아가 열매 맺는, 성숙하는 삶을 살아야 한다. 이것이 진정 가을의 정신이며, 원시반본의 도이다.

나도 단군의 자손

증산 상제님은 스스로의 근본에 대해 "나도 단군의 자손"이라고 하였다. 그리고 이 말씀은 원시반본의 중요한 의미를 내포하고 있다.

> 이때는 원시반본原始返本하는 시대라. 혈통줄이 바로잡히는 때니 환부역조換父易祖하는 자와 환골換骨하는 자는 다 죽으리라. … 나도 단군의 자손이니라.(『도전』 2:25)

원시반본과 혈통줄, 환부역조라는 중요한 개념과 함께 '단군의 자손'이라는 신원 고백은 무슨 관계일까? 일단 혈통줄은 가족관계의 연속성을 의미하며, 이를 확대하면 동일한 혈통의 단일 민족이라는 의미가 들어있다. 그리고 이러한 혈통줄을 유지하고 그 뿌리를 소중히 생각하는 것, 그 뿌리로 돌아가 시원의 조상을 섬기는 것 등의 의미가 원시반본과 혈통줄에 모두 포함된다.

그런데 역사 속에서 이러한 혈통줄과 단일 민족의 개념은 원래대로 지켜지기가 어렵다. 여러 가지 현실적인 이유로 스스로의 혈통줄을 버리거나 배신하기도 한다. 그래서 자신의 조상을 섬기는 대신에 남의 혈통을 이어 남의 조상을 섬기기도 한다. 역사상 가장 유명한 환부역조의 사건이 중국에서 전해 내려온다.

> 여불위는 한단의 여러 첩 가운데 외모가 뛰어나고 춤을 잘 추는 여자를 얻어 함께 살았는데, 그녀가 아이를 가진 것을 알게 되었다. 자초子楚는 여불위의 집에서 술을 마시다가 그녀를 보고 한눈에 반해 일어나 여불위의 장수를 축하하면서 그녀를 달라고 했다. 여불위는 화가 치밀었지만 이미 자기 집 재산을 다 기울여 자초를 위해 힘쓰고 있는 까닭은 진기한 재물을 낚으려는 것임을 떠올리고 마침내 그 여자를 바쳤다. 그녀는 자신이 아이를 가진 몸임을 숨기고 자초의 여자가 되었고 만삭이 되어 정政이라는 아들을 낳았다. 자초는 마침내 그 여자를 부인으로 세웠다.(『사기』「여불위열전」)

진시황이 황제가 된 사연을 담은 이야기이다. 상인 여불위는 자초라는 당시 이름 없는 왕족에게 물심양면으로 과감히 투자하여 그를 왕으로 만들 계획이었다. 그의 노력 덕분에 자초는 후일 왕이 되었고 그의 아들 정이 황제가 되었는데 그가 바로 중국을 최초로 통일한 진나라의 황제인 진시황이다. 혈통줄의 관점에서 볼 때 이야기의 핵심은 진시황의 친부는 자초가 아니라 여불위라는 것이며, 혈통줄이 바

꿰게 되었다는 사실이다.

이처럼 근본과 혈통줄을 벗어난 모든 행위를 증산 상제님은 '환부역조換父易祖'라고 하였다. '환부'는 아버지를 바꾸는 것이고, '역조'는 조상을 옮기는 것이다. 이 말은 결과적으로 혈통줄이 어긋나게 됨을 의미한다. 환부역조는 인간으로 태어나 그 뿌리를 부정하는 것이며, 이러한 죄를 저지른 자손들은 모두 죽음을 면치 못할 것이라는 증산 상제님의 말씀은 원시반본이 갖는 엄정함을 보여준다. 여불위 역시 한 때 권력을 누렸으나 결국 자신의 아들인 진시황에게 밀려나 불행한 죽음을 맞이하게 되었다.

이 성구에서 핵심적인 사상은 원시반본의 정신과 혈통줄의 엄중함이 증산 상제님의 지상강세에 내포되어 있다는 것이다. 왜 증산 상제님이 동쪽 끝 한반도에 태어나셨는가 하는 문제는 원시반본과 연관되어 설명될 수 있으며, 그 해답은 '단군의 자손'에서 찾을 수 있다. 그럼 단군의 자손이 내포한 의미는 무엇인가?

이는 여러 가지 의미가 있다. 먼저 단군의 자손이라고 한 것은 한반도에 한민족의 혈통으로 태어난 증산 상제님은 그 스스로 한민족의 국조인 단군의 자손이 된다는 것을 강조한 말이다. 더욱이 '나도'라는 표현은 너희 한민족과 같이 나 역시 한민족의 시조인 단군의 자손이며, 이로써 한민족 모두는 단군을 조상으로 갖는 같은 민족, 같은 혈통임을 강조한 것이다.

그리고 단군은 인류의 시원국가인 환국과 배달을 건국한 환인, 환웅의 역사를 이어받아 건국한 조선의 시조이다. 이는 지금 한민족의 뿌리를 넘어서 인류 역사의 뿌리와 증산 상제님의 강세가 연계됨을 보여준다. 증산 상제님이 말한 혈통줄은 우리 한민족의 국통맥과 상통하며, 단군의 자손은 곧 인류 시원국가인 환국에 그 기원을 두고 있음이다.

> 한민족은 환국-배달-조선의 삼성조시대가 지난 후 열국시대 이
> 래 중국 한족漢族과 일본에 의한 상고上古 역사의 왜곡으로 민족사
> 의 뿌리가 단절되어 그 상처가 심히 깊더니 상제님께서 원시반
> 본原始返本의 도道로써 인류 역사의 뿌리를 바로잡고 병든 천지를
> 개벽開闢하여 인간과 신명을 구원하시기 위해 이 땅에 인간으로
> 강세하시니라.(『도전』 1:1)

이 성구에서도 우리 한민족의 뿌리를 삼성조로 규정하고 있다. 한국 땅에서 한민족의 혈통줄로 태어난 증산 상제님이 원시반본의 가르침을 내리며 한 말 '단군의 자손'은 인류 역사의 뿌리와 한민족의 뿌리가 무엇인지 정확히 알려주신 것이다.

또한 이러한 말씀 속에는 증산 상제님의 지상강세가 상제문화의 종주국으로서 조선의 의미 또한 내포되어 있다. 알다시피 우리 한민족은 삼성조의 맥을 잇고 있으며, 환국, 배달, 조선은 신교로 나라를 세우고 제천단과 천제로 상제님을 모시고 신앙했던 상고시대 나라들이다.

> 동방의 조선은 본래 신교神敎의 종주국으로 상제님과 천지신명을
> 함께 받들어 온, 인류 제사 문화의 본고향이니라.(『도전』 1:1)

'제사 문화의 본고향'이란 말은 곧 신교의 종주국이란 말과 통하며, 이는 조선이 환국에서 시작된 신교의 맥을 잇는 나라라는 뜻이며, 그

신앙과 모심이 제천과 제사로 이어져 왔음을 뜻한다.

　이처럼 원시반본은 근원과 뿌리를 찾아 그 처음의 상태로 돌아감이다. 그러나 단순한 돌아감, 시간적 퇴행이 아닌 것은 그 '본'이 담고 있는 새로운 성숙한 가치 때문이다. 원시반본이 지향하는 목표는 가을을 맞아 모든 자연과 문명과 역사와 인간이 처음의 정신, 원형정신을 되살려 평화와 조화의 새 문명을 여는 것이다. 그리고 이러한 원시반본을 역사 속에 실천하는 인간이념이 바로 보은, 해원, 상생이다.

> 상제님께서 내려주신 구원의 근본 섭리는 천지와 인간을 병들기 이전의 본연의 모습으로 회복시켜 완성과 성숙을 이루게 하는 것입니다. 이 원시반본을 실현하는 구체적인 실천이념이, 천지로부터 받은 은혜에 보답하는 보은, 그 본은의 정신에 따라 인류를 구원해서 모두 같이 잘 살게 하는 상생, 그리고 그 과정에서 원신과 역신은 물론 인간의 깊은 원한을 해소하는 해원의 도법입니다.(『증산도의 진리』)

보은: 천지의 은혜에 보답하라　　　원시반본과 함께 거론되는 증산도의 핵심개념이 보은報恩이다. 보은이란 말 그대로 은혜를 갚는다는 뜻이다. 보은이 인간의 보편적 이념이라면 은혜 역시 인간의 삶에서 보편적 조건인 것이다. 이 말은 누구나 은혜를 받고 있음을 의미한다. 왜냐하면 인간은 혼자서 스스로 태어날 수 없으며, 혼자서 살아갈 수도 없기 때문이다. 인간 뿐 아니라 모든 생명체는 자의든 타의든 다른 생명체와 서로 교류하며 살아간다. 그러한 관계는 생명 유지에 필연적이다. 이러한 은혜의 수수授受관계를 증산도에서는 보은으로 풀이한다.

특히 인간에 있어서 보은은 삶에서 필연적으로 일어나는 모든 은혜에 대한 필연적 갚음을 말한다. 증산 상제님의 다음 말씀에서 볼 때 보은은 삶의 가장 중요한 실천이념이 된다.

> 우리 공부는 물 한 그릇이라도 연고 없이 남의 힘을 빌리지 못하는 공부니 비록 부자 형제간이라도 헛된 의뢰를 하지 말라. 밥을 한 그릇만 먹어도 잊지 말고 반 그릇만 먹어도 잊지 말라. '일반지덕—飯之德을 필보必報하라.'는 말이 있으나 나는 '반반지은半飯之恩도 필보하라.' 하노라. '배은망덕만사신背恩忘德萬死身'이니라.(『도전』 2:28)

천하사는 물 한 그릇도 연고 없이는 빌리지 못하는 공부로 결코 헛된 의뢰, 즉 은혜에 대한 생각 없이는 타인에 대한 어떤 의지도 하지 말라는 것이다. '필보必報'란 반드시 갚아야 하는 은혜의 수수법칙을 말한다. 은혜를 입었다는 것은 곧 보은으로 반드시 이어지는 것이므로 '필보'라고 한 것이다. 그 필보의 중요성은 그 다음 구절인 '배은망덕만사신'에서 찾을 수 있다. 죽음을 무릅쓰고 반드시 갚아야 하는 것이 바로 내게 주어진 '은혜'다.

그럼 왜 보은이 증산도 사상에서 이토록 중요한 것인가? 그 이유는 바로 보은을 통해서, 혹은 보은에 대한 깨달음을 통해서 원시반본의 이념이 궁극적으로 실현되기 때문이다. 그럼 은혜를 갚는 것과 원시반본이 어떻게 연관되는 것일까?

보은의 도는 황폐해진 자연과 원한으로 파산당한 신명계, 그리고 병든 인간 세상을 치유하여 단절된 자연과 신명과 인간의 생명의 끈을 연결하고 성숙시키는 화합과 일체의 이념입니다.(『증산도의 진리』)

보은은 자연과 인간과 신명의 병을 치유하여 그 생명의 원상태를 회복하는 이념이므로, 보은을 통해 우주 자연과 인간은 원래의 생명성을 회복하게 된다는 말이다.

보은에 대한 가장 압축적이고 명확한 표현은 '천지보은'이다. 이는 두 가지 의미를 갖는데 하나는 천지간에 존재하는 모든 생명체는 서로 독립적으로 존재하는 것이 아니라 상호 은혜를 주고받음으로써 그 생명성을 유지하므로 각자가 각자에 대해 보은의 관계망에 놓여있다는 것을 뜻한다. 또 하나는 우주 내의 모든 생명 존재는 그 생명의 근원이며, 만물의 존재근거인 천지와 천지의 주재자에게 보은해야 한다는 의미이기도 하다. 하늘과 땅과 사람의 3재才가 이렇게 은혜의 수수법칙으로 일체가 되어 상호 존재하고 완성된다. 이 두 가지 보은의 뜻은 모두 생명의 근원과 생명 존재의 관계에 대한 근원적 통찰이 없이는 이해불가능하다는 의미에서 보은은 곧 시원에 대한 살핌과 돌아감을 통해서 가능함을 알려준다.

천지보은의 실현은 도통으로 이루어진다는 말씀이 바로 도통천지보은道通天地報恩(『도전』9:198)이다. 그 이유는 도통이란 천지의 이치와 그 목적을 깨달아 천지 성공시대에 천지의 목적을 이루고, 그럼으로써 동시에 인간 스스로가 성공하는 것을 뜻한다. 천지를 형상해서 생겨난 인간은 천지의 뜻을 이루어 천지의 은혜에 보답해야한다. 이것이 도통천지보은의 뜻이다. 후천 가을개벽기는 모든 인간이 천지의 뜻을 올바로 이해하는 도통의 경지에서 천지와 하나되어, 천지의 목적을 실현하고 자신의 역할을 다하는 것이 천지보은의 참뜻이다.

인간에게 있어서 중요한 또 하나의 보은은 부모와 선령신의 은혜를 갚는 것이다. 조상의 은혜야말로 내가 지금 존재하고 삶을 살아가는 가장 근본적인 바탕이다. 천지와 부모의 은혜는 곧 생명의 은혜이며 이를 부정하고 잊어버리는 것은 생명을 저버리는 것과 같다.

> "부모를 경애하지 않으면 천지를 섬기기 어려우니라. 천지는 억조창생의 부모요, 부모는 자녀의 천지니라. 자손이 선령先靈을 박대하면 선령도 자손을 박대하느니라. 예수는 선령신들이 반대하므로 천지공정에 참여치 못하리라. 이제 인종 씨를 추리는 후천 가을운수를 맞아 선령신을 박대하는 자들은 모두 살아남기 어려우리라." 하시고 또 말씀하시기를 "조상은 아니 위하고 나를 위한다 함은 부당하나니 조상의 제사를 극진히 받들라. 사람이 조상에게서 몸을 받은 은혜로 조상 제사를 지내는 것은 천지의 덕에 합하느니라."(『도전』 2:26)

천지는 뭇 생명의 부모이며, 조상은 내 생명의 부모이다. 부모가 나의 천지라는 것은 내 생명의 뿌리라는 말과 같다. 부모에 대한 공경과 보은, 그리고 조상의 은혜에 대한 보은과 제사는 모두 생명의 근본과 바탕에 대한 깨달음으로 가능하다.

반포지효反哺之孝라는 말이 있다. 새끼 까마귀가 자란 뒤에 늙은 어미 까마귀에게 먹이를 물어다 주는 효성孝誠이라는 뜻이다. 동양의 효는 인간이 지켜야 할 가장 근본적인 윤리이념이다. 그 바탕은 부모님의 은혜에 대한 보은의 정신이 담겨 있다. 까마귀 같은 미물조차 보은의 법칙을 지켜나가는데 하물며 인간으로서 부모의 은혜에 대한 보은은 더 말할 필요가 없을 것이다.

> 사람을 많이 살리면 보은줄이 찾아들어 영원한 복을 얻으리라.(『도전』 7:32)

이 말씀은 보은과 상생의 연계점을 보여준다. 상생은 남 잘되게 하는 삶과 죽어가는 생명을 살리는 삶을 말한다. 이 중 후자의 상생은 개벽기에 죽어가는 사람을 살리는 것으로 이보다 더 큰 은혜는 없다. 그 은혜는 너무나 커서 반드시 보은을 받게 되어 있으니 이로 인한 복은 후천 5만년 영원할 것이라는 말씀이다.

해원: 너희들도 후천 해원을 원하느냐

'해원解冤'은 증산 상제님의 천지공사에서 가장 바탕이 되는 중요한 가르침이다. 문자적 뜻은 '원을 푼다'이다. 즉 해원은 '마음에 맺힌 원과 한을 모두 풀어 평화로운 상태를 유지한다'는 뜻이다. 이런 의미에서 해원 역시 원시반본과 연관된다. 왜냐하면 '원을 푼다'는 것은 타인과의 관계에서 억울한 일을 당해 쌓인 원한이라는 마음의 병을 치유하여 원래의 평정한 마음 상태를 회복하는 것이며, 이를 통해 생명의 근원적 상태로 되돌아가는 것이기 때문이다.

대원사 칠성각에서 21일간의 수도 끝에 삼계대권을 주재하시는 권능을 회복하신 증산 상제님은 하늘과 땅, 우주 삼라만상은 모두 상제님의 조화권능에 따라 생성·변화한다는 것을 선언하였다. 천지의 주인이며, 주재자임을 선언한 것이다. 바로 그날이었다. 1901년 7월 7일, 증산 상제님은 수도 기간에 입던 해진 낡은 옷을 버리고 새 옷을 입으신 후 대원사를 나서고 있었다. 그런데 갑자기 산골짜기의 온갖 새와 짐승들이 모여들어 반기면서 무엇을 애원하는 듯했다. 이들을 바라보시며 하신 말씀이 바로 해원이다.

너희들도 후천 해원을 구하느냐?(『도전』 2:12:8)

이 한마디로써 증산 상제님의 천지공사가 시작되며, 천지공사의 핵심이 무엇인지가 드러난다. 선천의 모든 생명체는 음양의 부조화가 만든 상극의 이치로 인해서 필연적으로 서로 대립하며 억누르게 되며, 그로 인한 원과 한의 굴레에서 벗어날 수가 없다. '너희들도'라는 말은 인간과 신명 뿐 아니라 말 못하는 새들과 동물들조차 원한을 맺고 살고 있음을 알려준 것이며, 따라서 후천을 여는 해원의 길은 인간과 신명을 포함해 우주의 모든 생명체가 본래의 생명성을 되찾는 정화의 길임을 알려준 것이다. 이것이 원시반본의 길이며, 생명의 길이다.

해원은 선천 5만 년 간 상극의 질서 속에서 쌓여온 모든 원한을 증산 상제님의 천지공사로 풀어버리고 상생의 새 질서를 여는 가장 중요한 실천이념이다. 그래서 만고의 원을 푸는 해원은 천지공사의 핵심이며 후천 5만년 상생의 선경세계를 여는 첫걸음이다. 중통인의의 대도통을 하신 증산 상제님이 대원사를 나서며 한 첫 공사이기도 하다.

이처럼 증산 상제님은 해원을 천지 해원으로 밝혀줌으로써, 인간이 가진 원을 푼다는 단면적 차원에서 이해되던 지금까지의 논의를 벗어나, 원시반본하는 우주와 인간, 천지 만물에까지 그 적용 범위를 확장하였다. 그렇기에 해원은 선천 상극의 우주 내에 살아가는 모든 존재가 원한으로 인해서 잃어버린 처음 본성을 되찾고 본래적 생명성을 회복하도록 하는 제일 이념이다.

증산도에서 말하는 우주 전체는 신성과 생명을 가진 유기체로 이해되고 우주 내 모든 존재자들은 상호 유기적 관계에 놓여 있다. 따라서 해원이 단지 인간의 원을 해소하는 한정된 의미를 넘어서는 것은 어쩌면 당연한 일이다.

> 선천에는 상극의 이치가 인간 사물을 맡았으므로 모든 인사가 도의道義에 어그러져서 원한이 맺히고 쌓여 삼계에 넘치매 마침내 살기殺氣가 터져 나와 세상에 모든 참혹한 재앙을 일으키나니 그러므로 이제 천지도수天地度數를 뜯어고치고 신도神道를 바로잡아 만고의 원을 풀며 상생의 도道로써 선경의 운수를 열고 조화정부를 세워 함이 없는 다스림과 말없는 가르침으로 백성을 교화하여 세상을 고치리라.(『도전』 4:16:2~7)

이러한 말씀에서 알 수 있는 것은 원이 쌓이면 세상에 참혹한 재앙이 생겨나므로 만고에 쌓인 원을 푸는, 즉 해원을 통해서만 선경, 다시 말해 이상적인 세상을 만들 수 있다는 것이다. 따라서 해원은 후천의 선경을 이루기 위한 가장 일차적 조건이 아닐 수 없다. 그래서 증산 상제님은 "선경을 건설하는 첫걸음"(『도전』 4:17:8)이 바로 해원이라고 하였다.

개인 간에 억울한 일을 당하면 나오는 말이 "원한이 맺힌다."이다. 그리고 반드시 "이 원한을 갚겠다."는 다짐을 한다. 즉 맺힌 원한은 보복심과 공격성을 불러일으켜 타인을 해치게 한다. 그 원한이 남아 있는 한 당사자 간에 평화로운 관계는 없다. 그리고 그 원한은 복잡한 사회관계 속에서 다양하고 무한하게 확장된다. 결국 오랜 세월 쌓이고 쌓여 세상에 가득찬 것이 원한의 파괴적 기운이다.

증산 상제님은 인류 역사에 기록된 원한의 시발점은 단주丹朱에서 시작한다고 하여 원의 기원과 역사를 알려주었다.

> 이때는 해원시대解冤時代라 … 이제 원한의 역사의 뿌리인 당요唐堯의 아들 단주丹朱가 품은 깊은 원冤을 끄르면 그로부터 수천년동안 쌓여 내려온 모든 원한의 마디와 고가 풀릴지라 … 그러므로 단주 해원을 첫머리로 하여 천지대세를 해원의 노정으로 나아가게 하노라. (『도전』 2:24:1~9)

수천 년간 복잡하게 얽혀 있는 원한의 역사를 끝맺는 기점이 단주 해원에서 비롯된다는 것은 단주의 원한과 바둑, 그리고 오선위기혈五仙圍碁穴이라는 지운이 상호 연관되어서 해명된다. 단주 해원공사의 단서인 오선위기혈과 조선의 국운공사, 그리고 상씨름공사는 해원을 통한 후천선경의 실상을 마련하는 천지공사의 중요한 한 축이다.

> 내가 이제 천지의 판을 짜러 회문산回文山에 들어가노라. 현하 대세를 오선위기五仙圍碁의 기령氣靈으로 돌리나니 두 신선은 판을 대하고 두 신선은 각기 훈수하고 한 신선은 주인이라. (『도전』 5:6:1~3)

천지의 판을 짜는 단서로서의 오선위기혈은 곧 바둑의 시조인 단주와 그의 가슴에 맺힌 원을 풀어주는 해원과 밀접한 연관성을 가진다. 가장 원한이 깊기 때문에, 그리고 그 원이 원의 역사의 시초이기 때문에 단주 해원은 인류사에 뿌리 박힌 '원의 고'로 생각될 수 있다. 이는 오선위기혈이 갖는 지운에 단주 해원도수를 붙여 선천의 모든 겁액을 걷어내려는 증산 상제님의 공사방법에서도 찾을 수 있다. 증산 상제님은 단주 해원이라는 인류 원한의 풀이의 기점과 오선위기혈이라는 지기地氣, 그리고 후천개벽으로 넘어가는 상씨름의 판세를 상호 연관지어서 천지 해원공사의 큰 줄기를 잡고, 천지와 인간과 신명의 원한이 풀어지는 도수를 정하셨다.

해원은 이렇듯 어렵고 복잡한 과정을 통해서 이루어지는 것이다. 그러기에 천지공사가 필요하며, 또 천지공사를 해원공사라고 하는 것이다. 그 중에서도 수천 년 간 남자의 업악으로 쌓인 여자의 원한은 너무나 크고 깊어서 그로 인해 세상은 진멸지경에 이르게 된다는 것 역시 선천 세상에 대한 증산 상제님의 진단이다.

> 여자의 원한이 천지에 가득 차서 천지운로를 가로막고 그 화액이 장차 터져 나와 마침내 인간 세상을 멸망하게 하느니라. 그러므로 이 원한을 풀어 주지 않으면 비록 성신聖神과 문무文武의 덕을 함께 갖춘 위인이 나온다 하더라도 세상을 구할 수가 없느니라(『도전』 2:51)

여성의 원한과 해원, 이는 뒤에서 나오는 정음정양에서 자세히 알아볼 것이다.

상생: 남 잘되게 하라

상생! 지금 이 시대에서 가장 많이 사용되는 용어 중의 하나가 상생이다. 상생을 많이 찾는 것은 세상이 돌아가는 이치가 상생이 아니기 때문이다. '상생 협력'이란 말은 요즘 언론의 주요 시사용어가 되었다. 그래서인지 상생에 대한 이해가 매우 높아졌다.

> 미래학자들은 상생의 원리가 21세기 인류를 이끌 지침이 될 것으로 기대하고 있다. 상생은 생태학에서 파생된 개념인 공존(coexistence)이나 공생(symbiosis)보다 더욱 포괄적이고 적극적인 의미를 갖는다. 상생의 원리는 갈등과 대립의 연속이던 지난 세기의 인류사를 새 천년에는 화합의 시기로 전환시킬 열쇠가 될 수 있을 것으로 보인다. 미래학자와 동양사상가들이 세기말을 맞아 상생을 강조하는 이유가 여기에 있다.(『매경시사용어사전』)

아마도 1999년 정도에 작성된 문장으로 보인다. 상생이 중요한 시사용어로 자리 잡은 것이다. 상생에 대한 이해 중에서는 그나마 잘된 정의라고 본다. 그럼에도 이는 상생의 겉모습만 본 것이지 그 본질을 파악한 것은 아니다.

요즘 가톨릭 추기경도 불교의 총무원장도 상생이란 말을 너무나 자주 사용한다. 정치권에서 상생을 화두로 삼은 지는 이미 오래 전이다. 너도 나도 상생을 부르짖는 것이다. 그러나 그들은 상생이 무슨 뜻인지, 그 소자출이 어디인지는 알고 있을까?

포항에 가면 누구나 만나게 되는 눈에 띄는 조형물이 있는데 이름하여 '상생의 손'이다. 육지에는 왼손 조형물이, 바다에는 오른손 조형물이 찾는 이를 맞이한다. 그런데 왜 '상생의 손'일까? 아마도 육지와 바

다에 각각 왼손과 오른손을 세운 것으로 보아 바다와 육지라는 상반
된 두 영역이 조화를 이루는 것을 왼손과 오른손이 협동하여 일을 만
들어 나가는 것에 비유한 것이라고 생각된다. 이는 상생을 조화나 협
동으로 본 것이다. 하지만 이 역시 상생의 일부만을 표현할 뿐이다.

이제 상생의 정확한 의미를 알기 위해서 증산 상제님의 말씀으로
돌아가자.

> 나의 도는 상생相生의 대도이니라. 선천에는 위무威武로써 승부를
> 삼아 부귀와 영화를 이 길에서 구하였나니, 이것이 곧 상극의 유
> 전이라. 내가 이제 후천을 개벽하고 상생의 운을 열어 선善으로
> 살아가는 세상을 만들리라. 만국이 상생하고 남녀가 상생하며
> 윗사람과 아랫사람이 서로 화합하고 분수에 따라 자기의 도리에
> 충실하여 모든 덕이 근원으로 돌아가리니 대인대의大仁大義의 세
> 상이니라.(『도전』 2:17)

'나의 도는 상생이라'는 증산 상제님의 선언에서 상생의 참된 의
미가 시작된다. 그 상생의 반대말은 바로 위무威武로써 승부를 삼은
'상극'이다. 상극과 상생은 서로 상대어이다. 선천은 상극의 이치가
지배하고 후천은 상생의 도가 지배한다는 것이다. 그럼 증산 상제님
이 선언한 상생은 무슨 뜻인가를 보기 전에 상생과 상극에 대해 살
펴보자.

'상극-상생'이란 말은 원래 음양오행을 설명하는 한 개념으로 등장
하였다. 즉 목화토금수木火土金水라는 오행五行의 각각의 승부勝負작용
으로 인한 상관관계를 상극과 상생으로 표현하였다. 오행의 상생은

수생목水生木, 목생화木生火, 화생토火生土, 토생금土生金, 금생수金生水의 상호 생생生生하는 관계이다. 이에 반해 상극은 오행의 상호관계에 있어서 서로 극克하는 관계, 즉 수극화水克火, 화극금火克金, 금극목金克木, 목극토木克土, 토극수土克水의 관계이다. 상생이 만물을 살리는(낳는, 生) 이치라면, 상극은 만물을 기르는(대립을 통해서 성숙시키는, 養) 이치라고 할 수 있다.

이러한 상극과 상생이 우주 1년의 시간대에서 선후천의 원리로 적용되는 것은 『정역正易』을 통해서 성립되었다. 정역은 선후천의 변화를 음과 양의 작용으로 설명하고 있는데, 음양의 조화와 부조화는 지축의 경사와 서로 연관된다. 그래서 상극의 이치에서 상생의 운으로 들어서는 전환은 지축이 바로 서는 우주적 대변화에 의해 가능하다. 지축이 바로 선다는 것은 지축의 경사로 인한 양의 태과太過 상태를 벗어나서 양과 음이 동등한 작용을 하게 된다는 것을 의미한다. 이른바 '정음정양'의 시대가 된다.(이에 대해서는 다음 장에서 다룰 것이다.) 이때는 음양의 작용이 동등하게 되고, 우주는 가장 이상적인 운동을 하게 된다. 음양이 서로 조화를 이루게 되면 만물은 상호 조화롭게 작용하고 서로 상생하게 된다. 이러한 우주원리적 상생은 인간의 문화와 역사, 삶에도 영향을 미쳐서 서로 조화롭고 사랑하며 남 잘되게 하는 아름다운 상태를 유지한다.

우주론적 관점에서 상생을 철저히 이해할 때 증산 상제님의 가르침인 상생과 그에 포함된 실천적 의미를 정확히 파악할 수 있다. 증산 상제님이 말한 상생의 도란 두 가지 의미가 있다. 첫째 의미는 다음 말씀에서 알 수 있다.

우리 일은 남 잘되게 하는 공부니 남이 잘되고 남은 것만 차지하
여도 우리 일은 되느니라.(『도전』 2:29)

이 말씀에서 보듯이 상생을 지향하는 우리 일은 '남 잘되게 하는 공
부'라는 것이다. 선천의 세상은 남을 이용하고, 남의 것을 빼앗고, 남
을 이겨야 하는 상극의 공부라면 상생은 남을 잘되게 해주는 이타적
공부이다. 그래서 상생의 세상은 화평하고 화합하는 삶을 살게 된다
는 것이다. 다른 하나는 개벽과 관련되는 의미이다. 다음의 말씀에서
확인할 수 있다.

내 도는 곧 상생이니, 서로 극剋하는 이치와 죄악이 없는 세상이
니라. … 생명을 살리는 것을 덕으로 삼느니라.(『도전』 2:19)

상생은 곧 생명을 살리는 것을 덕으로 삼는 실천이념이다. 생명을
살린다는 것은 죽어가는 생명들이 있으며, 이들을 살리는 것이 바로
상생이라는 뜻이다. 그런데 여기서 생명을 살리는 때와 그 장소는 어
디일까? 바로 개벽의 때이며 괴질로, 전쟁으로, 지축정립으로 죽어가
는 지구촌에서 타인의 생명을 살리는 것이 상생이다.
이처럼 증산 상제님이 말하는 상생은 두 가지 의미인데, 이 둘은 서
로 다른 것이 아니라 하나가 하나를 보완하는 관계에 있다. 평소에는
상생의 삶으로 남을 잘되게 하는 일꾼의 삶을 살고, 개벽기에는 개벽
의 천지 환란으로 죽어가는 생명을 살리는 것이 상생이다. 그러한 상
생의 이치에 따른 상생의 실천이 만든 세상이 후천선경이다.

이제 천지도수를 뜯어고치고 신도를 바로잡아 만고의 원을 풀며 상생의 도로써 선경의 운수를 열고 조화정부를 세워 함이 없는 다스림과 말 없는 가르침으로 백성을 교화하여 세상을 고치리라.(『도전』 4:16:4~7)

증산 상제님의 천지공사는 상생의 세상을 만드는 기틀이다. "천지도수를 뜯어고친다."는 것은 선천 상극의 운을 후천 상생의 운으로 바꾼다는 뜻이며, 천지공사가 그 구체적 내용이다. 천지공사는 먼저 신도를 바로잡는 공사로서 선천에 쌓여 온 신도의 원한을 풂으로서 지상에 쌓인 만고의 원을 풀게 된다. 선천에 쌓인 만고의 원한을 푸는 것이 곧 해원解冤이다. 원한이 없어진 순수한 마음에 담기는 것은 상생의 마음, 상생의 도이며 이것은 선경의 운수를 여는 일이며, 이에 따라 실제로 후천의 지상선경이 건설된다.

세간에서 말하는 상생과 증산도의 상생은 이처럼 분명한 차이가 있다. 일단 상생의 일반적 의미는 '서로 잘 살자'는 의미로 회사가 잘되면 노동자도 좋고 노동자가 잘되면 회사도 이익을 본다는 뜻이다. 이러한 의미의 상생은 그 바탕에 내가 잘되기 위해서는 남도 잘돼야 한다는 이기적 동기가 숨어 있다. 그러나 증산도의 상생은 완전한 이타적 이념이다. '남 잘되게 하라'는 것은 나의 조건이나 이익과 상관없이 오직 남 잘되도록 행위하는 것을 말한다. 무엇보다도 증산도의 상생은 '생명살림'이라는 궁극적 실천을 의미한다. 그리고 이것이 증산도 상생의 본질적 의미이다. 상생은 공생도 공존도 넘어서는 초윤리적 이념임을 알 수 있다.

4 음양을 고르게 하리라

　음과 양은 우리의 일상생활에서 너무나 자주 사용하는 말이다. 해를 '태양'이라고 부르는데 이는 '강한 양'을 뜻한다. 또 젊은이의 활달한 모습을 보고는 '양기가 넘친다'고 표현한다. 지금도 우리가 사용하는 달력에는 양력과 음력이 있다. 양력은 지구가 태양 주위를 도는 주기를, 음력은 달이 지구를 도는 주기를 이용해서 만들었다. 한의학에서 말하는 사상체질 역시 음양의 특성을 응용한 것이다.

　동양에서 우주의 생성에 대한 원리는 무극, 태극, 황극의 삼극논리로 표현되고, 그 우주의 변화는 음양의 논리로 설명된다. 우주론에서 음양은 음의 원리와 양의 원리를 합하여 부르는 말인데, 이 양자는 따로 존재하는 것이 아니라 서로 상대적인 원리로 밀접하게 연관되어 있다. 즉 음과 양은 떨어질 수 없는 동전의 양면 같은 것이다. 중요한 것은 이러한 음양의 원리가 단지 우주 만물의 생성변화에만 관계하는 것이 아니라, 인간의 문명과 정치 역사에도 영향을 미치고 있다는 점이다. 우주 만물 속에 인간과 신명, 문명과 역사가 포함되기 때문이다. 동양의 우주론, 인간론, 개벽론은 음양의 원리를 떠나서 이해할 수 없다. 특히 증산도의 음양론은 선후천의 우주 변화와 후천선경 건설의 바탕 원리이다.

　나는 생장염장生長斂藏 사의四義를 쓰나니 이것이 곧 무위이화無爲以
化니라. 해와 달이 나의 명命을 받들어 운행하나니 하늘이 이치理

致를 벗어나면 아무것도 있을 수 없느니라. 천지개벽天地開闢도 음
양이 사시四時로 순환하는 이치를 따라 이루어지는 것이니 천지
의 모든 이치가 역易에 들어 있느니라.(『도전』 2:20)

생장염장은 우주 변화의 네 마디이며, 해와 달의 운행은 음양 변화
의 바탕이다. 그러므로 개벽도 음양의 조화에 따라 이루어지며, 모든
이치는 음양의 구조를 밝힌 역학에 들어 있다는 말씀이다. 증산 상제
님이 음양을 천지공사의 기본원리로 사용한다는 말씀이다. 음양론이
중요한 이유는 여기에 있다.

음과 양

음양陰陽이란 개념은 산의 음지와 양지라는 상반된 자연 현상
으로부터 왔다. 그리고 나아가 음지와 양지의 두 특성, 즉 어두움과
밝음, 차가움과 따스함이 모든 존재의 대립된 성향을 나타내는 기본
개념이 되었다. 그 두 성질이 단지 산의 음지와 양지로 비유되지만 우
주 만물의 성질 또한 음양으로 구분된다는 것이 음양론의 핵심이다.
그래서 음양론은 만물의 운동 변화가 음양이라는 상반적인 두 기운의
상대적인 작용에 의거한다고 보았다.

음양론은 상호 간에 하나의 존재가 상대의 존재를 전제하고 있음을
상징한다. 이것은 존재의 법칙이라고도 할 수 있을 듯하다. 만사 만물
이 상호 의존하고 유기적 관계 속에 있을 때만이 생성소멸이 가능함
과 같다. 그래서 『춘추』에서는 "홀로 있는 음과 홀로 있는 양은 어떠
한 것도 생성시키지 못한다."라고 하였다. 서양의 원자론에서 모든 존
재의 최소 단위가 원자라고 한다면, 음양 사상은 그러한 최소 단위조
차 근거하게 되는 존재자들의 존재 원리와 변화 원리를 동시에 갖는

다. 즉 음과 양은 우주의 모든 존재들을 상호 관계적으로 설명할 수 있는 가장 근본적 원리인 것이다.

동양적 사유의 특징은 이러한 음양 원리가 단지 우주와 만물에만 적용되는 것이 아니라 인간과 사회에도 동일하게 적용된다는 것에서 찾을 수 있다. 음양 관계는 우리의 삶에도 그대로 영향을 미치는데, 문제는 이러한 음양의 대립적 구분으로 인간의 일을 서로 구별할 뿐 아니라 차별한다는 점이다. 일단 하늘을 양이라고 하고, 땅을 음이라 하는 것에서 양과 음은 그 성격이 분명히 서로 다른 것으로 구분되었다. 그러나 그 구분은 바로 차별을 낳게 된다. 『주역』에 나오는 "천존 지비"나 동중서의 "양존음비陽尊陰卑"가 그러하다. 특히 동중서는 양은 남성을, 음은 여성을 상징한다고 하였다. 이 논리는 곧 남존여비男尊女卑사상의 토대가 된다. 즉 자연철학적 원리인 음양이 남녀의 구분과 차별적 관계를 규정하는 바탕이 되었다는 것이다.

원래 음양의 구분은 서로 대립하기 위해서가 아니라 상호 작용하기 위해서였다. 즉 음양은 우주와 인간을 구성하는 상호보완의 요소이다. 그래서 『주역』에서 말하는 바와 같이 "한 번 음하고, 한 번 양하는 것이 바로 만물의 법칙"이며, 동중서 또한 "양은 음을 아우르고, 음은 양을 아우른다."고 말한다.

이후 음양론이 지배자의 권력을 정당화하고, 남성 우월주의를 정당화하는 논리로 전개되었지만 처음 음양 사상의 출현은 오히려 조화와 상생을 의미하는 것이었다. 따라서 음양론에 대한 새로운 시각이 필요하다. 그 새로운 시각의 기원이 바로 증산 상제님의 정음정양 사상이다.

음양의 조화와 선후천

음양의 조화는 우주의 조화이며, 세상의 조화이며, 삶의 조화이다. 그래서 음양의 조화와 이상적 세계관은 서로 일치한다. 증산 상제님의 천지공사 역시 음양의 조화를 바탕으로 한다. 그러나 선천의 음양은 서로 조화를 이루지 못했다. 음보다 양이 많은 상태로 보통 이를 삼양이음三陽二陰(삼천양지三天兩地) 혹은 억음존양이라고 부른다. 증산 상제님은 그 음양 불균형을 다음과 같이 흥미롭게 풀어주었다.

> 예전에는 억음존양이 되면서도 항언에 '음양陰陽'이라 하여 양보다 음을 먼저 이르니 어찌 기이한 일이 아니리오. 이 뒤로는 '음양' 그대로 사실을 바로 꾸미리라.(『도전』 2:52)

선천은 억음존양의 세상이고 인간관계 역시 억음존양이었는데도 우리의 일상 언어는 '양음'이 아니고 '음양'이라고 하여 음을 먼저 하니 이치에 맞지 않는다는 것이다. 그래서 후천은 '음양'의 말에 맞게 음이 먼저인 세상을 여신다는 말씀이다. 이 구절의 함의는 바로 음양의 조화가 조화로운 세상을 만든다는 것이다.

증산도 우주론에서 음양의 관계를 나타내는 중요한 개념이 있다. 바로 정음정양이다. 음과 양이 서로 조화를 이룬 상태를 의미한다. 정음정양을 이해하기 위해서는 우주 1년과 선후천의 시간관, 그리고 상극과 상생 등을 함께 거론해야 한다. 우주 1년의 변화와 음양의 조화는 서로 밀접한 관련이 있기 때문이며, 음양의 관계는 선후천의 존재원리와 또 밀접한 관련이 있기 때문이다.

우주의 변화를 음양의 질서로 구체화된 것은 역에 대한 새로운 사상을 전개한 조선 말엽의 김일부金一夫(1826-1898)와 그 사상을 이어받은 한동석이었다. 물론 이러한 음양 사상은 우주론에 그쳤지만 증산 상제님은 인간이 곧 소우주라고 하시면서 이를 인간의 삶과 관련하여 상극과 상생, 개벽과 구원, 남녀동권의 문제로 풀어주었다.

음양의 양적 균형 관계는 크게 두 가지로 구분할 수 있는데 바로 편음편양偏陰偏陽과 정음정양正陰正陽이다. 편음편양은 음과 양의 균형이 어느 한쪽으로 치우친 상태를 말하고 정음정양은 음양이 동등하게 상호 조화를 이룬 상태를 말한다. 이중 편음편양에는 양이 강하고 음이 약한 관계인 삼양이음三陽二陰, 혹은 삼천양지三天兩地의 관계가 있는데 이를 좀 더 인간관계의 차원에서 말하면 억음존양抑陰尊陽이라고 부를 수 있다. 정음정양의 반대이다. 이와 반대로 음이 강하고 양이 약한 삼음이양, 혹은 삼지양천 관계가 있는데 이는 억양존음이라고 할 수 있다. 그 어느 쪽이든 음양의 부조화는 인간 삶의 부조화를 초래한다. 따라서 우주의 가장 이상적인 상태는 음양이 조화를 이룬 정음정양의 상태라고 할 수 있다.

음양의 이러한 양적 관계를 다루는 논리는 중국 전통의 음양론에서는 찾아보기 힘들다. 물론 그들도 음과 양의 균형 관계에 따라 인간과 사회가 다양하게 변화한다는 것을 주장하였지만 이러한 문제를 크게 세 가지로 구분한 예는 없으며, 특히 정음정양이란 개념은 더욱 발견하기 어렵다.

음양 관계로 선후천을 설명한 사람이 김일부이다. 그의 정역 사상의 핵심은 선·후천론에서 찾을 수 있는데 『정역正易』의 원제목이 『금화정역金火正易』인 데서도 잘 알 수 있다. 이 제목은 선후천의 순환은 바로 금화교역으로 상징된다는 것을 뜻한다. 특히 김일부는 선후천의 음양 균형을 "선천先天은 삼천양지이며, 후천後天은 삼지양천이다."라고 설명한다. 이러한 선후천의 음양 관계는 상극과 상생의 질서로 드러난다.

중요한 것은 이러한 음양의 균형 질서가 우주의 변화 원리를 규정하게 되는데 양이 많은 선천은 상극의 이치가, 음양의 조화를 이루는 후천은 상생의 이치가 지배하게 된다는 것이다. 이렇게 우주 음양 원리와 상극·상생의 이치는 증산도 우주론에서 명확히 확인할 수 있다. 그리고 이러한 우주론의 연장선상에서 인간 삶의 음양논리가 시작된다.

여성, 억압의 역사를 살다

음양의 부조화, 억음존양의 선천세상이 드러내는 가장 큰 상징은 남성과 여성의 불평등한 관계이다. 여기서 남성은 양에 여성은 음에 대비되는데, 그래서 억음존양의 우주는 여성을 억압하고 남성을 존귀하게 여기는 남존여비의 관계를 만들게 된다. 실제로 인류 역사에서 여성은 남성의 지배와 억압에서 고통스러운 삶을 살았다.

> 선천은 억음존양抑陰尊陽의 세상이라. 여자의 원한이 천지에 가득
> 차서 천지운로를 가로막고 그 화액이 장차 터져 나와 마침내 인
> 간 세상을 멸망하게 하느니라. 그러므로 이 원한을 풀어 주지 않
> 으면 비록 성신聖神과 문무文武의 덕을 함께 갖춘 위인이 나온다
> 하더라도 세상을 구할 수가 없느니라. (『도전』 2:52:1~3)

증산 상제님의 이 말씀에서 여성의 억울함을 절절히 읽을 수 있다. 선천 억음존양의 세상에서 남성의 억압에 고통받는 여성, 그 원한이 천

지에 가득 찼다는 말씀은 선천 음양부조화의 정곡을 찌른 말씀이다.

동서문명의 근간이 되는 종교와 사상을 돌아보면 남성과 여성의 상호 대비된 관계를 잘 알 수 있다. 서양 문명과 사상의 토대인 기독교의 '아버지 하나님', 그리고 여자는 남자에게서 나온 남자의 부속품이라는 『성경』의 '창조설'은 남성 중심 세계관의 전형을 보여주었다. 중세 기독교가 만들어 낸 마녀사냥은 억음존양의 문명이 보여준 인류 문명사의 치욕이었다.

한편 동양에서는 삼종지도三從之道와 칠거지악七去之惡이란 억압적 기제로 모든 죄악을 여성에게 떠넘기고 있다. "암탉이 울면 집안이 망한다"는 속담 역시 여성억압을 상징한다. 이러한 동서 문화의 바탕에는 음양의 부조화가 만들어낸 극단적 남성 우월주의가 깔려있다.

이슬람교의 경전 『꾸란』은 "그대의 아내들과 딸들과 믿는 여성들에게 베일을 쓰라고 이르라. 그때는 외출할 때라. 그렇게 함이 가장 편리한 것으로 그렇게 알려져 간음되지 않도록 함이라."라고 기록하고 있다. 사우디아라비아에서 여성의 참정권은 제한되며, 심지어 최근까지 여성은 운전을 할 수 없는, 해서는 안되는 존재였다.

여성억압의 사례는 너무나 많다. 이슬람의 명예살인, 중국의 전족, 아프리카의 여성 할례, 최근 여성을 대상으로 한 성폭력 등등. 그 중 '명예살인'은 여성에 대한 억압을 넘어 그 생명조차 남성의 소유물로 간주하는 최악의 범죄라고 할 수 있다.

명예살인이란 정조를 잃은, 혹은 이슬람의 규칙을 어긴 여성에 대한 남성들의 합법적 살인이다. 이는 한 여성이 가족이나 조직, 혹은 사회의 명예를 더럽혔다는 이유로 그 여성에게 가하는 단죄적 의미를 가지기 때문에 일명 명예살인이라고 불린다. 명예살인은 강간을 당하는 억울한 경우가 발생하더라도 이 억울함은 절대 인정되지 않으며, 가해자 남성에게는 어떤 처벌도 없는 반면 오히려 피해자 여성은 명예살인을 당하게 된다.

이처럼 여성은 남성의 소유물이며 노리개에 지나지 않았다. 인류의 절반이 여성이지만 여성이라는 이름으로 인류의 절반은 결코 인간으로서의 가치를 인정받지 못했다. 증산 상제님은 남성의 권위와 억압에 눌려 "몇 천 년 동안 깊이깊이 갇혀 남자의 완롱玩弄거리와 사역使役거리에 지나지 못하던 여자의 원寃"을 드러내고 있다.

수많은 억압과 소외를 겪으며 살아온 여성이 선천에 겪는 병이 바로 원한이다. 선천 억음존양의 구조에서 여성의 원한은 불가피한 결과물이다. 고통의 크기만큼, 그 고통의 세월만큼 크고 깊은 원한이 여성의 삶속에 가시처럼 박혀 있는 것이다.

남성의 권위에 의해서 여성에게 가해진 억압과 그 억압이 만들어 낸 원한은 단순히 심적인 고통, 마음의 병을 의미하지 않는다. 원한은 여성의 가슴 속에 내재하는 고통으로 끝나는 것이 아니라 천지운로를 가로막고, 세상을 멸망케 하는 파괴적인 힘으로 터져 나온다. 증산도 사상에서 원한은 바로 그런 것이다. 세계를 파괴하는 무시무시한 힘, 모든 생명체를 죽음으로 몰고 가는 살기이다.

그럼 왜 똑같은 인간으로서 여성이 남성의 힘에 의해, 권력에 의해, 제도에 의해 희생되며 고통받고 소외되어야 하는가? 그 문제에 대한 우주론적 해답이 바로 억음존양이라는 음양의 부조화이다. 이는 우주 내 모든 사물들이 음양의 존재법칙에 제한되는 것처럼, 인간 역시 그 음양의 법칙에서 벗어날 수 없기 때문이다. 그렇다면 그 해결책 역시 음양의 문제로 풀어야 한다. 바로 음양의 조화가 만든 새로운 세상으로의 변화이다.

정음정양과 남녀동권

요즘 우리 사회의 화두는 남녀 간의 갈등이고, 남녀가 어떻게 화해하여 서로 존중하는 사회를 만들 수 있는가 하는 것이다. 알다시피 최근 여성을 향한 극단적 범죄가 대낮에 발생하면서 여성들을 불안하게 만들고 있다. "여자라서 죽었다"는 말이 여성들에게는 너무나 가혹한 현실이었다. 페미니즘은 여성주의로 폄하되거나 여성우월주의로 왜곡되기도 한다. 여성의 인간적 권리와 평등한 대우를 바라는 요구에 남성들은 "그럼 너희들도 군대에 가라"는 비아냥을 쏟아낸다. 21세기 대한민국은 여전히 남녀가 서로 대립하는 시대이다. 그 대립에서 늘 패자는 여성이다. '유리천장'이란 말은 여성의 사회적 역할의 한계를 잘 나타낸다. 최초의 여성검사장이란 말이 뉴스가 되고, 여성이 공무원 합격자의 절반이라는 말은 결코 여성의 능력을 긍정 평가하지 않는다. 문제는 이러한 문제점을 올바로 인식하지 못하는 남성들의 편견이며 오만이다. 음양론의 전통적 아집에서 벗어나지 못한 결과이다.

우주와 인간의 참모습을 찾고자 하는 동양 사상에서는 우주 만물의 생성소멸이 음양과 오행의 변화에서 비롯된다고 말한다. 『주역』에서 말하는 '일음일양지위도－陰－陽之謂道'는 곧 '음과 양의 조화로운 작용이 천지 만물의 길이며, 법칙'이라는 것이다.

그러나 선천은 음양이 부조화한 상태, 즉 양이 음보다 더 강한 상태로 만물이 서로 갈등하는 상극의 세상이었다. 그러한 상극의 세상에서 인간의 삶 역시 상극을 벗어날 수 없다.

선천은 상극相克의 운運이라 상극의 이치가 인간과 만물을 맡아 하늘과 땅에 전란戰亂이 그칠 새 없었나니 그리하여 천하를 원한으로 가득 채우므로 이제 이 상극의 운을 끝맺으려 하매 큰 화액禍厄이 함께 일어나서 인간 세상이 멸망당하게 되었느니라.(『도전』 2:16)

상극의 선천이 만든 원한은 근본적으로 음양의 부조화, 즉 억음존 양의 질서에 의한 것이다. 이런 부조화의 대표적인 경우가 바로 여성 억압이다. 음양의 균형과 불균형은 곧 우주의 질서와 밀접한 관련이 있음은 주지의 사실이다. 우주의 봄·여름은 양의 시대로 양인 남자가 더 큰 기운을 받게 된다. 삼천양지의 우주는 곧 선천의 문명과 인사를 남성 위주의 사회가 되도록 하였다. 그렇다면 남녀와 강약과 빈부의 불평등을 해결하는 방법이 무엇인지는 분명하다. 우주가 음양불균형 의 상태를 벗어나 양과 음이 상호 조화를 이루는 정음정양의 시대가 되어야 한다는 것이다.

정음정양은 두 가지 의미를 갖는다. 첫째는 우주론적 의미로 우주 의 음양 조화 상태를 말한다. 둘째는 인간론적 의미로 약자와 강자 의 구분이 없는 조화로운 상태를 말한다. 특히 남녀가 서로 조화를 이 루고 살아가는 상태, 남녀가 동등한 권리를 향유하는 상태를 말한다. 물론 전자는 후자가 가능하기 위한 바탕이다. 즉 우주의 음양이 부조 화한 상태에서는 인간과 문명의 음양 질서, 강약 질서가 조화를 이루 지 못한다는 뜻이다. 따라서 정음정양의 남녀 관계는 정음정양의 우 주 질서가 전제되어야 한다.

앞세상은 하늘과 땅이 합덕(天地合德)하는 세상이니라. 이제 천하를 한집안으로 통일하나니 온 인류가 한가족이 되어 화기和氣가 무르녹고 생명을 살리는 것을 덕으로 삼느니라. 장차 천하만방의 언어와 문자를 통일하고 인종의 차별을 없애리라. 후천은 온갖 변화가 통일로 돌아가느니라.(『도전』 2:18)

여기서 말하는 '하늘과 땅이 합덕하는 세상'이란 정음정양의 세상과 같은 말이다. 정음정양의 세상에서는 대립과 갈등은 사라지고 온 세상이 모두 한집안처럼 화목하며 인종의 차별도 언어의 차이도 없어 모든 변화가 오직 통일의 방향으로 나아가게 된다.

이때는 해원시대라. 몇 천 년 동안 깊이깊이 갇혀 남자의 완롱玩弄거리와 사역使役거리에 지나지 못하던 여자의 원寃을 풀어 정음정양正陰正陽으로 건곤乾坤을 짓게 하려니와….(『도전』 4:59)

정음정양은 두 가지 의미 모두를 갖는다. '정음정양으로 건곤을 짓게 한다'는 것은 곧 천지공사를 통한 개벽 우주를 말하고, 이 개벽 우주는 정음정양의 세상이다. 그 정음정양의 세상을 만들어 여자의 원을 푸는 정음정양의 삶을 여는 것이 증산 상제님의 천지공사이다.

여기서 우리는 정음정양과 함께 남녀동권사상의 한 면을 볼 수 있다. 정음정양사상이 남과 여의 문제로 보면 바로 증산도 남녀동권사상으로 나타난다. 즉 해원을 통해 비로소 여성은 지난날의 고통에서 벗어나 새로운 삶을 살아가는 바탕을 마련한다. 그 바탕 위에서 여성이 여성으로서의 모든 권리와 역할을 수행하게 되는 것이다. 즉 여성 해원이 남성 우월주의로 인해 받은 원한의 상처를 씻는 소극적인 정음정양이라면 남녀동권은 그것을 넘어 여성이 남성과 동등한 권리를 행사하는 적극적인 의미의 정음정양이라고 할 수 있다. 이처럼 정음정양은 여성 해원의 차원에서 접근할 수 있고, 여성의 원과 한이 모두 풀어질 때 남녀가 평화롭게 살아가는 참다운 남녀동권의 세상이 가능하다는 것이다.

빈자와 약자들의 세상

음양의 특성으로 인한 구분은 크게는 하늘과 땅, 작게는 산과 강, 낮과 밤으로 나누고, 사회적으로는 강자와 약자, 가진 자와 가난한 자로 구분한다. 모두 전자는 양이고 후자는 음이다. 이러한 구분을 인간에게 적용하면 남자는 양, 여자는 음, 강자는 양, 약자는 음에 해당한다. 그러나 문제는 이러한 구분이 단지 구분에 그치는 것이 아니라 그 양자의 균형 관계에 의해서 존비尊卑와 우열優劣이 규정된다는 것이다. 즉 강한 자, 남성, 부유한 자는 존귀하며 우세하고 권위적인 반면 약자와 여성과 가난한 자는 비천하고 열등하며 왜소한 존재로 평가된다는 점이다. 이러한 상호 대비적인 가치판단이 법칙화된 선천에서 약자의 삶은 비참하고 고통스럽다. 증산 상제님은 그것을 풀어주려고 하셨다.

> 하루는 김갑칠金甲七이 여쭈기를 "저와 같이 용렬하고 천하기 그지없는 자도 다가오는 선경세계의 복을 누릴 수 있습니까?" 하니 상제님께서 문득 안색을 바꾸시어 큰 소리로 말씀하시기를 "갑칠아, 그게 무슨 말이냐. 이때는 해원시대니라. 이제 해원시대를 맞아 도道를 전하는 것을 빈천한 사람으로부터 시작하느니라." 하시고 (『도전』 2:55)

'이때는 해원시대'라는 말씀에서 우리가 살아가는 때의 정신을 알 수 있다. 해원시대는 곧 억음존양을 벗어난 정음정양의 시대이며, 강자와 남성과 부귀한 자로부터 그 모든 권력과 명예와 부가 약자와 여성과 가난한 자에게로 공평히 옮겨오는 시대이다. 무엇보다 증산 상제님의 가르침인 무극대도는 가난하고 천한 백성에게로 먼저 전해진다는 말씀에서 그들의 삶이 지금까지와는 달리 참된 해원과 상생의 시대를 맞이하게 된다는 것을 알 수 있다. 이것이 증산 상제님의 법이며 가르침이다.

예수가 말한 '마음이 가난한 자는 복이 있다'는 것보다 더 현실적이고 구체적인 말씀으로, 세상에서 버림받은 빈천한 자와 여성에게 그 모든 복을 고루 나누어준다는 것이다. 그래서 증산 상제님은 오직 가난한 자라야 내 가르침을 받으며, 소외된 자가 곧 증산 상제님의 도를 받는다고 하였다.

> 부귀한 자는 자만자족하여 그 명리名利를 증대하기에 몰두하여
> 딴 생각이 나지 않으리니 어느 겨를에 나에게 생각이 미치리오.
> 오직 빈궁한 자라야 제 신세를 제가 생각하여 도성덕립道成德立을
> 하루바삐 기다리며 운수 조일 때마다 나를 생각하리니 그들이
> 곧 내 사람이니라. (『도전』 2:55)

'가난한 자' '약한 사람', "그들이 바로 내사람"이라는 상제님의 말씀에서 우리는 참된 신앙과 구원의 길을 걷는 민중들의 고단한 삶을 돌아보게 된다. 증산 상제님은 그들에게 진정한 하느님이며 희망이었다. 미륵불이었다. 선천 오만년 음양의 부조화로 소외되고 빈궁한 자

들이 증산 상제님의 강세와 천지공사로 열리는 후천 오만년 음양조화의 세상에서 비로소 그 음의 지위를 살던 모든 사람들이 존중받고 귀한 대접을 받는, 참된 행복의 시대를 살게 된다는 것이다.

정음정양은 단지 여성의 억압과 고통의 문제가 아니라 소외된 모든 사람들의 삶을 바꾸는 가장 보편적 원리이며, 이로써 후천의 선경이 선천 양의 시대를 억압받으며 살았던 자들의 세상이 되는 것이다. 이 것이 증산 상제님의 세상이며, 증산 상제님의 가르침이며, 증산 상제님의 법도이다.

> 이때는 해원시대라. 사람도 이름나지 않은 사람이 기세를 얻고
> 땅도 이름 없는 땅이 기운을 얻느니라.(『도전』 4:28)

상제님의 가르침은 단지 말씀으로, 선언으로 그치지 않았다. 『도전』에서는 가난한 자의 병을 고치시는 상제님, 그들의 배고픔을 달래는 상제님의 모습이 많이 담겨 있다. 비록 천한 신분의 하인이나 머슴에게도 그 인격적 가치를 존중하는 상제님의 행위는 진정한 조화와 평등의 사회를 만드는 기준이 될 것이다.

천지비天地否, 지천태地天泰 선천의 음양불균형을 상징적으로 보여주는 주역의 괘상이 있다. 상제님은 이러한 주역을 예로 들어 선천과 후천의 음양 관계를 알려주었다.

> 선천은 천지비天地否요, 후천은 지천태地天泰니라. 선천에는 하늘만
> 높이고 땅은 높이지 않았으니 이는 지덕地德이 큰 것을 모름이라.

이 뒤에는 하늘과 땅을 일체로 받드는 것이 옳으니라.(『도전』 2:51)

　지덕이 크다는 것은 음이 지닌 고유의 역할을 인정한다는 것이며, 하늘과 땅을 일체로 받드는 것은 곧 후천이 정음정양의 세상이 되는 것을 말한다. 이는 남녀가 똑같이 존중받는 세상이 되는 것을 함축한다. 증산 상제님은 이를 『주역』의 64괘 중 태괘와 비괘를 가지고 설명해준 것이다.

　친지비天地否괘와 지천태地天泰괘는 그 모양이 반대이다. 천지비는 하늘이 위에 있고 땅이 아래에 있는 형상으로 우리가 보는 자연 그대로다. 그런데 이 자연스런 괘를 '비否'라 이름하고 그 뜻을 '막힌 것'으로 풀이한다. 그 이유는 양이 위에 있어 올라가려고 하고, 음이 아래에 있어 내려가려고 하니 천지, 음양이 서로 만나지 못한다는 것이다. 하늘은 저 혼자 높고 땅은 하늘과 아무 상관 없이 저 혼자 아래로 향한다는 것이다. 그래서 천지가 불교不交하고 만물이 불통不通하는 상황을 표현한다. 또한 비否괘의 상은 전반부는 매우 순조롭고 상승적인 반면에 후반부는 어렵고 쇠락하는 국면을 나타낸다는 것이다. 바로 선천의 억음존양을 그대로 상징하며, 선천의 극한 성장과 말대의 수렴을 잘 표현하고 있다.

　지천태地天泰괘는 이와 반대이다. 즉 땅이 위에 있고 하늘이 아래에 있다. 이것은 천지가 만나고 만물이 통하는 것을 의미한다. 상하가 만나고 강유가 조화되는 것이다. 그 해석 역시 '하늘과 땅이 화합하여 태평하다'라고 하였다. 하늘의 마음과 땅의 마음이 서로 화합하여 서로 교통交通하는 괘다. 하늘의 기운은 위로 향하고 땅의 기운은 아래로 향하는 것이기 때문에 서로 만난다는 이치다. 서로 다가가는 마음이다. 남과 여의 관계로 말하면 서로 다가가고 화합하고 교통하는 운을 말한다. 후천 정음정양의 음양관계가 지천태인 것이다.

　지천태는 음과 양 작용이 서로 조화를 이루는 것이므로 후천의 남녀관계뿐 아니라 강약, 빈부의 갈등 역시 새로운 음양관계에 따라 조화를 이루게 된다. 즉 이제 후천이 되어서 음과 양이 서로 균형을 이루게 되었으므로 음을 앞에 둔 그대로 여성과 억압받는 모든 자들이 선천의 원한을 풀고 행복하고 평화로운 삶을 살게 됨을 말한다. 증산 상제님의 여성해원은 "여자가 천하사를 하려고 염주를 딱딱거리는 소리가 구천에 사무쳤나니 이는 장차 여자의 천지를 만들려 함이로다. 그러나 그렇게까지는 되지 못할 것이요, 남녀동권 시대가 되게 하리라."(『도전』 2:53)는 말에서 잘 드러난다. 여성이 위에 있는 것은 여성이 지배하는 것이 아니라 남녀관계 뿐 아니라 세상만사가 음을 바탕으로 음양이 조화를 이루는 것을 말한다. 독일의 빌헬름Richard Wilhelm(1873~1930)이 '평화의 괘'라고도 부른 '지천태地天泰'가 후천 가을의 변화성을 상징적으로 보여준다.

수부공사에 담긴 뜻 '아버지 하느님'

　우리에게는 익숙한 개념이다. 기독교가 이 땅에 들어온지 2백년이 넘었고, 동네마다 몇 개씩 높은 십자가가 솟아 있는 풍경 역시 낯설지 않다. 그러나 기독교는 아버지 하느님이란 이름으로 얼마나 오랜 세월 여성을 억압했던가!

　그럼 왜 어머니 하느님이 아닌 아버지 하느님이었을까? 이는 인류의 역사와 함께 하는 남성중심주의와 연관된다. 즉 모계사회에서 부계사회로 넘어가면서 어머니를 신앙하던 문화는 아버지를 권력의 중심에 두는 부권사회로 바뀌었고, 교회는 그 권력의 중심에 '아버지' 하느님을 두었다.

증산도 신앙관에서 가장 놀라운 것은 신앙의 대상으로 아버지 하느님과 함께 어머니 하느님을 모시고 있다는 점이다. 상제님과 태모님은 아버지 중심의 양의 문화를 음양 조화의 문화로 나타내는 상징이 되었다. 그 어머니에 대한 올바른 이야기를 『도전』은 '수부'라는 특유의 개념으로 자세히 기록하고 있다.

우주와 만물의 음양이 서로 조화를 이루는 것이 정음정양이며, 이 정음정양의 우주이치를 상징적으로 보여주는 상제님의 공사가 '수부 공사'이다. 수부首婦는 모든 여성들의 머리가 되는 여자를 뜻한다. 그 내포된 의미는 두 가지인데 하나는 모든 생명의 어머니요, 만백성의 어머니가 되는 근원적인 존재로서 천지의 큰어머니라는 의미이고(그래서 증산도에서는 태모太母라고 부른다), 다른 하나는 증산 상제님으로부터 종통대권을 전수 받은 후계자라는 의미이다.

이 수부사상을 통해서 증산도 여성관을 분명히 읽을 수 있다. 기존의 종교, 철학, 사상에서 도외시했던 여성의 문제를 가장 적나라하게 노출시키고 그 근원적 해결점을 찾아가는 키포인트가 '수부'라는 말에 담겨 있기 때문이다. 그러나 수부는 단순히 여성해원이나 남녀평등의 차원을 넘어서 새 우주를 여는 방법의 문제와 연관되어 있다. 즉 수부에는 음양의 조화와 올바른 질서인 정음정양의 역사적 실현이라는 의미도 담겨 있다.

이렇게 수부는 앞으로 열리는 후천 음존시대를 맞아 선천의 억음존양의 질서를 깨고 새로운 정음정양의 질서를 여는 상징이자 종통대권의 자리이며, 또한 하나님의 반려자로 후천개벽, 도운창업의 기틀을

열어주시는 어머니(태모)로서 여성 해원 시대의 새 문화를 여는 평화
와 조화의 "첫 여인"으로서 큰 사역자를 뜻한다.

> 태모太母 고수부高首婦님은 억조창생의 생명의 어머니이시니라. 수
> 부님께서 후천 음도陰道 운을 맞아 만유 생명의 아버지이신 증산
> 상제님과 합덕合德하시어 음양동덕陰陽同德으로 정음정양의 새 천
> 지인 후천 오만년 조화 선경을 여시니라.(『도전』11:1)

증산 상제님이 수부로 하여금 천지공사에 참여케 한 것은 남성과
여성의 절대 동권을 의미하며, 선천의 깊은 수렁에 빠진 여성의 인권
과 지위를 공평히 들어올리는 음존陰尊사상의 실현과 관련이 있다. 그
래서 증산 상제님은 "여자의 원寃을 풀어 정음정양正陰正陽으로 건곤乾
坤을 짓게 하려니와 이 뒤로는 예법을 다시 꾸며 여자의 말을 듣지 않
고는 함부로 남자의 권리를 행치 못하게 하리라."(『도전』 4:59)라고 한
것이다.

증산 상제님의 수부공사는 후천 가을 천지를 음을 중심으로 열었
고, 그 후천 음도 시대의 주재자는 다름 아닌 머릿여자인 수부이다.
이것이 수부공사가 정한 수부도수인 것이다. 증산도 종통계승과 도통
의 연원 문제, 인사의 출발과 매듭 등의 모든 열쇠가 수부도수에 담겨
있다. 그러므로 수부와 그에 담긴 수부사상을 이해하지 못한다면, 또
그것을 받아들이지 않는다면 증산도 사상을 정확히 이해하기 힘들 것
이다.

> 내 일은 수부가 들어야 되는 일이니 네가 참으로 일을 하려거든

수부를 들여 세우라.(『도전』 3:209)

여기서 '내 일'이란 물론 병든 하늘과 병든 땅을 뜯어고쳐 새 하늘과 새 땅을 건설하는 천지공사를 일컬으며, 이 천지공사는 증산 상제님 홀로 완성하는 것이 아니라 반드시 수부와 함께 하는 음양합덕陰陽合德으로 이루어진다는 뜻을 내포하고 있다.

"천지에 독음독양獨陰獨陽은 만사불성이니라. 내 일은 수부首婦가
들어야 되는 일이니"(『도전』 6:34)
"그대와 나의 합덕으로 삼계三界를 개조하느니라."(『도전』 6:42)

독음독양은 곧 편음편양으로 선천 억음존양과 같은 말이다. 음양의 불균형으로는 어떤 일도 이루어질 수 없다는 것이며, 천지공사 역시 양의 상징인 아버지 하느님과 음의 상징인 어머니 하느님이 함께 해야 함을 말씀하신 것이다. 그대와 나의 합덕이란 음양합덕이며, 정음정양을 말한다.

천지자연에 맺힌 원한과 살기는 편음편양(삼양이음)에 따른 선천 상극의 운으로 인한 것이므로 증산 상제님은 천지공사를 통해 정음정양으로 해원과 상생이 인간의 삶에 그대로 구현되도록 예정하였다. 특히 여성에게 맺힌 원한을 풀어주기 위해서 수부도수를 정해 종통과 도맥을 여성에게 전수하는 파격적인 예식, 수부공사를 집행하였다.

이 세상을 새롭게 하는 많은 방법 가운데서 증산 상제님은 무엇보다 여자의 원을 푸는 게 가장 큰 일이라고 하였다. 선천의 여성들은 지구촌 곳곳에서 억압받으며 천고의 한을 품고 살아왔다. 그러므로

여자의 원한을 이해하고 여자의 원한을 푸는 것, 여자의 생명을 참되게 이해하고 여자를 바르게 보는 것이 선천의 인간 문제를 해결하는 전제가 된다는 말씀이다.

상제님께서 선천 억음존양의 건곤을 바로잡아 음양동덕陰陽同德의 후천세계를 개벽하시니라. 이에 수부首婦님께 도통道統을 전하시어 무극대도를 뿌리내리시고 … 수부는 선천 세상에 맺히고 쌓인 여자의 원寃과 한恨을 풀어 정음정양의 새 천지를 여시기 위해 세우신 뭇 여성의 머리요 인간과 신명의 어머니시니라.(『도전』 6:2)

5 천지와 하나 된 마음

　증산도뿐 아니라 모든 종교가 강조하는 것은 올바른 마음이다. 불교는 자비의 마음을, 기독교는 사랑의 마음을, 유교는 어진 마음을 강조하였다. 증산도는 물론 상생의 마음을 강조한다. 그러나 수행에 있어서 인간 마음의 경지는 상생보다 더 근원적인 마음인 일심一心이다. 일심이란 한마음이다. 한은 '큰', '깊은', '유일한' 등의 의미를 갖는다. 특히 그 일심의 궁극적 경지를 천지일심이라고 하는데 이는 하늘과 땅과 소통하는 마음, 천지와 같이 큰 마음, 천지와 하나 된 마음이라는 뜻이다.

마음의 본성, 성경신誠敬信 　증산 상제님의 가르침에서 마음의 본성과 마음 씀에 대한 예는 너무나 많지만 그 중에서 가장 대표적인 구절은 다음이다.

> 하늘은 이치理이니라. 밝고 밝은 하늘이 사람 마음속 하늘과 부합하니 이치理는 하늘에 근원을 두고 사람의 마음에 갖춰져 있느니라. 이치理를 거스름은 곧 스스로 마음속 하늘을 속이는 것이니 이는 하늘에 있는 하늘을 속이는 것이니라. 화禍는 밖에서 오는 것이 아니요 죄가 제 몸에 미친 것이니라. 천지는 나와 한마음이니 사람이 천지의 마음을 얻어 제 마음 삼느니라.(『도전』 2:90)

여기서 중요한 것은 사람의 마음이 하늘의 이치와 부합한다는 내용이다. 즉 사람의 마음은 감정에 따라 변하는 것이 아니라 하늘의 이치에 따라 공명정대해야 한다는 말씀이다. 그래서 '천지와 나는 한마음'이라고 한 것이다. 이 말은 천지의 이치에 따른 마음의 본성을 말하면서, 그 마음의 경지는 오직 천지의 마음을 본받아 이루어짐을 말함이다. 이처럼 하늘의 이치와 같은 마음, 천지와 하나된 마음이므로 그 마음은 곧 천지의 중심이 된다.

> 천지의 중앙은 마음이니라. 그러므로 천지의 동서남북과 사람의
> 몸이 마음에 의존하느니라.(『도전』 2:137)

하늘과 땅과 만물이 모두 인간의 마음에 의존한다는 것은 인간의 마음이 곧 하늘의 이치에 부합하기 때문이며, 그 마음이 곧 천지의 마음이기 때문이다. 오직 그럴 경우에만 마음은 천지의 중앙이며, 천지 만물은 마음에 의존하게 되는 것이다. 따라서 증산 상제님은 "마음을 속이는 것은 하늘을 속이는 것"(『도전』 4:102)이라고 하였다.

천지와 같은 마음, 천지와 하나된 마음이 드러난 모습이 성경신이다. 올바른 사람의 곧은 마음은 곧 정성과 공경과 믿음으로 드러난다.

> 천지에서 바람과 비를 짓는 데도 무한한 공력을 들이느니라. 너
> 희들 공부는 성경신誠敬信 석 자 공부니라.(『도전』 8:7:4-5)

천지가 만물을 창조적으로 변화시키는데도 성경신을 지니고 무한한 공력을 들여서 이루는 것처럼, 인간이 어떤 일을 이루기 위해서는

반드시 성경신이 요청된다. 여기서 공부는 바로 천지와 하나되는 공부, 천지의 일을 이루는 공부를 말한다. 성경신으로 하는 공부는 천지와 하나되는 공부인 것이다. 천지 만물은 모두 성경신의 일심으로 이루어지기 때문에 성경신은 일심을 떠나서 따로 존재할 수 없다. 정성과 공경과 믿음이 합쳐지면 그것이 일심이다. 천지 부모와 천지 인간이 서로 만날 수 있는 길은 바로 성경신의 천지일심을 갖는 데 있다. 성경신을 다한 일심의 노력과 큰 성과에 대해서 증산 상제님은 다음과 같이 알려주셨다.

> 상제님께서 성도들에게 말씀하시기를 "옛적에 어떤 사람이 선술仙術을 배우기 위하여 스승을 찾으려고 돌아다니더니 어떤 사람이 선술 가르쳐 주기를 허락하며 '십 년 동안의 성의를 보이라.' 하므로 그 사람이 머슴살이로 진심갈력盡心竭力하여 그 집 농사에 힘썼느니라. 10년이 찬 뒤에 주인이 그 성의를 칭찬하며 '선술을 가르쳐 주리라.' 하고 그 부근에 있는 연못에 데리고 가서 이르기를 '물 위로 뻗은 버들가지에 올라가서 물로 뛰어내리면 선술을 통하게 되리라.' 하거늘 머슴이 그 말을 믿고 나뭇가지에 올라가 물로 뛰어내리니 미처 떨어지기 전에 뜻밖에도 오색 구름이 모여들고 선악 소리가 들리며, 찬란한 보련寶輦이 나타나서 그 몸을 태우고 천상으로 올라갔다 하였나니 이것이 그 주인의 도술로 인함이랴, 학인學人의 성의로 인함이랴. 이 일을 잘 해석하여 보라." 하시니라.(『도전』8:106)

십 년 동안의 성의는 바로 10년간의 성경신이다. 선술을 배우려는 사람에게 온갖 잡일을 시켰지만 그는 선술을 배우려는 열정으로 한 번도 마음이 흔들리지 않았다. 변치 않는 정성으로 그 10년의 고통을 견디고 마침내 선술을 배우게 되었는데 그 방법이 연못 위 나무에 올라가 뛰어내리는 것이었다. 이 허무한 방법을 누가 믿겠는가? 그러나 그의 믿음은 10년 동안, 그리고 이 순간에도 흔들리지 않았고, 그 방법대로 나무에서 뛰어내렸다. 나뭇가지에서 떨어져 연못에 이르는 그 찰라의 순간에 그는 선인仙人으로 화化해 승천하였다. 그의 마지막 행위까지도 성경신의 마음 경지였다.

10년간의 정성과 주인에 대한 공경, 그리고 선술에 대한 믿음으로 선인이 된 그의 공부를 한마디로 말하면 일심의 경지였다. 농사에도 일심이었고, 선술을 배우려는 마음도 일심이었다. 이 일화에서 성경신의 다른 말이 일심이고, 일심의 다른 말이 성경신임을 알 수 있다. 성경신은 셋이면서 하나이고 하나이면서 셋이다. 정성이 지극하면 공경하게 되고 공경이 지극하면 믿음이 있게 된다. 역으로 믿음이 지극하면 공경하게 되고 공경이 지극하면 정성이 있게 된다. 우주의 주재자를 천지의 한마음-정성과 공경과 믿음-으로 극진히 섬길 때라야 비로소 천지대업을 성취할 수 있다.

천지일심 그럼 일심은 무엇인가? '한 마음, 한결같은 마음, 온전한 마음'이다. 일심은 수행자의 마음가짐, 그리고 수행자의 경계 혹은 경지, 그리고 일꾼이 갖추어야 할 마음 자세 등으로 그 의미를 나누어 볼 수 있다. 즉 일심은 한마음, 진실된 마음을 뜻하지만 그 일심은 궁극적으로 개벽시대를 열어 가는 증산도 일꾼의 마음을 말한다.

천지 만물이 일심에서 비롯하고 일심에서 마치느니라. 오직 일심을 가지라. 일심이 없으면 우주도 없느니라. 일심으로 믿는 자라야 새 생명을 얻으리라. 너희들은 오직 일심을 가지라. 일심으로 정성을 다하면 오만년의 운수를 받으리라.(『도전』 2:91)

   일심은 천지 만물의 시작과 끝을 좌우하며, 우주의 존재도 일심에서 비롯된다는 것이다. 무엇보다 일심으로 정성을 다할 때 후천 오만년의 운수를 받을 수 있다는 것은 일심과 구원의 연관성을 보여준다. 여기서 일심은 만물의 존재근거이면서 일심수행과 일심신앙을 의미하는 마음의 경지이다. 그러나 이와 함께 마음의 실체에 대한 정의도 포함되어 있는데 형이상학적 의미의 일심은 천지 만물의 뿌리인 우주의 근원적 실체를 가리킨다. 그것은 우주의 마음이고, 우주의 신성이라 할 수 있다. 앞의 인용문에서 볼 때 증산 상제님은 "천지 만물이 일심에서 비롯하고 일심에서 마치느니라."고 함으로써 일심의 형이상학적 의미를 드러내고 있다.

   또한 일심이란 용어를 사용하고 있지는 않지만 "천지의 중앙은 마음이니라. 그러므로 천지의 동서남북과 사람의 몸이 마음에 의존하느니라."(『도전』 2:137)와 "하늘이 비와 이슬을 내리고 땅이 물과 흙을 쓰고 사람이 덕화에 힘씀은 모두 마음자리에 달려 있으니"(『도전』 4:100), "내 마음의 문지도리와 문호와 도로는 천지보다 더 큰 조화의 근원이니라."(『도전』 4:100)라고 한 것은 이러한 의미이다. 일심은 천지 만물이 생겨나는 근원이고 천지 만물은 마음의 본래적인 작용에 의해서 생겨난다는 말이다.

   증산 상제님이 말하는 마음, 그리고 일심은 우리의 일상심에서 벗어난 마음 자체를 뜻하기도 하며, 또 한편으로는 천지의 이치를 깨달아 천지의 마음과 일치하여 가을 개벽의 때에 천지의 일을 하는 일꾼의 지극한 마음의 경지를 뜻하기도 한다. 그 어느 쪽이든 이러한 마음의 경지를 천지일심이라고 한다. 우주의 마음과 하나가 되어 우주의 덕을 나의 덕으로 하고 나의 덕을 우주의 덕으로 할 수 있는 마음이 일심 혹은 천지일심의 경계이다.

> 천지의 마음을 나의 심법으로 삼고 음양이 사시四時로 순환하는 이치를 체득하여 천지의 화육化育에 나아가나니 그런고로 천하의 이치를 잘 살펴서 일어일묵一語一默이 정중하게 도에 합한 연후에 덕이 이루어지는 것이니라.(『도전』 4:95)

천지의 마음과 나의 마음이 일치하는 경지가 곧 천지일심의 경지이며, 이로써 인간은 천지의 이치를 체득하고 천지의 화육에 이바지하는 것이다. 이처럼 본래적인 마음작용의 주체는 우주의 한마음이다. 그것은 신성이며 모든 조화와 질서의 근원이다. 인간의 마음 가장 깊숙한 곳에 자리하고 있는 것은 우주의 한 마음, 즉 천지일심이다. 그 마음은 변함이 없는 우주의 이치를 담고 있는 한결같은 마음이다. 변함이 없이 진실한 마음, 사사로움이 없는 공정한 마음, 그것이 우주의 한마음이고 천지를 닮은 인간의 본래적인 마음, 곧 일심이다.

증산 상제님은 천지일심의 경계 혹은 경지를 "이제 모든 일에 성공이 없는 것은 일심一心 가진 자가 없는 연고라. 만일 일심만 가지면 못될 일이 없나니 …"(『도전』 8:52) "일심을 가진 자는 한 손가락을 튕겨 능히 만리 밖에 있는 군함을 깨뜨리느니라."(『도전』 8:53)고 설명한다.

이것은 일심이 무한한 능력과 힘을 발휘할 수 있음을 말하는 것이다. 이러한 일심의 경지는 오직 일심으로 수행하고 믿을 때 가능한 것이다.

> 쓸 때가 되면 바람과 구름, 비와 이슬, 서리와 눈을 뜻대로 쓰게 되리니 일심혈심―心血心으로 수련하라. 누구나 할 수 있느니라.(『도전』11:117)

일심이면 비와 이슬과 눈을 뜻대로 내릴 수 있으며, 그러한 일심은 일심혈심으로 수련할 때 가능하다는 것이다.

일심을 가진 자 바로 천하사 일꾼이며, 그러므로 천지의 일이 이루어지는 것이다. 즉 일심은 일꾼의 한결같은 마음, 인간의 역사에 주체적으로 참여하여 새역사를 여는 창조적인 마음, 천지개벽의 때에 생명을 살리는 상생의 바탕이 되는 마음이다. 그러므로 천하사 일꾼은 한마음으로 천지사역에 참여하고 일심으로 개벽기 생명의 살림에 참여하여야 할 것이다.

> "천지가 사람을 낳아 사람을 쓰나니 천지에서 사람을 쓰는 이때에 참예하지 못하면 어찌 그것을 인생이라 할 수 있겠느냐!"(『도전』2:23:3)

개벽기에 모든 인간은 바로 이처럼 천지일꾼으로 천지개벽에 참여하여야 한다. 그러한 천지일꾼의 마음가짐, 그것이 바로 일심이다.

태을주太乙呪와 일심수행

일심의 경지에 드는 일심의 수행공부는 바로 태을주 주문 수행이다. 태을주는 증산 상제님이 내려주신 주문으로 시천주 주문과 함께 증산도에서 가장 많이 주송하는 주문이다. 증산도 신도들이 수행 시에 주송하는 주문이 바로 태을주이다.

吽哆 吽哆 太乙天 上元君 吽哩哆哪都來 吽哩喊哩娑婆訶
훔 치 훔 치 태 을 천 상 원 군 훔 리 치 야 도 래 훔 리 함 리 사 파 하

태을주는 23자로 구성된다. 이 주문을 인간역사의 전면에 내놓은 사람은 조선 말의 도인 김경수이다. 김경수는 50년 공부로 뜻을 이루려는 서원을 세우고 주문 수행에 열심이었으나 뜻을 이루지 못하자 마지막으로 도가와 불가에서 '구축병마주驅逐病魔呪(세상의 모든 병마를 물리치는 주문)'로 비전되어 오던 주문인 '훔리치야도래 훔리함리사파하'의 열석자 주문을 읽고 신령한 기운을 체험하였다. 열석자 주문 수행 중에 천상 태을궁으로부터 '태을천 상원군'을 덧붙여 읽으라는 계시를 받았다. 그 후 증산 상제님께서 주문의 첫머리에 '훔치훔치'를 덧붙여 태을주를 완성하여 주셨다.

> 김경수는 50년 공부로 태을주太乙呪를 얻었나니 경수가 그 주문을 받을 때 신명이 이르기를 '이 주문으로 사람을 많이 살리게 되리라.' 하였느니라. 이제는 신명시대라. 같은 50년 공부에 어느 주문을 해원시킴이 옳으냐? … 시천주주는 이미 행세되었으니 태을주를 쓰라. … 나는 옛것을 고쳐서 쓰나니 훔치吽哆 훔치吽哆를 덧붙여 읽으라.(『도전』 7:72)

증산 상제님이 알려주신 태을주의 유래이다. 여기서 중요한 것은 '사람을 많이 살린다'는 말씀이다. 평소에는 영성을 계발하고 신도와 통하는 주문이며, 개벽기에는 죽어가는 사람을 살리는 의통의 역할을 하는 주문이 바로 태을주이다. 그러나 이러한 의통의 쓰임도 수행을 통한 공부 없이는 불가능하다. 그래서 태을주는 먼저 수행을 위한 주문이다.

태을주라는 주문의 명칭은 '태을천 상원군'에서 비롯되었다. 태을천에서 태을은 태일과 같은 뜻으로 모든 생명이 하나로 통일되는 상태를 말한다. 따라서 태을천은 우주생명의 조화기운을 하나로 통어하고 있는 근원적 하늘을 말한다. 그리고 우주생명의 통일적 조화기운을 관장하고 통제하고 있는 태을천의 주재자가 바로 태을천 상원군이다. 그러므로 태을주를 읽으면 우주 생명의 근원뿌리를 찾을 수 있으며 그곳으로 되돌아갈 수 있다. 그리고 이것이 바로 수행 공부의 목적이다.

증산 상제님이 붙여주신 '훔치'는 천지의 부모를 부르는 소리이다. '훔'은 우주 안에 있는 모든 소리를 머금고 있는 창조의 근원 소리이다. 동시에 우주 만유를 통일시키는 가을의 생명의 소리이며 조화의 소리이다. 또한 '훔'은 치유의 소리이다. '훔'은 전일적인 소리이기에 훔 소리를 들으면 인체의 모든 세포가 동시에 진동하여 생기를 얻는다. '치'는 '소울음 치', '입 크게 벌릴 치' 자로서 '신과 하나됨'의 의미를 갖는다. '치'는 또한 '크게 정해서 영원히 변치 않는다'는 의미도 갖는다. '치'는 훔의 생명력이 밖으로 분출된 소리로서 실제로 창조가 형상화되는 소리이다. 증산 상제님이 붙여준 훔치훔치는 수행에 있어 꼭 필요한 소리이며, 이로써 수행주문으로서 태을주가 완성된 것이다.

태을주 수행은 바로 모든 생명의 뿌리를 찾고 천지와 하나되는 것을 목적으로 한다. 가을이 되면 낙엽이 뿌리로 돌아가는 것처럼, 우주의 가을이 오면 모든 생명은 자신의 뿌리로 돌아가야 한다. 태을주는 우주 생명의 수원지인 천지부모를 찾는 주문이며, 이로써 우주 생명의 시원을 살펴서 그 근본으로 되돌아가려는 주문이다.

이런 모든 현상이 이루어지는 것은 태을주라는 주문과 그 주문으로 하는 일심 수행의 작용이다. 태을주가 위대한 주문이긴 하지만 그 주문을 믿고, 그 주문을 한마음으로 읽지 아니하면 원시반본도 깨달음도 일어나지 않는다.

> 너희는 매사에 일심하라. 일심하면 안 되는 일이 없느니라. 일심
> 으로 믿는 자라야 새 생명을 얻으리라.(『도전』 8:56)

그러나 일심의 경지에 들어가는 것이 쉬운 것이 아님은 물론이다. 증산 상제님은 그래서 "일심一心 공부가 죽기보다 어려우니라."(『도전』 9:202)고 하였다. 그러나 그 어려운 일심수행의 방법에 대해 예를 들어 설명하기를 "일기가 청명淸明하고 바람 없이 고요한 날, 깊은 물에 돌을 넣으면 소르르 들어가는 그러한 마음으로 한 시간만 나아가도 공부가 되느니라."(『도전』 9:202)고 하였다. 일심 수행 공부에 대해 묻는 제자에게 답한 말씀이다. 바람 한 점 없는 날 고요한 호수에 추호의 일렁임도 없는 상태에서 돌을 던져 그 돌이 물결을 일으키지 않고 고요히 물속으로 스며들어 깊이 가라앉듯이 공부하면 비록 짧은 시간이라도 일심의 경지에 들어갈 수 있으며, 수행은 바로 그런 자세로 행해야 함을 알려주었다. 바로 흔들임 없는 자세로 깊은 명상의 경지에

도달하여야 올바른 공부가 될 수 있다는 것으로 이해된다.

『도전』에는 일심 수행의 대표적인 예가 기록되어 있는데 바로 사냥 꾼의 일심공부에 대한 증산 상제님의 말씀이다. 어느 절에 중 셋이서 10년을 기약하고 도통 공부를 하는 것을 본 사냥꾼은 처음에는 이를 비웃었으나, 10년간을 그렇게 앉아 있는 것을 보고 감동하여 그들에 게 '길을 물으니' 하는 말이, '앞으로 사흘만 지나면 10년인데 지금도 안 늦었으니 일심으로 '나무아미타불'을 외우고 절벽에서 뛰어내리면 신선이 된다고 하였다. 이를 믿고 사흘간 주문 수행을 마치고 그 중 셋과 함께 절벽에서 뛰어내렸는데 바닥에 닿기 전에 그 사냥꾼은 신 선이 되어 등천하였다는 내용이다.(『도전』 9:214)

이 이야기에서 증산 상제님의 가르침은, 그 사냥꾼의 공부는 '나무 아미타불'을 읽어서 된 것이 아니라 '일심' 공부와 '믿음'에 있었다는 것이리라. 만일 태을주를 일심으로 공부한다면 신선이 될 뿐 아니라 천지의 일을 맡아 인류를 구원하고 선경을 여는 개벽의 일꾼으로 성 공할 것임은 더 말할 필요가 없을 것이다.

일심 일꾼의 경지, 만사지

만사지는 수행 공부를 통해서 깨달음의 경 지에 이른 자가 갖는 도통 경지를 말한다. 만사萬事, 즉 세상의 모든 일, 지知는 안다는 것으로 '세상의 모든 것을 안다'는 뜻이다. 여기서 세상의 모든 일은 단지 세상 살아가는데 필요한 지식뿐 아니라 그것 을 넘어선 궁극의 앎을 뜻한다.

증산 상제님의 가르침에 따라 일심 수행하면 이르게 되는 것이 만 사지이다. '만사'라고 한 것은 어느 한 분야에, 혹은 어느 한 시기에 한정된 것이 아니라는 것을 뜻한다. 이 세상의 어떤 전문가도, 뛰어난

학자도 세상 모든 것을 알 수는 없다. 결국 만사지는 기존의 인식경계를 허무는, 그래서 기존의 인식과는 다른 새로운 경계를 말한다. 후천 새 인간의 의식경계를 말하는 만사지는 바로 보편적 도통문화가 열리게 됨을 뜻한다.

'만사지'라는 개념의 출처는 시천주주와 천지진액주이다. 시천주주는 '侍天主시천주 造化定조화정 永世不忘萬事知영세불망만사지'이며, 천지진액주는 '新天地家家長世신천지가가장세 日月日月萬事知일월일월만사지 侍天主造化定시천주조화정 永世不忘萬事知영세불망만사지 福祿誠敬信복록성경신 壽命誠敬信수명성경신 至氣今至願爲大降지기금지원위대강 明德명덕 觀音관음 八陰八陽팔음팔양 至氣今至願爲大降지기금지원위대강 三界解魔大帝神位삼계해마대제신위 願趁天尊關聖帝君원진천존관성제군'(『도전』 3:221:6)이다. 천지진액주에도 역시 시천주주가 들어있으므로 만사지에 대한 이해는 시천주주를 통해서 가능할 것이다.

시천주 주문은 증산 상제님이 수운 최제우에게 내려준 주문이다. 수운은 오랜 방랑생활을 끝내고 깨달음을 얻기 위해 일심으로 하늘에 기도를 올렸다. 1860년 4월 5일, 그날도 지성으로 기도를 하고 있는데 하늘에서 하느님의 음성이 들려왔다. 수운은 『동경대전』에서 이때의 상황을 "뜻밖에도 사월에 마음이 선뜩해지고 몸이 떨려서 무슨 병인지 집중할 수도 없고 말로 형상하기도 어려울 즈음에 어떤 신선의 말씀이 있어 문득 귀에 들리므로 … 「두려워하지 말고 두려워하지 말라 세상 사람들이 나를 상제라 이르거늘 너는 상제를 알지 못하느냐. … 나의 영부를 받아 사람을 질병에서 건지고 나의 주문을 받아 사람을 가르쳐서 나를 위하게 하면 너도 또한 장생하여 덕을 천하에 펴리라.」"(『동경대전』「포덕문」)라고 적고 있다. 수운과 하느님과의 만남이 일어난 득도의 순간을 일명 '천상문답사건'이라고 부른다. 이때 수운이 기도 끝에 받은 주문이 바로 시천주 주문이다.

'시천주 조화정 영세불망 만사지 지기금지 원위대강'이 전체 주문이며 이 중 앞의 열세 자 주문을 본주문이라고 부른다. 『증산도 도전』에서는 시천주 주문에 대해 "이제 천지의 대운이 성숙의 가을 천지 기운 크게 내려 주시기를 간절히 원하고 비는 때이니 남녀노소 어린아이할 것 없이 모두 이를 노래하느니라. 그러므로 (너희가) 만사에 도통하는 큰 은혜 영원히 잊지 못할지니 '인간 세상에 오신 천주를 모시고 무궁한 새 세계의 조화를 정하나니 천지만사를 도통하는 큰 은혜 영세토록 잊지 못하옵니다.'라고 기도하느니라."(『도전』 4:141)라고 풀이하였다. 여기서 중요한 것은 만사지를 '만사에 도통하는 것'이라고 해석한 구절이다. 곧 하늘의 주인이신 상제님을 신앙하고 지극히 모시며, 일심 수행하여 조화의 경계에 이르면 누구나 '만사지'의 경지, 즉도통의 경지에 다다른다는 것이다.

> 시천주주侍天主呪는 천지 바탕 주문이니라. 시천주주에 큰 기운이 갊아 있나니 이 주문을 많이 읽으면 소원하여 이루지 못하는 일이 없느니라.(『도전』 2:147)

증산 상제님이 수운에게 내린 주문이 시천주주이고, 그 시천주주에 대해서 증산 상제님은 천지의 바탕 주문이라고 하였다. 천지의 바탕 주문이란 무엇일까? 앞의 『도전』 풀이에 따르면 천지의 이치를 깨달아 만사지에 이르는 주문이며, 그래서 천지와 하나되는 주문이라는 뜻이 아닐까?

수운은 시천주 주문에 대해서 "열세 자 지극하면 만권시서 무엇하며 심학心學이라 하였으니 불망기의不忘其意 하였어라. 현인군자 될 것이니 도성입덕道成立德 못미칠까"(『용담유사』「교훈가」)라고 말한다. 열세 자는 시천주 본주문의 글자 수이다. 수운은 시천주 주문의 본주문 열세 자를 지극정성으로 외우면 수많은 책을 읽은 것보다 더 많은 지식을 얻을 수 있고, 나아가 마음 닦는 공부로써 현인군자, 도성입덕의 경지에 이를 수 있다고 확언한다.

증산 상제님의 시천주 주문에 대한 말씀과 수운의 말을 함께 보면 시천주 주문을 통해서 얻어지는 '만사지'가 무엇인지 유추할 수 있다. 만사지는 책으로 얻는 지식의 한계를 넘어서며, 만사지의 인간은 학자가 아닌 현자, 군자, 도성입덕의 성인의 경지에 이른 사람임을 알 수 있다.

이렇게 볼 때 만사지는 과학적, 사회적, 철학적 지식에 한정되는 것이 아니라 그것을 넘어서 천지 만물에 대한 영적인 깨달음으로 그 본질을 파악하는 인식을 말하는 것이다. 그러나 증산도의 만사지가 단순히 깨달음의 경지에 다다른 것으로만 해석되는 것은 아니다. 만사지는 깨달음의 최고경지인 것은 분명하다. 그러나 만사지는 단지 깨달음의 경지에 머무는 것이 아니라 우리 인간이 깨달음을 통해서 새로운 인간으로 태어나는 것과 그 새로운 인간은 새로운 세계를 건설하는 주체로 우뚝 서는 것, 이 두 가지 의미를 동시에 가지고 있다. 만사지를 이룬 인간은 깨달은 자이면서, 그 깨달음을 통해서 새로운 세상을 열어가는 실천적 인간이다.

태일인간 일심 수행으로 천지의 마음과 하나된 인간, 즉 천지일심의

경계에 든 인간과 증산도 최고의 앎의 경지인 만사지에 이른 인간의
공통점은 천지의 이치를 깨닫고 그에 따른 삶을 실천하는 인간을 말
한다는 것이다. 즉 천지와 하나된 인간은 천지의 일을 하는 인간이며,
천지와 함께 성공하는 인간이다. 이러한 인간상에 대해 증산도는 '태
일'인간이라고 한다. 태일인간은 천지와 하나되는 마음으로 천지의
목적을 이루는 인간이며, 『증산도 도전』에 따르면 그는 바로 천하사
일꾼이다.

> 천존天尊과 지존地尊보다 인존人尊이 크니 이제는 인존시대人尊時代
> 니라. 이제 인존시대를 당하여 사람이 천지대세를 바로잡느니
> 라.(『도전』 2:22)

　선천은 하늘과 땅을 높이는 시대였다면 후천은 인존시대이다. 인존
시대란 사람이 천지대세를 바로잡는 역할을 하며, 그래서 사람이 가
장 존귀하고 가장 중심이 되며, 사람이 일을 이루는 시대이다. 그리고
그 인존시대에 천지의 일을 도맡아 천지를 바로잡는 자가 태일이다.
인존과 태일은 서로 다르지만 같은 뜻을 가진다.
　인존이란 인간이 우주 만물 가운데서 가장 존귀하다는 것이다. 그
러나 동양철학에서 말하는 인본사상과 달리 인존사상은 후천개벽사
상과 밀접하게 관계된다. 인존은 단순히 인간이 모든 것의 근본 혹은
중심이 된다는 것을 뜻하는 것이 아니라 자연질서와 인간질서의 동시
적 전환을 이룰 수 있는 후천개벽의 실천적 주체가 바로 인간임을 강
조한다.
　천지인은 보통 삼재라고 하는데, 그 천지인은 서로 다르면서 하나

라는 의미에서 천일, 지일, 태일이라고 부르고, 여기서 태일은 곧 인일이니 천지의 뜻을 실현하는 사람을 말한다. 그리고 이것이 인존시대 인간의 사명이다.

우리는 선후천의 전환기에 살고 있고, 이러한 개벽기라는 시대적 상황은 인간의 역할과 의미를 새롭게 규정한다. 증산 상제님은 개벽기에 이 땅에 강세하여 삼계를 뜯어고치는 천지공사를 통해 후천선경의 기틀을 도수로 정해 놓았다. 그리고 그 일을 실행하고 완성하는 책임은 오직 인간의 역할로 남겨두었다. 그래서 인존은 인간이 후천선경 건설의 주인공으로서 능동적인 역할을 수행해야 한다는 것을 보여주는 핵심용어이다. 그리고 그 인존이 곧 태일인 것이다.

하늘과 땅을 형상하여 사람이 생겨났나니 만물 가운데 오직 사람이 가장 존귀하니라. 하늘 땅이 사람을 쓰는 이때에 참예하지 못하면 어찌 그를 인간이라 할 수 있겠느냐!(『도전』 2:23)

개벽시대 인간이 천지의 일에 참여하여 그 목적을 완수하기 위해서는 무엇보다도 먼저 자아 개벽이 이루어져야 한다. 즉 지금까지의 인간관에 대한 코페르니쿠스적인 대전환이 요구된다. 왜냐하면 새로운 후천문명을 열기 위해서는 후천개벽의 실상을 인식하고 그것을 구체적인 역사 현실에서 구현할 수 있는 새로운 창조적 인간, 즉 '신인간'이어야 가능하기 때문이다. 그 신인간은 일심 수행으로 깨달음을 얻은 인간이며, 곧 태일인간이다.

6 천지조화, 신명조화

    조화造化는 조造, 즉 짓는다, 창조한다는 뜻이고, 화化는 변화한다, 새로운 것으로 바뀐다는 뜻이다. 즉 조화는 '창조적 변화'이다. 그럼 모든 변화가 조화인가? 신도 우주론으로 천지 변화를 설명하는 증산도 관점에서는 어떤 변화도 조화가 아닐 수 없다. 그래서 증산도의 근본 사상을 한마디로 말한다면 '조화사상'이라고 할 수도 있다. 증산 상제님이 행하신 천지공사는 모두가 조화의 작용이며, 그렇게 바뀐 세상은 조화의 산물로 조화선경이다. 그 조화의 대표적인 두 작용이 바로 천지조화이며 신명조화이다.

조화造化사상

    조화란 말은 이미 오래 전부터 사용하던 말이다. 고대 중국의 문헌에서 처음으로 등장하는 곳은 『장자莊子』「대종사大宗師」편이다. 『장자』는 "이제 한결같이 천지를 큰 화로로 삼고 조화를 큰 대장장이로 삼는다면. 어디에 간들 옳지 않으리오!"(今一以天地爲大鑪, 以造化爲大治, 惡乎往而不可!)라고 하였다. 이 문장의 뜻은 천지를 만물의 본질을 뜻하는 화로로 삼고 조화를 만물의 작용을 뜻하는 대장장이로 간주한다는 것이다. 장자가 대장장이, 즉 쇠를 녹이고 새로운 물건을 만드는 주체를 조화라고 하였다는 것은 모든 변화작용을 조화로 보았다는 것이다. 그러나 장자의 철학이 그러하듯이 이때 조화란 인위적 조작이나 생산과는 다르다. 즉 여기서 장자가 말하는 조화는 저절로 그러한 자연의 창조적 변화작용을 뜻한다. 그럼에도 그 조화작용이 낳는 것은 모두 옳은 것이다. 옳게 하려고 의식하거나 계획하지 않아도 조화는 모두 옳은 변화인 것이다.

한국에서 조화사상은 중국과는 달리 철학이나 예술의 분야에서 시작된 것이 아니라 종교적인 차원에서 나타난다. 삼신에 대한 종교철학적 담론이 기록된 『환단고기』에는 삼신-조화신造化神, 교화신敎化神, 치화신治化神-의 한 위격으로 조화신이 등장한다. 삼신의 한 위격으로서 조화는 무엇일까? 조화신으로 작용하는 삼신은 우주 만물을 창조적으로 생성하고 변화시키는 신성을 말하므로, 이때의 조화 역시 만물의 근원이지만, 인위적 작용이 아니라 삼신의 무위이화적 자기 현현일 것이다.

삼신의 조화 신성은 신교의 쇠퇴로 인해 오랫동안 잊혀져 있다가, 조선 후기에 이르러 후천 개벽사상과 맞물리면서 새롭게 조명된다. 조선 후기에 등장하는 조화사상은 이전의 조화사상과 달리 선후천 개벽사상을 전제하고 이를 설명하는 주요 개념으로 등장한다. 즉 이때의 조화는 천지 만물의 총체적 변화인 개벽을 설명하는 주요 개념으로 사용된다. 그런데 그 개벽을 주재하는 것은 곧 인간으로 강세하신 증산 상제님이다. 결국 조화주 상제님의 천지공사와 이로 인한 후천개벽은 모두 천지'조화'이며 신명'조화'이다.

> 이제는 판이 워낙 크고 복잡한 시대를 당하여 신통변화와 천지
> 조화가 아니고서는 능히 난국을 바로잡지 못하느니라. 이제 병
> 든 하늘과 땅을 바로잡으려면 모든 법을 합하여 써야 하느니
> 라.(『도전』 2:21)

여기서 신통변화는 곧 신명조화를 말한다. 선천의 상극기운이 극한에 달한 개벽시대는 지금까지의 학술적, 철학적, 과학적 방법으로는 새로운 세상으로 나아갈 수 없으며 오직 모든 법을 합한 '조화'법만이 병을 치유하고 새 세상을 열 수 있다는 것이다. 그러나 이 조화법은 조화주 상제님의 권능이 무위이화로 실현되는 것이지 결코 인위적인 법은 아니다.

개벽사상의 핵심은 증산 상제님의 천지공사에서 잘 드러난다. 증산 상제님은 "모든 것이 나로부터 다시 새롭게 된다."(『도전』 2:13)고 하였다. '새롭게 됨'은 곧 새로운 변화, 만물의 창조적 변화를 의미한다. 그 창조적 변화는 상제님의 말씀과 신성이 만물에 현현되어 드러나는 총체적 대변국으로서의 개벽이다. 한마디로 개벽은 '조화'이다. 그래서 증산 상제님은 "나는 조화로써 천지운로를 개조改造하여 불로장생의 선경仙境을 열고 고해에 빠진 중생을 건지려"(『도전』 2:15) 한다고 선언한 것이다. 증산도에서 조화란 모든 생명을 창조적으로 생성하고 변화시킨다는 말이다.

증산도의 조화사상은 천지공사와 관련되며, 따라서 '조화'는 모든 증산도 사상의 바탕에 놓여 있다.

첫째, 증산 상제님은 조화주 상제님이시다. 증산 상제님은 1901년 7월 7일 도통하시던 날 "이로부터 삼계대권三界大權을 주재主宰하시고 우주의 조화권능을 뜻대로 행하시니라."(『도전』 2:11)고 선언하셨다. 우주 만물을 주재하시는 상제님의 권능이 '조화권능'이며, '우주의 조화권능'을 쓰시는 상제님은 조화주 상제님이다.

둘째, 증산도의 개벽사상은 조화사상이다. 즉 천지개벽은 천지의 조화로운 생성과 변화이며, 그 개벽의 주재자는 조화주 상제님이다.

"이제 온 천하가 큰 병(大病)이 들었나니 내가 삼계대권을 주재하여 조화造化로써 천지를 개벽하고 불로장생不老長生의 선경仙境을 건설하려 하노라. 나는 옥황상제玉皇上帝니라."(『도전』 2:16)는 말씀에서 보듯이 '조화로써 천지를 개벽'하니 개벽사상은 곧 조화사상이다.

셋째, 천지공사와 후천개벽으로 이루어지는 새 세상은 조화세상이다. "내 세상은 조화선경이니, 조화로써 다스려 말없이 가르치고 함이 없이 교화되며 내 도는 곧 상생이니, 서로 극剋하는 이치와 죄악이 없는 세상이니라."(『도전』 2:19) 상제님이 여시는 새 세상은 조화개벽으로 열리니 조화선경이다.

조화造化와 조화調和

평소에 우리가 쓰는 조화라는 단어는 '자연과 조화調和를 이루는 도시', '현실과 이상의 조화調和' 등에서 사용되는 것처럼 '조화造化'가 아닌 '조화調和'이다. 그럼 그 둘은 어떻게 다를까? 일단 우리가 자주 쓰는 단어인 '조화調和'는 'A와 B의 올바른 관계로 얻어지는 화합'이라는 뜻이다. 이때의 조화調和는 '하모니harmony'이다. 오케스트라에서 모든 악기가 서로 다른 소리를 내지만 그 전체가 어우러져 훌륭한 음악이 되는 것이 하모니이며 조화이다. 이처럼 조화調和라는 단어는 둘 혹은 다수 사이의 잘 배합된 관계를 뜻한다. 그러나 우리가 지금 알아보려고 하는 조화造化는 증산도 주요 개념인 신명조화, 천지조화 등에서 말하는 조화造化로 '창조적 변화creative change'를 뜻한다. 즉 이 조화造化는 조화調和처럼 다수 사이의 '관계'relationship가 아니라 존재의 '변화'change를 표현하는 말이다. 그런데 조화造化는 변화 중에서도 '창조적' 변화를 뜻한다.

그럼 창조적 변화는 무엇인가? 모든 변화는 질적이거나 양적인 차이, 혹은 그 양자 모두의 차이를 가져온다. 차이가 없다면 변화가 아니다. 그 차이는 물질적일 수도, 화학적일 수도, 심리적일 수도 있다. 이 모두가 과학적 변화이다. 그런데 조화는 창조적 변화라고 하였다. 창조와 변화를 뜻하는 조화造化는 그래서 일상적인 물리적 변화나 심적인 변화와는 다른 종류의 변화를 말하는 것으로 보인다. 그럼 창조적 변화는 물리적, 심리적 변화와 다른가? 그렇지는 않다. 창조적 변화 역시 변화이며, 그 변화는 물리적, 심리적, 영적 변화 등으로 나타난다. 그럼에도 '창조적' 변화를 조화라고 하는 이유는 조화에 대한 새로운 접근을 필요로 한다는 것이다.

창조적 변화는 무엇인가? 우리는 어떻게 변화하는 것을 '창조적' 변화라고 하는가? 무목적적 인과적 변화현상과 달리 창조적 변화는 변화의 과정과 목적이 정해져 있어서 그에 따른 목적 지향적 변화를 한다. 그래서 비록 무에서 유를 만들어내는 창조는 아니지만 새로운 목적을 향해 자화自化 혹은 무위이화적 변화를 하므로 이는 인과적 변화와 달리 창조적 변화라고 할 수 있을 것이다.

예를 들어 동일한 현상을 과학적 눈으로 보는 것과 일상의 눈으로 보는 것은 서로 다르다. 조선시대에는 극심한 가뭄이 올 때 기우제를 지냈다. 요즘도 가뭄이 지속될 때 시골에서는 기우제를 지내기도 한다. 기상청에 근무하는 사람은 비가 오는 원인을 대기의 변화로 보지만 조선시대나 시골의 농부는 신의 작용으로 이해한다. 또한 긴 가뭄 뒤에 비가 내리면, 그 비는 과학적 관점에서는 대류현상의 결과이지만 종교적 관점에서는 신의 작용과 그 결과이다. 이때 비를 대류현상의 결과로 보는 것이 무목적적이며 인과적 변화작용으로 파악하는 것이라면, 신의 작용과 그 결과로 창조적, 목적적 변화라고 할 수 있다.

따라서 우주의 참 모습을 신의 현현으로 보는 증산도 우주관에서 모든 변화는 신의 조화작용이 아닐 수 없다.

우주 생성의 조화

이처럼 조화사상은 증산도에서 만물의 생성과 변화를 설명하는 고유의 논리이다. 만물은 절대신의 창조로 만들어진 것이 아니라 만물에 깃든 신성의 작용에 의해서 생겨나고 또 그 스스로의 힘에 의해서 변화해 나간다. 즉 만물의 생성변화를 일으키는 제3의 독립적 존재는 없다는 것이다. 이러한 생성변화의 과정에 처음부터 모든 것과 함께 하는 존재가 신이다. 즉 만물의 변화는 신이 함께 하는 신적인 변화이며, 이 신적인 변화현상을 증산도에서는 조화라고 부른다.

> 태시太始에 하늘과 땅이 '문득' 열리니라. 홀연히 열린 우주의 대광명 가운데 삼신이 계시니, 삼신三神은 곧 일신一神이요 우주의 조화성신造化聖神이니라. 삼신께서 천지 만물을 낳으시니라.(『도전』 1:1)

증산도 가르침을 담은 『도전』의 가장 첫 구절이다. 이 문장의 핵심은 태초의 시간과 우주 생성에 관한 것이다. 여기서 그 시원의 특이점에 대해서 설명하는 단어가 바로 '문득'이다. 우주의 시초에 하늘과 땅이 '문득' 열리게 되었다고 표현하고 있다. '문득'은 어떤 현상적, 과학적 설명으로 표현하기 어려운 그 시초의 상황을 나타내는 '형용어'이다. '문득'에는 만물생성의 방법과 시간과 형상까지 모두 포함되어 있으며, 이를 설명하는 가장 올바른 표현은 바로 '조화'이다.

이 만물의 시원적 현상은 빛이며 광명이었고, 그래서 만물은 빛에서 시작되며, 그 빛과 함께 존재하는 것, 혹은 빛 자체가 바로 삼신이다. 『도전』은 이 삼신을 이름하여 '조화'성신이라고 하였다. 만물의 시원적 생성과 변화는 삼신과 함께하는 창조적 변화이므로 그 신은 결국 '조화'성신인 것이다. 삼신은 우주의 원신으로서, 태시에 문득 열린 천지 만물의 근원이며 바탕인 빛 자체이며, 빛으로서 삼신은 만물로 스스로 변화하여 형상화된 존재이므로 그 존재의 생성과 변화는 창조적 변화, 즉 '조화'로 표현된다.

이런 의미에서 증산도 우주관은 신도우주관이다. 그리고 신에 바탕한 생성변화는 물질적이든 정신적이든 모두 신과 함께 하는 것으로 '조화'로 표현되어야 한다. 그래서 증산도가 밝히는 만물의 생성과 변화는 '천지조화'이면서 '신명조화'이다. 그 둘은 같은 현상의 다른 표현이다. 천지 만물의 변화는 모두 외적 초월적 존재의 계획적 작용이 아니라 천지가 스스로 나타나고 사라지는 '조화'이며, 이를 천지조화라고 한다. 그리고 그 천지 만물에 깃든 것이 신이므로 천지 만물의 변화인 '천지조화'는 곧 '신명조화'이기도 한 것이다.

조화주 상제님

조화성신인 삼신은 곧 일신이라고 하였다. 삼신과 일신의 관계는 두 가지로 설명될 수 있다. 하나는 삼신은 우주의 원신이며, 이 우주 원신은 하나이지만 세 위격을 가지므로 삼신이라고 부른다는 것이다. 삼신은 우주 원신의 이름이며 '삼'신인 이유는 조화, 교화, 치화라는 그 위격에 따라 조화신, 교화신, 치화신으로 작용하기 때문이다. 또 다른 하나는 이 삼신과 하나 되어 우주를 주재하는 일신을 지칭하는 것이다. 즉 우주의 원신인 삼신과 그 신성을 함께 하며 우주 만물을 다스리는 최고의 신이 있으니 일신이며, 상제님이다. 그래서 이 일신인 우주 주재신을 삼신상제님이라고 부른다.

> 이 삼신과 하나 되어 천상의 호천금궐昊天金闕에서 온 우주를 다스리시는 하느님을 동방의 땅에 살아온 조선의 백성들은 아득한 예로부터 삼신상제三神上帝, 삼신하느님, 상제님이라 불러 왔나니 상제는 온 우주의 주재자요 통치자 하느님이니라.(『도전』 1:1)

조화성신인 삼신과 하나 되어 우주를 통치하시는 일신, 상제님, 하느님을 삼신상제님이라고 부른다. 결국 상제님은 조화의 신인 조화삼신과 하나인 일신이며, 그래서 『도전』에서는 상제님을 조화주 하느님, 조화주 상제님이라고 부른다.

> 상제님께서 열석 달 만에 탄생하심은 황극수皇極數인 384수에 맞추어 인간으로 오심이니, 우주의 조화주로서 천지 변화의 조화기틀을 품고 강세하심이라.(『도전』 1:16)
> 상제님께서 신축(辛丑 : 道紀 31, 1901)년 7월 7일 모악산 대원사에서 천지대신문을 여시고 삼계대권을 주재하여 후천을 개벽하시니 호천금궐昊天金闕의 조화주시요 백보좌白寶座 하느님이시니라.(『도전』 3:1)
> 상제님께서 신축(辛丑 : 道紀 31, 1901)년 음력 7월 7일에 성도成道하시고 조화주 하느님으로서 대우주일가一家의 지상선경仙境을 여시기 위해 신명조화정부神明造化政府를 세우시니(『도전』 4:1)

만물의 생성과 변화와 함께 하는 '조화성신'인 '조화삼신', 그 조화
삼신과 하나 되어 우주 만물을 다스리시는 한 신이신 상제님이 곧 '조
화주' 상제님인 것은 당연하다. 조화주 상제님이 하시는 모든 일은
'조화'로 일어나고, 조화로 변화하며, 조화로 결실을 맺는다. 그러므
로 천지조화와 신명조화를 모두 주재하시는 상제님은 최고의 신성을
가진 일신이며, 모든 조화의 근원이신 조화주이시다.

조화성신造化聖神

조화성신造化聖神이란 우주에 미만해 있는 신성이
며 성령이다. 조화造化에 의해서 우주 만물에 신성과 생명력을 부여하
는 역할을 한다. 증산도 신관에서는 삼신을 "우주의 조화성신"(『도전』
1:1)으로 정의한다. 조화성신은 만물의 근원에 내재하는 원신primordial
God의 존재성을 갖는다. 『환단고기』에서도 우주의 원신을 삼신三神이
라 했다. 알다시피 이 삼신은 신이 셋이라는 뜻이 아니라 일신으로서
바로 이 원신이자 조화성신이다.

> 홀연히 열린 우주의 대광명 가운데 삼신이 계시니, 삼신은 곧 일
> 신이요 우주의 조화성신이니라.(『도전』 1:1)

"우주가 홀연히 열렸다" 함은 태초의 우주가 저절로, 자연적으로 시
작되었음을 말하는 것이다. 그러한 원시의 자연 상태에서 이미 존재하
는 것은 무형의 기氣일 것이며, 이런 원시적 기는 곧 신이라고 할 수 있
다. 기와 표리관계를 이루는 최초의 신은 고등종교의 대상이 되는, 인
격적 모습을 갖춘 그런 신이 아니다. 그런 원신을 동방 신교神敎의 전
통에서는 "삼신"이라 부른다. 삼신으로 부르지만 가장 원초적이고 근

원적인 실재라는 의미에서 곧 "일신" 혹은 일자-者라고 할 수 있다. 삼신은 또한 "하지 않는 일이 없"기 때문에 "조화성신"이라 하는 것이다.

일신이자 삼신인 조화성신은 만물의 근원이요, 그 자체 근원적 실재이므로 스스로의 변화와 발전이 곧 우주 만물의 생성이며 변화이며 발전이다. 즉 우주 만물은 삼신의 현현인 것이다. 그래서 만물을 낳는 삼신의 자발적 변화를 '조화'로 이름짓는다. 즉 삼신은 조화신이며, 그래서 조화성신이라고 부른다.

> 삼신께서 천지 만물을 낳으시니라.(『도전』1:1)

"삼신이 만물을 낳는다"고 한 것은 창조작용으로 해석되어 삼신이 따로 있고 그 삼신이 삼신과 구별되는 만물을 만든 것으로 해석될 수도 있다. 그러한 해석이 바로 기독교의 창조론이다. 그러나 만일 삼신이 세상을 창조한다면 삼신과 세상은 두 가지 독립된 존재가 될 것이다. 동양의 신관과 세계관은 결코 이러한 이원론이 아니다. 그래서 낳음은 창조가 아니다. 여기서 '낳음'은 '만듦'이 아니라 '드러남'이다. 즉 삼신이 만물로 드러남을 말한다. 그러한 드러남이 삼신이 만물을 '낳은' 조화작용인 것이다. 이것이 '삼신은 조화성신'이라고 말한 이유이다.

천지조화는 신명조화

증산도 사상에서 조화의 다른 표현은 천지조화이다. 천지조화란 천지 만물이 조화주 상제님의 주재 하에서 변화하는 모든 과정을 말한다. 하늘과 땅과 인간을 주재하시는 조화주 증산 상제님은 삼계의 모든 일을 다스리시며 이 땅에 후천선경을 열어 인류와 신명을 구원하시기 위해 인간으로 강세하셨다. 증산 상제님의 천지공사는 일점일획도 조화 아님이 없으니, 상제님의 말씀은 천지조화를 낳고, 천지조화로서만이 천지의 일이 말씀대로 이루어질 수 있다. 따라서 천지조화는 상제님의 말씀이 현실화되는 과정이면서, 천지가 스스로 변화 성숙해가는 과정이기도 하다. 이를 일러 무위이화라고 한다.

> 나의 일은 무위이화無爲以化니라. 신도神道는 지공무사至公無私하니라. 신도로써 만사와 만물을 다스리면 신묘神妙한 공을 이루나니 이것이 곧 무위이화니라. 내가 천지를 주재하여 다스리되 생장염장生長斂藏의 이치를 쓰나니 이것을 일러 무위이화라 하느니라. (『도전』 4:58)

무위이화는 '함이 없이 이루어지는 것'을 말한다. 함이 없이 이루어지는 것을 노자는 '자연自然', 즉 스스로 그러함이라고 하였다. 만물이 어떤 작용 없이 스스로 변화하는 것을 조화라고 한다면, 무위이화는 곧 조화작용의 본질이다. 증산 상제님은 말씀으로 천지 만물의 변화를 짓는 '조화권능'을 지니시고 천지를 다스리시니 그 조화권능이 실현되는 법이 바로 '무위이화'이다.

상제님의 무위이화는 신도로써 실현되므로 이를 신명조화라고 부른다. 신명조화란 모든 변화의 바탕에 신이 깃들어 있기 때문에 모든 변화는 곧 신의 작용이며 신적 변화라는 것을 의미한다. 증산 상제님의 말씀을 다시 한 번 들어보자.

> 천지간에 가득 찬 것이 신神이니 풀잎 하나라도 신이 떠나면 마

르고 흙 바른 벽이라도 신이 떠나면 무너지고, 손톱 밑에 가시 하나 드는 것도 신이 들어서 되느니라. 신이 없는 곳이 없고, 신이 하지 않는 일이 없느니라.(『도전』 4:62)

'천지간에 가득 찬 것이 신'이란 말로써 이 우주의 바탕은 신임을 알려주고 있으며, '손톱 밑에 가시 하나 드는 것도 신이 들어서 된다'는 말로써 이 우주의 모든 변화는 신이 짓는다는 것을 알려주고 있다. 즉 신도 우주관에서 모든 변화는 신의 무위이화이며, 신의 조화이다. 즉 신이 깃든 변화이다. 이러한 천지조화를 신명조화로 보지 못하면, 즉 모든 변화에 깃든 신의 작용을 보지 못한다면, 자연은 오직 물질이며 모든 자연의 변화는 물질적 인과관계에 따른 변화로 인식될 뿐이다.

『물은 답을 알고 있다』의 저자 에모토 마사루는 물에 대한 관찰과 실험을 통해 물이 그냥 물(H_2O)이 아니라 영성을 가진 존재라고 주장하였다. 물론 물은 우리 주위에서 가장 흔히 볼 수 있는 물질이면서 인간의 생명과 밀접한 관련이 있어서 물에 대한 다양한 상징과 신화가 존재하는 것은 사실이다. 에모토 마사루는 이러한 상징과 신화를 과학적 방법으로 설명하고 있다. 즉 물은 과학적 관점에서는 물질의 하나이지만 단지 물질이 아니라 마음과 신성을 가진 존재라는 것이다. 이러한 주장은 물을 대상으로 한 실험이었지만 단지 물에만 해당되지 않는다. 이러한 실험이 가능하다면 천지 만물의 신성을 입증할 수도 있을 것이다. 에모토 마사루의 결론은 우주 전체가 영적 메커니즘으로 연결되어 있다는 것이며 이를 물을 매개로 증명했다는 것이다. 그래서 그는 "물을 안다는 것은 우주 전체를 아는 것과 같다"고 과감히 주장한다.

저자는 만물을 파동으로 보는데 인간의 의식과 사물 역시 고유의 파동으로 서로 작용하고 있으며 이를 통해 만물의 생성과 변화 역시 파동으로 설명될 수 있다고 한다. 이러한 주장은 "천지간에 가득찬 것이 신이다"는 말과 같으며, "신이 하지 않는 일이 없다"는 주장과 상통한다. 단지 신의 작용을 파동으로 대체하고 있을 뿐이다.

증산 상제님의 다음의 말씀에서 신의 존재와 그 역할, 그리고 천지 만물의 변화가 일어나는 원리를 모두 이해할 수 있다.

> 한 성도가 여쭈기를 "'다가오는 세상 난리는 신명의 조화임을 알 지 못한다.'는 말이 있사온데 과연 그러합니까?" 하니 상제님께 서 말씀하시기를 "천지개벽을 해도 신명 없이는 안 되나니, 신명 이 들어야 무슨 일이든지 되느니라. 내 세상은 조화의 세계요, 신명과 인간이 하나 되는 세계니라." 하시니라. 또 말씀하시기를 "내 일은 인신합덕人神合德으로 되느니라." 하시니라.(『도전』 2:44)

증산 상제님의 말씀을 한마디로 표현하면 '천지조화'는 곧 '신명조화'라는 것이다. 일상적인 사람들은 그 변화가 모두 신명조화임을 알지 못할 뿐이다. 선천은 신명과 인간이 원활한 상호작용을 하지 못해 서로가 하나임을 알지 못하지만 증산 상제님의 모든 일은 인간과 신명의 합덕으로, 즉 인간의 모든 일에 신명이 함께 함으로 조화로 열리게 됨을 말한 것이다. 우주가 생겨난 그 태시에 빛이 있고 그 빛이 곧 신이며, 신의 자기 현현이 우주 만물이므로 신과 만물과 인간은 서로 분리되지도, 분리할 수도 없는 통일적 존재이다.

"귀신鬼神은 천리天理의 지극함이니, 공사를 행할 때에는 반드시

귀신과 더불어 판단하노라."(『도전』 4;67)

'귀신은 신명이며, 신명은 천지변화 이치의 바탕이니 모든 공사는 반드시 신명이 참여하여 행해진다는 말씀이다. 그러므로 증산도의 조화사상에서 볼 때 조화성신, 천지조화, 신명조화, 인간조화는 모두 같은 말이며, 모든 생성변화에 대한 증산도적 설명이다.

조화정부
─────── 신명조화를 통해 천지조화를 관장하는 천상의 조직이 바로 조화정부이다. 정확한 표현은 신명조화정부이다. 이 조화정부는 증산 상제님의 강세와 천지공사, 그리고 후천선경 건설과 밀접한 관련이 있다.

증산 상제님은 원한에 사무친 병든 세상에 인간으로 강세하였다. 상제님의 강세는 그러한 병든 세상을 치유하기 위함이었고, 올바른 가르침을 인류에게 전하기 위함이었다. 이러한 상제님의 일이 바로 천지공사였다. 그런데 이 천지공사의 핵심은 바로 신도공사이다. 즉 천지공사의 기초는 신도의 일을 새롭게 하는 것으로 시작된다.

지금까지 선천은 천天·지地·인人 삼계가 모두 혼란스럽고 닫혀 있어서 서로 조화롭게 교류하지 못하였다. 이를 조화 통일시키는 첫 번째 공사가 조화정부 결성으로 나타난다. 모든 변화는 신神의 매개로 일어나게 되므로 그 신도의 세계를 새롭게 조직함으로써 후천 신문명 건설의 토대를 마련하는 것이 바로 조화정부 결성이다.

증산 상제님은 이를 위해서 원을 맺고 죽은 원신寃神, 혁명을 일으켜 세상을 바로잡으려다가 실패한 혁명가 신명들인 역신逆神, 각 문명권

의 주창자들인 공자, 석가, 예수 등 문명신文明神, 각 민족의 시조신始
祖神과 지방신地方神, 그리고 각 성性의 조상신祖上神과 우주 만물에 내
재되어 있는 자연신自然神 등 모든 인격신과 자연신을 거느리고 우주
역사상 처음으로 대우주의 신명계를 하나로 통일하였다. 이 통일된
신명조직이 조화정부인 것이다.

상제님은 하늘과 땅이 열린 이래 처음으로, 새 세계를 여는 통치 기
구를 천상 신명계에 세우셨다. 이 조화정부의 조화는 '신명조화를 짓
는다', '천지조화를 짓는다'는 것이고, 이러한 조화로써 '새 역사 질서
를 이 땅에 새롭게 연다'는 뜻이다. 증산 상제님은 이를 다음과 같이
말씀하셨다.

> 선천에는 상극의 이치가 인간 사물을 맡았으므로 모든 인사가
> 도의에 어그러져서 원한이 맺히고 쌓여 삼계에 넘치매 마침내
> 살기가 터져 나와 세상에 모든 참혹한 재앙을 일으키나니 그러
> 므로 이제 천지도수를 뜯어고치고 신도를 바로잡아 만고의 원
> 을 풀며 상생의 도로써 선경을 열고 조화정부를 세워 함이 없
> 는 다스림과 말없는 가르침으로 백성을 교화하여 세상을 고치리
> 라.(『도전』 4:16)

조화정부를 세워 흩어진 신도를 통일하고 '무위이화'의 조화로 세
상을 고치겠다는 말씀이다. 상제님의 조화정부를 인식하기 위해서는
신명의 존재에 대한 새로운 이해가 필수적이다. 앞에서 말한 것처럼
이 세상은 단지 물질적 세상이 아니라 그 물질의 근원으로 신도가 존
재한다. 인간세계도 마찬가지다. 모든 신은 창조주 하나님이든, 인격

신이든, 천지에 만연한 자연신이든 모두 인간과 필연적 관계를 갖고 있다. 그래서 증산 상제님은 한 가정에서 형제들끼리 싸우면, 하늘에서 그들의 조상들끼리도 싸움이 일어나고, 이 천상 조상 신명의 싸움이 끝나야 지상에서의 인간 싸움이 종결된다고 하였다. 즉, 지상 인간계의 싸움은 천상 신명계에 영향을 끼치고, 역으로 천상 신명 세계의 갈등과 대립은 인간계의 싸움에 영향을 끼친다. 따라서 증산 상제님이 신명조화정부를 결성한 궁극적인 이유는 신도를 바로 잡아야 인간사 또한 바로 잡힐 수 있기 때문이다. 조화정부는 신명조화를 통해 천지인 삼계를 모두 조화통일하기 위한 것이다.

> 크고 작은 일을 물론하고 신도로써 다스리면 현묘불측한 공덕을 거두나니 이것이 무위이화니라.(『도전』 4:5)
> 이 세상은 신명조화가 아니고서는 고쳐 낼 도리가 없느니라.(『도전』 2:21)

그러므로 상제님은 조화정부를 결성하여 신도를 바로잡아야만 선천의 상극질서에 따른 혼란스런 말대를 끝막고 후천의 새로운 상생의 질서로 탈바꿈할 수 있다고 본 것이다.

<u>증산 상제님의 조화법</u>　천지 만물의 변화가 다 조화지만 그 조화가 과학적 이성적으로 이해되지 않을 때 그런 조화를 현묘불측한 공덕, 즉 신통묘법이라고 부른다. 우리는 모든 것을 합리적으로 판단하려고 한다. 명확한 인과관계를 설정하고 그것에서 벗어나는 것은 신비라고 말하여 과학의 영역 밖으로 밀어버린다. 신도에 무지하기 때문이다.

그러나 어떤 비과학적, 비상식적 신비라도 그것은 신도의 조화로 설명되지 않는 것이 없다. 증산 상제님의 언행은 모두 조화권능의 표현이며, 신명조화 아님이 없으므로, 상제님의 언행은 항상 신묘불측한 공덕을 이룰 수밖에 없다.

> 6월 16일에 객망리 댁을 떠나 전주 모악산母岳山 대원사에 이르시어 칠성각七星閣에서 도를 닦으시니라. 이때 겹겹이 싸인 깊은 숙연宿緣을 닦으시고 미래의 세상을 살피시어 장차 온 천하가 대개벽기의 운세에 닥쳐 멸망당할 것을 걱정하시며 무궁한 조화의 법을 통하시어 움직이지 않고 고요히 앉아 수일을 지내기도 하시고, 천지의 풍운변화의 조화법을 시험하기도 하시니라. 동서양 제왕신과 24장將이 옹위하리니 증산께서 대원사로 가실 때에 공중에서 동서양 각국 제왕신帝王神과 24장將이 "강 천자姜天子!" 하고 외쳤으나 듣지 못하신 듯 가시더니 공부를 마치시고 도문道門을 여신 뒤에 각국 제왕신과 24장을 부르시어 충북 청주군 청천면淸州郡 靑川面 만동묘萬東廟에 응집시켜 놓으시고 성도들에게 말씀하시기를 "금후 이 자리가 쑥대밭이 되면, 이 제왕신과 24장이 모두 금산사金山寺에 와서 옹위하리니 이 신명들을 잘 대접하라." 하시니라.(『도전』 2:3)

증산 상제님이 도통하시기 전의 한 장면이다. 조화권능을 통하시기 전에도 '무궁한 조화의 법'에 통하시고, 또 '풍운변화를 일으키는 조화법'을 시험하기도 하시는 모습이다. 제왕신과 24장을 자유자재로 부르시는 권능은 모두 상제님의 조화법이 아닐 수 없다.

인간으로 오신 상제님이신 증산 상제님의 수많은 공사와 기행이적은 모두 신명과 함께 하는 신도공사이며, 그 공사가 도수로 정해지고 또 현실화 되는 과정과 그 결과는 모두 신명조화의 산물이다. 그래서 "신명조화가 아니고서는 고쳐낼 도리가 없다."고 하였다.

> 하루는 마을 사람들이 상제님께 소와 개를 잡아서 올리거늘 상제님께서 "신명이 같이 해야지, 신명 없이는 일을 하지 못하느니라." 하시며 제를 지내 신명 대접을 하신 뒤에 나누어 먹게 하시고 ….(『도전』 4:153)

신명이 모든 일에 같이 할 때 일이 이루어진다는 말씀이다. '신명대접'은 신명이 함께 하는 모든 일에 그 일이 조화로 잘 풀려가길 바라는 마음에서 하는 의례이다. 우리 민족의 천제문화나 제사문화, 기우제나 산신제 등은 모두 신명대접의 한 모습이다. 제에는 항상 제물祭物이 따르며, 그 제물을 신명이 흠향歆饗한다고 믿는 것이다.

상제님의 조화법은 신을 부리는 것에서 시작한다. 주로 말씀으로 신을 부리지만 대부분 말씀과 부적을 함께 사용한다. 부적은 신과 통하는 문서인 셈이다.

> 상제님께서 밤에 혼자 계실 때도 자주 문명을 써서 불사르시며 공사를 행하시는데 아침이 되면 그 재를 형렬에게 치우도록 하시니라. 하루는 한 성도가 여쭈기를 "글이나 부적을 쓰시어 공사를 행하신 후에는 모두 불살라 버리시니 그 까닭이 무엇입니까?" 하니 상제님께서 말씀하시기를 "사람은 나타남[現]으로 알

고 귀신은 불사름[爆]으로 아느니라. 내가 옥황상제로서 천지공
사를 행하는 고로 반드시 불살라야 하느니라. 부符는 귀신의 길
이니라." 하시니라. (『도전』 4:67)

상제님의 천지공사는 부적을 그리고 이를 불사름으로써 신명을 부
리고, 신명조화를 일으키는 것으로 현실화 된다는 말씀이다. '부적은
귀신이 조화를 행하는 길'이라는 말씀이 생소하지만 매우 인상적이
다. 이러한 공사의 구체적인 모습은 다음과 같다.

태인 덕두리德斗里에 사는 최덕겸崔德兼의 부친이 학슬풍鶴膝風으로
앓아 누웠거늘 덕겸이 상제님의 신이하심을 듣고 마침 새울 최
창조의 집에 머물고 계신 상제님께 약을 구하러 찾아오니라. 그
러나 덕겸이 아무리 기다려도 약을 지어 주시지 않으므로 포기
하고 돌아가려 하니 그제야 상제님께서 물으시기를 "네가 약을
지어 주지 않는다고 그러느냐? 그럼 내가 병을 낫게 해 주면 쌀
열 섬을 내겠느냐?" 하시거늘 너무도 반가운 말씀이라 덕겸이
"예! 쌀 열 섬을 사람 목숨에 대겠습니까? 병만 낫게 해 주신다
면 기꺼이 드리겠습니다." 하고 대답하니라. 이에 다짐을 받으시
고 부적을 써서 청수에 적셔 불사르시며 말씀하시기를 "너의 집
에 가 보면 알 것 아니냐." 하시거늘 덕겸이 집에 돌아와 보니 부
친이 생기를 얻어 일어나 있는지라 너무 반갑고 놀라워 부친께
회복된 시각을 물으니 바로 상제님께서 부적을 쓰신 시각이더
라. (『도전』 3:177)

1907년 어느 날의 상제님의 모습이다. 이미 증산 상제님의 신이함이 조선의 전 지역에 널리 퍼져 있었다. 최덕겸은 부친의 병고에 한없이 걱정하다가 당시 전라도 땅에서 때론 신인으로, 때론 하느님으로 불리던 증산 상제님을 찾아갔다. 그러나 병을 치유할 약은 내리지 않고 부적을 써서 불사르시며 집으로 돌아가라고 하였다. 집에 오니 부친의 병이 나아 있었다. 이 하나의 장면에서 우리는 상제님의 치병에서 신명조화와 신명대접이 어떤 것인지 알 수 있다. 부를 그려 신명을 부리고, 그 신명조화로 병을 고치신 것이며, 쌀 열 섬은 신명대접을 위한 제물이었다.

천지공사는 신명과 함께, 신명을 부려서 도수를 짜는 것이므로 신명공사라고 한다. 증산 상제님께서 천지공사를 행하실 때 수종든 많은 종도들은 공사가 곧 신명조화로 이루어지는 것을 직접 체험하였다. 다음은 천지공사 중 49일 동남풍공사의 한 장면으로 신명조화가 실현되는 것을 볼 수 있는 분명한 예다.

상제님께서 전주에 계실 때 천지대신문을 열고 날마다 공사를 행하시며 … 성도 서너 명을 거느리고 남고산성南固山城으로 가시어 만경대萬景臺에서 49일 동남풍 공사를 행하시니라. … 이어 상제님께서 "너희들은 바람이 불거든 오라." 하시고 남고사南固寺로 들어가시매 과연 조금 후에 동남풍이 크게 부는지라 성도들이 들어가 아뢰니 상제님께서 말씀하시기를 "차길피흉此吉彼凶이로다." 하시고 산성을 내려오시니라. 그 후 상제님께서 49일을 한 도수로 계속하여 동남풍을 불리실 때 미처 기한이 다 차기도 전에 먼 곳에서 한 여인이 찾아와 자식의 병을 고쳐 주십사 애걸

하거늘 상제님께서 공사에 전심하고 계시므로 병욱이 상제님께 아뢰지 못하고 돌려보내니 그 여인이 한을 품고 돌아가매 갑자기 동남풍이 그치는지라 상제님께서 이 사실을 아시고 급히 그 여인에게 사람을 보내어 공사에 전심하심으로 인해 미처 대답지 못한 사실을 말하여 안심하게 하시고 곧 자식의 병을 고쳐 주시니 즉시 바람이 다시 일어나거늘 "한 사람의 원한이 능히 천지 기운을 막는다." 하시니라. 그 뒤로 과연 일러전쟁이 일어나더니 일본 군사가 승세를 타고 해륙전에서 연속하여 러시아를 물리치니라.(『도전』 5:53)

이 공사에서 우리는 많은 것을 알 수 있다. 무엇보다 상제님의 공사가 신명과 함께 하는 공사라는 것을 확인할 수 있다. 즉 증산 상제님은 '천지대신문'을 열고 공사를 행하며, 이 공사로 인해 신명조화가 일어나 러일전쟁에서 일본이 승리하는 결과를 낳았다.(자세한 내용은 2부 천지공사 참조) 그리고 '아이의 병을 치유하기 위해 상제님을 찾아온 한 여인'의 한이 천지에 사무쳐 신명조화가 흐트러져 공사에 차질이 생긴 것에서 그 여인의 한은 결국 그 여인과 함께 하는 신명의 한으로, 천지공사에 억울한 하나의 신명이라도 있다면 조화가 일어나지 않는다는 것을 알려준다.

천지개벽을 해도 신명 없이는 안 되나니 신명이 들어야 무슨 일이든지 되느니라. … 파리 죽은 귀신이라도 원망이 붙으면 천지공사가 아니니라.(『도전』 4:48)

상제님은 여러 곳에서 다양한 공사에서 늘 말씀하기를 개벽도 천지
공사도 '신명 없이는 안된다'고 하였다. 더구나 '억울하게 죽은 파리
귀신의 원망'을 들어, 신명이 원한을 품으면 어떤 공사도 조화를 일으
킬 수 없음을 단언하고 있다.

상제님의 천지공사는 신명과 함께 하며 신명조화를 일으키지만, 또
한 인간을 공사에 참여시켜 그 정성과 기운으로 조화를 내기도 한다.

하루는 상제님께서 하운동 이환구李桓九의 집에서 공사를 행하실
때 환구에게 이르시기를 "네 아내가 49일 동안 정성을 들일 수
있는지 잘 상의하여 보라." 하시므로 환구가 아내에게 그 뜻을
물으니 그의 아내는 형렬의 누이동생으로 상제님의 신성하심을
익히 들은 터라 굳게 결심하고 대답하거늘 상제님께서 다시 다
짐을 받게 하시고 날마다 목욕재계한 후에 떡 한 시루씩 찌게 하
시니라. 여러 날이 지나매 그 아내가 괴로워하며 불평을 품으니
이 날은 나무 한 짐을 다 때어도 떡이 익지 않는지라 환구의 아
내가 크게 당황하여 어찌할 바를 몰라 하니 상제님께서 환구에
게 이르시기를 "떡이 익지 않는 것은 성심誠心이 풀린 까닭이라.
네 아내가 심히 걱정하는 듯하니 내 앞에 와서 사죄하게 하라.
나는 비록 용서하고자 하나 신명들이 듣지 않느니라." 하시니라.
환구가 아내에게 말씀을 전하니 아내가 깜짝 놀라 사랑에 와서
상제님께 사죄하고 다시 부엌에 들어가 시루를 열어 보니 떡이
잘 익었더라. 이로부터 일심으로 정성을 들여 49일을 마치니 상
제님께서 친히 부엌에 들어가시어 그 정성을 치하하시니라. 이
에 그 아내가 한결같이 정성을 들이지 못하였음을 송구스러워하

거늘 상제님께서 위로하시며 "너의 정성이 하늘을 움직이고 신명을 감동시켜 이제 신명들이 너의 공덕을 기리고 있느니라. 믿지 못하겠거든 저 달을 보라." 하시매 하늘을 쳐다보니 오색채운五色彩雲이 달무리를 이루고 있더라.(『도전』 5:12)

환구의 아내가 공사에 참여하여 49일 동안 떡을 찌고 그 떡을 매개로 공사를 행하는 장면이다. 여기서 떡을 찌는 여인의 불평이 신명에게 닿아 아무리 불을 때도 떡이 익지 않는 사태를 낳았고, 결국 공사가 제대로 진행되지 못하였으나 상제님께 사죄하고 정성을 다하매 떡도 익고 공사도 잘 진행되었다. 이 모든 과정이 신명조화로 이루어졌음을 다시 하늘의 구름으로 그 조화를 보여주고 있다.

증산 상제님의 천지공사는 모두 천지조화와 신명조화로써 행해지고, 신명이 함께 하는 후천개벽을 통해 병든 세상과 인류를 구원하고 후천 새 세상을 이 땅에 만드는 것이다. 그래서 신명조화로 새롭게 열리는 후천 선경을 조화선경이라 부른다.

내 세상은 조화선경이니, 조화로써 다스려 말없이 가르치고 함이 없이 교화되며 내 도는 곧 상생이니, 서로 극剋 하는 이치와 죄악이 없는 세상이니라. … 후천은 온갖 변화가 통일로 돌아가느니라.(『도전』 2:19)

"선천은 기계선경機械仙境이요, 후천은 조화선경造化仙境이니라."

(『도전』 7:8)

증산 상제님이 후천선경을 조화선경이라고 한 것은 후천의 우주 만물은 조화주 상제님의 통치하에 모든 것이 조화로 열리기 때문이다. 그 조화의 세상은 모두가 모두를 살리고 잘되게 하는 조화 상생의 세상이며, 그러므로 죄악도 범죄도 없는 완전한 조화 도덕의 세상이며, 천지 만물이 서로 조화調和를 이루어 어떤 변화도 분열과 대립이 아닌 통일로 돌아가는 조화 통일의 세상이다. 결국 조화정부, 천지조화, 신명조화는 조화선경을 위한 것이며, 이로써 후천의 모든 인류는 상생과 조화와 통일의 삶을 살아가게 된다.

IV부

새로운 세상의 열림

문 계 석

대자연에 펼쳐진 뭇 생명들을 보라!

지구촌에 헤아릴 수없이 널려있는 많은 생명들은 그 어느 것도 예외 없이 대자연의 품에서 태어나서 자라난다. 속절없이 태어난 미물이라 하더라도 각자의 삶을 보존하기 위해 밤낮으로 쉴 새 없이 신비로운 생명활동을 벌이고 있다. 소위 고등동물이라고 하는 인간도 예외는 아니리라! 그러한 생명활동의 과정은 순간의 차원에서 본다면 한없이 길고, 영원의 차원에서 본다면 전광석화電光石火와 같이 순간에 지나지 않을 것이라고들 말한다.

이러한 무수한 생명체들은 왜 생겨나서 존재하게 되는 것일까? 그것들은 탄생의 아무런 이유도 목적도 없이 우연히 생겨나서 각자의 생명을 유지하다가 흔적도 없이 사라져가는 존재일까? 아니면 살아야 하는 존재의 목적이 있어 그것을 달성하기 위해 고군분투孤軍奮鬪하다가 사라져가는 것일까?

더욱 허망한 것은, 세상에 우연히 던져진 생명이든 어떤 고귀한 존재의 목적을 갖고 살아가는 생명이든, 모두가 단 한번 뿐인 생을 살고서 마감할 수밖에 없다는 사실이다. 그러나 단 한번만 살아갈 수 있도록 태어난 생명체들이기 때문에, 온갖 생명체들은 분명 천우신조天佑神助로 존재하게 되고, 모두 그렇게 존귀한 삶의 가치를 짊어지고 있다는 것이다. 하물며 소위 만물의 영장이라 불리는 인간의 생명은 어떠랴! 세상에서 인간의 생명보다 더 소중하고 가치 있는 존재는 아마 없을 것이다.

현재 지구촌에는 대략 76억 명의 사람들이 현존하고 있고, 각자 주어진 대로 생을 열심히 살아가고 있다. 이들은 보다 나은 삶을 위해 어제도 오늘도 각자의 위치에서 노력하면서 터전을 가꾸어가고 있지만, 그러나 알 수 없는 불안한 미래가 항상 그림자를 드리우고 있다.

지구촌 어디를 가나 인구가 밀집해 있는 도회지의 내면을 들여다보라! 가족의 생계를 꾸려가는 대부분의 사람들은 아마도 잠에서 눈을 뜨자마자 시간에 쫓기면서 일터로 달려가고, 저녁이면 과중한 업무로 지쳐서 휴식을 위해 보금자리로 돌아가는데, 이는 어쩌면 살벌한 생존경쟁의 언저리에서 보다 나은 행복한 인생을 위해 투쟁하는 모습의 한 단면이라 아니할 수 없다. 이들은 과연 단 한 번뿐인 생의 소중한 가치를 깊이 있게 통찰하고 있기나 한 것인지, 모두가 가장 존엄한 인생을 살아야 한다는 깊은 자각심이 있기나 한 것인지 의심스럽다.

설상가상雪上加霜이라고나 할까? 인생의 유일한 터전일 수밖에 없는 지구촌의 환경은 인간의 생명을 점점 옥죄고 있다는 사실이다. 모든 생명활동의 터전이 되는 어머니 지구가 문명화로 인한 환경파괴와 오염으로 말미암아 지독하게 병들어 몸살을 앓고 있다는 사실이다. 특히 기상이변으로 인한 홍수와 폭설, 기후변동에 의한 온난화와 급격하게 녹아내리는 극지방의 빙하, 느닷없이 이곳저곳에서 터져 나와 자연의 생명을 거둬가는 지진, 삶의 터전을 송두리째 앗아가는 쓰나미, 지구촌 이곳저곳에서 무작위로 발생하는 크고 작은 자연재해로 인해 인류의 생존은 시시각각으로 크게 위협받고 있다는 것이다.

어디 그뿐이랴! 하루만 지나도 난무하는 비극적인 소식들에 탄식이 절로 나온다. 현대문명의 몰락을 촉발하는 경제체제의 붕괴위기, 기아飢餓의 고통으로부터 벗어나기 위해 삶의 보금자리를 떠나는 난민들, 현대의학으로도 막을 수 없는 기상천외奇想天外한 질병의 창궐, 유사 이래 잠시도 멈추지 않는 민족 간의 비극적인 갈등과 잔인무도한 전쟁, 버튼만 누르면 인류의 생존을 단박에 몰락으로 밀어 넣을 수 있는 무시무시한 핵전쟁의 위협이 넘치고 있다. 강자만이 살아남을 수 있다는 슬로건이 진리인 듯 동물적인 야만성으로 점점 추락해가는 인간성은 인류의 행복을 증진하는 것이 아니라 고통과 불행과 죽음으로 몰아가고 있지 않는가!

문명의 이기에 함몰된 현실적인 삶을 냉철하게 뒤돌아보기라도 한다면, 오늘을 살아가는 많은 사람들이 우울과 불안, 공허와 무기력에 빠져들어 자신도 모르는 죽음의 길로 치닫고 있음을 직감하기도 한다. 자본 지상주의는 삶으로 인해 상대적 박탈감으로 절망하고, 부를 축적하기 위해 자본의 노예로 전락해가는 사람들이 늘어나는가 하면, 권력에 치부하느라 자신의 존재가치조차도 상실한 채 살아가기도 한다. 또 어떤 이들은 불안과 공포를 잊고 분노를 달래기 위해 쾌락에 빠져들기도 하고, 인간 본연의 고귀한 삶을 상실한 채 타락의 나락으로 빠져들기도 한다.

도대체 인간을 포함하여 뭇 생명들은 왜 그런 대자연의 품에서 태어나서 살아야만 하고, 그런 문명의 품에서 자신의 존재가치를 상실한 채 어디로 가는지도 모른 채 그렇게 살아야만 하는 것일까? 인간의 분노를 자극하거나 모든 갈등과 비탄으로 몰아가지 않는 그런 세상, 더 없는 복락과 행복한 인생을 영위하는 그런 이상적인 삶은 과연 존재할 수 없는 것일까? 인생은 무엇을 위해 이렇게 현존하는 것이고, 나아가 지구촌의 무수한 생명과 저 광활한 우주는 도대체 무엇 때문에 존재하는 것일까? 이런 중차대한 문제에 직면하여 한 소식을 듣기 위해 동서고금의 많은 철인들과 성자들은 일생동안 사색과 고민으로 불면의 밤을 지새웠고, 수많은 수행자들은 설산에서 뼈를 깎는 고행을 하면서 구도의 열정으로 살다가 갔던 것이다.

소위 인구에 회자되는 성자들은 과연 대자연의 존재의미와 인간이 일구어낸 문명 속에 복잡하게 얽히고설킨 온갖 갈등과 모순을 일시에 해소할 수 있는 어떤 방도를 전해주기나 하였던가! 인류에게 그들이 남긴 불멸의 지혜나 깨달음의 가치는 과연 무엇이었던가! 인간이 왜 태어나고 무엇을 위해 살아야만 하는지의 뚜렷한 목적이나 삶의 진정한 가치를 그들은 선명하게 말해주기나 하였는가? 광활한 우주의 신비를 밝혀내고 있는 첨단과학도, 온갖 존재의 의미를 심도 있게 탐구하여 펼쳐내는 철학도, 인간의 가치 있는 삶에 대해서 깨달음을 설파하는 종교도 그러한 문제들을 속 시원하게 해결해주지 못하고 있다. 그렇기 때문에 오늘을 살고 있는 인류는 공허함과 삶의 무기력을 응시한 채 그런대로 주어진 생명을 연명하고 있는 것인지도 모른다.

이제 우주가 무엇 때문에 탄생하여 존재하는지에 대한 거대담론을 포함하여, 대자연의 생명과 인간 삶의 진정한 존재목적이 무엇인지, 나는 왜 존재하고 어떻게 살아야 가장 바람직하게 살 수 있는지, 인간 삶의 진정한 가치와 미래에 대한 한 소식을 깨달을 수 있을 것인지, 이런 문제들에 대한 지혜로운 대답을 들을 수 있는 탐구의 여정을 떠나보도록 하자!

1 우주생성의 비밀

　인적이 드문 한적하고 고요한 밤, 고개를 들어 하늘을 쳐다보노라면 셀 수 없이 많은 별들이 위용을 자랑하면서 밤하늘을 수놓고 있다. 수없이 많은 별들이 그려놓은 은하수銀河水는 장강長江이 흐르는 것처럼 천공天空을 가로질러 있고, 이따금 불꽃처럼 타오르다가 사라지는 유성들은 밤하늘의 정취情趣를 돋군다. 이것들을 보고 있노라면 때로 많은 생각이 파도처럼 일어나고, 의식의 저편에 남아 있는 의문들이 꼬리를 물고 쏟아져 나오기도 한다.

　현대의 천문학이 전하는 바로는 이러한 은하銀河가 수십억 개나 된다고 한다. 이런 모든 것들을 통틀어서 우리는 우주宇宙라 부른다. 물론 여기서 '우주'란 공간空間의 의미를 담은 '우宇'와 시간時間의 의미를 담은 '주宙'의 합성어이다. 그래서 우주란 말은 시공時空의 열림으로 광대하게 펼쳐져 존재하는 모든 것을 일컫는다. 멀리로는 광활한 천공에 펼쳐진 별들과 가까이로는 티끌보다 더 작은 점點에 지나지 않는 지구地球를 포함하고, 더 가까이로는 '나 자신'으로부터 사소한 미물에 이르기까지 존재하는 모든 생명들을 망라하는 것이 바로 우주다.

　이렇게 광활한 대우주大宇宙!

　광대무변廣大無邊한 우주의 품에서 대자연의 온갖 것들은 끊임없이 창조되고, 운동 변화하면서 잠시 활동하다가 그 품으로 돌아간다. 인간을 포함한 만유의 생명도 그 품에서 태어나 성장하고, 자신을 닮은 제2의 자기 자신을 남겨놓고는 그 품으로 돌아간다. 인류의 문명도 예외는 아니다. 유사有史이래 온갖 생명은 물론이고 인류가 일구어낸 문명文明과 문화도 끊임없이 탄생하고, 진화를 거듭하여 오늘에 이르렀던 것이다. 만유의 이러한 창조변화는 무엇 때문에, 어떻게 일어나게 되는 것일까? 대자연과 문명과 인간의 삶에 얽혀 있는 문제를 끌러내기 위해서는 우선 광활한 우주변화의 신비를 밝혀보아야 한다.

우주창조의 신비를 밝혀주는 하도河圖와 낙서洛書[6]

우주창조의 변화를 밝힐 수 있는 길은 무엇일까? 어떤 이는 타임머신을 타고 아득한 과거의 시점으로 되돌아가 보면 될 것이 아니냐 하고 말할 수 있을 것이다. 그러나 이는 현실적으로 아직 불가능한 일이다. 또 어떤 이는 현대의 첨단과학으로부터 창조의 비밀을 풀어낼 수 있다고 강변할 수도 있다. 이 또한 확고부동하게 밝혀진 진리란 아직 없고, 단지 진행 중인 수정 가능한 가설들만이 난무할 뿐이다.

그럼 우주창조의 신비를 밝혀낼 수 있는 길은 없는 것일까? 그렇지 않다. 인류의 문명이 태동하던 태고시절에 우주 창조변화의 신비가 체계적으로 기록된 두 장의 암호문이 동북아시아에 출현했다. 그 암호문은 바로 태호복희씨太皞伏羲氏(BCE 3528~BCE 3413)가 그렸다는 '하도河圖'와 하夏나라의 창업군주인 우禹임금(BCE 2070년경)이 그렸다는 '낙서洛書'이다. 오늘날 우리가 익히 배워서 알 수 있는 그런 문자가 아니라 도상圖象으로 기록된 것이다. 우주 창조변화의 신비는 한 장의 도상으로 그 모습이 처음으로 인류에게 선보인 것이다.

그러나 하도와 낙서는 인구에 회자될 뿐 세월 속에 묻혀버렸고 세상에 나타나지 않았다. 그러다가 공자孔子가 『논어』에서 "하출도낙출

---

6 안경전 지음, 『증산도의 진리』, 278~295 참조

서성인즉지河出圖洛出書聖人則之"라 하여 처음으로 언급되어 유명해지기도 하였지만, 당나라 말기에 이르러서야 도교계통의 진단陳搏에 의해 세상에 알려졌고, 송대의 주자에 이르러『주자본의』경문 맨 앞에 하도와 낙서가 배치되었다. 채원정은『역학계몽』을 기초할 때도 하도와 낙서를 맨 처음 서술하고 있어서 이것이 주역周易의 기원으로 삼게 된 것이다.

하도

인류 역사상 최초로 하도를 그린 태호 복희씨는 누구인가? 그는 동북아 한민족의 시조 거발환 환웅천황이 창업한 배달국倍達國 사람으로, 대략 5,500여 년 전에 배달국 5세 태우의太虞儀 환웅천황의 막내아들이었다. 그는 젊어서 우사雨師라는 관직을 맡고 있었다. 우사란 오늘날의 직책으로 말하면 정치를 시행하는 행정직行政職에 해당한다. 그러던 어느 날 삼신三神께서 성령을 내려주는 꿈을 꾸게 되었다. 그러자 그는 한민족의 성산聖山 백두산으로 달려가 삼신상제님께 천제天祭를 올렸다. 천제를 마치고 왕궁으로 돌아오는 중에 천하天河에서 용마龍馬의 등에 비친 상象을 보았다. 이로부터 그는 우주 창조변화의 설계도, "하도河圖"를 그렸던 것이다. (하도는 후에『주역周易』이 등장하면서 팔괘八卦의 원리로 정리되는데, '복희팔괘도'가 그것이다.)

하늘의 계시로 대자연 속에 숨겨진 천지 생명창조의 율동을 깨닫고 '하도'를 그려 인류에게 전한 태호 복희씨는 인류 역사상 선천문명先天文明을 일으킨 시조로 꼽는다. '하도'로 말미암아 인지人智가 발달하여 정신문화의 조건이 풍부해지고, 생활문화의 질서가 잡혀 편리해졌기 때문이다. 이에 대해 증산 상제님은 이렇게 말씀하셨다.

"마땅히 선천 문명의 조종祖宗은 태호 복희씨인데, 웬일로 도 닦
는 자들이 허다히 부처 타령들이냐[應須祖宗 太皡伏 何事道人 多佛歌]"

(『도전』 5:282:3)

'하도'가 나옴으로써 고대의 한민족은 문명의 꽃을 피우는 문화혁
명의 분기점을 맞이하게 됐던 것이다.

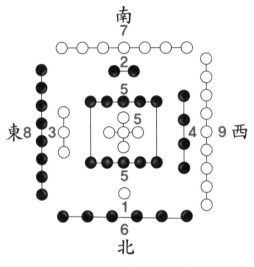

하도의 도상과 수의 배치도

'하도'는 어떤 것인가?

'하도'는 우주만유가 창조 변화되어 가는 율동을 수數로써 나타내고
있는데, 생명창조의 기운을 상징하는 음양陰陽으로써 드러낸 도상圖象
이다. 도상에서 보는 바와 같이 '하도'는 천지의 기본 수, 즉 하나(1)에
서 열(10)까지의 수數를 음과 양에 배합하여 사정방四正方과 중앙에 체
계적으로 배열한 구성원리이다. 이를 좀더 구체적으로 말하면, 사정

방[東西南北]은 공간변화의 의미를 담아내고 있고, 각 방위에 배합된 4계절[春夏秋冬]은 시간변화의 의미를 나타내고 있다. 시간과 공간의 좌표 상에서 수는 흑점黑點과 백점白點으로 그려져 사정방에 자리 잡고 있다. 백점은 하늘의 수[天數]를 뜻하고, 흑점은 땅의 수[地數]를 뜻한다.

아래의 한 점은 천일天一의 모습이요, 위의 두 점은 지이地二의 모습이요, 왼쪽의 세 점은 천삼天三의 모습이요, 오른쪽의 네 점은 지사地四의 모습이요, 이들의 중앙에 있는 다섯 점은 천오天五의 모습이다. 백점은 하늘의 수[天數]를 뜻하는 1, 3, 5, 7, 9로서 양陽의 기운을 상징하고, 흑점은 땅의 수[地數]를 뜻하는 2, 4, 6, 8, 10으로서 음陰의 기운을 상징한다. 사정방에서 북방의 겨울철은 양수陽數 1과 음수陰數 6이 자리하고 있고, 동방의 봄철은 양수 3과 음수 8이 배치되어 있고, 남방의 여름철은 음수 2와 양수 7이 자리하고 있고, 서방 가을철은 양수 9와 음수 4가 배치되어 있고, 그리고 중앙에는 양수 5와 음수 10이 배치되어 도상의 중심을 이루고 있다. 사정방과 중앙에 흑점과 백점이 음양 짝으로 결합되어 있음을 보여주고 있다.

하도에서 안쪽에 자리 잡은 1, 2, 3, 4, 5는 생수生數라 하고, 외부에 자리 잡은 6, 7, 8, 9, 10은 성수成數라 한다. 생수는 무형無形의 정신적인 음양기운을 나타내고, 성수는 유형有形의 물질적인 음양기운을 나타낸다. 생수와 성수의 만남은 현상계의 창조변화질서를 나타낸다. 따라서 이 도상의 모습은 좌선左旋 방향으로 하늘과 땅[陰陽]이 조화調和하여 우주 만물이 창조 변화되어 가는 질서를 보여주고 있다.

'하도'의 사정방과 중앙의 수에다가 현상계의 형질形質을 나타내는 오행五行[木·火·土·金·水]을 배합해 볼 수 있다. 북방의 1·6에는 수水를,

남방의 2·7에는 화火를, 동방의 3·8에는 목木을, 서방의 4·9에는 금金을, 중앙의 5·10에는 토土를 짝하여 보다 구체적인 상을 배열해볼 수 있다. 수는 근원적인 생명창조의 기운이 축장蓄藏되었음을 상징하고, 목은 그 기운이 쭉쭉 뻗어나감을 상징하며, 화는 그 기운이 사방으로 확장됨을 상징하고, 금은 분열 확장된 생명기운이 수렴 통일됨을 상징한다.

이와 같이 '하도'는 생수와 성수를 근본으로 해서 공간적인 의미의 동서남북과 시간적인 의미의 춘하추동이라는 우주변화의 기본 틀을 형성하고 있다. 이와 같은 시공변화의 원리를 바탕으로 해서 중앙의 5·10토는 우주 만물의 창조와 변화의 손길을 열어가게 된다. 이것은 봄철에 만물의 생명이 탄생하고 여름철에 만물이 무성하게 성장하고 가을철에 만물의 생명이 결실로 매듭지어지고, 겨울철에 만물이 다음의 새로운 탄생을 위해 휴식으로 돌아감을 나타낸다. 따라서 '하도'는 우주 만물의 생명창조와 변화가 순환적인 구조를 이루고 있음을 잘 보여주고 있다.

낙서
—— 그럼 '낙서洛書'는 어떤 것인가? 이것은 고대 중국의 하夏나라를 창업한 우禹임금이 그렸다고 전해진다. 그는 '낙서'를 어떻게 해서 그리게 되었던 것일까?

낙서가 만들어지기 전의 일이다. 당나라 요임금[唐堯] 시대에 9년 홍수가 일어났다. 요임금은 우의 아버지 곤鯀에게 황하의 홍수를 다스리는 치수治水를 맡겼으나 곤은 치수에 실패하여 참형되었다. 요를 이어 임금이 된 순舜은 우에게 아버지가 맡았던 치수를 맡겼다. 이때 동방의 천자 단군왕검檀君王儉은 아들 부루扶婁로 하여금 도산塗山에서 우를 만나 오행五行의 원리로 물을 다스리는 오행치수법五行治水法을 전하였다. 이를 받은 우는 오직 치수사업에만 일심으로 전념하여 성공하게 되었는데, 치수를 하던 중에 우는 낙수洛水에서 커다란 신귀神龜의 등에 새겨진 여러 개의 상을 보았고, 여기로부터 천지변화의 이치를 깨닫게 되었다고 전해진다. 이를 상수象數로 배열한 것이 바로 낙서의 원리이다. 이로부터 우는 마침내 9년 홍수를 성공적으로 다스려 민심民心을 크게 얻었으며, 민심을 등에 업은 우는 마침내 왕위에 올라 하나라를 개창하였고, 천하를 다스리는 대법으로서의 "홍범구주"를 창안했다고 한다.

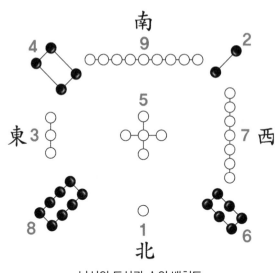

낙서의 도상과 수의 배치도

'낙서'는 어떻게 구성되어 있는가?

'낙서'는 하늘의 기운을 뜻하는 백점 1을 북방에, 백점 3을 동방에, 백점 9를 남방에, 백점 7을 서방에 위치하고, 땅의 기운을 뜻하는 흑점 8을 동북방에, 흑점 4를 동남방에, 흑점 2를 서남방에, 흑점 6을 서북방에 배치하고, 그 중앙에 흑점 10이 빠진, 백점 5만을 배치하여 5를 하늘과 땅의 중심으로 삼았다. 낙서는 중앙과 동서남북의 사정방에 하늘의 수가 있고, 각 방위의 사이에 땅의 수가 배치되어 있는 것이다. 이러한 배치는 땅의 기운이 하늘의 기운을 보좌하면서 하늘과 땅의 조화로 천지 만물이 생장분열하고 있는 상을 잘 드러내고 있다.

하도와 낙서의 차이[7]

'하도'와 마찬가지로 '낙서'도 우주 창조변화의 신비를 그려낸 또 하나의 계시문서이다. 하도와 낙서가 우주 창조변화에 대한 구조를 드러내는 원리이지만, 각기 다소 다른 점이 있다. 하도가 우주 창조변화의 원리에 대한 원판原版이라면, 낙서는 현상계에서 벌어지는 응용의 원리라 볼 수 있다. 이에 대한 결정적인 차이를 구분해 본다면, 이는 대략 세 관점으로 정리해 볼 수 있을 것이다.

첫째, 낙서는 우주 만물이 생장분열의 극치로 달리는 질서만을 나타내고 있지만, 하도는 수렴통일의 성숙으로 향하는 질서까지를 포함한다. 그것은 낙서가 중앙에 하늘과 땅의 기운을 조율하는 5만 있고 통일성과 완성을 뜻하는 10이 없기 때문이다. 다시 말하면 낙서는 중앙의 5를 중심으로 하여 창조의 근원이 되는 상수 1에서 수의 극치가 되는 상수 9에까지 분열하는 상을 나타내고 있다. 그래서 낙서는 사정방에 1, 3, 7, 9의 천수天數가 자리하고, 모서리에는 2, 4, 6, 8의 지수地數가 배치되어 팔방으로 벌어짐으로써 역동적으로 분열하는 상을 나타내고 있는 것이다. 반면에 하도의 중앙에는 5를 감싸고 있는 10이 위치해 있다. 10은 통일성과 완성을 뜻하는 신의 수數라고 말한다.

---

7 안경전 지음, 『증산도의 진리』, 278~295 참조

이는 우주 만물이 생장분열을 끝내고 10의 조화기운으로써 수렴 통일하는 모습을 나타낸다.

둘째, 낙서의 원리는 우주 만물이 서로 극하는[相克] 이치로 순환하는 모습을 나타내고, 하도의 원리는 서로 살리는[相生] 이치로 순환하는 모습을 나타낸다. 상극의 이치를 나타낸 낙서는 좌선左旋으로 순환하면서 서로 대립하는 측면을 나타내고, 상생의 이치를 나타낸 하도는 우선右旋으로 순환하면서 서로 살리는 측면을 나타내고 있다.

상극과 상생의 원리는 어떻게 해서 가능하게 되는가? 이를 알기 위해서는 천지음양론과 뒤에서 소개하게 될 오행론五行論(木·火·土·金·水)의 결합을 숙지하고 있어야 한다. 하도에서 오행론은 북방에 수水를 배합하여 1·6수 기운을 나타내고, 동방에 목木을 배합하여 3·8목의 기운을 나타내고, 남방에 화火를 배합하여 2·7화 기운을 나타내고, 중앙에 토土를 배합하여 5·10토 기운을 나타내고, 서방에 금金을 배합하여 4·9금 기운을 나타낸다. 여기에서 상생의 순환원리는 나무가 불기운을 생하고[木生火], 불이 흙기운을 생하고[火生土], 흙이 쇠기운을 생하고[土生金], 쇠가 물기운을 생하고[金生水], 물이 나무기운을 생하는[水生木] 순서로 진행한다. 이는 하도가 상생하는 창조변화의 순환원리를 나타내고 있음을 뜻한다.

반면에 낙서는 북방의 1·6수가 서방의 2·7화 기운을 극克하고, 2·7화가 남방의 4·9금 기운을 극하고, 4·9금 기운이 동방의 3·8목 기운을 극하고, 3·8목 기운이 중앙의 5토의 기운을 극하고, 5토 기운이 북방의 1·6수 기운을 극하는 형태로 변화발전하면서 순환하게 된다. 이는 생장분열의 시대에서는 5가 중심이 되어 우주 만물이 서로 투쟁하면서 생장하게 됨을 뜻하므로 선천 상극相克 세상의 창조변화원리임을 보여주고 있다.

셋째, 낙서는 선천 생장분열의 시대에서 후천 수렴통일의 시대로 개벽開闢됨을 나타내고 있다. 하도에서는 북방의 1·6수와 동방의 3·8목은 같은 위치를 고수하고 있지만, 낙서에서는 남방의 2·7화와 서방의 4·9금이 서로 바뀌어 위치해 있다. 이는 금과 화의 기운이 서로 바뀌었음[金火交易]을 나타내고 있는데, 이 형국은 낙서가 서방과 남방의 천지기운이 서로 소통하는 이치를 밝혀주고 있고, 곧 선천에서 후천으로 개벽하는 이치를 원리로서 보여주고 있음을 뜻한다.

'하도'와 '낙서'의 원리에서 보듯이, 증산 상제님은 "사농공상 음양 기동북이고수 이서남이교통士農工商 陰陽 氣東北而固守 理西南而交通"(『도전』 6:51:1)이라고 하시어 천지의 창조변화질서가 바뀌게 됨을 말씀하셨다. 달리 말하면, 개벽은 낙서의 상극시대에서 하도의 상생시대로 대전환됨을 함의한다. 상수로 말하면 분열생장의 9수 시대에서 수렴통일의 10수 시대가 열림이 바로 개벽이다. 이는 낙서에 상수 10이 없어서 총합이 45수이지만, 하도에 서로 대대待對하고 있는 상수의 합이 10이 되고 있으므로 총합이 55수라는 사실에서 분명히 알 수 있다.

"龜馬一圖今山河귀마일도금산하여 幾千年間幾萬里기천년간기만리로다.

胞運胎運養世界포운태운양세계하니 帶道日月旺聖靈대도일월왕성령이로다.

하도와 낙서의 판도로 벌어진 오늘의 산하 수천 년 동안 수만 리에 펼쳐져 있구나. 가을개벽의 운수 포태하여 세계를 길러왔나니 변화의 도道를 그려가는 일월이 성령을 왕성케 하는구나."(『도전』 2:143:4)

인류가 우주자연의 신비를 개명할 수 있도록 증산 상제님께서 신물神物로써 계시한 것이 용마龍馬의 하도와 신귀神龜의 낙서이다. 태고 시대에 하도와 낙서는 성인에게 계시되어 전해짐으로써 수천 년간 우주 만물과 인간 생명의 신비를 탐구하는 원리가 되었고, 천지 대운을 포태胞胎하여 우주자연사와 인류문명사와 세계역사의 변화과정을 추진시켜왔던 것이다.

천지대운은 바로 가을 대개벽이다. 우리는 우주자연의 이러한 추진과정이 가을 대개벽을 목적으로 전개되고 있음을 하도와 낙서를 통해서 인식할 수 있게 된다.

우주 창조변화의 추동력은 천지음양天地陰陽의 기氣

대우주 천체권의 존재하는 모든 것들은 창조되고 변화하여 사라져간다. 한마디로 창조된 일체의 것들은 영원히 존속할 수 없는 것이다. 이와 같은 거시적인 것들은 물론이고 조그만 점보다 작은 지구에도 무수한 생명들이 창조되어 나타났다가 사라져간다. 이런 무수하게 존재하는 것들은 과연 어떻게 창조되는 것이며, 특히 지구촌에서 끊임없이 활동하고 있는 인류는 과연 어떻게 태어나 생명의 질서를 이루면서 살아가고 있는 것일까?

이러한 모든 문제에 대한 포괄적인 해답은 앞서 소개한 「하도」와 「낙서」의 도상원리에 비장祕藏되어 있다. 그런데 그 도상원리에서 살아있는 대자연의 창조변화를 일으키는 중심 주제는 생명의 에너지 energy라 할 수 있는 음양의 기운이다. 그래서 동양의 오래된 고전에서도 우주 창조변화의 율동을 "일음일양지위도一陰一陽之謂道"(『주역』「계사전」)라 했던 것이다. '한 번은 음 운동을 하고 한 번은 양 운동을 하면서 만유의 생성변화가 일어나는 것이 대자연의 근본 질서[道]'라는 뜻이다. '음陰'과 '양陽', 이것이 인간과 만유의 생명을 지어내는 자연 속의 두 기운氣運을 뜻한다. 대우주 천체권도 모두 음양이라는 서로 다른 두 기운의 대립과 조화로써 창조 변화되어 간다는 것이다.

음양운동을 일으키는 가장 큰 주체는 하늘과 땅[天地]이다. 하늘은 생명을 내려주고 땅은 그 생명을 내어 길러낸다. 인간을 포함하여 대자연 속에서 태어나 살아가는 만유의 생명은 그 어느 것도 하늘과 땅의 거대한 품속을 떠나 한시도 존재할 수 없다. 따라서 우주 창조변화의 원리를 상수로 표기된 하도와 낙서의 도상에서 백점은 양을 뜻하는 하늘의 수[天數]를, 흑점은 음을 뜻하는 땅의 수[地數]로 표기된 것이다. 한마디로 하늘과 땅은 우주 만물의 근원을 상징하는 진리의 원형Archetype이다.

현실세계에서 볼 때, 하늘과 땅을 대행하는 조화기운은 바로 '해와 달[日月]'이다. 해는 빛을 통해 양기陽氣의 변화를 주도하고, 달은 인력을 통해 음형陰形의 변화를 주도한다. 천지는 음양의 전체가 되고, 일월은 음양의 크게 쓰임[大用]이 되는 것이다. 이런 일월이 주도하는 음양의 교체로 낮과 밤이 순환하면서 하루의 질서가 생기고 1년의 변화 질서가 매겨지는 것이다. 이런 순환의 변화질서 속에서 대자연의 생명은 끊임없이 탄생하고 성장하여 결실로 매듭을 짓게 되는 것이다.

우주 만물은 절대적인 창조주가 있어서 일방적인 의지에 의해 창조되는 것이 아니라, 천지음양의 조화기운으로 창조된다. 창조물들 중에서 가장 고귀하고 위대하다는 인간의 존재도 예외는 아니다. 천지음양기운의 조화에 의해 인간은 남자와 여자로 태어난다. 음과 양으로 지칭되는 남성과 여성이 결합하여 생명창조의 역사가 이루어지는 것이다. 이렇게 창조된 인간은 유형有形의 육체와 무형無形의 정신으로 구성되는데, 정신도 양을 상징하는 유형의 정精과 음을 상징하는 무형의 신神이 융합하여 이루어진다. 이 정과 신이 일체가 되어 '인간 생명운동의 중심축'으로 작용하는 것이다.

현상계에서 일어나는 모든 존재는 음양의 작용에 의해 이루어진다. 인간의 생명도 호흡운동과 기혈운동의 음양변화로 지속되며, 두뇌도 좌반구와 우반구로 나뉘어 각기 이성과 감성의 활동을 일으키게 된다. 이성은 연역적인 논리로 사고하고 추상하지만, 감성은 감각을 통해 외부와 접촉하여 사고한다. 감성적 사고는 이성적 사고를 통해 귀납논리로 확장된다. 두뇌의 자율신경계도 교감신경과 부교감신경으로 이루어져 있고, 인간의 의식세계도 의식과 무의식으로 작용한다. 물질계도 모두 음양의 구조로 이루어져 있다. 음양의 변화로 사물은 겉과 속, 딱딱함과 부드러움, 거침과 매끄러움, 안과 밖이 있다. 공간도 위와 아래, 앞과 뒤, 좌측과 우측의 음양으로 이루어져 있는 것이다.

음양의 운동은 현상계에서 작동하는 모든 창조변화의 근본 틀이다. 광대한 무한 우주의 거시세계에서부터 상상할 수 없을 만큼 작은 아원자의 미시세계에 이르기까지 모든 변화는 일음일양의 운동에 의한 것이다. 따라서 현상계의 모든 물질적인 존재는 물론이고, 정신적인 존재인 사유 활동 및 문명의 역사조차도 전부 음양 짝으로 이루어져 작용한다. 그렇기 때문에 신의 세계는 물론이고 천지 안의 일체 모든 것은 음양작용의 틀로 파악될 수 있다.

그런데 음양의 작용은 절대적이 아니라 상대적이다. 이는 음양의 작용이 서로 분리되어 독자적으로 존재하는 것이 아니라, 하나의 두 측면이기 때문이다. 즉 양이 강하여 융성하게 되면 음은 쇠하게 되고,

음이 강하여 융성하면 양은 쇠하게 되는 것이다. 이런 관계를 '짝을 기다려서 응대한다'는 의미에서 음양의 '대대待對'라고 표현한다. 이는 마치 밝음이 강하면 어두움이 물러나고, 어둠이 강하면 밝음이 물러나는 이치에서 분명히 알 수 있다.

그럼 대대待對적인 음양작용은 '무엇으로써' 천지 공간에 우주 만물의 창조변화가 현상에 드러나도록 하는가? '그 무엇'은 일정한 것으로 규정된 것도 아니고, 감각이나 이성의 사유 활동으로 확인될 수 있는 그런 것이 아니다. 반드시 마음의 눈을 떠서 천지의 거대한 생명을 온 몸으로 느껴야 알 수 있는 그런 것이다. 달리 표현하면 '그 무엇'은 무한 우주에 꽉 차 있지만 전혀 감각될 수 없는 근원의 존재, 우주만유의 창조변화가 일어나는 '공空'과 같은, 진공묘유眞空妙有와 같은 것으로 말해볼 수 있다. '그 무엇'을 전통적인 동양적 사고의 의미에서 말하면 아무런 형태가 없는 근원적인 우주생명의 "기氣"로 표현된다.

천지일월의 음양 작용은 '기'를 통해서 현상계에 드러난다. 이는 음양이란 '기'의 흐름을 표상한 것에 지나지 않음을 뜻한다. 그렇기 때문에 우주생명의 '기'는 우주 만물을 창조하고 변화하도록 이끌어가는 근원이 된다고 말한다. 현상으로 드러난 '기'의 흐름은 논리적으로 '음의 기운'과 '양의 기운'으로 구분될 수 있다. 여기에 현실적인 형체와 상[형상]을 갖춘 물질을 배합해서 말할 수도 있다. 그것은 신령스런 양 기운의 '물[水]'과 음 기운의 '불[火]'이다. 여기에서 '물'과 '불'은 물론 자연형질 자체를 말하는 것이 아니라 음양의 본질을 드러내는 '상'을 포함하고 있는 것이다.

그런데 '물'은 밖으로는 음의 기운으로 나타나지만 사실 내면으로는 양의 기운이 응축되어 있는 형국이고, '불'은 현상으로는 양의 기운으로 나타나지만 내면으로는 음의 기운이 응축되어 있는 형국이다. 다시 말해서 내면으로 볼 때 양의 기운을 뜻하는 '물'은 생명의 '기'가 응축되어 있음을 상징하고, 음을 뜻하는 '불'은 생명의 '기'가 분열되어 있음을 상징한다. 반면에 외면으로 볼 때 분열한 양의 모습은 타오르는 '불'이고, 응기한 음의 모습은 '물'이다.

우주생명의 기가 현실적으로 작동하여 드러난 '물과 불[水火]'의 음양기운의 조합은 동양 전통의 형이상학적인 괘상卦象으로 표현하면 '네 가지 상[四象]'으로 정립해 볼 수 있다. 우주 만물의 창조변화 방식을 『주역』은 괘상으로 전개하고 있는데, "역유태극易有太極 태극생양의太極生兩儀 양의생사상兩儀生四象 사상생팔괘四象生八卦"라고 한다. 여기에서 우주생명의 근원적인 '기'는 태극太極이고, 태극은 논리적으로 '순수한 음양의 괘[兩儀]'이다. 음양의 작용은 사상을 낳는데, 사상은 순수한 양을 나타내는 건乾으로서의 태양太陽, 음보다 양이 적은 소양少陽, 순수한 음을 나타내는 곤坤으로서의 태음太陰, 양보다 음이 적은 소음少陰으로 나눠진다. 사상을 보다 구체적인 모습으로 그려낸 것이 바로 우리나라 태극기이다. 사상을 더욱 세분화하면 복희 팔괘도八卦圖가 나오는 것이다.

우주생명의 근원적인 기가 음양의 작용으로 벌어짐을 공간적인 형상으로 표상하면 동서남북東西南北 4방위가 배합되고, 시간적인 변화과정으로 표상하면 춘하추동春夏秋冬 4계절이 배합된다. 시간과 공간이 융합함으로써 우주 만물이 창조 변화되는 과정으로 말하면 탄생[生], 성장[長], 성숙[斂], 폐장[藏]으로 전개되는 사의四儀가 배합된다. 그래서 음양의 작용을 상징하는 '물과 불[水火]'의 기운은 바로 우주 만물이 창조 변화되는 근원이 된다.

다섯 가지로 운용되는 음양운동

'음양작용'에 의한 '기'의 움직임을 좀 더 구체적인 단계로 구분한 것이 오행론五行論이다. 이는 천지음양론과 오행론의 결합을 나타내는데, 원래 오행론은 중국의 춘추시대에 제나라와 연나라 방사들에 의해 처음 시작되고, 한漢나라의 동중서董仲舒를 통해 이어졌다. 그러다가 한나라의 추연鄒衍(기원전 305~240)에 의해 체계적으로 크게 발전했다. 이후 동양사상에서 음양오행론을 떠나서는 어떤 사상도 논의할 수 없을 정도로 일반화되어 널리 보급되었고, 한의학을 비롯하여 사회문화의 보편적인 원리로 자리 잡게 되었다.

하도를 보면 오행은 서로 밀고 당기는 음양의 작용 속에서 시간의 흐름에 따라 우주생명의 '기'가 다섯 가지 방식, 즉 동방에 목木 기운, 남방에 화火 기운, 중앙에 토土 기운, 서방에 금金 기운, 북방에 수水 기운으로 배치되어 있다. 이는 천지 만물이 목화금수木火金水의 기운으로 탄생하여[生] 성장[長]하고, 성숙[斂]하여 폐장[藏]하는 순환의 과정을 밟도록 하는 원리임을 나타낸다.

'목'은 나무처럼 평평한 땅을 기반으로 하여 위로 수직으로 서 있는 줄기와 밑으로 뻗어 있는 뿌리를 형상화한 것인데, 이는 나무만을 지칭하는 것이 아니라 인간과 만물을 싹트게 하는 생명의 탄생을 상징한다[生]. '목'은 뿌리에 응집된 생명의 기운을 분출하여 만유의 생명이 탄생하도록 하는 작용을 나타낸 것이다. 생명의 탄생은 양의 기운이 밖으로 분출하면서 증가하고 음의 기운이 안으로 들어가면서 감소하는 상태를 뜻한다. 「하도」에서 '양의 수 3과 음의 수 8이 조화된 목[3·8목]'이 이를 말해주고 있다. 계절로 말하면 봄에 생명이 움터 새싹이 뻗어 자라나는 질서[春]를 나타내며, 방위로는 동방東方에 위치한다.

'화'는 불이 타올라 주변으로 확산되는 모습을 형상한 것인데, 이는 불만을 지칭하는 것이 아니라 탄생한 생명이 분열하는 모습을 상징한다. '화'는 우주생명의 기운을 분산하여 성장하도록 작용하는 것이다[長]. 성장에 이른 생명은 양의 기운이 밖으로 확산되어 최고조에 이르고, 음의 기운이 상대적으로 쇠약하여 최저의 상태에 도달함을 뜻한다. 「하도」에서 '음의 수 2와 양의 수 7이 조화된 화[2·7화]'가 이를 말해주고 있다. 계절로 말하면 여름에 생명이 무성하게 자라는 질서[夏]를 나타내며, 방위로는 남방南方에 위치한다.

'금'은 단단하게 응집하여 맺혀 있는 열매를 형상한 것인데, 이는 땅 속에 묻혀 있는 금속만을 지칭하는 것이 아니라 온전히 성장한 생명이 수렴하여 단단하게 된 모습을 상징한다. '금'은 우주생명의 기운을 수렴하여 열매가 맺히도록 작용한 것이다[斂]. 생명의 열매는 양의 기운이 안으로 들어가 응축되고 상대적으로 음의 기운이 밖으로 나아가 증가하는 상태를 뜻한다. 「하도」에서 '음의 수 4와 양의 수 9가 조화된 금[4·9금]'이 이를 말해주고 있다. 계절로 말하면 가을에 만유의 생명이 열매를 맺어 결실을 거두는 질서[秋]를 나타내며, 방위로는 서방西方에 위치한다.

'수'는 생명의 결실結實을 가두어 저장하는 수장收藏을 형상한 것인데, 이는 흘러서 땅 속에 고이는 물만을 지칭하는 것이 아니라 생명의 열매가 갈무리되어 저장된 상태를 상징한다. '수'는 일체의 생명활동을 금하고 보존하여 다음을 조용히 준비하는 작용을 하는 것이다[藏]. 수장된 생명의 열매는 속에 양의 기운이 응축되어 갇혀 있고, 겉으로는 음이 최고조로 드러나 있는 상태를 뜻한다. 「하도」에서 '양의 수 1과 음의 수 6이 조화된 수[1·6수]'가 이를 말해주고 있다. 계절로 말하면 겨울에 모든 생명활동을 멈추고 보존하고 있는 질서[冬]를 나타내며, 방위로는 북방北方에 위치한다.

그런데 '목·화·금·수'의 기운만으로는 만유의 생명이 탄생하지도 자라나지도 못하고, 성숙하여 열매를 맺지도 못한다. 이 네 가지 기운이 순환하면서 만물의 생명 창조활동을 할 수 있게 하는, 음양의 상극을 조화시키는 능력을 지닌 '변화의 본체' 기운이 있다. 다시 말하면 만유의 생명이 성장에서 수렴으로 넘어갈 때, 극도로 분출된 양의 기운을 꺾어 내리고 안에 갇혀 있던 음의 기운을 밖으로 끌어내고, 수장에서 탄생으로 넘어갈 때, 극도의 음의 기운을 억압하고 속에 응집되어 갇혀 있는 양의 기운을 밖으로 분출시키도록 하는 기운이 있다는 것이다. 이것이 바로 음양의 기운을 다스려서 조율하는 '토土'의 기운이다.

'토'는 '만유의 생명을 내고 거두는 신神의 몸체 자리'를 형상한 것이다. 이는 단순한 땅만을 지칭하는 것이 아니라, 모든 대립을 중화하여 결실을 맺도록 하는 중성中性 생명의 주재를 상징한다. '토'의 중성 생명은 극도로 강해진 '화'의 기운을 잠재워서 '금' 기운으로 넘겨주는 매개 작용을 하는데, 그것은 양의 기운이 더 이상 분산되지 않도록 막아서 원래의 자리로 끌어 내리고, 반면에 극도로 약해진 음의 기운을 밖으로 끌어올려서 음양이 조화를 이루도록 조절하는 주재主宰의 역할을 의미한다. 이것은 '토'의 중성생명이 음양의 매개자로서 음의 기운과 양의 기운을 함께 보유하고 있음을 뜻한다. 「하도」에서 '양의 수 5와 음의 수 10이 조화된 토[5·10토]'가 이를 말해주고 있다. 그래서 '토'는 '신神'의 자리이다. '신'은 천지생명을 내어 중앙의 양토와 음토의 기운을 조화롭게 운용함으로써 성육하며, 춘하추동春夏秋冬의 질서를 주재함으로써 우주만유가 생장염장으로 순환하도록 한다.

생장염장生長斂藏으로 돌아가는 생명의 주기

앞서 우리는 천지의 '기'가 음양운동을 함으로써 우주 만물이 끊임없이 생명창조의 춤을 추면서 살아 움직이고 변화해가고 있음을 알아보았다. 이제 생명 창조의 춤은 현상계에서 어떤 방식으로 전개되고 있는가를 알아보도록 하자.

봄이 찾아와 따사로운 햇살이 대지에 내리쬐게 되면, 땅 속에 묻혀 있던 온갖 씨앗들이 움터 새싹이 올라오고, 겨우내 고즈넉이 서 있던 앙상한 나뭇가지에서도 파릇파릇한 새싹이 움트기 시작한다. 뿌리 깊이 저장되어 있던 수기水氣가 위로 올라와 생명력이 왕성해지면서 새싹이 돋아나게 된 것이다. 봄은 온갖 종류의 생명이 탄생誕生하는 계절이다. 여름철이 접어들면 가지와 줄기가 쭉쭉 뻗어 나오기 시작하면서 나뭇잎은 무성하게 하늘을 덮고, 꽃이 피어 열매가 달리기 시작하면서 그 푸르름의 극치를 보여준다. 여름은 자연의 생명이 무성하게 성장成長하는 계절이다.

그러나 가을이 되면 나무의 열매가 여물면서 이파리는 땅에 떨어져 흙으로 돌아가고[落葉歸根], '생명의 진액'은 원시반본原始返本의 이치에 따라 다시 본래의 자리인 뿌리로 돌아간다. 수기가 생명의 고향으로 환원하는 것이다. 한마디로 가을은 만유의 생명이 열매를 맺는 수렴收斂의 계절이다. 그리고 겨울이 되면 결실한 열매는 저장이 되고 나무는 가장 고요한 모습으로 긴 '휴식'의 시간을 가지며 다음 해의 봄을 준비한다. 겨울은 만유의 생명이 다음 해를 준비하는 폐장閉藏의 계절이다.

생명의 탄생, 성장, 수렴, 폐장의 4단계는 한마디로 축약하면 '생장염장生長斂藏’이다. 현상계에 존재하는 모든 생명은 미시적인 것이든 거시적인 것이든 생장염장의 이치를 따른다. 병원체와 같은 아무리 작은 미생물도 탄생하여 성장하고, 성장의 극치에 달하면 자신과 같은 종種을 남기고 죽게 마련이다. 하루를 살다가 죽는 하루살이도, 한 철을 사는 곤충도, 여러 해를 사는 동식물들도 마찬가지다. 심지어 수십 만 년을 존속하는 산과 바위들도 존속기간만 다를 뿐 생장염장의 이치를 벗어날 수 없다.

문제는 만유의 생명이 ‘수렴’에서 ‘성장’의 과정으로 나아간다든가 ‘폐장’에서 ‘수렴’의 과정으로 진행되지 않고 반드시 탄생[生]에서 성장[長]으로, 성장에서 수렴[斂]으로, 수렴에서 폐장[藏]으로, 폐장에서 다시 탄생[生]으로 나아감으로써 끊임없이 순환할 수밖에 없다는 사실이다. 왜 그런가? 이에 대해서는 과거의 어떤 과학자, 철학자, 성직자도 명쾌하게 밝혀주지 못했다. 하지만 인류의 구도 여정에 큰 빛을 열어준 증산 상제님은 동방 조선 땅에 인간으로 오시어 우주 만물의 생명을 창조하고 길러내는 자연의 근본 이치를 이렇게 말씀하셨다.

> “내가 천지를 ‘주재’하여 다스리되 ‘생장염장生長斂藏’의 이치를 쓰
> 나니 이것을 일러 무위이화라 하느니라.”(『도전』 4:58:4)

증산 상제님은 대자연의 창조변화 섭리가 ‘생장염장’의 이치로 돌아가고, 그 주재 정신이 ‘무위이화無爲以化’임을 밝혀주셨다. ‘무위이화’란 인위적으로 억지로 하지 않고, ‘생장염장’의 이치를 주재하여 ‘함이 없이 다스림’을 뜻한다. 이것이 우주의 절대자 증산 상제님이 우주 만물의 창조변화를 다스리는 주재방식이다. 그럼 어떻게 하는

것이 '무위이화'인가?

앞서 밝혔듯이, 오행의 원리에서 음양운동의 주재기운은 중앙의 중성기운인 '토'이다. '토'는 곧 신神의 자리이다. '토'의 기운은 '양토 5'와 '음토 10'으로 구분된다. 신은 '양토 5'를 운용하여 극도로 수장되어 있는 음의 기운을 누르고[藏] 안에 갇혀 있는 양기를 끌어올려 초목군생草木群生이 탄생하도록 주재한다[生]. 계절로 보면, 겨울이 가고 봄이 오면 새로운 생명체들이 우후죽순으로 솟아나 활동하는 까닭이 여기에 있다. 나아가 신은 양토의 기운으로써 음의 기운을 더욱 압박하고 양의 기운을 촉진하여 만유의 생명을 분열성장의 극점에까지 이끌어 간다[長]. 계절로 보자면, 여름이 되면 만유의 생명이 무성하게 자라난 까닭이 이때문이다.

그러나 초목군생은 무한히 자라나는 것이 아니고, 극적인 반전이 일어나게 되는데, 분열성장의 기운을 수렴하여 열매를 맺게 된다. 즉 신은 '음토 10'의 기운을 운용하여 극대로 분열된 양의 기운을 압박하여 원래의 자리로 끌어내리고, 안에 갇혀있는 음의 기운을 끌어올려 만유의 생명이 수렴 통일로 가도록 주재한다[斂]. 계절로 보자면, 여름철의 극점에서 가을로 접어들면서 만유의 생명이 결실하는 까닭은 이때문이다. 나아가 신은 '음토 10'의 기운으로써 양의 기운을 더욱 압박하여 안에 가두어 두고 음의 기운을 극대로 이끌어내어 만유가 생명활동을 폐장하도록 주재한다[藏]. 계절로 보자면, 겨울이 되면 초목군생이 생명활동을 멈추고 동장冬藏의 상태로 접어드는 까닭이 여기에 있다.

이와 같이 우주 만물을 '생장염장'의 순환방식으로 다스리는 증산 상제님의 주재이법은 춘하추동 4계절의 질서로 드러난다. 이에 대해서 동학의 창도자 수운水雲 최제우崔濟愚는 "무릇 상고 이래로 지금까지 봄과 가을이 서로 갈마들어 교대로 이어지고, 4계절의 융성과 쇠락에 옮김도 없고 바뀜도 없으니, 이 또한 천주조화의 자취요 천하에 뚜렷이 나타나 있다"(『東經大全』「布德文」)고 말했다. 옛날이나 지금이나 사절기가 일정한 질서를 가지고 바뀌면서 반복적으로 순환하고 있음은 바로 상제의 조화자취라는 뜻이다. 그러므로 봄이 가면 바로 여름이 오고, 여름이 가면 바로 가을이 오며, 가을이 가면 바로 겨울이 오는 이치는 우주의 통치자 상제님이 억지로 함이 없이 다스리는[無爲以化] 주재방식에 따른 것이다. 이러한 주재방식은 만유의 생명이 언제 어디에서나 사시四時로 전개되는 생장염장의 이치에 따라 현상으로 드러나는 자연에서 증명된다.

'생장염장'으로 진행되는 창조변화의 순환이법은 거시적이든 미시적이든 간에 물리적인 자연사에만 적용되는 것이 아니라, 정신사적인 측면, 문명사적인 측면 모두에게 적용되는 가장 보편적인 이법이다. 그래서 증산 상제님은 "나는 생장염장生長斂藏 사의四儀를 쓰나니 이것이 곧 무위이화無爲以化라. 해와 달이 나의 명命을 받들어 운행하나니 하늘이 이치理致를 벗어나면 아무 것도 있을 수 없느니라."(『도전』 2:20:1~3)고 하셨다. 따라서 '생장염장'의 순환이법은 하늘의 절대적인 이치요, 영원한 불변의 진리라는 의미에서 "사의四儀"로 천명된 것이다.

2 천지의 색다른 두 얼굴

우주의 변화는 리듬을 갖고 있다. 우주 1년의 리듬, 생장염장의 리듬, 그리고 선후천의 리듬. 그 각각의 변화마디는 고유의 색깔을 갖는다. 운동의 방향과 목적이 다르지만 그 모든게 조화되어 우주는 큰 순환을 이루며 돌아간다.

우주 1년의 순환주기

'생장염장'으로 순환하는 창조변화의 이법은 하늘의 절대적인 법칙이요 불변의 진리이다. 이는 정신적인 것이든 물리적인 것이든 우주 안에 존재하는 모든 것이 그 순환이법을 벗어날 수 없음을 뜻한다. 여기에서 우리는 '생장염장'의 순환원리에 객관적으로 적용될 수 있는 '시時·공空'의 변화주기가 있는가, 있다면 어떻게 규정할 수 있는가를 묻지 않을 수 없게 된다.

일반적으로 우리는 시간이란 1차원적인 것으로 무한히 흐르고, 공간이란 3차원적인 것으로 무한히 퍼져 있다고 알고 있다. 여기에서 공간은 존재에 상응하고, 시간은 변화에 상응하는 개념이다. 그럼에도 변화(시간)와 존재(공간)가 실제로 분리될 수 없듯이, 시간과 공간은 현실적으로 분리될 수 없다. 따라서 우주 만물은 모두 공간을 점유하고 있고, 공간좌표의 이동은 변화에 따른 시간의 흐름으로 나타나게 마련이다. 그래서 지난 세기의 최고의 물리학자, 아인슈타인A. Einstein(1879~1955)은 "시공연속체space-time continuum"를 주창했던 것이다.

'시공연속체'의 의미에서 볼 때, 우주 만물의 '생장염장'에 대응하는 시·공간의 변화주기는 무엇을 근거로 규정될 수 있는가? 그것은 천지음양의 운동에 따라서 구분해 볼 수 있는데, 크게 세 측면으로 나누어 말해볼 수 있다. 하나는 기본적으로 일상적인 생명활동에 적용될 수 있는 관점에서다. 그것은 시공변화의 기본적인 단위로 설정되는 '하루[一日]'의 주기를 꼽을 수 있다. 다른 하나는 지구상의 모든 생명활동에 적용될 수 있는 관점에서다. 그것은 '지구 1년地球一年'의 주기를 꼽을 수 있다. 마지막은 우주천체권의 생명활동에 적용될 수 있는 관점에서다. 그것은 '우주 1년宇宙一年'의 주기이다.

천지음양의 운동으로 펼쳐지는 시·공간 변화질서는 기본적으로 '하루[一日]'에서 전개되는 것을 주기週期로 삼는다. '하루'는, 공간적으로 볼 때 지구가 360도 자전하여 제자리로 돌아온 상태이고, 시간적으로 볼 때 지구가 자전하는 동안 낮에 내리쬐는 양陽의 기운과 밤에 펼쳐지는 음陰의 기운이 한 번 교체되는 주기를 말한다. '하루'에서 '생장염장'의 이법에 상응하는 시·공간 변화질서는 새벽, 정오, 저녁, 자정이다. 이로부터 지구상의 개별적인 생명체는 새벽이 되면서 양 기운을 받아 본격적으로 생명활동을 하기 시작하고[生], 정오에 이르면 활동의 극치를 보이고[長], 오후에 음 기운을 받아 생명활동을 마무리하고[斂], 밤중이 되면 다음 날의 활동을 위해 휴식[藏]에 들어간다.

지구상에서 펼쳐지는 시·공간 변화질서는 '지구 1년'을 주기로 삼는다. '하루'는 지구가 스스로 360도 자전自轉하여 제자리로 돌아옴으로써 발생하는 음양의 교체를 시·공간의 변화주기로 하지만, '지구 1년'은 자전하는 지구가 태양을 중심으로 '타원궤도'를 그리면서 공전空轉하여 제자리로 돌아옴으로써 발생하는 음양의 교체를 시·공간의 변화주기로 한다. '하루'의 시간은 작은 틀에서 본 음양의 교체이고, '지구 1년'의 시간은 보다 큰 틀에서 본 음양의 교체이다. 그럼에도 '하루'나 '지구 1년'에서 '생장염장'의 이법에 상응하는 시·공간 변화 질서의 틀은 유비적으로 같다. 왜냐하면 '지구 1년'에서 만유는 봄철에 양 기운을 받아 생명의 싹을 틔우고[生], 여름철에 왕성한 양 기운으로 말미암아 분열성장의 극에 달하고[長], 가을철이 되면 음 기운이 들어와 결실하게 되고[斂], 겨울철이 되면 극에 달한 음 기운으로 말미암아 휴식[藏]에 들어가기 때문이다.

'생장염장'의 순환이법은 '지구 1년'에서와 마찬가지로 '우주 1년'에도 꼭 같이 적용이 된다. 다시 말해서 우리의 삶의 터전인 지구는 자전하면서 '하루'라는 시·공간 변화를 만들어낸다면, 태양을 중심으로 공전함으로써 '지구 1년'의 시·공간 변화주기를 양산한다. 마찬가지로 '우주 1년'은 태양계가 보다 큰 천체를 중심으로 공전하여 제자리로 돌아오는 주기를 일컫는다. 이는 '전체와 부분의 상사성相似性'을 전제로 하는 "프랙탈 우주론Fractal cosmology"을 통해서도 입증될 수 있는 사실이다. 결과적으로 가시영역에 들어오는 '지구 1년'의 경우든 가시영역을 벗어나 있는 광활한 '우주 1년'의 경우든, 음양운동에 따른 순환주기는 시·공간의 영역과 그 간극이 다를 뿐 구성 틀에 있어서는 같다.

그럼 '우주 1년'의 시·공간 변화주기는 어떻게 계산해낼 수 있을까? 이에 대해서 증산 상제님은 "글은 이두李杜의 문장이 있고, 앎음은 강절의 지식이 있으니 다 내 비결이니라."(『도전』 2:32:1)고 하여 강절의 주장을 진리로 인정했다.

강절은 누구이며 그의 주장은 무엇인가? 강절은 중국 북송 시대의 도학자인 소강절邵康節(1011~1077)을 일컫는다. 소강절은 동양의 상수학象數學을 체계화하면서 우주가 129,600년을 주기로 순환한다는 사실을 『황극경세서皇極經世書』에서 "원회운세元會運世"로 규명糾明해냈다. 지구의 순환주기가 '년월일시年月日時'로 구성되어 있다면 우주의 순환주기는 '원회운세'로 구성되어 있다는 것이다.

소강절이 제시한 원회운세를 통해서 우주 1년의 시·공간 변화질서를 계산해낼 수 있다. '지구 1년年'은 12월月로 구성되어 있고, 1월은 30일日이고, 1일은 12시간[12時辰]이다. 1원元은 12회會로 구성되어 있고, 1회는 30운運이고, 1운은 12세世이다. 그런

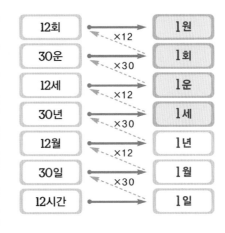

데 1세는 지구의 시간으로 30년에 해당한다. 이로부터 12세는 360년이고, 30운은 10,800년이고, 12회는 129,600년이 된다. 그러므로 지구 년年으로 계산하면, '우주 1년'은 '일원一元'으로 129,600년이 된다.

'우주 1년'이 지구에서 통용되는 해수로 계산할 때 129,600년에 해당한다는 사실은 지구가 하루에 360도 자전하면서 360일 동안 태양을 안고 돌아가는 것에서도 추론해낼 수 있다. 360도 곱하기 360회하면 총 129,600도를 도는 것이다. 이와 마찬가지로 천지일월의 변화도 360년을 1주기로 360회 순환반복하면서 우주 1년 4계절의 질서를 창출하게 되는 것이다. 이러한 사실은 천지와 인간생명을 관통하는 음양변화의 기본 도수로도 계산해낼 수 있다. 즉 인간의 몸은 천

지의 열매이고, 인간의 몸이 생명활동을 하는데 필수적인 것은 맥박이다. 맥박이 멈추면 생명활동은 끝이다. 맥박은 혈맥과 기맥으로 나뉘는데, 혈맥은 인체에서 눈에 보이는 양의 맥박이고, 기맥은 눈에 보이지 않는 음의 호흡이다. 양의 맥박과 음의 호흡을 합치면 평균적으로 129,600회이다.

'프랙탈 이론'이 말해주듯이, '우주 1년'도 천지음양의 운동으로 말미암아 '생장염장'의 단계로 순환한다. '지구 1년'에서와 마찬가지로 '우주 1년'에서도 우주의 봄철에 천지天地의 양 기운으로 인해 시·공간 질서가 새롭게 열려 우주 만물은 무수하게 창조되는 '생生'의 단계에 진입한다. 지구 년으로 계산하면 32,400년이다. 우주의 여름철에 들어서면 무수하게 창조되는 만물은 양 기운의 왕성한 활동으로 말미암아 분열성장을 거듭하는 '장長'의 단계에 이르는데, 지구 년으로 계산하면 32,400년이다. 여름철 막바지에 도달하면 우주는 가을철로 넘어가는데, 이때는 천지의 음 기운이 들어옴으로 인해 시·공간 질서가 새롭게 바뀌면서 우주 만물은 결실하는 '염斂'의 단계로 진입한다. 지구 년으로 계산하면 32,400년이다. 그리고 우주의 겨울철이 들어오면서 음 기운이 왕성함으로 우주 만물은 '장藏'의 단계에 이르는데, 지구 년으로 계산하면 32,400년이다.

우주의 두 얼굴 선후천先後天 개벽

우주 만물이 '생장염장'의 이법에 따라 순환하는 진정한 목적은 무엇인가? 우주 만물이 순환의 목적이란 없는 것일까? 다시 말해서 우주 만물은 탁상용 시계에 감아놓은 태엽처럼 아무런 목적도 없이 그저 기계적으로 진행되어 가는 현상에 지나지 않는 것일까? 만일 우주 만물의 창조목적이 정말로 없다면,

천지天地는 아무런 내용도 가치도 없는 빈껍데기[空殼]가 될 것이다.

그러나 우리가 자연의 현상에서 보는 바와 같이, 식물이든 동물이든 자연의 생명은 탄생하여 무성하게 번창하고, 반드시 자신과 닮은 제2의 자기 자신을 후대에 남기기 위해, 즉 그 결실을 맺고자 활동하고 있다. 이것이 대자연의 생명활동에서 벌어지는 목적이다. 그렇다면 '우주 1년'에서도 우주 만물이 '생장염장'으로 순환하는 궁극의 목적이 있음에 틀림없다.

'생장염장'의 이법에 따라 천지우주가 만유의 생명을 내는 목적은 두 측면으로 구분하여 살펴볼 수 있다. 하나는 농부가 양식糧食을 얻기 위해 초목농사를 짓는 지구 1년의 시간주기이다. 이는 농부가 봄철에 씨를 뿌려 싹을 틔워 여름철 동안 잘 성장할 수 있도록 가꾸고, 가을철에 알찬 곡식을 결실하여 겨울에 저장해 두는 것에서 알 수 있다. 다른 하나는 천지가 인간 생명을 내고 문명을 내고 가꾸는, 사람농사 짓는 우주 1년의 시간주기이다. 우주 1년 4계절은 대우주가 지구를 중심으로 천지의 주인공인 인간농사를 짓는 시간의 큰 주기가 되는 것이다.

천지우주가 인간농사를 짓는다는 뜻은 무엇을 의미하는가? 그것은 우주도 봄철에 인간을 비롯하여 만유의 생명을 낳아 기르고, 여름철에 인류가 종족의 분화를 이루고 다양한 문화를 발전시키고, 가을철에 다양한 문화를 하나의 성숙한 문화권으로 통일시켜 결실문명으로 매듭짓고, 참된 인간 종자를 추수한다는 뜻이다. 다시 말하면 우주가 인간 농사를 짓는 목적은 바로 우주의 가을철에 인간 생명을 추수하고 성숙한 문화를 내기 위해서다. 이에 대해서 증산 상제님은 "이때는 천지성공시대라."(『도전』 4:21:1)라고 하셨다. 천지는 가을철에 '인간열매'를 추수함으로써만 그 뜻을 성취하는 것이며, 인간은 우주의 가을철에 결실문명을 만나 천지의 열매가 됨으로써만 천지와 더불어 성공한다는 것이다. 이것이 바로 우주가 인간농사를 짓는 우주 1년의 창조법칙이요 궁극의 목적이다.

그렇다면 우리가 살면서 해결하지 못한 온갖 의문들, '나는 왜 태어나 존재하는가?', '인생이란 도대체 무엇인가?', '나는 무엇을 위해 살고 있으며 삶의 종점은 어디인가?', '광대무변한 우주의 탄생과 기원, 만유생명의 존재 목적은 무엇인가?' 하는 물음들의 명쾌한 해답이 우주 1년의 순환원리에 숨어 있음을 알 수 있다. 또한 인간의 삶과 각 종교에서 말하는 구원의 문제, 신과 인간의 관계, 인간 성숙의 문제, 궁극의 깨달음의 문제 등 크고 작은 의혹을 총체적으로 풀어줄 수 있는 대도의 가르침, 그 핵심이 바로 '생장염장'으로 순환하는 우주 1년의 4계절에 담겨 있다는 것이다.

그런데 '지구 1년'에서 음양의 교체가 생장의 질서에서 수렴통일의 질서로 바뀌어 지구 1년의 변화를 가져오듯이, '우주 1년'에서 음양의 교체는 우주자연의 총체적인 대변화, 즉 천지가 생장의 질서에서 염장의 질서로 새롭게 바뀐다는 의미에서 개벽開闢을 가져온다. 개벽은 생장염장의 순환이법에 따라 크게 봄 개벽, 여름개벽, 가을개벽, 겨울개벽으로 나눠볼 수 있다.

현재 지구촌에 존재하는 모든 생명과 인류는 '이번 우주 1년'의 봄 개벽으로 출현했다. 한마디로 선천 봄 개벽은 천지에서 인간을 낳아 기르는 주기인 '우주 1년의 시작'이다. 지구촌에 우주의 봄 개벽으로 인해 새로운 생명과 인간과 문명이 탄생하고, 여름개벽으로 인해 인간종족이 무한하게 퍼지고 다양한 문화가 발전되었던 것이다. 이제 가을개벽으로 인해 모든 생명과 인간의 생명이 수렴되어 인간과 문명이 질적으로 성숙하여 열매를 거두게 되고, 겨울개벽으로 인해 모든 생명과 인류와 문명이 폐장하게 되는 것이다. 생장염장의 이법에 따라 우주 1년에서도 탄생과 성장의 질서, 수렴과 폐장의 질서가 있는 것이다. 이것이 우주의 4계절 개벽이다.

우주 1년의 4계절 개벽은 크게 양의 시간대인 봄 여름철과 음의 시간대인 가을겨울철로 구분되는데, 전반기의 봄여름철의 질서는 선천先天 봄 개벽으로 열리고, 후반기의 가을겨울의 질서는 후천後天 가을 개벽으로 열린다. 다시 말하면 전반기의 선천개벽은 양의 기운이 태동하여 분열해감으로써 생장의 질서가 열리고, 후천개벽은 생장분열의 극점에서 음의 기운이 태동하여 나아가고 양의 기운이 밀려남으로써 수렴통일의 질서로 바뀌는 것이다.

그럼 선·후천 개벽으로 열리는 세상의 시간 길이는 얼마나 될까? 우주 1년에서 전반기는 지구 년으로 계산하면 선천개벽으로 봄과 여름철이 64,800년, 후반기는 후천개벽으로 가을과 겨울철이 64,800년이다. 이것이 우주자연의 선후천 시간이다. 그런데 여기에서 인류가 역사무대에서 활동할 수 있는 기간은 선천 봄에서 여름철까지 대략 5만년, 후천 가을에서 겨울 초까지 대략 5만년으로 도합 10만년이다. 나머지 3만 여년은 인간과 만유의 생명이 생존할 수 없는 기나긴 빙하기로 볼 수 있다.

음양교체에 의한 선천개벽과 후천개벽은 천지질서가 한 순간에 정반대로 뒤집어지는 대변혁이 특징이다. 이는 천지질서가 생장분열에서 수렴통일의 질서로 전환하기 때문이다. 선천개벽으로 열린 우주생명은 양의 기운으로 생장 분열한다는 의미에서 '역逆'의 운동이다. 이를 동양철학의 전통에서는 양도시대陽道時代 혹은 건도시대乾道時代라고 했다. 반면에 후천개벽으로 열린 우주생명은 교체된 음의 기운에 의해 생장분열의 기운이 근원으로 수렴 통일한다는 의미에서 '순順'의 운동이다. 이를 음도시대陰道時代 혹은 곤도시대坤道時代라 부른다.

선천의 양도시대에서 후천의 음도시대로의 극적인 전환은 말로 형언할 수 없을 정도로 대변혁의 충격을 동반한다. 결정적인 것은 23.5도 기울어진 채 자전하는 지축地軸이 바로 섬으로써 북극이 '정북正北으로 이동'하고, 지구의 공전 궤도가 계란 같은 타원형에서 공 같은 정원형正圓形으로 바뀜에 있다. 이는 자연 질서의 개벽으로 지구촌에 경천동지驚天動地의 대변혁을 동반하게 된다. 이로 말미암아 천지의 시·공간 구조가 바뀌게 되는데, 이는 '우주 1년'의 계절변화에 따라 '지구 1년'의 역수曆數(달력) 체계가 달라짐에서 확인할 수 있다. 이에 대해서 조선말의 대유학자 김일부金一夫(1826~1898) 선생은 『징역正易』에서 선·후천 교체에 대한 역수체계의 비밀을 밝혀냈던 것이다.

달력의 역수는 '윤역閏曆'과 '정역正曆'으로 구분해 볼 수 있다. 윤역은 양력과 음력의 날짜가 다르다. 반면에 정역은 양력과 음력의 날짜가 같다. 윤역은 지구를 중심축으로 하는 달의 공전주기와 지구의 자전주기가 다르지만, 정역은 같기 때문이다. 선천 양도시대에서 후천 음도시대에로의 전환은 지구 1년이 365.25일에서 5.25일 떨어져 나감으로써 시간의 원형인 360일의 정도수로 바뀌고, 양력과 음력이 같게 된다.

그런데 선천 봄 개벽은 현재의 인류가 태어나기 이전의 사건이므로 어떤 인간도 이를 직접 체험하지 못했다. 하지만 여름철 개벽으로 열린 우주에서 현재 전개되고 있는 지구촌 상황은 시시각각으로 전해져 누구나 잘 알고 있다. 총체적인 상황을 종합해 볼 때, 생장분열의 극에 달해 몸살을 앓고 있는 대자연의 생명, 물질문명의 종점을 향해 치닫고 있는 문명의 빛과 그림자는 가을철 개벽을 예고하고 있는 것이다. 후천 가을개벽은 인간과 만물이 성숙하여 열매 맺음으로써 '개벽 운동의 완결판'으로 전대미문의 대변혁이고, 여름철 말기에 살고 있는 지구촌 모든 인간이 살아서 직접 체험하고 극복해야 하는 대사건이다.

봄여름의 상극질서에서 상생의 가을 대개벽으로

인간을 막론하고 살아 있는 모든 생명은 생리적으로나 문화적으로나 욕구충족을 추구하며 살아간다. 하고 싶은 일을 하지 못하면 분통이 터져서 마침내 고통에 시달리고 심해지면 큰 병으로 전환된다. 이는 선한 일이든 악한 일이든, 하고자하는 의지가 꺾이거나 욕망이 충족되지 못하면 크나큰 상처를 받고 말할 수 없는 원한을 갖게 됨을 뜻한다. 인류의 역사에서 터져 나온 온갖 갈등과 투쟁, 증오와 저주 등 인간의 모든 비극은 바로 깊은 원한에서 비롯된 것이다.

선천에 살고 있는 인류가 욕망을 충족시킬 수 없음으로써 겪을 수밖에 없는 고통과 원한은 근본적으로 어디에서 비롯하게 되는 것일까? 이에 대해서 증산 상제님은 이렇게 말씀하셨다.

"선천은 상극의 운이라. 상극의 이치가 인간과 만물을 맡아 하늘과 땅에 전란이 그칠 새 없었나니, 그리하여 천하를 원한으로 가득 채우므로 이제 이 상극의 운을 끝맺으려 하매 큰 화액禍厄이 함께 일어나서 인간 세상이 멸망당하게 되었느니라. 상극의 원한이 폭발하면 우주가 무너져 내리느니라."(『도전』 2:17:1~5)

선천의 봄 여름철은 우주가 상극相克의 질서로 돌아간다. 상극이란 무엇인가? 그것은 '서로 극(대립, 제어, 경쟁)한다'는 뜻이다. 자연의 상극질서는 봄여름 철에서 나타나는 바와 같이 만유의 생명이 태어나 서로 대립하면서 제어하고 분열성장하기 위해 서로 경쟁을 도모하는 모습이다. 한마디로 '생이 약동하는 모습'이다. 이러한 모습은 봄철에 흙을 잘 밟아주어야 새싹이 힘차게 솟구치고, 시련을 겪어야 보다 왕성하게 성장하는 것과 같은 이치이다. 그것은 상극의 질서가 주는 생존의 긴장과 갈등이 생장의 힘으로 작용하기 때문이다. 상극의 원리는 자연의 생성변화에만 적용되는 것은 아니다. 인간 삶의 방식이나 인류의 문명 또한 상극의 질서로 돌아간다. 인간의 삶은 보다 나은 삶을 구가할 목적으로 생존경쟁의 무대에서 활동할 수밖에 없었다. 마찬가지로 인류의 문명 또한 서로 경쟁하고 투쟁하면서 오늘에 이른 것이다.

그러나 선천의 상극질서는 생장분열을 도모함으로써 인간의 삶과 문명의 진보에 긍정적인 면도 있으나 대체로 여러 면에서 부정적인 결과를 초래했다. 지나간 인류역사를 되돌아보자! 개별적인 자신의 성장과 이익만을 추구하다보니 사람들 간의 상호 경쟁, 대립과 투쟁을 야기하여 온갖 시비와 참혹한 전쟁을 불러왔고, 문명화하면서 자연에 대한 파괴는 더욱 심각해지기 시작했다. 얼마나 많은 사람들이 약육강식과 우승열패의 제물이 되어 한을 품고 죽어갔겠는가. 권력을 얻기 위해 행한 음해와 모함으로 억울하게 죽어간 수많은 영혼들이 존재하고, 전쟁터에서 이름 없이 죽어간 수많은 청년들의 절규, 신분의 벽에 가로막혀 짐승보다 못한 대우를 받은 천민들의 분노로 말미암아 인류역사는 그야말로 처절한 원한의 역사로 누적되어 있다.

상극의 이치를 긍정적인 측면에서 평가해볼 수도 있다. 인류의 문명과 문화는 선천 봄여름 철에 서로 다른 지역에서 각기 우후죽순雨後竹筍으로 생겨나 다양하게 꽃피웠기 때문이다. 한마디로 신의 뜻을 받은 성자들과 성인들은 인간을 교화하였고, 이로부터 문명화의 길로 접어드는 "금수대도술禽獸大道術"의 시대가 열린 것이다. 그럼에도 인류가 각기 다른 집단의식에 갇혀 서로 조화하지 못하고, 통일된 궁극의 진리를 보지 못했다는 부정적인 측면이 더 강하다. 부연해 보자면, 서로 다른 지역에서 종교문화가 발생함으로써 그로 말미암아 종족 간에 처참한 분란과 분쟁이 끊임없이 발생해 왔던 것이다.

지역 간의, 민족 간의, 종교 간의 분란투쟁에 대해 증산 상제님은 다음과 같이 진단하셨다.

> "선천은 삼계가 닫혀있는 시대니라. 그러므로 각국 지방신地方神들이 서로 교류와 출입이 없고 다만 제지역만 수호하니라"(『도전』 4:6:1~2)
> "각 지방에 나뉘어 살고 있는 모든 족속들의 분란쟁투는 지방신地方神과 지운地運이 서로 통하지 못한 까닭이라."(『도전』 4:18:1)

상극질서로 돌아가는 선천 봄 여름철은 삼계가 닫혀 있어서 동서양 문화의 장벽으로 종교 간의 갈등과 분란투쟁, 기술문명의 차이로 우승열패가 생겨나게 된 것이다.

그러므로 선천의 상극질서는 계속적인 원한의 살기를 증폭시켜 자연의 생명과 서로 다른 문화와 인간들 속에 가득 메우고 있다. 이러한 총체적인 원한은 하늘과 땅과 인간의 의식과 역사 속에 축적되어 상극의 극점인 여름철 말기에 이르면 한꺼번에 터져 나와 우주가 무너질 정도가 된다. 이에 천지신명들이 구천에 계신 상제님께서 직접 인간 세상에 내려가시어 화급에 빠진 인간과 만유의 생명을 구원해주실 것을 하소연하였고, 이에 상제님께서는 몸소 현신하여 조화선경을 여시기 위한 천지공사를 행하시게 된 것이다.

인간으로 오신 증산 상제님은 선천 상극질서에서 누적된 원한의 불기운을 해소하고 모든 겁기를 훨훨 벗어던짐으로써 마침내 새롭게 열리는 가을우주의 새 질서를 여신다. 이것이 바로 만물이 조화되고 하나로 대통일되는 천지의 새 이법, 즉 상생相生의 대도이다.

> "나의 도는 상생相生의 대도이니라. 선천에는 위무威武로써 승부를 삼아 부귀와 영화를 이 길에서 구하였나니, 이것이 곧 상극의 유전이라. 내가 이제 후천을 개벽하고 상생의 운을 열어 선善으로 살아가는 세상을 만들리라. 만국이 상생하고 남녀가 상생하며 윗사람과 아랫사람이 서로 화합하고 분수에 따라 자기의 도리에 충실하여 모든 덕이 근원으로 돌아가리니 대인대의大人大義의 세상이니라."(『도전』 2:18:2~5)

상생이란 단순히 함께 잘 살자는 의미의 공생共生이 아니라, '서로 살린다, 남을 잘되게 한다.'는 뜻으로 증산 상제님이 인간 세상에 오셔서 선포하신 새 세상의 진리이다. 증산 상제님은 인류의 고통과 모든 죄악의 근원이 선천 상극질서에서 비롯되었기 때문에 이를 철폐하고, 우주의 꿈과 목적을 이루는 진정한 후천 가을천지의 새 세상 성숙의 길로 가는 질서를 열어주셨다. 후천 가을천지의 새 질서, 즉 상생의 대도이다. 이는 닫힌 우주에서 열린 우주로 넘어가는 이정표다. 인간의 사고와 가치관, 삶의 목적뿐만 아니라 사회제도까지도 완전히 바뀌는 조화의 질서요, 평화의 질서요, 대통일의 질서가 바로 상생의 대도이다.

상생의 대도는 문명사적으로 어떤 시대를 말하는가? 우주 1년에서 볼 때 천지의 봄철은 하늘이 만유의 생명을 우후죽순으로 낳는 때이므로 하늘을 높이 받들었던 '천존시대天尊時代'였다. 반면에 천지의 여름철은 지역이 다른 땅 기운으로 말미암아 환경과 인종이 달랐고, 그로 인해 각기 다른 역사와 정치, 경제, 문화, 종교가 출현하여 서로 대립하면서 성장해왔기 때문에, 땅을 받들었던 '지존시대地尊時代'였다. 그러나 우주의 가을철은 신명神明이나 하늘땅보다 사람이 가장 존귀하게 받들어지고 천지가 성공을 거두는 '인존시대人尊時代'다. 이에 대해 증산상제님은 "천존天尊과 지존地尊보다 인존人尊이 크니 이제는 인존시대니라. 이제 인존시대를 당하여 사람이 천지대세를 바로잡느니라."(『도전』 2:22:1~2)고 말씀하셨다.

후천 가을철은 '인존시대'이다. 인간이 천지대세를 바로잡는 때이다. 선천시대를 주름잡았던 천지의 성신들과 공자, 석가, 예수 등 성자들의 꿈은 증산 상제님이 열어주신 상생의 대도를 받은 인간에 의해 가을 추수진리로 완성된다. 이것이 천지가 성공하는 시대다. 즉 천지가 낳아 길러온 열매로서의 인간은 그 이상을 실현하게 되는 천지의 대역자代役者가 되는 것이다. 그럼으로써 앞으로 세계의 정치, 경제, 문화, 예술, 인간의 가치관 등 모든 것은 총체적으로 통합을 이루게 될 것이다. 이것이 후천 상생의 우주일가 문화이다. 대우주가 한 집안이 되어 인류는 지구촌 낙원에서 평화의 새 세상을 살아가게 되는 것이다.

3 지구촌을 뒤흔드는 여름철 말기의 징후들

우주 순환의 주기 속에 들어있는 다양한 마디들, 그 중에서 가장 큰 변화를 몰고 오는 마디는 여름과 가을로 넘어가는 시점이다. 하추교역기라고 부르는 이때, 선천 상극의 운이 몰고 오는 다양한 증상들이 지구촌 인류를 위협한다. 그 모든 현상들을 일러 상제님은 '개벽'이라고 하였다.

선지자들이 전한 개벽 소식

지금은 어느 때인가? '우주 1년'에서 볼 때 우리는 어느 시점에 살고 있는 것일까?

> "지금은 온 천하가 '가을 운수의 시작'으로 들어서고 있느니라."
> (『도전』 2:43:1)
> "천지대운이 이제야 '큰 가을'의 때를 맞이하였느니라."(『도전』
> 7:38:4)

'우주의 가을이 오고 있다', '천지의 계절이 바뀌고 있다'는 증산 상제님의 말씀은 하늘과 땅의 운행질서가 근본적으로 바뀔 뿐만 아니라 자연과 인간과 신명이 총체적으로 개벽하여 새롭게 전환됨을 뜻한다.

'우주의 가을 대개벽!'

하늘과 땅과 인간이 큰 가을의 때를 맞이하게 된다는 한 소식은 인류 역사상 어느 누구도 말한 적도, 전한 적도 없다. 이것이 인류가 안고 있는 모든 문제의 핵심주제이다. 그런데 우리가 살고 있는 이 시대는 천지의 생명이 분열의 극점에 도달한 선천의 끝점으로 우주의 여름철 말기이다. 한마디로 오늘의 인류는 선천 분열 생장의 시기에서 후천 수렴 통일의 시기로 넘어가는 우주사적 대 전환기에 살고 있는 것이다. 선천역사의 기나긴 여로가 끝나고 후천 가을철의 햇살이 비쳐오면서 성숙을 향한 대통일의 수렴과정으로 진입하기 시작한 때를 살고 있는 것이다.

우주의 가을철이 개벽되기 전단계인 여름철 말기의 지구촌은 어떤 상태일까? 여름철 말기의 증후군에 대해서 선천의 위대한 철인과 영적능력자들은 자연의 이법적인 측면에서의 변화, 지축이동의 징후, 전쟁과 괴병 등이 돌발하는 것으로 이미 예고한 바 있다.

동양의 우주론을 깊이 깨달은 모이라 팀스Moira Timms는 우주를 바라보는 참된 이법을 나선으로 흐르는 시간의 순환법칙에서 찾아야 한다고 하면서 우주 만물의 생명을 이루는 기운이 양陽의 변화에서 음陰의 변화로 대전환하는 시기라고 했다. 그에 따르면 우주 만물은 창조, 확장, 성장, 쇠퇴, 위축, 소멸의 과정으로 진행된다. 여기로부터 그는 지금의 상황을 성장에서 쇠퇴의 시기로 가는 과정으로 파악한 것이다.

천상에서 계시를 받아 개벽소식을 전한 루쓰 몽고메리Ruth Montgomery도 있다. 그는 지구에서 일어나는 모든 변혁은 지구가 성숙하는 과정에서 일어나는 것이며, '극이동'이 지구 자체의 정화를 위한 필연적 과정이라고 하였다. '극이동'은 23.5도 기울어진 채 자전하는 지구가 바로 서게 됨을 뜻하는데, 이는 '눈 깜짝할 사이'에 지구가 한쪽으로 넘어지는 것처럼 일어남을 의미한다. 그 결과는 육지가 바다가 되고, 바다가 육지가 되는 엄청난 변화를 동반한다. 즉 한쪽에서는 바닷물이 육지를 꿀꺽 먹어 삼키고, 반대쪽에서는 바닷물이 육지를 토해낸다고 생각하면 된다.

가을 대개벽기에 기울어진 지축이 이동하는 것은 물론이고, 전쟁과 괴병이 일어나게 됨을 경고한 예언가도 있다. 16세기의 서양 예언가 노스트라다무스다. 그는 "무서운 전쟁이 서양에서 준비되면 다음해에 돌림병이 찾아오리라"(『백시선*Les Centuries*』)고 전했다. 지금도 전쟁의 화약고 중동지방에서는 끊이지 않는 민족 간의 전쟁이 일어나고 있다. 이것이 도화선이 되어 확대되면 최후의 전쟁(아마겟돈)으로 확대될 것이다. 전쟁이 발발하면 남녀노소를 막론하고 순식간에 죽임을 가져오는 괴병怪病이 휘몰아친다. 동방의 예언가 남사고南師古도 이와 마찬가지로 "돌림병이 세계의 만국에 퍼지는 때에 피를 말리는 '이름 없는 하늘의 질병'으로 아침에 살아 있던 사람도 저녁에는 죽어 있으니 열 가구에 한집이나 살까?"(『격암유록』)라고 경고했다.

우주의 여름철 말기에 극단적인 비극적 고통과 암울한 소식만이 예고된 것은 아니다. 깨달음을 얻은 선지자들은 가을개벽으로 천체의 운동질서가 바뀌고, 지구촌에 자연재해와 병란으로 얼룩지지만, 우주의 주재자 상제님이 오시어 새 하늘 새 땅을 열어주시는 희망의 소식을 내놓았다.

광막한 우주는 기계적으로 고독하게 존재하는 것이 아니라 그 중심에 우주만유를 통치하는 하나님의 왕국이 있고, 아버지 하나님이 계신다. 예수 그리스도의 제자인 사도 요한은 아버지 하나님의 부름을 받고 천상으로 올라가서 가을 개벽기를 맞이하여 새 하늘과 새 땅[新天地]이 열리고, 새로운 상생의 질서로 다스려지는 하나님의 왕국이 실제로 이 땅위에 건설된다는 사실을 인식하였다. 이는 "보라 내가 만물을 새롭게 하노라"(「요한계시록」21:5)고 선언하신 하나님의 말씀에서 확인할 수 있다. 그리고 그는 일곱 천사가 차례로 나팔을 불 때 땅이 타고, 바다의 삼분의 일이 피가 되고, 바다 생물의 삼분의 일이 죽고, 선박들이 파괴되고, 사람들이 쓰러져 죽고, 해와 달과 별이 가려지는 가을개벽 현상들을 목도目睹하게 된다(「요한계시록」 8~10장)고 예고했다.

　불교의 『월장경月藏經』에서는 우주의 가을 대개벽기에 '별들의 위치가 바뀌고 고약한 병들이 창궐한다'고 했고, '그때 구원과 희망의 부처인 미륵부처님이 강세한다'고 했다. 또 말법시대가 오게 되면 기아飢餓, 괴병怪病, 도병겁刀兵劫의 커다란 겁재劫災가 일어나서 인종이 거의 없어진다고 했다. 『미륵경彌勒經』에는 "앞으로 미륵님이 이 세상에 오시며, 그때는 1년 사시가 조화되고 모든 백성들이 한 마음, 한 뜻이 된다"고 석가부처가 설법했다고 전한다. 그래서 증산 상제님은 "내가 미륵이니라"(『도전』 2:66:5)고 하시고, "미륵불은 혁신불革新佛이니라."(『도전』 3:84:4)고 말씀하셨던 것이다. 한마디로 석가부처는 깨달음의 부처이지만 미륵은 구원의 부처라는 것이다.

가을개벽을 예고하는 징후들

그렇다면 오늘을 살고 있는 인류는 그 어느 때보다도 대자연의 변혁에 대한 철저한 인식이 필요하다. 인간이 현재 직면하고 있는 자연과 문명과 인간의 문제뿐만 아니라 천지자연의 대세를 확연히 들여다볼 수 있도록 해야 한다. 정신을 바짝 차리고 '천지대세의 틀'을 바로 보고 절실하게 느껴야 한다. 왜냐하면 턱 앞에 걸려 있는 가을개벽의 운수를 앞두고 장차 벌어질 변혁의 움직임은 자신과 가족의 생사를 결정짓는 일에 직결되어 있기 때문이다.

가을개벽이 다가오는 천지대세는 어떻게 돌아가고 있는가? 가장 심각한 것은 한계상황에 도달하고 있는 지구 온난화와 그에 따른 세계적인 기상이변이다. 온난화는 북극과 남극에 쌓인 빙산을 녹이고 있고, 이로써 해수면이 점차 상승하게 된다. 그러면 네덜란드와 같이 여러 나라와 도시는 물에 잠기게 될 것이다. 지금도 이따금 일어나는 기상이변은 중동지역의 폭설이나 중부 유럽에서 자주 발생하는 대홍수를 일으키고 있고, 이로 인해 인명과 재산을 송두리째 쓸어가고 있다.

강풍을 동반한 초대형 허리케인이 2005년에 미국 동남부를 휩쓸었을 때, 홍수와 강풍으로 인해 미시시피강 주변 일대의 도시들이 모두 물에 잠겼고 파괴되었으며, 멕시코만 일대의 정유시설 가동이 일시 중단되기도 하였다. 특히 해수면이 낮은 뉴올리언스는 둑이 무너져 도시 전체가 물속에 잠김으로써 수천 명의 사망자와 수백만의 이재민을 낳았다. 이때의 참극은 미국 역사상 최대의 재난으로 기록되었다. 이러한 강풍과 홍수는 테러보다 더 무서운 자연재해로서 과거 어느 때보다도 인류의 생존을 위협하고 있다.

온난화와 기후변화와 더불어 환경오염은 자연 생태계 파괴를 더욱 부추기고 있다. 환경오염의 주범은 인류의 문명화이다. 이로 인해 지구촌에 서식하고 있는 생물의 종들은 새롭게 생겨나기도 하지만, 급격하게 사라져가고 있는 기존의 종들도 부지기수로 많다. 그것은 한마디로 생명의 어머니인 지구가 중병에 걸려 인류의 미래를 더 이상 보장될 수 없는 지경에 이르고 있음을 반증한다. 이러한 상황은, 천지의 이법적인 차원에서 볼 때, 생장과 분열을 주도해 온 선천 여름철의 화火 기운이 가세해서 더욱 심각하게 나타나는 현상이다. 이는 가을철 개벽의 대세로 진입하는 과정으로 볼 수 있다.

증산 상제님은 "천지는 말이 없으되 오직 뇌성과 지진으로 표징하리라."(『도전』 5:414:8)고 말씀하셨다. 선천 말기의 지구가 중병을 앓고 있다는 뜻이다. 이러한 사실은 인간의 힘으로 어찌할 수 없는 지진과 화산폭발로 인한 해일과 강풍 등의 자연재앙으로 드러내기 때문이다. 2004년 수마트라 섬 부근 인도양에서 발생한 대지진은 불과 15초 만에 엄청난 파괴력으로 주변 국가의 도시를 쑥대밭으로 만들어버렸다. 특히 지진으로 인해 발생한 쓰나미가 덮쳐 여러 도시를 한 순간에 쓸어갔는데, 최대 50만 명에 달하는 생명과 천문학적인 재산을 순간에 앗아갔다. 이런 자연재앙 앞에서는 세상의 부富나 권력, 도덕적인 선과 악, 인류를 구원한다는 신앙 등은 아무런 의미가 없게 된다.

앞으로 지진과 화산폭발, 그리고 이에 따른 해일 등의 대 충격은 세계 곳곳에서 아무런 예고도 없이 더욱 빈번하게 일어나게 될 것이고, 이로 인해 인류의 생명과 보금자리는 순식간에 사라져갈 것이다. 전문가들은 '더 큰 지진 참사'가 가까운 시일 내에 일본에 닥칠 것이라고 경고한다. 이는 인류가 무엇보다 우주의 여름철 질서에서 가을철 질서로 바뀌고 있음을 보다 거시적인 안목에서 통찰해야만 그 실체를 제대로 파악할 수 있음을 의미한다. 그래서 증산 상제님은 "천하에 지진이 자주 일어나면 일이 다 된 줄 알아라."(『도전』 7:17:7)라고 말씀하셨던 것이다.

그런데 그토록 참혹한 쓰나미나 대지진, 허리케인 못지않게 지구촌을 강타하여 인류의 생존을 위협하는 또 다른 징후가 있다. 그것은 유행병처럼 매년 찾아오는 조류 인플루엔자에 의한 병이다.

전문가들은 철새 배설물을 조류 인플루엔자 바이러스의 매개체로 보고 있다. 전 세계적으로 퍼지고 있는 조류 인플루엔자 확산은 유럽과 미국, 심지어 아시아 영역 국가들을 위협하고 있다. 조류 인플루엔자의 전염을 막을 수 있는 뾰족한 대책이 없기 때문이다. 특히 닭이나 오리 사육지이자 철새들의 경유지로서 조류 인플루엔자가 걷잡을 수 없을 정도로 확산될 가능성이 높은 중국은 군대軍隊 조직까지 동원하여 경계태세에 만전을 기하고 있다. 왜냐하면 세계보건기구에서는 조류 인플루엔자가 풍토병으로 정착하면 향후 1억 5천명까지 사망할 수 있다고 경고했기 때문이다.

조류 인플루엔자 등은 가을 개벽철의 전령사로서 소병小病에 불과하다. 소병은 흔히 볼 수 있는 감기질환, 에이즈, 에볼라 바이러스 같은 각종 전염병을 말한다. 원한 맺힌 척신과 복마로부터 오는 고질병도 여기에 속한다. 이는 선천 상극문명의 질서에서 누적된 원한의 기운으로 드러난 병리현상이다. 이러한 소병의 극점에서 대병大病으로 들어가는 손길은 바로 가을개벽 코드로 시두(천연두)이다. 이에 대해서 증산 상제님은 이렇게 경고하셨다.

> "장차 이름 모를 온갖 병이 다 들어오는데, 병겁이 돌기 전에 단독丹毒과 시두가 먼저 들어오느니라. 시두의 때를 당하면 태을주를 읽어야 살 수 있느니라."(『도전』 11:264:2~3)

시두의 대발은 인류문명의 틀을 바꾸는 대병겁病劫으로 들어가는 전초前哨이다. 대병겁은 일체의 생장을 정지시키는 병이다. 이는 인플루엔자와 같은 단순한 전염병이 아니다. 그것은 천지의 추살 기운, 서릿발 기운을 몰고 오는 길 안내자이다. 다시 말하면 자연의 이법에 의

한 추살 기운이 선천 상극의 원한으로 인한 살기와 함께 인간의 삶 속으로 들어오는, 현대의학으로도 전혀 알 수 없는 신도神道차원에서 발생하는 병이다. 인류사 최초의 병으로 추정되는 시두는 지난 선천역사의 끝과 후천 새 역사의 시작을 암시하는 병이다.

증산 상제님께서는 시두가 대발하면 "병란兵亂과 병란病亂이 함께 오느니라."(『도전』 7:34:1)고 하셨다. 선천에서 새 우주로의 운명을 가르는 변혁적인 대사건은 음양 짝으로 전쟁[兵亂]과 함께 터지는 것이다. 대전쟁과 함께 이름 모를 괴병이 엄습할 때는 죽어가는 인간을 어떤 약으로도 살릴 수 없다. 그렇다면 인류가 살아날 수 있는 뾰족한 대책은 전혀 없는 것인가? 유일한 법방은 "태을주太乙呪"에 숨어 있다. '태을주'를 읽어야 살 수 있다는 것이다. 그래서 증산 상제님은 "의통醫統을 알아두라"고 당부하셨던 것이다.

온난화, 이상기후, 폭설과 홍수, 대지진과 화산폭발, 강풍과 폭우를 동반하는 해일 등은 인류의 생존과 문명의 젖줄인 지구촌의 몸부림이다. 이는 가을개벽철이 임박했음을 예고하는 징후다. 특히 신도차원에서 아무런 징후도 소리도 없이 엄습하는 대병과 소병은 일찍이 선천 종교에서 어떤 성자도 예고하지 못했다. 다시 말해서 가을 대개벽기에 지구촌에 불어 닥쳐 인류의 생명 줄을 끊어버리는, 가을 천지개벽의 구원문제의 핵심인 병란兵亂에 대해서는, 상극의 질서를 끝막고 상생의 새 우주질서를 여는 가을개벽에 대해서 구체적으로 전혀 전해주지 못했다는 것이다.

그러므로 우리가 가을철 기운을 받아 인간으로 오시어 신천지를 열어주신 우주의 주재자 증산 상제님의 가을개벽 소식을 모르면, 인류는 누구나 추살기운에 다 넘어갈 수밖에 없게 된다. 따라서 지금은 무엇보다 가을개벽에 대한 진리의식이 절실하게 요구되는 때이다. 그 어떤 충격에도 놀라지 말고 미리미리 대처하는 지혜와 성성이 깨어 있는 진리의식으로 무장해야 할 때이다.

문명의 참극을 재촉하는 인류의 죄악

선천 상극질서에 갇힌 채 무한히 분열하는 여름철 성장기의 끝자락에 살고 있는 인류는 인간역사에 거세게 일어나는 일반적인 난관에도 직면하지 않을 수 없게 된다. 문명의 발달이 극치에 치달으면서 모든 국가는 민족 간의 경쟁과 대립에 고민해야 하고, 인구증가에 따른 여러 문제들을 해결하기 위해 몰두해야 하며, 산업화로 인한 개인주의적, 자기중심적 성향이 강렬해지면서 인간의 소외문제를 해결하기 위해 여러 방면에 힘써야 한다.

현재 생명의 어머니 지구는 76억이 넘는 인구를 떠밑아 기르고 있다. 지난 5세기 말에 멸망한 로마시대에는 세계 인구가 3억도 채 안되었지만, 1810년경에는 10억, 1930년대 30억, 1990년 경에는 60억을 넘어섰고, 2050년 경에는 100억이 넘는 인구를 지구가 떠안게 될 것이라고 인구 통계 전문가들은 말한다.

인구의 폭발에 따른 문제는 세계 도처의 도시에서 발생하는 범죄의 증가, 실업자 증가의 확대, 식수 부족으로 인한 갈등과 수질오염, 화석 연료 및 에너지 고갈에 따른 유혈 분쟁, 자원낭비와 쓰레기 대란, 산업화로 인한 환경오염과 미세먼지의 심각한 폐해들로 점차 확대되어 가고 있다. 특히 인구증가로 인한 극빈자가 기하급수적으로 늘어가고 있고, 아프리카에는 굶주림에 허덕이며 영양부족으로 죽어가는 어린 생명들이 도처에 깔려 있다.

인구증가로 인한 경제적 빈곤은 청년실업자를 양산하는 어두운 미래를 드러내고 있다. 빈곤의 덫은 테러리스트들을 양산하는 요인이 되게 마련이다. 팔레스타인, 아프가니스탄, 스리랑카, 아프리카 등지에서는 희망과 미래가 없는 젊은이들은 경제적인 상대적 박탈감으로 인해 테러리스트로 전락하기도 한다. 날로 강성해지고 있는 테러리스트들은 인류의 안녕과 안정적인 평화를 깨고 민족 간의 적대심을 고취시키고 있다. 또한 경제적 빈곤과 민족 간의 이념적 갈등은 전쟁의 주요 원인으로 작용하고 있는 것이다.

상극질서의 성장과정에서는 소득불균형이 심화되고 있고, 부와 정보가 골고루 분배되지 못하고 소수에 쏠려 가진 자와 못가진 자의 격차가 벌어질 수밖에 없다. 이로 인해 발생하는 경제적인 빈익빈부익부貧益貧富益富는 인간들 간의 증오와 멸시를 더욱 부추기게 된다. 특히 소수의 힘이 있는 자에 의한 인권탄압, 정치적인 은밀한 약탈로 인해 소득이 균형 있게 분배되지 못하고 있고, 이로 인한 상대적 빈곤과 좌절은 어느 국가에서나 저소득층에 만연되어 드러나고 있다. 이러한 현상은 상극의 닫힌 질서에서는 그 어느 누구도 해결해줄 수 없는 인류의 비극으로 깊이 뿌리내리고 있다.

기하급수적인 인구증가와 산업화는 또한 물질만능주의와 개인주의적 사고思考를 양산하는 계기가 된다. 특히 물질만능주의는 인간으로 하여금 소외의식疏外意識을 부추기게 되고, 결국 자아의 참 본성을 잊은 채 오늘의 즐거움으로 만족하는 쾌락주의로 물들게 한다.

자아自我의 존재가치를 부정하는 소외로부터 탈피하기 위한 방편으로 쾌락만을 추구하다 보면, 인도人道의 시작이요 만복의 근원이 되는 가정은 삐걱거릴 수밖에 없다. 부부夫婦간에도 많은 사람들이 문란한 성의식을 갖게 되고, 성의식의 타락성은 곧 신성한 가정의 의미를 퇴

색시키는 쪽으로 기울게 된다. 최근에 부부간에 서로 상대를 바꿔가며 즐기는 스와핑이 그 예이다. 스와핑은 단순히 윤리적 파괴 행위만이 아니라 의식의 파괴요, 신성의 파괴요, 인간 존엄성의 파괴요, 천륜의 파괴이며 천지의 근원을 파괴하는 행위가 된다.

천륜이란 하늘이 맺어 준, 하늘과의 언약 속에서 이루어진 인연으로 어떠한 이유로도 되물릴 수 없는 절대적인 관계이다. 예를 들어 조상과 나, 부모와 자식, 부부의 관계가 천륜이다. 특히 부부가 맺은 음양의 도는 천지부모가 만물을 낳아 기르는 '생명의 근본 질서'와 같기 때문이다. 따라서 부부는 모든 도덕적인 가치의 근본이다. 스와핑에서 보듯이 천륜을 끊는 죄에 대해서 증산 상제님은 "죄는 남의 천륜天倫을 끊는 것보다 더 큰 것이 없느니라. 유부녀를 범하는 것은 천지의 근원을 떼는 것과 같아 워낙 죄가 크므로 내가 간여치 아니하노라." (『도전』 9:103:1, 3)고 하셨다.

인구증가에 따른 개인주의적 의식은 생명 경시 풍조의 원인이 되고 있다. 특히 자신의 자유나 안위만을 위하는 개인주의적 사고는 인륜의 참극을 저지르는 발단이 될 수 있다. 그 죄악은 바로 낙태落胎에서 찾아볼 수 있다. 낙태는 천지에서 용서받을 수 없는 죄악 중의 하나이다. 최근 유엔에서 발표한 통계를 보면 전 세계적으로 매년 2억 명 이상의 생명이 태어나는데, 그 중 약 6천만 여 명의 고귀한 생명이 뱃속에서 참혹하게 죽임을 당한다고 한다.

인간의 생명은 우연히 잉태되는 것도 아니고, 쉽게 태어나는 것도 아니다. 그러기 때문에 인간의 생명은 최고로 고귀한 존재이다. 이에 대해 증산 상제님은 이렇게 말씀하셨다.

"하늘이 사람을 낼 때에 무한한 공부를 들이나니 그러므로 모든 선령신先靈神들이 쓸 자손 하나씩 타내려고 60년 동안 공을 들여도 못 타내는 자도 많으니라. 이렇듯 어렵게 받아 난 몸으로 꿈결같이 쉬운 일생을 어찌 헛되이 보낼 수 있으랴"(『도전』 2:119:1~3)

어쩌면 수백, 수천 년 동안 아름다운 인생의 꿈을 꾸면서 입혼식入魂式을 거행하고 엄마의 자궁 안에 들어선 가녀린 영혼은 모체에서 제공되는 생명의 기운을 받아 태아胎兒로 성장한다. 그러다가 만일 엄마 뱃속으로 낙태수술 도구가 들어오면 태아는 생명의 위협을 느끼고 몸부림치며 필사적으로 저항한다. 영과 육으로 이루어진 하얀 솜털보다 부드러운 뱃속의 태아도 죽으면 엄연한 신명神明이 된다. 이유야 어찌 됐던 세상에 탄생해보지도 못하고 잔인하게 유린된 태아의 신명은 그 원한怨恨이 하늘을 찌를 정도다. 이에 대해 증산 상제님은 "뱃속 살인은 천인공노할 죄악이니라. 그 원한이 워낙 크므로 천지가 흔들리느니라."(『도전』 2:68:2~3)고 하셨다.

태아도 엄연한 인간이고, 인간은 우주가 1년 농사를 지어 거두어들이는 결정체로서 천지의 소중한 열매이다. 그런데 역사가 시작된 이래 얼마나 많은 낙태아들이 신명이 되어 세계를 떠돌고 있을까? 천지를 뒤흔드는 낙태아들의 철천지 원한을 인류는 어떻게 감당해낼 것인가! 그래서 증산 상제님은 세상에 막 태어나려고 준비하는 생명의 싹을 자르는 낙태를 가장 큰 죄악의 하나로 물으신 것이다.

우주 1년 4계절에서 볼 때, 선천 5만년 동안 억음존양抑陰尊陽의 질서 속에서 살아온 인간과 신명의 원한은 제대로 해소되지 못하고 계속 쌓여왔다. 선천 여름철 말기에서 후천 가을철로 넘어가는 때에는 온갖 수모와 고통의 삶을 살다간 여성들, 태어나기도 전에 뱃속에서 찢기고 짓눌려 죽은 낙태아의 영혼들, 약육강식弱肉强食과 우승열패優勝劣敗의 구도 속에서 억울하게 죽어간 선천의 수많은 원신과 역신들의 원한은 그 살기가 극에 달해 세계 곳곳에서 터져 나와 극악한 범죄와 대참사로 드러나게 되고, 온갖 질병과 참혹한 테러, 처참한 전쟁을 일으킨다. 이에 대해서 증산 상제님은 "선천에는 상극의 이치가 인간 사물을 맡았으므로 모든 인사가 도의에 어그러져서 원한이 맺히고 쌓여 삼계에 넘치매 마침내 살기殺氣가 터져 나와 세상에 모든 참혹한 재앙을 일으킨다."(『도전』 4:16:2~3)고 진단하셨다.

4 가을 세상으로 가는 길

가을이 오는 소리, 그것은 단지 낙엽이 지는 소리만은 아니다. 특히 우주의 가을이 올 때 천지자연은 엄청난 시련속에서 삶과 죽음을 가르는 비명과 한탄 속에서 새로운 세상을 향해 나아간다.

가을개벽으로 들어서기 위한 해원解冤의 노정

우주 1년에서 볼 때, '여름철 우주에서 가을철 우주로 바뀌는 시기[夏秋交易期]'에는 지구촌에 쌓인 원한의 에너지가 천지의 운로를 가로막고 창생을 진멸지경으로 빠뜨리는 독기로 작용하고 있다. 이제 그렇게 누적된 원억冤抑을 풀어서 그로부터 생긴 모든 불상사를 소멸해야 한다. 그렇지 못하면 영원한 화평을 이룰 수 없을 뿐만 아니라 가을철 상생의 대도를 실현할 수 없게 되기 때문이다. 그래서 증산 상제님은 인간으로 오셔서 구원의 방도를 세우셨던 것이다.

> "이제 천지도수天地度數를 뜯어고치고 신도神道를 바로잡아 만고의 원을 풀며 상생의 도道로써 선경의 운수를 열고 조화정부를 세워 함이 없는 다스림과 말없는 가르침으로 백성을 교화하여 세상을 고치리라."(『도전』 4:16:4~7)

증산 상제님은 창생을 건져 가을철 상생의 세상을 열기 위해 선천의 상극질서 속에서 깊이 맺힌 신명들의 원한이 해소되는 길을 열어

주셨다. 그 길이 난법해원亂法解冤이다. 난법해원이란 원신冤神과 역신逆神들로 하여금 각기 제 하고 싶은 것을 마음껏 다할 수 있도록 내버려 두어 원한을 풀어버리게 하는 방법이다.

그러나 "모든 불의아의 압사신과 질사신이 철천의 원을 맺어 탄환과 폭약으로 화하여 세상을 진멸케 하느니라. 상극의 원한이 폭발하면 우주가 무너져 내리느니라"(『도전』 2:68:4~5)고 하셨다. 그래서 증산 상제님은 상극의 불기운이 한꺼번에 돌발적으로 터져 나와 우주가 진멸의 위기에 빠지지 않도록 인류 역사를 "오선위기五仙圍碁"의 대결 구도 하에 해원의 질서로 묶어 놓으시고, 단계적으로 불기운을 해소시키셨다. 이것이 '큰 화를 작은 화로 막는 전쟁도수'이다. 여기에서 '오선위기'란 '다섯 신선이 바둑을 둔다.'는 뜻이다. 그렇다면 '오선위기'와 전쟁은 무슨 관련이 있는가?

지구촌 새 역사 질서를 형성하는 동력의 원천은 생명의 어머니라 할 수 있는 지구의 자궁이다. 그곳은 지구의 중심부인 한반도의 전라도 땅에 위치해 있다. 오선위기 혈이 그곳에 응기하여 있는데, 증산 상제님은 오선위기 혈 기운을 취해 선천 인류역사를 마무리하는 '역사의 새 판'을 짜셨다.

> "회문산에 오선위기혈이 있으니 이제 바둑의 원조인 단주의 해원解冤 도수를 이곳에 붙여 조선 국운을 돌리려 하노라. 다섯 신선 중에 한 신선은 주인이라. 수수방관만 할 따름이요 네 신선이 판을 대하여 서로 패를 들쳐서 따먹으려 하므로 시일만 끌고 승부가 속히 나지 않느니라."(『도전』 5:176:3~5)

여기서 다섯 신선은 바둑판의 주인인 조선과 손님으로서 바둑게임에 참여하는 주변의 4대 강국을 가리킨다. 즉 바둑판인 한반도를 중심으로 4대 강국이 패권다툼을 벌이며, 지구촌 정치질서의 대세를 형성해나가도록 판을 짜신 것이다.

원한의 불기운을 해소시키는 과정에서 인류는 '세 차례의 바둑 대결', 즉 세 차례에 걸쳐 어찌할 수 없는 오선위기 전쟁을 치러내야 천지 가을개벽 사업이 성공을 거둔다. 그러한 대결과정은 한민족 전통의 씨름판에서 진행되는 경기과정에 비유된다. 씨름판의 경기는 맨먼저 젊은 애들이 펼치는 '애기판', 청년들이 겨루는 '총각판', 최고의 씨름꾼이 겨루는 '상씨름'의 세 단계로 진행된다.

"'현하대세가 씨름판과 같으니 애기판과 총각판이 지난 뒤에 상씨름으로 판을 마치리라.' 하시고 종이에 태극형상의 선을 그리시며 '이것이 삼팔선이니라.' 하시니라. 또 말씀하시기를 '씨름판대는 조선의 삼팔선에 두고 세계 상씨름판을 붙이리라. 만국재판소를 조선에 두노니 씨름판에 소가 나가면 판을 걷게 되리라.'"

(『도전』 5:7:1~4)

'애기판' 씨름은 '러일전쟁(1904~1905)'과 '1차 세계대전(1914~1918)'에 비유된다. 1차 세계대전은 이전에 일어났던 전쟁과 비교해볼 때 대규모 전쟁이었지만 다음에 일어날 전쟁에 비하면 소규모 전쟁이라 볼 수 있다. 이 전쟁으로 말미암아 강력했던 왕정 국가들이 붕괴되고 공화국으로 바뀌었으며, 동양에서는 서양 열강 식민세력이 물러나게 되었으며, 약소민족들은 미국의 윌슨 대통령이 주창한 민족자결의 원칙에 따라 대부분 독립하게 되었다. 1차 세계대전 종전과 함께 '국제연맹'이 발족됐다. 이는 상제님께서 천상 조화정부에서 짜 놓으신 '세계일가 통일정권'의 맹아가 된 것이다.

'총각판' 씨름은 '중일전쟁(1937~1945)'과 '2차 세계대전(1939~1945)'에 비유된다. 중일전쟁으로 세계 강대국의 정치 판세는 중국과 소련의 협정, 일본과 독일의 협정이 체결되었고, 양대 세력을 중심으로 이어서 '2차 세계대전'이 발발하게 됐다. 이는 인류 역사상 최초로 전 세계로 확산된 전쟁으로, 각국의 모든 인적, 물적 자원과 과학기술이 총동원된 전면전이었다. 그 결과 서양 제국주의의 힘은 크게 약화되어 동서양의 약소국가들이 식민지에서 벗어나 독립하였고, 기울었던 동서양의 세력도 어느 정도 균형이 맞추어졌으며, 동양의 여러 나라는 자립할 수 있는 기반을 마련하게 됐다. 그리고 '2차 세계대전'을 종식시킨 핵폭탄의 가공할 파괴력은 인류에게 '다음 세계대전은 곧 인류의 멸망'이라는 인식을 심어주게 되었다. 각국 지도자들은 3차 세계대전의 재발을 막기 위해 '국제연합(UN)'을 결성했다. 이로써 인류는 지구촌 통일문명시대, 즉 '세계일가 통일정권'이 태동하는 노정에 들어선 것이다.

'상씨름'은 바둑판 주인인 한반도에서 벌어지는 전쟁 상황에 비유된다. 1945년 '2차 세계대전'이 종결되자마자 소련은 일본에 선전포고를 한 뒤 한반도에 진입했다. 이에 다급해진 미국은 소련에 38도선을 경계로 한반도를 분할하여 점령할 것을 제안했고, 9월 9일 38선 이남 지역에 군정을 선포하면서 남한에 자리를 잡았다. 이에 대해서 증산 상제님은 "일본은 동양머슴이요, 미국은 서양머슴이니라. 장차 일본이 나가고 서양이 들어오느니라."(『도전』 5:336:6)고 하셨다. 이로써 바둑판으로 비유된 한반도는 38도선을 경계로 양분되어 대결구도가 정해졌고, 남측을 훈수하는 미국과 일본, 북측을 훈수하는 소련과 중국은 편을 갈라 힘겨루기에 들어갔다. 이로써 천지대세는 한반도를 중심으로 상극질서에서 누적된 모든 병폐를 청산하는 마지막 상씨름 전쟁의 대결구도가 형성된 것이다.

인류의 마지막 전쟁

동북아 한반도는 지구촌 새 역사 창조의 구심점이다. 이곳에 인간으로 강림하신 증산 상제님은 선천 상극의 원한을 끌러 후천 상생의 새 역사를 여신다고 하셨다. 한반도의 오선위기 대결구도에 따라 지구촌에서 2차례의 전쟁이 벌어짐으로써 선천역사에 누적되어 온 상극의 시비와 원한의 문제가 다소 해소되었고, 선천문명의 낡은 질서가 혁신되었다. 다시 말하면 선천의 왕정기운과 제국주의 침략기운이 뿌리 뽑히고, 패권주의가 사라지고, 원한 맺힌 신명들이 일부 해원된 것이다. 이제 남은 것은 인류가 가을 개벽세상으로 들어가기 직전에 치러야 하는 마지막 상씨름 대전쟁, 세계일가 통일 정권이 수립되는 개벽전쟁뿐이다. 개벽전쟁으로 말미암아 민족 간의 갈등, 종교 간의 갈등, 누적된 모든 원한이 끌러지고, 강대국과 약소국 사이의 불평등 구조 등의 모두 병폐가 말끔히 사라지게 된다.

'오선위기'의 남북 상씨름은 상극질서를 끝막고 상생의 새 질서로 나아가기 위한 기나긴 진통이다. 그럼 바둑판 주인인 한반도에서 세계 4대 열강 세력이 남북으로 갈려 훈수를 두고 있는 상씨름 대결구도는 어떻게 형성되었는가?

위도 38도를 경계로 남북으로 갈라진 한반도에는 1950년부터 '상씨름 초반'이라 할 수 있는 힘겨루기가 시작됐다. 소련의 지원을 받은 북한의 선제공격으로 한국전쟁이 발발한 것이다. 남북 간의 전쟁은 미국과 중국으로 전환되고, 후방에서 소련과 일본이 극비리에 참전하여 역할을 하였다. 4대 강국이 바둑판 한반도를 두고 치열한 대결을 벌인 것이다. 이에 대해 증산 상제님의 도통을 계승하신 태모님은 "삼팔목三八木이 들어 삼팔선이 웬일인고! '어후' 하니 '후닥딱', '번쩍' 하니 '와그락', 천하가 동변動變이라."(『도전』 11:262:4, 6)고 말씀하셨다. 이것이 바로 지난 1950년에 일어난 6.25 한국전쟁이다.

상씨름 힘겨루기의 초반 전쟁이 끝나자 1953년 중공군이 물러가면서 휴전이 되었다. 이제 한반도의 오선위기 상씨름 개벽전쟁 구도가 인간과 신명의 해원도수를 바탕으로 자리 잡힌 것이다. 특히 해원도수는 전 세계에서 인간을 억압하는 모든 제도를 무너뜨리는 민주화 및 자유화의 물결을 타고 전개되기 시작했다. 그럼으로써 인류 역사의 대세는 천지의 이법을 따라 성장분열의 기운에서 성숙의 통일 기운으로 몰아가게 되었던 것이다. 이는 역사의 가쁜 숨결이 여름철 말에서 가을 우주로 들어가는 변혁의 시간대로 서로 맞물려 있기 때문이다.

우주 1년의 4계절에서 본다면, 오늘의 인류는 '상극의 불[火] 기운'이 활활 타오르는 선천 여름철의 극점에 살고 있다. '상극의 불기운'이란 선천 상극의 질서에서 천고의 원한을 품은 원신寃神들이 토해내는 분노와 욕망, 인간 내면에서 솟아오르는 분열의 힘과 인간 역사 속에 드러나는 모든 갈등과 죽음의 기운이다. 이는 생명과 인간문명을 파괴하고자 하는 무형의 살기로 존재하는데, 핵무기나 생화학무기와 같은 대량 살상무기로 이화되어 그 형체가 드러나게 된다. 이러한 핵무기와 같은 대량살상 무기의 폐기는 강대국들 간의 평화적인 노력으로 해결되는 것이 아니다. 그래서 증산 상제님은 선천의 불덩어리를 묻는 "매화埋火 공사"(『도전』 5:227:4~5)로써 화신火神의 세력을 꺾도록 하셨다.

그런데 우주의 여름철 말 상극의 부정적인 파괴기운을 모두 묻는 '매화도수'는 북핵 문제가 걸려 있는 것이다. 증산 상제님께서 북한의 핵무기 문제를 상씨름의 마지막 전쟁으로 걸어놓으신 진정한 뜻은 인류를 초토화할 수 있는 살상무기가 폐기될 수 있도록 한 것이다. 북한의 비핵화를 통해 화학무기를 포함한 지구촌의 모든 살상무기와 전쟁 장비를 폐기하는 것이 '매화공사'의 목적이 된다. 왜냐하면 상씨름 전쟁이 일어나게 되면 생화학무기와 핵은 전 인류의 생존을 전적으로 위협하는 대량살상무기가 되기 때문이다.

그럼 북한의 비핵화 문제가 해결되면 한반도를 중심으로 펼쳐지는 세계 상씨름 최종 한판 승부는 아주 사라져버리는 것일까? 그렇지 않다. 상씨름 대결의 가을개벽 전쟁이 남아있기 때문이다. 이에 대해 증산 상제님은 이렇게 말씀하셨다.

> 상씨름으로 종어간終於艮이니라. 전쟁으로 세상 끝을 맺나니 개벽
> 시대에 어찌 전쟁이 없으리오. 아무리 세상이 꽉 찼다 하더라도
> 북쪽에서 넘어와야 끝판이 난다.(『도전』 5:415:1~3)
> 때가 되면 세계전쟁이 붙으리라. 전쟁은 내가 일으키고 내가 말
> 리느니라. 난의 시작은 삼팔선에 있으나, 큰 전쟁은 중국에서 일
> 어나리니, 중국은 세계의 오가는 발길에 채여 녹으리라.(『도전』
> 7:35:1~2)

동양 전통의 역학易學에서 볼 때 한반도는 '간방艮方'에 해당한다. '간방'은 인류문명이 시작하여 꽃이 피고 그 열매를 맺어 결실하는 곳

이다[始於艮 終於艮]. 한반도는 주변 4대 강국에 둘러싸여 있어서 세계를 움직이는 힘의 역학관계가 얽혀있는 곳이다. 한민족은 그 힘의 역학관계가 상씨름으로 이화됨으로써 선천역사를 종결짓고 천지의 새 역사 판을 열어나가는 주체가 된다. 그래서 증산 상제님은 "내가 거처하는 곳이 천하의 대중화가 되나니, 청나라는 장차 여러 나라로 나뉠 것"(『도전』 5:325:14)이라고 하셨던 것이다.

'간방'에 위치한 한반도는 38선을 기점으로 남과 북으로 갈라져 대결구도가 형성되었고, 여기에서 상씨름 전쟁이 일어나면 맨 먼저 38선이 무너질 것이다. 또한 4대 열강세력을 지원하는 여러 국가들이 편을 갈라 지원할 것이고, 결국 세계전쟁으로 확산된다. 그리고 중국에서는 소수민족들의 독립전쟁이 일어날 것이므로 중국은 여러 국가로 분할될 것이다.

더욱 심각한 것은 앞으로 벌어지는 상씨름의 한판 승부가 인간역사와 문명의 틀을 바꾸는 가을 '개벽전쟁'이라는 것이다. 증산 상제님께서 "앞으로 천지전쟁이 있느니라."(『도전』 5:202:3)고 말씀하셨듯이, '개벽전쟁'은 바로 천지의 상극질서를 가을 신천지 상생의 질서로 전환시키는 '천지전쟁天地戰爭'이다.

지구촌 문화의 대세 차원에서 볼 때, 상씨름 대전쟁은 선천 상극질서의 모든 벽을 총체적으로 허무는 전환점이자, 상생의 우주질서가 열리는 계기가 된다. 동서남북에 고착화된 문화적 이질성이 조화調和되고, 서로 대립하고 있는 민족 간의 이념문제가 해결되고, 자연환경의 파괴와 각국의 경제적 불균형이 해소되며, 인류의 종교 갈등이 없어진다. 즉 선천 상극질서에서 쌓이고 쌓인 모든 병폐가 상씨름 개벽전쟁을 통해 해소되고, 가을개벽의 진통에서 극복되는 것이다. 그럼으로써 지구촌 전 세계가 하나로 거듭나는 '세계일가 통일정권'이 가을 개벽으로 세상에 출범하게 되는 것이다. 여기에 간방에 살고 있는 한민족의 숙명과 사명이 깃들어 있다. 대개벽의 폭풍 속에서 인류를 건져 새 역사를 여는 한민족의 숙제와 위대한 비전이 숨어 있는 것이다.

개벽전쟁을 매듭짓는 신의 섭리(괴질)

인류의 역사가 말해주듯이, 전쟁은 인류에게 견딜 수 없는 참극慘劇을 가져다 주지만 새로운 문명의 질서가 태동하는 원인으로 작용한다. 선천문명을 종식시키는 인류 마지막 천지전쟁, 즉 선천 상극문명의 역사를 매듭짓는 남북 상씨름 개벽전쟁은 어떻게 막을 내리게 되는 것일까?

개벽전쟁이 종식되는 결정적인 고리는 바로 병란病亂에 있다. 이에 대해서 증산 상제님은 "장차 일본이 나가고 서양이 들어온 후에 지천태地天泰 운이 열리느니라. 내 도수는 바둑판과 같으니라. 바둑판 흑백 잔치니라. 두 신선은 바둑을 두고 두 신선은 훈수를 하나니 '해가 저물면' 판과 바둑은 주인에게 돌아가느니라. 난리가 나간다, 난리가 나간다. 난리가 나가고 병이 들어오리라."(『도전』 5:336:6~9)고 말씀하셨다.

과거의 역사를 돌이켜 본다면, 전쟁과 병은 밀접한 연관으로 작용했다. 큰 전쟁이 발발하면 반드시 인류의 생명을 앗아가는 전염병이 유행했다. 전염병은 전쟁을 끝내는 결정적인 계기가 된 것이다. 마찬가지로 선천 문명사의 최후의 결전인 남북 상씨름 대전이 발발하게 되면 역사의 섭리에 따라 이름도 알 수 없는 괴질怪疾이 창궐하게 된다.

"성도들이 '전쟁은 어떻게 말리려 하십니까?' 하고 여쭈거늘 말씀하시기를 '병으로써 말리느니라. 장차 전쟁은 병으로써 판을

막으리라. 앞으로 싸움 날 만하면 병란이 날 것이니 병란兵亂이

병란病亂이니라.'"(『도전』 7:34:1)

이 말씀은 지구촌이 상씨름 대전쟁의 소용돌이 속으로 빨려 들어가

는 극적인 상황에서 병이 들어와 전쟁을 종결짓는다는 뜻이다.

인류의 개벽전쟁을 종결짓는 병은 어떤 것인가? 병에는 소병小病과

대병大病으로 구분된다. 소병은 현대 의학의 진보로 처방을 받아 치유

될 수 있는 병들이다. 봄 여름철 상극질서에서 벌어진 지구촌의 종족

분쟁이라든가 크고 작은 각종의 사고를 가만히 들여다보면, 그 이면

에는 지난 인류사를 피로 물들인 원한과 저주의 불길이 인간에게 붙

어 단순히 보복하는 수준이었다. 그 보복으로 드러난 병이 대부분 유

행병과 같은 소병이다. 그러나 상씨름 대전쟁에서 이름 모를 병이 창

궐하여 전 인류를 휩쓸어버리게 된다. 이것이 대병이다. 대병은 현대

의학의 어떤 처방이나 약으로도 치유할 수 없는 괴질怪疾이다. 괴질은

문자 그대로 '정체를 전혀 알 수 없는 병'으로 여름철 상극질서에서

쌓인 원한의 불기운이 '가을의 서릿발 기운[秋殺氣運]'과 합세하여 병

으로 이화되어 한꺼번에 발생하는 대병이다.

가을개벽의 상씨름 천지전쟁이 발발하면 괴질은 '왜' 인류를 덮칠

수밖에 없는가? 그것은 우주변화의 원리에서 볼 때 가을철 추살秋殺

기운 때문이다. 남북 상씨름 전쟁을 최종 마무리하고, 병난病亂 도수

전체를 마무리 짓기 위해서 가을 천지의 서릿발 기운이 신도神道로부

터 들이닥치게 되는 것이다. 천상 신명계 차원에서 내려와 인간의 생

명을 일순간에 거두어가는 괴질은 실로 가공할 병이다. 이에 대해서

증산 상제님은 "내가 이곳에 무명악질無名惡疾을 가진 괴질신장들을

주둔시켰나니 신장들이 움직이면 전 세계에 병이 일어나리라."(『도전』 5:291:9~10)고 말씀하셨다.

도대체 괴질의 증세가 얼마나 강력하기에 인류 최후의 상씨름 개벽 전쟁, 즉 세계전쟁으로 확산되어 선천 역사를 마무리하는 천지전쟁이 매듭을 짓게 되는 것일까?

이 뒤에 괴질병怪疾病이 엄습하여 온 세계를 덮으리니, 자던 사람은 누운 자리에서 일어나지 못하고 죽고, 앉은 자는 그 자리를 옮기지 못하고 죽고, 행인은 길 위에 엎어져 죽을 때가 있을지니 지척이 곧 천리니라.(『도전』 7:36:1~5)

장차 괴질이 대발大發하면 홍수가 넘쳐흐르듯이 인간 세상을 휩쓸 것이니 천하 만방의 억조창생이 살아남을 자가 없느니라.(『도전』 10:49:1)

괴병이 몰아올 적에는 자다가도 죽고, 먹다가도 죽고, 왕래하다가도 죽어 태풍에 삼대 쓰러지듯 척척 쌓여 죽기 때문에, 전 세계의 인류가 정신을 못 차릴 정도가 되고, 전쟁을 치를 경황조차 의식할 수 없게 되는 것이다.

상씨름 전쟁에서 괴질이 발동하면, 괴질을 치유할 약이나 의사가 절대 없다. 괴병이 들어올 때는 맨 먼저 병원과 약방에 먼저 침입하여 약사나 의사가 모두 죽어버리기 때문이다(『도전』 7:39:2~3). 따라서 현대 의학과 의료체계가 전적으로 무력화 되고 모든 의술이 무용지물이 되어버린다. 결국 전 인류가 괴질로 죽어갈 때는 어떻게 손을 써볼 수 있는 방도가 없어 세계는 절망적인 상황으로 치닫는다. 이런 상황에서 남북이 대립하는 상씨름 대전쟁은 어쩔 수 없이 종결될 수밖에 없게 된다. 이에 대해서 증산 상제님은 "병이 돌면 미국은 불벌자퇴不伐自退 하리라."(『도전』 7:35:3), "무명악질이 돌면 미국은 가지 말라고 해도 돌아가느니라."(『도전』 5:406:6)고 말씀하셨다.

문제는 무명악질이 유사 이래 처음 출현하여 가공할 속도로 지구촌에 확산되고, '3년' 동안 대참극이 지속된다는 것이다. 이처럼 괴질은 전 세계를 휩쓸며 인류의 생사를 갈음한다. 이로 인해 지구촌 76억 인류의 생사가 심판되어 후천 가을 개벽에 거듭날 수 있는 인종 씨가 추려지게 되는 것이다. 증산 상제님은 "장차 십리 길에 사람 하나 볼 듯 말 듯한 때가 오느니라."(『도전』 2:45:3)고 하셨다. 한마디로 말해서 이것을 "인간개벽人間開闢"이라 한다. 이는 겉으로 보기에는 무자비하게 죽이는 것이지만, "앞으로 좋은 세상이 오려면 병으로 병을 씻어 내야 한다."(『도전』 2:139:8)고 하였듯이, 사실 인류를 구원하여 상생의 새 천지질서를 여는 과정에 지나지 않는다.

가을 대개벽기에 천지는 무명악질인 괴질로써 인간개벽을 한다. 인간개벽은 만고에 원한 맺힌 천지신명들이 '가을 추살기운'을 타고 내려와 인간의 생명을 무자비하게 앗아간다. 그것은 "춘생추살春生秋殺"의 법도를 따른 것이다. '춘생추살'이란 '천지가 우주의 봄에 만유의 생명을 내어 생장시키고, 가을철에 생명의 씨종자만 남기고 다 죽인다.'는 뜻이다. '춘생추살'의 법도는 후천 가을의 개벽시운을 맞아 선천의 모든 병리현상을 괴질로 깨끗이 씻어내고, 천지 안의 불의를 완전히 뿌리 뽑는다는 '우주적 차원의 역사심판'인 것이다. 이로써 지난 선천 상극세상에서 풀리지 않았던 원한의 매듭이 풀리게 되고, 상생의 가을개벽이 되는 것이다.

괴질과 추살기운에 의한 인간개벽에 대해 태상 종도사님의 말씀은 가슴에 사무친다. "알기 쉽게 지구 년을 봐도, 봄에 물건 내서 여름철에 기르다가 가을이 되면 풀 한포기 안남기고 다 죽이지 않는가? 이게 초목개벽이다. 마찬가지로 우주 1년에서는 인간개벽을 한다. 그러나 천지에서 다 죽이는 법은 없다. 그렇기 때문에 상제님께서 이런 말씀을 하셨다. '천지에서 십리에 한 사람 볼 듯 말 듯 하게 다 죽이는 때에도 씨종자는 있어야 되지 않겠느냐?"

가을개벽은 만유의 생명이 수렴하여 온갖 변화가 통일로 돌아가는 때이다. "가을의 대통일!" 이것이 바로 우주의 후천개벽이 지향하는 궁극 목적이다. 앞으로 가을개벽의 숱한 파괴와 죽음의 과정을 거치고 나면 인간의 가치관과 언어, 예술양식은 물론이고, 정치, 경제, 사회, 문화 등에서 인간의 삶이 질적으로 비약한다. 생장의 극에서 성숙으로, 분열의 극에서 대통일로 차원 전이가 이루어지는 것이다. 그래서 가을개벽은 인류문명의 틀이 총체적으로 비약하는 분기점이 되는 것이다. 이에 대해서 증산 상제님은 "현하의 천지대세가 선천은 운을 다하고 '후천의 운'이 닥쳐오므로 내가 새 하늘을 개벽하고 인물을 개조하여 선경세계를 이루리니 이때는 모름지기 '새판이 열리는 시대'니라."(『도전』 3:11:3)고 하셨다.

가을개벽의 마지막 관문 지축정립

천지 만물이 결실하는 우주의 가을철! 그 성숙의 운을 맞이하기 위한 마지막 관문은 지축정립이다. 현재의 지구는 지축이 23.5도 기울어진 채로 태양을 중심으로 타원궤도를 그리며 공전하고 있다.

우주 1년에서 봄 여름철은 지축경사와 타원궤도로 말미암아 지구상에 '양 기운이 3이고 음 기운이 2[三陽二陰]'가 되는 편음편양偏陰偏陽의 질서와 '윤도수'를 만들어낸 원인이 되었다. '편음편양'이란 음양의 덕이 고르지 못하다는 뜻이고, '윤도수'란 달력에서 지구 1년이 360일이 아니라 360일에 5.25일이 더 많다는 뜻이다. 이는 생명의 탄생과 성장을 도모하고 문명의 발달을 가속화하는 추동력이 되었지만, 상극기운의 원천으로 작용하여 이 세상에 온갖 분열과 갈등과 투쟁을 양산하는 근본이 되었다.

상극의 기운을 종식하고 가을철 상생의 세상으로 개벽하기 위해서는 '3양2음'의 질서가 동등하게 되는 '정음정양正陰正陽'의 질서로 바뀌어야 하고, '윤도수'의 꼬리가 떨어져 나가 '정도수'로 전환되어야 한다. '정도수'는 지구 1년이 360일의 '정역도수正曆度數'를 뜻한다. 그렇게 되려면 가을철 성숙의 새 운수를 맞아 기울어진 지축이 정남북으로 바로 서고, 타원형 공전궤도가 정원궤도로 탈바꿈이 되어야 한다. 이를 위해서 우주의 주재자 증산 상제님은 지축정립 공사를 단행하셨다.

"공부하는 자들이 '방위가 바뀐다.'고 이르나니 내가 천지를 돌려 놓았음을 세상이 어찌 알리오."(『도전』 4:152:1)

지축정립에 대해서는 "'앞으로 천지가 뒤집어져.' 하시거늘 호연이 다시 '어떻게 하늘이 뒤집어질까?' 하니 이르시기를 '이제 그려.' 하시니라."(『도전』 7:57:11~13)는 증산 상제님의 말씀에서도 확인할 수 있다.

지축이 일시에 23.5도나 이동하여 정립된다면 지구촌 곳곳에서 초유의 사태가 벌어질 것이고, 차마 눈을 뜨고 볼 수 없는 참상이 빚어질 것이다. 이러한 참상에 대해서 증산 상제님은 "동서남북이 바뀔 때는 천동지동天動地動 일어나고 송장이 거꾸로 서며 불도 켜지지 않으리니 놀라지 말고 마음을 키우라."(『도전』 7:24:2), "불(火) 개벽은 일본에서 날 것이요, 물水 개벽은 서양에서 날 것이니라."(『도전』 7:43:1), "장차 서양은 큰 방죽이 되리라."(『도전』 2:139:1)고 말씀하셨다. 일본은 대지진과 화산폭발[불 개벽]로 육지가 물속으로 가라앉게 되어 나라가 존폐위기에 몰리게 되고, 서양은 이제껏 한 번도 겪어보지 못한 홍수와 해일[물 개벽]로 방죽이 된다. '상전벽해桑田碧海'라는 옛 말대로 육지가 바다가 되고, 바다가 육지가 되어 지구의 골격 자체가 바뀌는 것이다.

그럼 현재 우리가 살고 있는 한반도의 지형은 어떻게 변형되는 것일까?

"예로부터 남통만리南通萬里라 하였나니, 장차 우리가 살 땅이 새로 나오리니 안심하라. 부명符命 하나로 산을 옮길 것이니, 이 뒤에는 산을 옮겨서 서해를 개척할 것이니라. … 앞으로 중국과 우리나라가 하나로 붙어버린다. … 장차 동양 삼국이 육지가 되리라."(『도전』 7:18:2~5)

지축정립으로 인해 발생하는 지질이동으로 말미암아 서해와 동해에 융기현상이 일어나 바다가 없어지고, 중국과 한국과 일본 삼국이 연결됨을 뜻한다. 이때의 상황을 증산 상제님은 "동래울산東來蔚山이 흐느적흐느적 사국 강산이 콩 튀듯 한다."(『도전』 5:405:4)고 묘사하셨다.

지축이 정립되면 지구촌은 어떤 상황으로 변모되는 것일까? 춘하추동의 구분이 없어지고, 극한극서極寒極暑가 사라져서 1년 내내 온화한 기후가 계속되기 때문에 인류가 생활하기에 최적으로 환경으로 변모된다. 또한 오늘날에 통용되고 있는 달력에서 24절기와는 다른 절기가 생겨난다. 김일부 대성사는 이런 천지의 변화를 훤히 꿰뚫어 보고 『정역正易』에서 새로운 절기와 새로운 달력을 정리해 놓았다. 그뿐만이 아니다. 선천의 자연과 인간을 지배해 온 온갖 상극기운이 사라짐으로써 지진, 홍수, 화산폭발, 해일 등으로 인류의 생존을 위협하던 자연재해가 없어지고, 환경오염이나 생태계 파괴 등이 극복되기 때문에 인간이 살기에 가장 이상적인 자연 질서, 상생의 낙원이 조성되는 것이다.

그러므로 지축정립 과정은 자연개벽의 정점이라 할 수 있다. 자연개벽은 한마디로 천지일월天地日月이 새로 태어나는 공전절후空前絶後한 대사건이기 때문에, 무자비하게 덮치는 자연의 대재앙을 가져온다. 우주변화의 원리에서 볼 때, 선천 여름철에 대자연의 생명을 무성하게 성장시켜온 불기운[火氣]이 사그라지고 우주에 통일, 성숙의 가을 금기운金氣運이 들어오면서 천지질서가 바로 잡히는 것이다. 이는 지구 자체의 정화淨化를 위한 필연적인 과정일 것이다. 묵은 천지가 생명의 기운으로 충만한 새 가을천지로 태어나기 위한 부활의 몸짓이기 때문이다. 증산 상제님은 이때가 바로 "하늘과 땅이 성공하는 시대"라고 말씀하셨다. 이는 천지가 인간 생명을 길러 온 궁극목적을 이루고 인간 또한 천지와 더불어 성공하게 됨을 뜻한다.

5 새 생명의 빛은 동방으로부터

한반도에 심어놓은 하나님의 섭리 우주의 가을철이 다가오고 있다. 인류 역사상 이 한마디를 말한 현자가 없었다. 동서의 어떤 성자도 장차 인류에게 닥쳐올 대변혁의 실체가 우주의 가을개벽임을 알지 못했다.

가을개벽의 진리는 천지의 이법으로 오기 때문에 실로 냉혹하다. 가을 대개벽은 정오의 한낮이 지나 해가 수평선으로 사라지면 금방 어둠이 밀려오듯이 그렇게 오는 것이다. 지축정립에 의한 자연 질서의 개벽, 상씨름 대전쟁에 의한 문명개벽, 괴질에 의한 인간개벽, 즉 3대개벽이라 불리는 가을개벽은 우주가 신천지 질서를 낳기 위한 혹독한 산고이며, 선천역사를 살아온 인간과 신명을 정리하고, 대자연과 문명의 모든 병폐를 치유하여 인류가 꿈꿔온 이상향을 건설하는 대광명의 길이다.

그래서 가을개벽은 절망과 비탄의 소식만은 결코 아니다. 왜냐하면 가을개벽은 불의不義한 자에게는 재앙으로 닥치지만, 정의로운 자에게는 새 생명으로 거듭나는 열매인간, 이것으로 위대한 축복이 되기 때문이다. "가을바람이 불면 낙엽이 지면서 열매를 맺는 법이니라."고 증산 상제님께서 말씀하셨듯이, 만유의 생명이 낙엽처럼 허망하게 죽어 넘어가기도 하지만, 다른 한편으로는 성숙하여 열매를 맺는 때이다. 이는 가을개벽이야말로 인류에게 새로운 희망과 비전을 진정으로 제시하고 있음을 뜻한다. 그래서 증산 상제님은 "지금은 온 천하가 가을 운수의 시작으로 들어서고 있느니라. 이제 만물의 생명이 다 새로워지고 만복萬福이 다시 시작되느니라.”(『도전』 2:43:1)고 하셨다.

새 생명과 만복이 시작되는 개벽의 중심 땅은 바로 한반도이다. 상씨름 대전쟁과 병겁이 터지면서 남북한의 분단 상황이 종식되는 곳, 바로 동방 간방艮方의 땅이다. 선천문명이 출범하는 곳도 이곳이고, 꽃이 피어 결실을 맺어 후천의 새로운 문명이 시작하는 곳도 이곳이다. 이것이 바로 ‘간도수艮度數’의 섭리다.

‘간도수’란 『주역周易』 팔괘八卦 중의 하나 ‘간艮’에서 나온 말이다. ‘간’은 생명의 진액이 뿌리에서 줄기로, 줄기에서 꽃으로, 꽃에서 열매를 맺는 과실나무에 비유해 본다면, 바로 ‘열매’를 뜻하며, ‘인간의 열매’, ‘문명의 열매’를 모두 포괄한다. 열매를 거두지 못하면 지구 1년에서 초목농사는 허사가 된다. 우주 1년에서 인간농사를 짓는 천지가 성숙한 인간의 열매를 거두지 못하면 성공하지 못한다. 마찬가지로 인류문명도 뿌리문화에서 줄기문화를 거쳐 열매문화로 완성을 보아야 한다. ‘열매’는 다음에 오는 새로운 봄을 준비하는 ‘씨종자’다. 그래서 ‘간도수’란 바로 인간과 자연과 문명의 ‘추수정신’과 ‘새로운 창조의 시작’을 상징한다[終於艮 始於艮].

선천시대의 끝맺음과 새로운 후천시대의 시작은 지구의 동북방, 한민족이 살고 있는 간방에서 이루어진다. 간방은 바로 지금까지의 인류 역사가 종결되고 선천 성자들이 꿈꾸어왔던 모든 소망이 성취되어 가을철의 새 역사로 출범하는 땅이다. 이것이 천지의 주인이신 증산 상제님께서 ‘왜’ 간방의 땅에 강세하실 수밖에 없었고, 그곳에서 새로운 후천 가을 천지개벽공사를 보셨는가의 결정적인 이유다. 따라서 한반도가 왜 개벽의 땅이어야 하는지가 ‘간도수’에 비장되어 있는 것이다.

'간도수'의 섭리에 따라 동방문명의 종주였던 간방의 한민족은 다시 세계를 구원하여 통일하는 도주국道主國이 된다. 이를 위해 증산 상제님은 한민족이 중심이 되어 지구촌의 통일문명을 이끌어가는 '세계일가 통일정권공사'를 보셨던 것이다.

'이제 천하의 난국을 당하여 장차 만세萬世의 대도정사大道政事를 세우려면 황극신皇極神을 옮겨와야 하리니 황극신은 청국 광서제에게 응기되어 있느니라.' … '운상하는 소리를 어로御路라 하나니 어로는 곧 임금의 길이라. 이제 황극신의 길을 틔웠노라.' 하시고 문득 '상씨름이 넘어간다!' 하고 외치시니 이때 청국 광서제가 죽으니라. 이로써 세계일가世界一家 통일정권統一政權 공사를 행하시니라.(『도전』 5:325:2~10)

황극신은 '천자신天子神'을 뜻한다. 후한시대에 살았던 채옹蔡邕은 『독단獨斷』에서 "천자는 동이족 임금의 호칭이다. 하늘을 아버지, 땅을 어머니로 섬기는 까닭에 하늘의 아들이라 했다[天子 夷狄之所稱 父天母地故 稱天子]"고 하여 천자제도가 동방의 문화로부터 시작되었음을 알린 바 있다. 천자는 "천제지자天帝之子"의 약자로서 '하느님의 아들', 우주의 통치자이신 '상제님의 아들'이란 뜻이다. 예로부터 상제님의 아들이 되어 천하를 다스렸다는 천자국의 본향은 바로 단군조선이었다.

그런데 천자신이 오랜 동안 천자국 조선을 떠나 중국의 황제들에게 응기해 있던 것을 증산 상제님은 '뿌리를 찾아서 근본으로 돌아가는[原始返本]' 가을 개벽기를 맞아 지구촌 천자문화의 뿌리이자 종주인

조선으로 되돌아오게 하시었고, 후천 가을개벽의 세계통일정권을 창출하는데 역사게 하셨다. 이로부터 도의 원 주인이신 증산 상제님은 "모든 것이 나로부터 다시 새롭게 된다."(『도전』 2:13:5)고 선언하셨고, 인류문명의 뿌리이며 간도수의 주인인 한반도에서 증산 상제님의 대도가 펼쳐짐으로써 선천문명의 역사가 매듭지어지고 후천 상생과 통일의 새문명이 출범하게 됨을 천명했다.

열매를 맺는 가을인간이 되려면 ── 다가오는 우주의 가을철!

온 인류는 그 누구도 예외 없이 천지의 가을을 맞이할 수밖에 없다. 우주의 여름철 극점에서 천지는 지금 자기정화를 위해 급진적인 파괴와 거듭남의 시대를 향해 소리 없이 달려가고 있다. 상씨름 대전쟁과 인류를 전멸시킬 수 있는 괴병, 지축의 요동으로 인한 절체절명의 위기상황, 다시 말하면 천지의 계절이 바뀌고, 인류문명의 틀이 근본적으로 바뀌는 경천동지驚天動地의 대변국으로 치닫고 있는 것이다.

이러한 대변국의 상황을 눈을 크게 뜨고 냉철하게 인식해야 한다. 대세에 눈을 뜨지 못한 우매한 자는 가을 개벽기에 낙엽이 되어 사라지게 되기 때문이다.

> 천하대세를 아는 자에게는 천하의 살 기운[生氣]이 붙어 있고, 천하대세에 어두운 자에게는 천하의 죽을 기운[死氣] 밖에 없느니라.(『도전』 2:137:3)

그러므로 가을철 대개벽을 앞둔 우리는 강인한 정신과 건강한 몸을 가져야 한다. 몸이 허약하거나 심법이 성숙되지 않은 사람은 개벽의 극한 상황을 극복해낼 수 없기 때문이다. 그러기 위해서는 일체의 묵은 기운을 벗어던지고 가을의 '성숙한 새 인간'으로 거듭나야 한다.

가을천지는 열매인간, 즉 참 인간을 요구하고 있다. 만일 우리의 영성이 놀랄 만큼 깨어있는 인간으로 거듭나지 못하고, 가을개벽을 인식하지 못한다면, 개벽을 극복하는 과정에서 모두 낙엽되어 부토로 돌아간다. 다시 말하면 선천세상에서 지금까지 인간으로 살면서 지은 모든 죄를 참회하고 허물을 벗어던지고, 수행을 통해 심법을 닦지 않으면 결코 개벽상황을 극복하고 후천 가을철 상생의 천지성공에 안착할 수 없게 된다.

> 이때는 천지성공 시대라. 서신西神이 명命을 맡아 만유를 지배하여 뭇 이치를 모아 크게 이루나니 이른바 개벽이라. 만물이 가을 바람에 혹 말라서 떨어지기도 하고 혹 성숙하기도 함과 같이 참된 자는 큰 열매를 맺어 그 수가 길이 창성할 것이요 거짓된 자는 말라 떨어져 길이 멸망할지라. 그러므로 혹 신위神威를 떨쳐 불의를 숙청肅淸하고 혹 인애仁愛를 베풀어 의로운 사람을 돕나니 삶을 구하는 자와 복을 구하는 자는 크게 힘쓸지어다.(『도전』 4:21:1~7)

가을의 인간으로 거듭나기 위해서는 생명의 열매를 맺어야 한다. 이를 위해 오늘의 인류는 한 사람도 예외 없이 성숙成熟해야 한다.

강인한 정신과 건강한 몸을 가진 가을의 성숙한 인간이 되려면 어떻게 해야 하는가? 그것은 '원시반본原始返本'의 뿌리정신에 의거하여 첫째, 증산 상제님의 대도진리를 만나야 하고, 둘째, 뿌리 조상을 찾아 생명의 기운을 받아 성숙한 열매인간으로 거듭나야 하고, 셋째, 태을주 수행을 통해 성성이 깨어 있는 정신과 성령의 기운을 받아야 하는 것으로 요약해 볼 수 있다.

첫째, 가을 대개벽을 극복하고 성숙한 인간으로 거듭나기 위해서는 인간으로 오신 우주의 주재자 증산 상제님의 대도, 가을철 무극대도의 열매진리를 만나야 한다. 그렇지 않으면 고귀한 생명은 가을철 서릿발 기운에 낙엽이 되어 한줌의 부토가 되어버린다.

어떻게 해야 증산 상제님의 대도를 만날 수 있는가? 이에 대해 증산 상제님은 '전생, 현생, 후생의 삼생三生에 걸친 큰 인연이 있어야 나를 따르리라'(『도전』 2:78:8)고 하셨다. 이는 전생에서부터 상제님의 도道의 길을 일심으로 받들고, 현생에서 증산 상제님의 진리를 만나 혈성을 다하여 신앙하면서 뜨거운 정성과 일심으로 대업에 참여하고, 후생에서도 변함없이 열정을 다하려는 일심이 있어야 증산 상제님의 대도세계에 몸을 담을 수 있고, 이로써 성숙한 열매진리의 인간으로 거듭날 수 있음을 뜻한다.

증산 상제님은 또 "조상의 음덕蔭德으로 나를 만나게 된다."(『도전』 2:78:3)고 하셨다. 천상 신명조화정부에서 우주의 봄여름을 살아온 인간의 생사를 심판하는데, 이번 가을 개벽기에 각 성씨의 조상들이 쌓은 선업善業과 악업惡業에 따라 그 자손의 생사가 판가름 난다. 음덕을 많이 쌓은 적덕가積德家의 자손들은 새 생명의 진리를 만나 후천세계로 넘어갈 수 있다. 그렇다고 모두가 그런 것은 아니다. 하늘에서 아무리 도를 열어주어도 자손이 이를 받아들이지 못하면 개벽기에 살아날 수 없다. 반면에 적악가積惡家의 자손들은 개벽기에 살길을 찾기 어렵다. 그럼에도 모든 방해기운을 이겨내고 심법이 성숙하여 일심만 강력하면 살아날 수 있다. 이는 어느 누구든 간에 진리를 들을 수 있는 귀를 열어 어떤 난관도 쾌연히 넘어설 수 있는 혈심과 지극정성을 가지면 증산 상제님의 진리를 만날 수 있음을 의미한다.

둘째, 어떤 생명이든 뿌리로 돌아가서 그 기운을 받아 열매를 맺을 수 있지만, 뿌리로 돌아가지 않은 생명은 결실하지 못하여 생명의 순환이 끝나버리고 만다. 그런데 인간 생명의 뿌리는 바로 자신을 낳아 준 부모요 그 조상이다. 부모와 조상을 박대하거나 부정하면 스스로 자신의 무덤을 파는 것과 다름없다. 그래서 증산 상제님은 "너희에게는 선령先靈이 하느님이니라. 너희는 선령을 찾은 연후에 나를 찾으라.… 사람들이 천지만 섬기면 살 줄 알지마는 먼저 저희 선령에서 잘 빌어야 하고, 또 그 선령이 나에게 빌어야 비로소 살게 되느니라."(『도전』 7:19:1~3)고 말씀하셨다. 이는 하느님을 찾기 이전에 자신의 부모와 조상을 제1하느님으로 받들어야 한다는 말씀이다. 만일 자손이 조상을 우습게 알고 배반하면 조상도 자손의 생사를 돌보지 않고, 하느님도 등을 돌릴 수밖에 없게 된다.

따라서 조상은 자손의 뿌리요 자손은 조상 선령의 숨구멍이다. 조상과 자신은 하나의 생명 줄이다. 조상과 자손의 관계에 대해서 안운산 태상종도사님은 "천년된 고목나무가 다 썩고 조그만 순이 하나가 붙어 있다고 할 때, 그것을 잡아 뜯어버리면 영원히 죽어버린다. 고목나무가 다 썩었어도, 남은 순을 잘 기르면 그 가지가 자람과 동시에 그만큼 뿌리도 내리고 다시 새끼를 쳐서 고목나무가 살 수 있다. 가지, 이파리라 하는 것은 뿌리가 호흡하는 숨구멍과 같다. 마찬가지로 자손이 하나도 없이 다 죽어버리면 조상 신명들은 숨구멍이 막혀서 죽는다. 무후절손無後絶孫. 자손이 없는데 죽는 수밖에 더 있는가!"

라고 말씀하셨다. 다시 말하면 조그마한 순 하나로 고목이 살아나듯이, 자손이 하나라도 살아남아야 조상이 산다. 이는 조상의 유전자를 이어받은 자손이 조상의 열매이기 때문이다. 열매인 자손이 없어지면 조상도 사라지고 마는 것이다. 그래서 가을 개벽기에 천상에서 조상은 자손 줄이 끊어지지 않도록 간절히 기도하면서 자손의 삶을 돌보고 있다.

인간의 명줄이 끊어지는 가을 대개벽기에 자손들 가운데 한 사람이라도 증산 상제님의 도를 받고 조상을 끔찍이 받들게 되면 조상도 살고 그 자손만대가 번성해나간다. 만일 자신이 가을 대개벽기에 성숙하여 열매를 맺지 못하고 낙엽이 되어버리면, 선천 5만년 동안 고통을 인내하며 살아온 조상도 함께 소멸될 수밖에 없다. 그래서 임박한 가을개벽 소식을 전혀 알지 못하는 철부지 자손들이 '가을우주의 인종씨'로 살아남도록 하기 위해 조상들은 천상에서 영적 전쟁을 벌이고 있는 것이다.

셋째, 가을개벽 상황을 극복하려면 강인한 정신과 우주생명의 지극한 기운을 받아 성숙해야 하는데, 이는 혈심으로 정성을 다해 태을주 수행을 함으로써 함양될 수 있다. 왜냐하면 태을주는 우주의 통치자 증산 상제님께서 완성해 내려주신 조화권능이 깃들어있기 때문이다. 이에 대해서 증산 상제님은 "태을주는 수기저장 주문이니 병이 범치 못하느니라."(『도전』 4:147:3), "태을주는 구축병마주니라. 내가 이 세상의 모든 약기운을 태을주에 붙여 놓았나니 만병통치 태을주니라." (『도전』 3:313:7~7)고 말씀하셨다.

태을주 수행은 천지의 수기水氣를 저장하는 주문이다. 그렇기 때문에 태을주 수행은 우리 몸의 정기精氣를 축장하게 하며, 그럼으로써 몸 세포의 면역기능을 폭발적으로 증가할 수 있게 해주고, 마음과 영혼의 모든 병적 현상을 물리치게 한다. 또한 천지의 수기를 받아 내림으로써 일체의 사기邪氣를 정화시켜 인간의 몸을 불멸의 선체仙體로 만들어준다. 그럼으로써 가을 개벽기에 살아남을 수 있게 되는 것이다. 다시 말하면 오직 태을주만이 천지부모의 생명력을 온전히 받아내려 인간 생명의 세 요소인 마음과 몸과 영혼을 함께 치유할 수 있고, 추살에 의한 병란에 천하의 모든 의술이 무용지물이 될 때, 증산 상제님이 직접 전해주신 '태을주 조화권'으로 가을 개벽의 환란을 넘어설 수 있는 것이다.

삼신의 권능을 받는 태을주太乙呪
태을주 주문은 무엇이기에 후천 가을철 환난患亂의 3대개벽, 즉 상씨름 대전쟁과 성숙하지 못한 생명을 소리 없이 앗아가는 병란病亂, 지축정립으로 인해 발생하는 모든 고난을 넘길 수 있는 생명의 성약聖藥이요, 만병萬病을 통치通治하는 약이 될 수 있는가?

태을주는 24자로 구성된 주문呪文이다.

"吽哆 吽哆 太乙天 上元君 吽哩哆哪都來 吽哩喊哩娑婆訶"
훔 치 훔 치 태을천 상원군 훔 리 치 야 도 래 훔 리 함 리 사 파 하
(『도전』 7:72:7)

여기에서 '훔'은 본래 '종자 음절seed syllable'로 모든 말과 소리의 씨(종자)가 되는 음절이다. 이는 우주창조의 근원소리로 뿌리기운을 통일하는 가을생명의 조화소리요, 소리의 열매를 뜻한다. 또한 '훔'은 치유의 소리이다. 왜냐하면 '훔'은 생기生氣를 일으키는 '전일적인 소

리holistic sound'이기 때문이다. 그래서 '훔'을 근본으로 하는 태을주는 모든 주문의 뿌리가 되는 "종자 주문bija mantra"이다. 그리고 '치哆'는 '입을 크게 벌릴 치' 자로 산스크리트어에서는 '신과 하나가 됨'을 뜻하는 소리다. '치'는 또한 '크게 정해서 영원히 변하지 않는다[大定不變也]'는 뜻도 갖고 있다. 이는 '훔'의 생명력이 밖으로 분출된 소리로서, 실제로 창조가 형상화되는 소리의 의미이기 때문이다.

그래서 '훔치훔치'는 우주의 근원을 찾는 소리이며, 신도의 조화세계와 자신의 몸을 직접 연계해주는 신성한 소리이다. 이에 대해서 증산 상제님은 "'훔치'는 '천지 부모를 부르는 소리'니라. 송아지가 어미를 부르듯이 창생이 한울님을 부르는 소리요, 낙반사유落盤四乳는 '이네 젖꼭지를 잘 빨아야 한다'는 말이니 '천주님을 떠나면 살 수 없다'는 말이니라."(『도전』 7:74:1~4)고 말씀하셨다. 이는 태을주를 통해서 천지 부모의 존재를 깨닫고 생명의 근원을 회복할 수 있음을 말해주고 있다. 즉 천지 부모로부터 분리된 인간을 다시 천지 부모와 하나 되게 하는, 태일太一이 되게 하는 주문이 바로 태을주인 것이다.

태을주 주문은 어떻게 해서 생명의 근원을 회복할 수 있고, 천지 부모와 하나 되게 하는 것일까? 그것은 신천지의 성신(성령)을 접하게 하는 유일한 조화공부가 태을주이기 때문이다. 여기에서 성신은 '조물주 하느님이신 우주의 조화성신造化聖神, 즉 천지 만물을 낳으신 삼신'을 말한다(『도전』 1:1:2~3). 삼신은 세 가지 손길로 작용하는데, '하늘로 현현하여 만물을 창조하는 손길로 작용하는 조화신造化神', '땅으로 현현하여 인간과 만물을 낳아서 길러내는 손길로 작용하는 교화신敎化神', '천지의 꿈을 이루는 근본 주체인 인간으로 화현하여 다스림의 도를 이루는 치화신治化神'을 말한다. 우주의 조화성신이 세 손길로 작용하기 때문에, 천지 만물의 생명은 끊임없이 세대에서 세대로 이어지는 창조변화가 유지되고 있는 것이다.

그러면 인간의 몸에 들어온 조화삼신은 어떻게 자리를 잡게 되는 것일까? 그것은 '세 가지 참된 것[三眞]', 즉 인간의 '성性', '명命', '정精'으로 안착하여 작동한다. '조화'의 신은 인간의 생명과 아버지 하느님의 큰마음인 '성'이 되고, '교화'의 신은 삼신의 영원한 생명을 길러내는 '명'이 되고, 치화의 신은 삼신의 영원한 생명력을 지속하게 해주는 '정'이 되는 것이다. 그래서 인간의 몸에는 삼신하느님의 '마음[性]과 생명[命]과 힘[精]'이 그대로 들어있다. 즉 인간은 조물주 삼신하느님의 마음을 본래적으로 모두 갖추고 있는 것이다. 이것은 인간의 참모습에 대한 진리의 한 소식이다.

그러나 범부凡夫로 살아가노라면 삼신하느님의 신성이 내재하고 있는지조차 모르게 마련이다. 어떻게 하면 인간의 몸에 타고난 삼신하느님의 신성을 그대로 발현되도록 할 수 있을까? 그런 마음을 열어주게 해주는 조화주문이 바로 태을주다. 그래서 태모님은 "태을주는 심령心靈과 혼백魂魄을 안정케 하여 성령을 접하게 하고 신도神道를 통하게 하며 천하창생을 건지는 주문이니라."(『도전』 11:180:4)고 말씀하셨다.

태을주를 소리 내어 반복적으로 읽으면, 그 소리로 말미암아 자신의 몸을 구성하는 세포 하나하나가 즉각적으로 반응한다. 마치 마취제痲醉 주사를 맞으면 온 몸에 약기운이 퍼져 마비되듯이, 자신의 몸과 마음과 영성은 태을주 소리에 동조되어 깨어나기 시작한다. 그리하여 태을주 기운이 침투하기 시작하면 자신의 의식은 물론이고 무의식의 전 영역에까지 성신의 빛과 생명으로 정화되고, 천지 부모로부터 받은 근원의 본 마음이 열리게 되고, 사물의 내면세계를 보고 듣는 눈이 열린다. 즉 태을주를 읽으면 자신의 몸속에 있는 본연의 신성이 밝아지고 우주 만물 속에 있는 신성과 교감을 하게 되는 것이다.

자신의 몸과 마음에 내재되어 있는 신성이 열리면 만물의 본성이 삼신하느님과 한 몸이 됨을 깨닫게 되는데, 저 멀리 있는 산이 단순한 흙더미가 아니라 신의 생명이 누워 있는 것으로 보이고, 심지어 모래 알 속에 깃든 맑은 신성이 드러나 춤추는 모습을 볼 수 있게 된다. 정성껏 태을주 수행을 한다면, 생명의 근원으로 조금씩 다가가면서 그 무궁한 신적 조화세계를 체험할 수 있게 된다. 그리하여 천지가 나를 얼마나 정성껏 보살펴주는지를 간절히 깨닫고 천지 부모와 내 생명의 일체감을 강하게 느끼는 우주의식이 열리게 된다.

그러므로 후천 가을철 상생의 질서, 가을 개벽의 새 천지를 열어주신 우주의 주재자 증산 상제님은 "오는 잠 적게 자고 태을주를 많이 읽으라. 너희들은 읽고 또 읽어 태을주가 입에서 흘러넘치도록 하라."(『도전』 7:75:1, 7:74:9)고 하셨고, 증산 상제님의 도맥道脈을 계승하신 만유 생명의 어머니 태모님은 "밤이나 낮이나 밥먹을 때나 일할 때나 항상 태을주가 입에서 뱅뱅 돌아야 하느니라."(『도전』 11:263:8)고 말씀하셨고, 태모님의 도업을 계승하여 증산도를 일으키신 태상종도사님은 "태을주는 산소와 같다. 몸에서 태을주 냄새가 배어나도록 숨 쉬듯 읽으라."고 말씀하셨던 것이다.

인류를 살려서 통일하는 의통醫統
가을 대개벽기에 천지의 추살기운으로 말미암아 상씨름 전쟁을 끝막는 괴질이 지구촌을 휩쓸 때, 증산 상제님의 무극대도를 만나지 못한 자는 모두 생명을 건질 방도가 없다. 다시 말하면, 증산 상제님께서 "지기至氣가 돌 때에는 세상 사람이 콩

나물 쓰러지듯이 푹 하고 갑자기 쓰러져 죽는다."(『도전』 2:45:4)고 하였듯이, 전 인류는 증산 상제님의 진법의 열매를 받지 않고서는 단 한 사람도 살아남을 수 없는 생사판단의 위기의 순간을 맞이할 수밖에 없게 된다. 이런 상황에서 개별적으로는 증산 상제님 대도를 만나고 태을주 수행을 통해서 생명을 건질 수 있겠지만, 나머지 지구촌 창생들은 선천 성자들의 교법과 세상의 모든 의술, 의약이 무용지물이기 때문에 죽을 수밖에 없는 운명이다.

그렇다면 죽어가는 지구촌 인류를 살릴 수 있는 방도가 전혀 없는 것일까? 바로 이때 창생들을 살려서 온 천하를 통일하는 아버지 증산 상제님의 조화법이 있다. 이것이 증산 상제님께서 인류구원의 법방으로 내려주신 의통법醫統法이다.

"상제님께서 물으시기를 '공우야, 앞으로 병겁이 휩쓸게 될 터인데 그때에 너는 어떻게 목숨을 보존하겠느냐?' 하시거늘 공우가 아뢰기를 '가르침이 아니 계시면 제가 무슨 능력으로 목숨을 건지겠습니까.' 하니 말씀하시기를 '의통을 지니고 있으면 어떠한 병도 침범하지 못하리니 녹표祿票이니라.' 하시니라. 공우가 여쭈기를 '때가 되어 병겁이 몰려오면 서양 사람들도 역시 이것으로 건질 수 있습니까?' 하니 말씀하시기를 '천하가 모두 같으니라.' 하시니라."(『도전』 10:48:3~5)

'의통醫統'이란 '아픈 것을 고쳐 살린다'는 뜻의 '의'와 '거느린다, 통일한다'는 뜻의 '통'으로, '병든 세계를 살려 통일한다'는 뜻이다. 다시 말해서 가을개벽의 숙살기운이 병겁으로 휘몰아칠 때, 전 인류가 죽어 넘어가는 현장에서 사람을 살리는 '증산 상제님의 신패神牌'가 의통이다. 이는 '실재하는 신물神物'로서 태을주를 바탕으로 하는 증산 상제님의 조화신권과 도권道權을 상징한다. 그리고 의통으로 생명을 살려내는 구원의 대업을 '의통성업醫統聖業'이라 한다.

'의통'은 가을개벽의 극한 상황에서 선천 상극의 모든 대립과 갈등을 마무리 짓고 후천의 세계통일문화를 여는 관건이다. 그래서 증산 상제님은 "모든 기사묘법을 다 버리고 오직 비열한 듯한 의통을 알아 두라."(『도전』 7:33:5)고 거듭 당부하셨다. 이에 대해 태상종도사님은 "의통이라는 것은 상제님의 천은天恩을 부여받은 것이다. 천지에서 죽이는데 인존이 제도적으로 만들어 놓은 진리 속에서 의통으로써만 생명을 살리고 새 세상을 개창한다. 그게 바로 천지에 공 쌓는 것이다. 그러면서 가을개벽이라는 추살秋殺의 천지 이치도 극복을 한다."고 말씀하셨다. 한마디로 말해서 '의통'은 후천의 새 문명세계를 열기 위해 병든 하늘과 땅, 인간과 신명을 모두 고쳐서 통일하는 우주구원의 법방이다.

태을주가 가을개벽기의 성약이지만 반드시 태을주를 바탕으로 한 '의통'을 통해서만 개벽의 실제상황에서 나도 살고 남도 살릴 수 있다. '의통'은 진법의 열매로서 우주의 주재자이신 증산 상제님의 조화권을 상징하는 유형의 신물神物이고, 태을주는 무형의 신권을 상징하기 때문이다. 따라서 의통을 전수받기 위해서는 반드시 신천지의 조화를 받아 내리는 태을주를 바탕으로 해야 한다.

그러면 의통은 누구를 통해 전수받게 되는가? 그것은 증산 상제님의 종통과 도맥을 계승한 수장首長으로부터 의통을 전수받아야 인류구원의 천지대업에 참여할 수 있게 되는 것이다. 그런데 증산 상제님의 종통과 도맥은 여러 사람에게 계승되는 것이 아니라 한 분에게만 전해진다. 이에 대해서 증산 상제님은 "때가 오면 한 사람이 먼저 도통을 받나니 이는 만도萬道가 귀일歸一하는 천명이니라."(『도전』 6:129:1~2)고 말씀하셨다. 도통한 한 사람은 대개벽기에 의통성업을 집행하여 광구창생하고 추수하는 대두목大頭目이다. 하늘과 땅이 인정하고 천지신명이 받드는 증산 상제님의 종통과 도맥의 계승은 대두목으로 정해져 있다.

대두목은 글자 그대로 '큰 우두머리', '최고의 지도자', '위대한 지도자'란 뜻으로 증산 상제님의 대행자, 증산 상제님께서 천지에 선포하신 무극대도의 맥을 잇는 종통宗統의 적자嫡子를 뜻한다.

> 대두목은 상제님의 대행자요, 대개벽기 광구창생의 추수자이시
> 니라.(『도전』 6:2:7)
> 세상이 바뀔 때에는 대두목이 나오리라.(『도전』 11:54:3).

대두목은 장차 증산 상제님의 대권으로 전 인류에게 의통과 태을주를 전수해 주는, 가을철 후천선경 문명을 개창하시는 인류의 큰 스승이시다.

대두목은 어떻게 결정되는 것인가? 증산 상제님은 종통과 도맥 그리고 의통을 대두목에게 전하시는 것도 '우주만유의 생명을 낳아 기르는 창조변화의 이치를 바탕'으로 하셨다. 증산 상제님은 임의로써가 아니라 그러한 이치를 바탕으로 온 우주와 인간 역사를 통치하시기 때문이다. 창조변화의 이치는 '역易'의 원리로 보면 건곤乾坤'이다. 우주만유의 창조변화가 실제로 일어나는 유형의 천체로 보면 바로

'천지일월天地日月'이다. 여기에서 근원은 '천지'이고, 이를 실제로 대행하는 것은 '일월日月'이다.

천지를 대행하는 일월은 대두목을 지칭한다. 대두목은 인사로 볼 때 구체적으로 누구를 가리키는가? 이를 알기 위해서는 『주역』의 근본을 관통해야 한다.

『주역』의 괘卦로 말하면 '건괘乾卦'는 "크도다, 건원乾元이여!"라고 되어 있고, '곤괘坤卦'는 "지극하도다, 곤원坤元이여!"라고 되어 있다. 진리의 근원, 도의 근원이라는 뜻에서 '으뜸 원元' 자를 쓴 것이다. 건과 곤은 서로 포용하고 있는 일체의 관계이면서, 아버지 건천乾天과 어머니 곤지坤地로서 만유생명의 근본 틀이다. 이 틀에 따라 창조변화에 역사하는 것은 하늘과 땅[天地]이다. 하늘은 순양純陽으로 태양을 뜻하고, 땅은 순음純陰으로 태음太陰을 뜻한다. 우주만유의 창조변화는 실제로 천지음양의 조화로 이루어지는 것이다.

천지의 음양 조화 속에서 만물이 태어나 살아가듯, 인간이 새 역사를 열어가는 것도 천지부모가 조화를 이루어야 한다. 그래서 증산 상제님은 "내가 참 하늘이다."(『도전』 4:66:2)라고 하셨듯이, 인존시대人尊時代에 맞추어 근원의 이치에 따라 무궁한 우주의 궁극 목적을 완성하고 인간을 건져내기 위해 살아있는 아버지 하느님으로 오셨다. 또한 만유를 육성하는 생명의 땅이신 어머니가 오셨다. 그렇다면 천지건곤의 도수에 맞추어 인간으로 오신 하늘 아버지 증산 상제님이 땅의 어머니 '수부首婦'에게 천지대권을 전수하심은 당연한 이치이다. '수부'란 머리가 되는 지어미라는 뜻이다. 이는 하늘땅에 살고 있는 모든 인간과 신명의 어머니가 되는 분이 수부임을 의미한다. 수부님은 뭇 창생의 '큰 어머니'란 뜻에서 증산도에서는 '태모太母님'으로 호칭한다.

태모님은 아버지 증산 상제님의 아내, 도의 반려자이시다. 만유 생명의 어머니 태모님은 아버지 하느님과 동격이시다. 증산 상제님은 종통과 도맥의 계승자로서 맨 먼저 천지 만물의 어머니 수부님께 전하신다. '건도乾道와 곤도坤道, 하늘과 땅[乾坤天地]'은 수평적인 일체관계가 되기 때문이다.

> "수부도수로 천하 만민을 살리는 종통대권은 나의 수부, 너희들의 어머니에게 맡긴다."(『도전』 11:345:7)
>
> "치마 밑에서 대도통 난다."(『도전』 6:47:8)

이 말씀에서 분명하게 확인할 수 있듯이, 우주의 주재자 증산 상제님의 종통과 도맥은 태모님에게로 전수되어 씨를 뿌리셨던 것이다.

그렇다면 천지의 주인이신 아버지 증산 상제님께서 음양의 일체로 반려자이신 태모님께 종통과 도맥을 전하여 천지대업을 새 역사에 씨를 뿌렸듯이, 증산 상제님의 대업을 대행하는 대두목은 음양일체가 되어야 하므로 두 분이어야 한다. 증산 상제님께서 "나는 천지를 몸으로 삼고 일월을 두 눈으로 삼는다."(『도전』 4:111:15)고 하신 말씀은 이를 말해주고 있다. 증산 상제님의 종통과 도맥을 계승한 두 분의 대두목은 가을 대개벽기에 의통을 전수받아 인사로 집행한다. 이것이 증산 상제님의 종통과 도맥의 결론이자 의통법에 의한 구원의 핵심 주제이다.

그러므로 증산 상제님께서 "수부의 치마 그늘 밖에 벗어나면 다 죽는다."(『도전』 6:39:4), "시속에 '맥 떨어지면 죽는다.' 하나니 연원淵源을 잘 바루라."(『도전』 6:128:5)고 경고하셨다. 새 생명을 구하는 자, 후천의 진정한 상생의 삶을 원하는 자는 증산 상제님의 종통과 도맥의 계승에 대한 확고한 진리 인식과 대두목으로 계승된 '바른 도통 줄'을 잡아야 한다. 그래야만 성숙한 진리의식을 바탕으로 의통과 태을주를 전수받아 개벽상황을 극복하고, 증산 상제님께서 열어주신 후천 조화 선경을 건설하는 새 역사의 주역이 될 수 있다.

6 지상에 건설되는 하느님의 나라

밝아오는 새로운 세상   우주의 주재자 증산 상제님의 도법으로 인류가 전대미문前代未聞한 가을 대개벽의 고난을 극복하고 나면, 인류는 어떤 세상에서 어떻게 살게 되는 것일까? 한마디로 말해서 신교문화의 주인이신 증산 상제님이 천지공사로 열어주시는 가을 후천선경의 이상세계가 역사현실로 펼쳐진다. 자연개벽으로 인해 가을철 상생의 질서로 새로 태어난 열린 우주에서 인류는 진정한 인존의 심법을 자유자재로 쓰면서 지구를 중심으로 새로운 조화문명을 열어나간다. 또한 태을주 수행을 통해 천지일심의 경계에서 생활하게 되는데, 천지의 조화성신을 받아 내려 수수천리의 수많은 하늘의 신성들과 교감을 하면서 황홀한 대우주의 조화 경계를 관조하는 성숙한 삶을 살아가게 된다.

후천 가을 대개벽으로 말미암아 그러한 삶을 살아갈 수 있는 지구촌의 환경은 어떤가? 우선 인류가 살기에 가장 적합한 생활환경으로 바뀐다는 것은 두말할 나위도 없다. 왜냐하면 지구의 자전축이 정북으로 향하고 지구의 공전궤도가 타원에서 정원으로 바뀌어 지구 어느 곳이나 태양이 같은 각도에서 비치기 때문이다. 이에 대해 어머니 하느님 태모님께서는 "후천에는 항상 낮에는 해가 뜨고 밤에는 달이 뜨니 편음편양偏陰偏陽이 없느니라."(『도전』 11:179:4)고 하셨다. 이로써 태양과 달, 지구의 운행질서가 이상적인 조화를 이루어 지상에 1년이 360일이라는 바른 역법[正曆]의 시대, 즉 안정을 가진 시간대가 열리는 것이다.

바른 역법이 통용되는 시대는 이른바 지상 선경세계仙境世界가 조성됨을 의미한다. 증산 상제님께서 "수화풍水火風 삼재三災가 없어지고 상서가 무르녹아 청화명려晴和明麗한 낙원의 선仙 세계가 되리라."(『도전』 7:5:6)고 말씀하셨듯이, 지구촌은 극한극서極寒極暑가 사라짐으로써 계절의 구분이 없어지고 사계절이 모두 온후하게 된다. 또한 그동안 끊임없이 인류의 생존을 위협했던 홍수, 지진, 가뭄, 화산폭발, 태풍, 해일 등과 같은 자연재해가 사라지고, 환경오염이나 생태파괴로 발생하는 모든 문제가 없어진다.

사회적인 삶의 환경 또한 완전히 새로워져 조화낙원調和樂園으로 바뀐다. 즉 지난 선천 5만년 동안 인류가 꿈꿔왔던 이상세계가 마침내 현실화되어 모두가 평화롭게 살게 된다. 이는 선천의 상극질서가 없어지고 인간의 신성이 온전하게 발현됨으로써 지구촌은 반목과 투쟁이 사라지고, 화기和氣가 넘쳐흐르는 상생의 세상임을 뜻한다. 이러한 세상을 증산 상제님은 "내 세상은 조화선경이니, 조화로써 다스려 말 없이 가르치고 함이 없이 교화되며, 내 도는 곧 상생이니 서로 극剋하는 이치와 죄악이 없는 세상이니라."(『도전』 2:19:1~2)고 말씀하셨다. 오래 전에 유교에서 구가했던 대동세계大同世界, 불교에서 말하는 용화낙원龍華樂園, 도교의 삼청세계三淸世界, 기독교에서 설파한 천국이 마침내 이 땅에 실현되는 것이다.

후천 상생의 낙원세상은 통일된 하나의 세상이다. 그것은 증산 상제님의 무극대도로써 '세계일가 통일문명'의 한 가족시대가 열리기 때문이다. 신과 인간이 합일하고, 과학과 종교가 하나로 만나며, 정치와 종교의 통일이 이루어지고, 언어와 문자가 통일되어 천하가 한집안으로 전환하게 되는 것이다.

> 앞세상은 하늘과 땅이 합덕合德하는 세상이니라. 이제 천하를 한
> 집안으로 통일하나니 온 인류가 한 가족이 되어 화기和氣가 무르
> 녹고 생명을 살리는 것을 덕으로 삼느니라. 장차 천하 만방의 언
> 어와 문자를 통일하고 인종의 차별을 없애리라. 후천은 온갖 변
> 화가 통일로 돌아가느니라.(『도전』 2:19:1~2)

또한 후천 개벽으로 열린 지상선경세상地上仙境世上에는 이제껏 볼
수 없었던 다양한 민족문화가 꽃을 피운다. 이는 원시반본原始返本의
섭리에 따라 인류가 각기 족속마다 자기 문화의 고유성을 찾아 발전
시켜 나가기 때문이다. 고유한 민족문화를 꽃피우기 위해서는 지구촌
에 각기 다른 문화가 융성할 수 있는 여러 민족국가들이 탄생하게 된
다. 그래서 증산 상제님은 "앞 세상에는 족속에 따라 나라를 세우리
라.(『도전』 5:332:9)고 하셨다. 후천 선경낙원 세상에 각 족속의 민족문
화에 따라 세운 나라는 무려 3,000여 국가가 된다.

그럼에도 지구촌은 한 집안, 한 가족으로서의 세계일가 통일정부가
건설된다. 나라가 다르고 문화가 다른데 이는 어떻게 가능한가? 세계
가 한 집안으로 통일되는 결정적인 이유는 문자와 종교사상의 통일에
있을 것이다.

문자의 통일에 대해서 증산 상제님은 "내가 아는 문자만으로도 능
히 모든 사물을 기록할지니 앞으로는 쉽고 간단한 문자로 천하에 통
용되도록 하리라. 장차 우리나라 말과 글을 세계 사람이 배워 가리
라."(『도전』 5:11:2~3)고 말씀하셨다. 문자의 통일은 한국어가 중심이

다. 결정적인 이유는 지구상의 모든 문자들 중에서 한글이 가장 과학적이고 체계적이며 어떤 글자와도 호환이 가능한 언어라는 사실에 있다. 이는 최근에 입증되고 있는 사실이다. 그래서 세계의 각 민족은 인종차별이 없이 한국의 말과 글을 익히게 되고, 간방 한민족의 생활 풍습, 종교와 정치 및 철학사상 등을 배워간다.

　종교사상의 통일은 여러 민족국가를 한 집안, 한 나라로 통일하여 다스리는 세계일가 통일정권을 건설하는 밑거름이 된다. 그 핵심은 증산 상제님이 말씀하신 대도정사大道政事의 실현에 있다. 이에 대해서 증산 상제님은 "이제 천하의 난국을 당하여 장차 만세의 대도정사大道政事를 세우려면 황극신皇極神을 옮겨와야 하리니…이제 황극신의 길을 틔웠노라."(『도전』 5:325:2~3)고 하시어 세계일가 통일정권공사를 행하셨다. 여기에서 황극신은 천자신天子神을 뜻하는데, 천자는 증산 상제님을 대행하여 온 인류를 다스리는 제왕을 말한다. 증산 상제님은 원시로 반본하는 가을 대개벽을 맞이하여 중국에 있던 천자신을 천자문화의 본 고향인 간방 한국으로 옮겨놓았다. 그럼으로써 장차 지구촌을 다스리는 세계 통일정부가 한국 땅에 세워지고, 한국이 세계를 한마음 한 가족문화로 통일하는 중심이 된다.

　세계일가의 실현은 증산 상제님의 대도정사로 다스려지는 통일정권이 핵심이다. 이는 '도성덕립道成德立'을 바탕으로 '군사부일체君師父一體' 문화가 거듭나게 됨을 뜻한다.

　　옛적에는 신성神聖이 하늘의 뜻을 이어 바탕을 세움[繼天立極]에
　　성웅이 겸비하여 정치와 교화를 통제관장統制管掌 하였으나 중고
　　中古 이래로 성聖과 웅雄이 바탕을 달리하여 정치와 교화가 갈렸

으므로 마침내 여러 가지로 분파되어 진법을 보지 못하였나니 이제 원시반본이 되어 '군사위君師位'가 한 갈래로 되리라.(『도전』 2:27:2~4)

　동서고금을 통해 볼 때, 고대 황금시절의 정치문명은 군사부일체의 제왕문화였다. 근대에 접어들어 산업화되고 소통문화가 발달하면서 왕정이 무너지자 민주정치가 대세를 이루게 됐지만, 어찌 보면 민주정치는 선천말기에 통치하고자 하는 욕망이 강한 사람이 정권을 잡음으로써 해원할 수 있도록 하는 수단일 수 있다. 그러나 원시로 반본하는 가을 대개벽에는 선천의 모든 역사과정을 극복한 가장 성숙한 통치문화로서 군사부 일체문화가 새롭게 부활한다. 다시 말해서 군사부일체란 후천에 임금, 스승, 아버지의 위치가 한 갈래로 합쳐진다는 뜻이다. 이는 만세의 대도정사의 주인이신 증산 상제님이 가을 대개벽기에 인류를 살리는 생명의 아버지이시고[父], 지상 선경세계의 새 진리를 내려주시고[師], 우주 삼계를 통치하시는 제왕[君]이 됨을 뜻한다.

　그러므로 후천에는 온 인류가 5만년 동안 증산 상제님의 대도진리의 통치권에서 살아가게 된다. 그러한 세상에는 가을 대개벽을 거치면서 인구가 감소하여 각종 물자가 풍부해지고, 빈부貧富의 격차가 없어져서 상대적 박탈감을 느끼지 못하고 서로 더 많이 가지려고 분란투쟁이 사라지기 때문에, 누구나 다 차별 없이 잘 사는 세상이 된다. 이러한 세상에 대해 증산 상제님은 "후천에는 빈부의 차별이 철폐되며, 맛있는 음식과 좋은 옷이 바라는 대로 빼닫이 칸에 나타나게 하리라."(『도전』 7:5:3), "부자는 각 도에 하나씩 두고 그 나머지는 다 고르게 하여 가난한 자가 없게 하리라. 후천 백성 살이가 선천 제왕보다 나으리라."(『도전』7:87:4~5)고 하셨다. 한마디로 후천 가을 세상은 지상 선경세상이다.

신新 인간의 장수와 만사지 도통문화

후천개벽의 가을철 조화문명은 인류가 생명개벽에 의해 누릴 수 있는 무병장수문화, 즉 '선仙 문화'이다. 여기에서의 '선'은 인류의 뿌리문화가 되는 신교神敎의 중심 맥인 선과 상통한다. 유도, 불도, 선도, 기독교의 선천 여름철 문화를 일으키도록 성자들을 세상에 보내셨던 우주의 주재자 아버지 증산 상제님은 인간으로 오시어 가을철 새 천지를 여시고, 유불선 기독교의 정수를 뽑아 모아 지상 선경세계를 건설하신다고 말씀하셨다. 이는 "내가 유불선 기운을 쏙 뽑아서 선仙에 붙여 놓았느니라."(『도전』4:8:9)고 하신 말씀에서 확인할 수 있다. 한마디로 말해서 선천의 종교, 과학, 철학 등에서 선천문화의 진액을 거두어 가을철 생명의 열매를 맺는 새 천지의 조화문화가 바로 진정한 선 문화이다.

인간으로 오신 증산 상제님은 가을철 선 문화의 길을 어떻게 열어 주셨을까? 그 해답은 바로 가을개벽의 열매인간으로 거듭나게 하는 '선매숭자仙媒崇子 도수'에 숨어 있다. 여기에서 '선매'는 신선 선仙, 매개할 매媒 자로 증산 상제님의 도를 전수받아 후천에 신선으로 거듭날 수 있도록 해 주는 전도자(매개자)를 뜻한다. '숭자'는 '첫머리가 되는 씨앗'을 뜻한다. 그래서 '선매숭자'는 '선천문명을 후천의 선문명으로 매개하는, 진리의 길잡이 역할을 하는 인간 씨종자'란 뜻이다. 따라서 후천 5만년 조화선경의 문을 여는 인간 뿌리종자의 역할을 하는 선매숭자는 바로 가을철 개벽기에 인류가 개벽된 참 인간, 선체가된 신新 인간으로 거듭날 수 있도록 이끌어가는 전도자를 뜻한다.

후천 가을 선 문화의 열매인간이 되기 위해서는 '선매승자'의 도움으로 증산 상제님의 대도를 만나야 하고, 생명개벽을 통해 조화선경造化仙境의 선체仙體가 돼야 한다. 조화선경의 선체가 되는 생명개벽은 어떤 것인가? 그것은 오늘날 눈부시게 발전하고 있는 의학이나 생명공학의 도움만으로 가능한가? 그러나 그것만으로는 진리에 대한 궁극의 깨달음과 도통을 얻을 수 없기 때문에 턱없이 부족하다. 생명개벽은 증산 상제님의 도를 바탕으로 태을주를 읽고 조화성신을 받아 신안神眼이 크게 열려서 '만유생명의 근본을 환히 들여다 볼 수 있는 도통의식'과 인간 스스로가 자신의 생명을 정화하고 명화明化하여 '천지와 하나 되는 일심법一心法'을 열어야 이루어진다.

조화선경의 도통의식은 어떻게 이루어지는가? 그것은 첨단 과학기술만으로는 결코 이루어질 수 없고, 증산 상제님이 내려주신 도술道術과 하나로 통합할 때 비로소 열린다.

"앞으로 세계 여러 나라들이 일어나 각기 재주 자랑을 하리니, 큰 재주가 나올수록 때가 가까이 온 것이니라. 재주자랑이 끝난 후에 도술로 세상을 평정하리니 도술정부가 수립되어 우주일가를 이루리라. 선천은 기계선경機械仙境이요, 후천은 조화선경造化仙境이니라."(『도전』 7:8:1~3)

지금의 과학문명과 생명공학이 극치를 넘어서게 되면 다음에 "신명과 인간이 하나 됨[神人合一]"의 경계에서 정신문명이 나오게 되는데, 신인이 합일한 정신문명이 바로 도술문명이다.

도술문명은 사람이 명령만 하면 손 하나 까딱하지 않고 뜻하는 것을 얻을 수 있는, 바로 조화선경을 뜻한다. 조화선경은 어떻게 가능한가? 그것은 '천지와 하나 되는 일심법'을 열어야 가능하다. 일심법은 태을주 수행이 근본이다. 후천에는 태을주 수행을 통해 인간의 창조성이 극대화된다. 그래서 증산 상제님은 "너희들도 잘 수련하면 모든 일이 마음대로 되리라."(『도전』 3:312:10)고 하셨다. 태을주 수행을 잘 하면 누구나 신선과 부처가 되어 어느 성자들보다 높은 도통경계와 품격을 갖춘 성숙한 가을인간으로 다시 태어나게 되고, 시방세계의 모든 일에 통달하고, 과학기술과 도술문명이 통합되어 온갖 조화를 부리며 생활하게 된다. 이에 대해서 증산 상제님은 "후천에는 하늘이 나직하여 오르내림을 뜻대로 하고, 지혜가 열려 과거 현재 미래와 시방세계의 모든 일에 통달하느니라."(『도전』 7:5:5)고 말씀하셨으며, 태모님은 "쓸 때가 되면 바람과 구름, 비와 이슬, 서리와 눈을 뜻대로 쓰게 되리니 일심혈심─心血心으로 수련하라, 누구나 할 수 있느니라." (『도전』 11:117:6), "너희들은 앞으로 신선을 직접 볼 것이요, 잘 닦으면 너희가 모두 신선이 되느니라."(『도전』 11:199:8)고 말씀하셨다.

천지와 하나된 후천 가을인간 세상에서는 누구나 '만사지萬事知'로 '지심대도술'의 문화가 나온다. 이에 대해 태모님은 "선천에서 지금까지는 금수대도술禽獸大道術이요, 지금부터 후천은 지심대도술知心大道術이니라."(『도전』 11:250:8)고 말씀하셨다. 선천 성자들의 가르침은 금수의 탈을 벗겨 참된 인간으로 교화하는 '금수대도술'이었으나, 증산 상제님의 진리는 말하지 않아도 '인류의 마음속을 훤히 들여다보고 세상만사를 바로 잡을 수 있는 '지심대도술'이 나온다는 것이다. 이는 가을 인간의 누구나 마음의 문이 열려 우주와 교감하고, 만물의 신성과 대화하는 고도의 영성문화, 천지일심의 문화가 열림을 뜻한다. 즉 인간이 살아있는 조화성신이 되어 언제 어디에서나 인간과 인간, 인간과 신명이 서로 의사소통하므로 시공을 초월한 새로운 영적 커뮤니케이션 혁명이 일어나게 되는데, 이것이 이른바 '만사지의 조화선경문화'이다.

또한 천지와 하나 되는 일심법과 궁극의 도술문명이 열리면 가을인간의 몸과 마음 또한 개벽이 된다. 이에 대해 증산 상제님은 "모든백성의 쇠병사장을 물리쳐 불로장생으로 무병장수하여 영락을 누리게 하리니 너희들은 환골탈태換骨奪胎되어 지금의 체형이 변화되어 키와 몸집이 커지고 옥골풍채가 되느니라."(『도전』 7:4:4~5), "후천에는빠진 이도 살살 긁으면 다시 나느니라."(『도전』 9:183:6)고 하셨다. 후천은 한마디로 무병장수하는 세상이다. "후천선경에는 수가 상등은1,200세요, 중등은 900세요, 하등은 700세니라."(『도전』 11:299:3)고하였듯이, 후천에는 모두가 선의 새 생명으로 거듭 태어나, 빠진 이가다시 나고 굽은 허리가 펴져서 늙은이가 젊은이로 거듭나게 되고, 질병과 노화에서 해방되어 장수하는 시대가 된다.

그러한 후천의 가을인간이 되기 위해서는 지금의 생활문화를 본질적으로 바꾸어야 한다. 가을개벽의 열매인간으로 거듭나기 위해서는한마디로 정기를 소모하여 파괴하는 퇴폐문화를 멀리하여 정기精氣를축장해야 한다. 왜냐하면 '정精'은 생명을 지속시키는 원동력으로 우주가 진화해 온 역사의 전 과정이 '정'에 맺혀 있는 천지 생명의 열매이자 핵核이기 때문이다. 인간이 죽고 사는 모든 것, 닦는 근기에 따라열리는 궁극의 도통, 신안이 열려 이 세상의 근본을 보는 눈, 건강한생명의 원초적 과제가 모두 '정'에 달려있는 것이다. 따라서 '정'에 대한 순수한 생명의식은 항상 올바르고 강렬해야 한다. 천지생명의 열매이자 핵인 정기를 어떻게 관리해서 대우주와 하나가 되느냐 하는 것이 수행공부와 인생 공부의 핵심과제가 된다.

천지성공의 열쇠는 증산도에

저 광활한 우주는 왜 존재하는 것일까? 인간은 무엇 때문에 태어나 존재하게 되는가? 나는 누구인가? 앞서 제기되었던 이러한 물음들에 대한 진정한 대답은 간단하다. 우주 만물은, 서양문화에서 말하는 전지전능한 절대자가 계시고, 그분의 의지에 따라 '말씀Logos'에 의해 창조된 것이 아니라, 하늘과 땅의 조화로 창조되어 변화해 간다. 천지가 바로 생명창조의 주인이다. 마찬가지로 인간의 생명 또한 천지, 즉 하늘기운인 신神과 혼魂, 땅의 기운인 정精과 넋[魄]을 받아 몸으로 태어나 살아가고 있다.

그럼 나의 삶의 목적은 무엇인가? 그것은 바로 천지의 열매가 되는 것이다. 즉 천지는 우주 1년에서 후천 가을 대개벽기에 인간생명의 성숙한 열매를 거두기 위해 인간농사를 지었던 것이다. 이에 대해 태모님은 "인생을 위해 천지가 원시개벽하고, 인생을 위해 일월이 순환광명하고, 인생을 위해 음양이 생성되고, 인생을 위해 사시질서가 조정되고, 인생을 위해 만물이 화생하고, 창생을 제도하기 위해 성현이 탄생하느니라. 인생이 없으면 천지가 전혀 열매 맺지 못하니, 천지에서 사람과 만물을 고르게 내느니라."(『도전』11:118:4~10)고 말씀하셨다.

그러나 천지는 말이 없다. 천지를 대신해서 인간 생명의 성숙을 거두는 것은 오직 인간뿐이다.

事之當旺사지당왕은 在於天地재어천지요 必不在於人필부재어인이라.

然연이나 無人무인이면 無天地故무천지고로

天地生人천지생인하여 用人용인하나니 以人生이인생으로

不參於天地用人之時불참어천지용인지시면 何可曰人生乎하가왈인생호아.

일이 흥왕하게 됨은 천지에 달려 있는 것이요 반드시 사람에게

달려 있는 것은 아니니라. 그러나 사람이 없으면 천지도 또한 없

는 것과 같으므로 천지가 사람을 낳아 사람을 쓰나니 사람으로

태어나 천지에서 사람을 쓰는 이때에 참예하지 못하면 어찌 그

것을 인생이라 할 수 있겠느냐!(『도전』 8:100:2)

이 말씀은 후천 가을 개벽기에 인간만이 가장 보람 있는 일을 할 때임을 밝히고 있다. 그래서 증산 상제님은 일꾼들에게 천지대업에 적극 참여하여 정성과 일심을 다 바쳐 일할 것을 당부하셨던 것이다.

그러므로 증산도의 존재이유는 천지가 가을 개벽기에 성숙한 인간 생명을 거둘 때 그 대업을 완결짓는 데에 있다. 이 대업을 누가 완수할 것인가? 이에 대해 태상종도사님은 "하늘땅이라 하는 것은 말도 못하고 수족도 없기 때문에 천지에서 1년 농사를 지을 것 같으면 사람이 거둬들인다. 우주 1년에서 사람농사 지은 것도 역시 사람이 천지를 대행해서, 천지의 대역자가 돼서 거둬들이는 것이다. … 증산도는 선천 상극이 사배한 원한의 세상에서 앞으로 살기 좋은 상생의 세상, 조화선경, 현실선경, 지상선경, 신인이 합일해서 만사지 문화를 개창하는 좋은 세상으로 넘어가는 생명의 다리, 가교이다. 지구상에 사는 모든 사람들은 증산도라는 생명의 다리를 타고서만 그 세상을 건너갈 수가 있다."라고 말씀하셨다.

후천 가을개벽으로 새 천지가 열린다. 이때가 바로 만물의 생명이 결실하여 새로워지고 만복이 다시 시작되는 "천지가 성공하는 때[天

地成功時代]"이다. 성숙한 인간은 신천지 조화성신을 받아 내리기 때문에 인간의 영 속에 깃들어 있는 무궁한 천지조화의 세계가 열린다. 인간 마음의 조화세계가 완전히 열려 자연과 인간과 신도가 일체가 된 통일문화, 지심대도술의 조화문명이 탄생한다. 이때에 증산도는 증산 상제님의 도법으로써 죽어가는 생명을 살려 가을개벽의 성숙한 인간으로 거듭날 수 있도록 생명의 가교가 되는 것이다.

사람을 살리는 증산도의 역할은 크게 두 가지로 압축해볼 수 있다.

첫째는 증산 상제님의 대도진리를 지구촌 인류에게 전하여 후천 가을 개벽기에 인간을 살려내는 포교布敎의 역할이다. 증산도의 포교는 선천종교에서 말하는 전도나 포교와는 의미가 완전히 다르다. 그것은 인간으로 오신 참 하느님, 증산 상제님의 대도진리를 전하여 인간 생명을 건져서 구원을 매듭짓는 일이다. 증산도의 이러한 포교에 대해 증산 상제님은 "도적 잡는 자를 포교捕校라고 부르나니 도를 전할 때에 포교布敎라고 일컬으라. 우리 일은 세상의 모든 불의를 맑히려는 일이니 세상에서 영웅이란 칭호를 듣는 자는 다 잡히리라."(『도전』 8:66:1~2)고 말씀하셨던 것이다.

증산도의 포교는 단순히 한 인간에게만 증산 상제님의 도법을 전하는 것이 아니고, 그 자손만대와 조상선령 모두에게 동시에 전해주는 것이다. 뿐만 아니라 닫힌 선천하늘의 낡은 관념을 넘어설 용기를 인류에게 심어주고, 여름철 말기의 어떤 고난도 극복하여 열린 개벽세상으로 들어갈 수 있도록 열정을 불어넣어 주고, 방황하는 인류가 증산 상제님의 도와 인연을 맺어 구원을 받을 수 있도록 한다. 증산도의 이러한 일꾼을 증산 상제님은 '천하사 일꾼'이라 불렀던 것이다.

둘째는 후천 개벽상황에서 죽어가는 인류를 증산 상제님의 조화권으로 살려 성숙한 새 생명을 내려주는 일이다. 이를 위해 증산 상제님의 도업을 완결 짓는 '진리의 스승'은 천지의 일꾼을 길러낸다. 천지의 일꾼은 인류의 생사판단권을 걸머쥐고 있는 천지의 대역자들인 것이다. 왜냐하면 천지의 대역자는 가을 대개벽기에 죽음의 늪에 떨어지는 절박한 순간에 '서신사명西神司命'의 깃대를 흔들고 광제창생廣濟蒼生에 나서게 되기 때문이다.

> 이 뒤에 이름 모를 괴질이 침입할 때는 주검이 논 물꼬에 새비떼 밀리듯 하리라. 앞으로 세상이 한바탕 크게 시끄러워지는데 병겁이 돌 때 서신사명 깃대 흔들고 들어가면 세계가 너희를 안다. 그때 사람들이 '아, 저 도인들이 진짜로구나.' 하는 것을 깨닫게 되리라.(『도전』 5:291:11~13)

화급을 다투는 죽음의 절박한 상황에서 천하창생을 건져내는 천하사 일꾼 조직을 증산 상제님은 여섯 사람으로 구성된다는 뜻의 "육임六任"이라 하셨다. 죽음으로 넘어가는 천하창생을 건지는 구원조직이 '육임군'이다. "포교의 도가 먼저 육임을 정하고 차례로 전하여 천하에 미치게 되나니 이것이 연맥連脈이니라. 육임은 군대니라."(『도전』 8:101:2), "태을주로 포교하라. 포교는 매인이 천 명씩 하라. … 먼저 7인에게 전한 후에 매인이 7인씩 전하면 천 명이 많은 것 같아도 시작하면 쉬우니라."(『도전』 5:360:3~5)고 증산 상제님께서 말씀하셨던 것이다.

육임은 증산 상제님의 조화권인 의통법을 사용하는 최소 단위이다. 이를 의통구호대라 하는데, 증산 상제님의 도를 전하는 한 사람과 도를 받은 6명을 합쳐 7명이 한 조가 되어 창생들을 건져낸다. 이처럼 죽어가는 사람을 살려 후천 가을의 선仙의 조화세계로 인도하는 7인을 땅위의 인간칠성, '의통구호대'이다. 의통구호대는 태을주와 증산 상제님의 의통조화권을 열어 만민을 건지는 구원의 천사들이요, 거룩한 하느님의 진리군사다. 의통구호대, 즉 인간칠성은 가을개벽 상황이 닥치면 도주국인 한반도에서 세계로 파견되어 만민을 살려낸다. 그래서 증산 상제님은 "너희들은 손에 살릴 생生 자를 쥐고 다니니 득의지추得意之秋가 아니냐."(『도전』 8:117:1)라고 말씀하셨던 것이다.

태전太田은 후천 선경낙원의 중심지

광활한 대지에 두 발을 딛고 푸른 하늘에서 들려오는 안타까운 절규에 귀 기울여보자! 가을 대개벽기에 천지의 열매가 되어 신인간으로 거듭나는 일, 인류의 생명을 건지기 위해 현신하신 우주의 주재자 아버지 하느님의 천지사업에 동참하여 그 뜻을 역사에 실현하는 진리의 주인공이 되는 일, 이것이야말로 여름철 말기를 살아가는 인간 삶의 궁극 목적이 아니겠는가!

선천의 역사가 종결되고 신천지 역사가 출범하는 개벽의 땅 한반도! 인류 구원의 법방이 나오는 개벽의 땅에서 증산 상제님의 천지대업을 매듭짓는 신천지 도꾼들은 한반도 어디에서 구원의 가르침과 천명을 받는 것일까? 이에 대해서 증산 상제님의 말씀을 들여다보면 분명하게 알 수 있다.

"일찍이 상제님께서 구릿골에 계실 때 성도들을 약방 울타리 밖으로 불러내시어 씨름을 시키시더니 태전에 오시어 상씨름의 결판을 짓게 하시니라. 이때 동서남북 사방에 방주를 두고 여덟 명이 힘을 겨루는데 끝판으로 공우와 경석이 시합을 하여 공우가 일등을 하거늘 상제님께서 공우에게 상으로 태극문양이 들어간 한 돈짜리 금 구슬을 주시니라. 상제님께서 보름 동안의 태전 콩밭 공사를 마치시고 구릿골로 돌아오시니라."(『도전』 5:314)

증산 상제님은 가을개벽의 천지전쟁을 매듭짓기 위해 상씨름이 결판나는 공사를 충청도 태전太田에서 보셨다. 그리고 최종 승자에게는 '태극太極'의 형상을 내려주셨다. 우주변화의 원리에서 볼 때 '태극'은 우주창조의 바탕이 되는 무극無極을 본체로 하여 만유의 창조변화에 용사用事함을 뜻한다. 이 태극이 상징하는 것은 인류 구원의 법방이 되는 무극대도를 구현하는 자, 즉 증산 상제님의 대업을 대행하는 자를 일컫는다. 다시 말하면 태극제太極帝가 충청도 태전에서 출현하여 가을 대개벽기에 증산 상제님을 대신하여 죽어가는 인류를 살리게 된다는 뜻이다.

앞으로 남북 상씨름 대전쟁과 동시에 추살의 대병란이 닥칠 때 가을철 새 생명으로 거듭나도록 생명의 길을 열어주는 구원의 대도가 태전에서 나온다.

"피난은 콩밭 두둑에서 하느니라."(『도전』 7:43:3)

"서울은 사문방死門方이요, 충청도는 생문방生門方이요, 전라도는 둔문방遁門方이니 태전으로 내려서야 살리라."(『도전』 5:406:4)

"새 세상이 오면 서울이 바뀌게 되느니라. 큰 서울이 작은 서울 되고, 작은 서울이 큰 서울이 되리니 서울은 서운해지느니라."

(『도전』 5:136:3)

'태전이 새 서울이 된다'는 뜻은 후천 상생의 가을 문화의 중심지가 태전임을 가리킨다. 지리학상으로 볼 때 한반도는 지구의 혈穴 자리이고, 그 자리의 중심은 바로 태전이다. 본래 태전은 천지가 형성될 때부터 후천 5만년 세계 통일정부가 될 그런 땅이기 때문에 우주의 주재자 증산 상제님도 이 땅에 오신 것이다. 즉 태전은 증산 상제님의 진리의 성도聖都이고, 후천 통일문명의 수도로 새롭게 태어날 곳이다. 그래서 증산 상제님은 "내가 후천선경 건설의 푯대를 태전에 꽂았느니라."(『도전』 5:136:2)고 말씀하셨던 것이다.

증산 상제님의 도꾼들에 의해 열리는 후천 지상선경문명의 새 터전은 태전이다. 이는 후천의 초석이 될 새 인물이 증산 상제님의 대행자로 태전에서 출현함을 뜻한다. 증산 상제님의 대행자는 기존의 성聖이나 웅雄 한 쪽만을 가진 인물이 아니라 성웅聖雄을 겸비한 성숙한 인간, 즉 성경신聖敬信을 다 바쳐서 천지의 숭고한 뜻을 이루는 가을 문화의 추수자, 바로 천지일심을 가진 일꾼이다. 이에 대해서 증산 상제님은 "일꾼이 콩밭[太田]에서 낮잠을 자며 때를 넘보고 있느니라."(『도전』 5:136:1)고 말씀하셨다. 이는 증산 상제님의 대행자가 태전에서 가을 대개벽기에 인류를 구원할 육임도꾼들을 양육하며 의통성업의 때를 준비하고 있음을 말해준다.

태전에 자리 잡은 증산도 도장道場은 문자 그대로 증산 상제님의 진리를 공부하고 도를 성취하는 성소聖所이다. 여기는 증산 상제님의 대행자가 후천 가을 대개벽 실제상황에서 인류를 구원하기 위해 육임도꾼들을 양성하고, 이들이 대행자로부터 의통을 전수받아 집행하는 세계구원의 사령탑이요, 신천지 새 문화를 여는 중심 센터이다. 천지부모이신 증산 상제님과 태모님의 자녀가 되어 가을 대개벽기에 인류를 건지고, 선경건설의 첫걸음을 내딛고자 하는 거룩한 사람이라면 생사를 초월하는 구도의 열정을 갖고 태전에 있는 증산도 성소를 찾아야 한다. 증산도 도장에서 증산 상제님과 태모님의 기본적인 진리를 배워서 깨닫고, 입도식入道式을 거쳐야 증산도인이 된다. 증산도의 입도식은 진정한 가을문화의 참 일꾼이 되고자 천지에 맹세하는 거룩한 예식이다. 증산도 도장에서 예식을 통해 태을주를 전수받고, 인간으로 오신 하느님의 대도를 받게 되는 것이다.

에필로그

원 정 근

인류 문화의 원형정신이 있다. 신교神敎이다. 신교는 인류문화의 어머니이자 생명의 젖줄로서 뿌리문화이다. 동서 인류 문화사의 시원이자 모태이다. 신교는 신으로써 가르침을 베푼다는 뜻이다. 여기서 신은 두 가지 의미를 동시에 지니고 있다. 첫째, 삼신三神이다. 삼신은 조화성신으로 우주 만물을 창조적으로 변화시키는 조화신造化神과 가르쳐서 변화시키는 교화신敎化神과 다스려 변화시키는 치화신治化神이며 동시에 천지인 삼재에 바탕을 둔 천일신天一神, 지일신地一神, 태일신太一神이다. 둘째, 조화주 삼신일체三神一體 상제上帝이다. 삼신과 하나가 되어 조화성신인 삼신을 주재하는 우주 만물의 통치자이다. 상제는 바로 삼신일체 상제의 줄임말이다.

신교의 가르침에서 분화되어 나온 뿌리 문화시대의 삼교가 있다. 전선종佺仙倧이다. 전선종은 뿌리문화의 삼교로서 천지인 삼재에 그 뿌리를 둔 것으로 오늘날 줄기문화의 토대를 이루는 유불선儒佛仙의 모태이다. 유불선은 신교가 세계로 퍼져나가 꽃을 피운 줄기문화이다. 유교는 공자를 시조로 하고, 불교는 석가모니를 시조로 하며, 선교는 노자를 시조로 한다. 고운 최치원의 풍류도風流道는 바로 신교에 뿌리를 둔 것으로 유불선 삼교의 가르침을 포함하면서도 초월하고 있는 '포월包越'의 도다.

신교의 숨결을 직접 받아 나온 유교와 불교와 선교와 기독교는 천상의 조화주 상제의 천명을 받아 탄생한 새로운 형태의 제2의 신교로서 곧 줄기문화에 해당한다. 놓치지 말아야 할 것은 유불선 삼교와 기독교가 각기 저마다 다른 상제관을 지니고 있다는 사실이다. 도교는 옥황상제, 유교는 호천상제, 불교는 미륵천주, 기독교는 하나님을 섬겼다. 오늘날 동서양 상제관의 핵심과제는 천상 상제가 인간으로 강세한다는 사실을 알리는 데 있다. 왜 그런가? 상제와 인간의 관계를 새롭게 설정하기 위해서다. 증산도는 줄기문화의 진액을 모아서 새로운 열매 문화를 탄생시켰다. 주목할 만한 사실은 증산도의 상제관이 바로 천상 상제의 인간 강세 소식을 전하고 있다는 점이다.

증산도의 상제문화는 매우 독특한 특성을 지니고 있다. 증산도의 상제관은 유불선 삼교와 기독교의 동서 상제관을 포함하고 있기 때문이다. 증산도에서 말하는 상제에는 도교의 옥황상제, 불교의 미륵천주, 유교의 호천상제, 가톨릭과 개신교의 천주와 하나님을 하나로 융합하고 있다. 흥미로운 것은 천상의 상제가 인간으로 지상에 강세했다는 사실이다. 증산 상제님이다. 증산 상제님은 1871년 지구촌의 중심인 조선에 강세하였다. 왜 하필 증산 상제님은 한반도에 강세하였을까?

증산 상제님의 한반도 강세는 우주질서의 새로운 변혁뿐만 아니라 인류 근대사의 출발점과도 매우 밀접한 연관성을 지니고 있다. 그렇다면 먼저 증산 상제의 강세가 근현대사의 출발점과 어떤 연관성을 지니고 있는가를 살펴보자. 한국 근현대사의 출발점은 어디에 있는가?

동학의 농민혁명은 청일전쟁의 시발점과 도화선이 되어 이후 근대 동북아시아는 국제전쟁의 소용돌이에 빠지게 된다. 이후 러일전쟁과 제1차 세계대전에도 큰 영향을 끼치게 된다. 동학은 인류 근대사의 출발점이라 볼 수 있다. 중요한 것은 동학을 새로운 관점으로 보고 그 진실을 파헤치는 것이 한국인뿐만 아니라 온 인류에게 새로운 미래의 비전과 희망을 제시할 수 있다는 점이다.

조선을 비롯한 동양의 각국이 서양 제국주의의 폭압과 침탈에 침몰당해 갈 무렵, 천상 상제의 부름을 받아 쇠락해진 동방 신교의 맥을 이어 동도의 정신을 새롭게 변화시키고, 후천 대개벽으로 새 세상이 열릴 것이라고 부르짖은 동방의 한 구도자가 있었다. 동학의 창도자 수운 최제우(1824-1864) 대신사이다. 최제우 대신사는 몰락한 양반 집안의 서자로 태어나서 온 정성을 다해 기도에 정진하던 중 마침내 37세 되는 1860년 4월 5일에 천상의 상제님과 직접 말씀을 주고받는 더할 나위 없는 큰 영광을 얻는다.

동학은 수운 최제우 대신사가 천상 상제의 음성을 듣는 천상문답의 사건과 체험으로부터 출발한다.『동경대전』「포덕문」에 따르면, "왈曰 물구물공勿懼勿恐하라. 세인世人이 위아상제謂我上帝어늘 여부지상제야汝不知上帝耶."(두려워 말고 겁내지 말라. 세상 사람들이 나를 상제라 이르거늘, 너는 상제를 알지 못하느냐!)라고 한다. 수운은 천상 상제의 음성을 직접 들었다. 동학은 무극대도를 통해 유불선 삼교문화를 하나로 통합함으로써 다시 개벽으로 이루어지는 새로운 세상을 건립하려고 하였다. 근대사에 가장 처절했던 역사의 한 페이지를 장식한 동학은 이로부터 시작된다.

동학이란 무엇인가? 동녘 동東에 배울 학學이다. 왜 동교東敎가 아니고 동학東學인가? '만절필동萬絕必東'이란 말이 있다. 강물이 만 번을 굽이쳐 꺾여 흐르더라도 반드시 동쪽으로 흘러간다는 뜻이다. 기필코 나아가야 할 동쪽은 모든 생명의 근원적 고향이자 인류 문화의 원초적 시원을 뜻한다. 빛은 동방에서 시작된다는 말처럼, 동쪽은 해가 뜨는 쪽의 방향을 의미하는 것으로 세계의 중심이자 우주의 중심을 뜻한다. 학은 기존의 유불선 삼교의 한계성을 직시하고 새로운 삶의 존재방식을 제시하는 새로운 진리체계를 말한다. 최수운 대신사는 『용담유사』「교훈가」에서 "유도 불도 누천년에 운이 역시 다했던가"라고 하여 선천 오만 년 세상의 종식을 예고하고, 후천 오만 년의 새로운 세상을 정초할 수 있는 다시 개벽에 대한 배움의 필요성을 강조한다. 동학은 선천시대의 종결과 후천시대의 탄생을 예고하는 것으로 우주질서의 전환기에서 새로운 질서를 모색하기 위하여 성립된 것이다. 이런 측면에서 볼 때, 동학이라는 명칭은 동양에서 나온 새로운 삶의 방식의 도라는 의미가 내포되어 있다고 하겠다. 따라서 동학은 동서문명의 한계를 극복하고 그것을 새롭게 통일하는 무극대도를 뜻한다.

동학이 한민족과 인류에게 전하고자 했던 핵심 메시지는 세 가지-'시천주侍天主', '다시 개벽開闢', '무극대도無極大道'-로 요약된다. 시천주의 천주는 한민족이 구천 년 전부터 신앙해 온 삼신일체상제三神一體上帝로서 곧 우주 만물의 주재자를 말한다. 그 동안 노자, 공자, 석가, 예수 등의 대행자를 이 세상에 내려 보내 인류문명을 새롭게 변화시켜 온 천상의 천주가 직접 인간 세상에 온다는 것이 시천주 사상이 전달하려는 메시지의 핵심이다.

시천주侍天主의 핵심은 바로 조화세계의 정립에 있다. 동학 주문의 "시천주侍天主 조화정造化定"에서 말하는 것처럼, 인간으로 오는 천주를 모시고 조화문명세계를 여는 일이다. 동학에서 '천주조화天主造化'라고 말하는 것처럼 천주는 조화주이다. 조화造化는 만들 조造와 변화화化의 복합어이다. 우주 만물을 지어내고 변화시킨다는 뜻이다. 달리 말해, 우주 만물을 창조적으로 변화시킨다는 말이다. 조화의 핵심 과제는 선천세상을 후천세상으로 만드는 '다시 개벽'에 있다. '다시 개벽'은 선천 개벽 이래 분열하고 성장해 온 이 세상이 극한의 상황에 이르러 다시 개벽을 통해 후천 5만 년의 새로운 조화세상이 열린다는 의미이다. 동학의 '무극대도'는 유도와 불도와 선도를 하나로 융합하여 우주 만물을 새롭게 다시 개벽시킬 수 있는 대도를 말한다.

중요한 사실은 동학이 동방 한민족이 9천 년 동안 섬겨 왔던 상제 신앙의 맥을 잇고 있다는 점이다. 그러나 최수운의 동학은 절반의 성공과 절반의 실패를 보여준다. 최수운의 동학이 우주 만물의 통치자 상제의 존재를 드러내는 데는 성공하였지만, 인간들을 상제를 모시는 시천주의 조화일꾼으로 길러내어 후천개벽의 대재앙을 극복하고 후천세계의 조화선경을 건립하는 일을 완수하지는 못하였다. 동학의 절반의 실패는 바로 여기에 있다. 후천개벽의 극복과 조화선경의 완성이라는 두 가지 과제를 완수하지 못한 데 있다.

동학의 사명은 우주의 주재자 삼신일체상제가 동방 땅에 몸소 강세하여 펼치는 원동학이자 참동학의 무극대도로 이어진다. 수운을 통해 열어준 동학이 못다 이룬 다시 개벽의 이상을 실현하기 위해 우주의 통치자가 직접 인간 세상으로 내려오신 것이다. 여기에는 인간 상제의 가르침을 받아 시천주의 성숙한 인간으로 거듭나서 동학혁명에서 못다 이룬 새 하늘, 새 땅, 새 세상 건설의 꿈이 동방의 등불을 환히 밝히는 참동학 증산도에서 마침내 실현된다는 중대한 메시지를 담고 있다. 원동학이자 참동학은 바로 동학의 연원에 의한 동학의 완결이라는 이중적 의미를 담고 있다.

이제 뿌리의 진액을 거두고 줄기와 잎, 그리고 꽃의 모든 정수를 뽑아 모아 열매를 맺는 가을철 개벽기에 이르렀다. 지구촌을 통일할 수 있는 보편문화시대가 열린 것이다. 뿌리문화 시대를 신성시대, 줄기문화 시대를 성자시대라고 한다면, 앞으로 열리는 가을개벽의 통일문화 시대는 이들 신성과 성자들에게 천명을 내린 우주의 통치자 시대이다. 천상 신명계에서 선천 상자들을 미리 인간계로 내려 보내어 아버지 하나님의 친정시대를 선언하게 하고 준비하게 한 신교의 주재자 삼신일체상제가 이제 우주의 가을철을 맞이하여 친히 인간 세상에 내려와 천지조화세계를 활짝 여는 것이다.

동학의 개벽사상은 김일부의 정역사상을 거쳐 증산도에 와서 우주 일년의 선후천 개벽론으로 완성된다. 지구 일 년에도 봄과 여름과 가을과 겨울의 사계절이 있는 것처럼, 우주에도 사계절이 있다. 우리는 지금까지 우주 1년의 선천 오만 년의 봄과 여름의 시대를 살았고, 이제 조만간 여름 우주의 끝점에서 가을 우주의 다시 개벽의 새 세상으로 들어간다. 증산도의 무극대도는 인류의 시원문화, 유불선 기독교의 선천문화를 하나로 융합하여 천지와 천하를 하나로 통합하는 우주일가와 천하일가를 건설하는 데 있다. 증산도는 최제우 사후 8년 만에 직접 인간 세상에 내려오신 증산 상제의 무극대도를 그 바탕으로 삼는다.

증산 상제님은 인간으로 강세하여 9년 동안 선천의 상극질서를 막고 후천의 상생질서를 여는 새로운 천지의 판을 기획하였다. 인류 구원의 새 프로젝트인 천지공사가 바로 그것이다. 증산 상제님은 선천 상극의 원한으로 닫혀 있는 닫힌 우주를 매듭짓고 상생의 열린 우주를 건설하기 위해 원시반본의 도-보은의 도와 해원의 도와 상생의 도-로 새 우주역사의 기틀을 마련하였다. 원시반본의 도는 우주생명의 시원을 살펴서 거슬러 올라가서 그 근본을 현실 세상에서 구현하려는 무극대도이다.

증산도의 무극대도는 유불선 삼교를 하나로 융합하는 관왕冠旺의 대도이다. 인간이 성숙하여 천지의 어른이 되는 대도이다. 증산도는 인간으로 온 증산 상제가 열어준 가을우주의 새 진리로서 '뿌리문화이자 열매신교'이다. 뿌리에서 뻗어나간 줄기와 잎의 진액을 전부 모아 다시 열매의 모습으로 되돌아오는 것이 바로 간艮도수의 역사적인 섭리이다. 이제 간도수의 섭리에 따라 신교에서 갈라져 나간 유교, 불교, 도교, 기독교가 인류문명의 열매를 맺는 장소인 동방 땅으로 돌아와서 제3의 '종교 아닌 종교'인 참동학 증산도로 수렴된다. 증산도에 의해 마침내 기존 종교의 꿈과 이상이 실현되어 세계 문명이 하나로 융합된다. 세계통일정권이 바로 그것이다. 이제 머지않아 증산 상제의 무극대도에 의해 동서양이 한 집안으로 통일되어 인류가 가을 신천지의 신인간으로 거듭나는 철저한 인간의 자기변화와 우주적 구원이 이루어진다.

증산도의 핵심사상은 조화造化에 있다. 증산도의 조화사상은 우주 만물의 창조적 변화작용을 주재하는 조화권능造化權能을 지닌 조화주造化主 증산 상제님이 천지조화天地造化와 인간조화人間造化와 신명조화神明造化를 주재함으로써 후천의 조화선경造化仙境을 건설하는 데 그 궁극적 목표가 있다. 증산도의 조화 개념은 크게 네 가지로 나눌 수 있다. 첫째, 우주 주재자의 조화권능이다. 선천의 상극세상을 후천의 상생세상으로 변화시킬 수 있는 조화주 증산 상제님의 권한과 능력을 말한다. 둘째, 천지조화이다. 천지가 자연의 이치에 따라 인간을 포함한 온갖 사물을 저절로 그러하게 생겨나게 하고 변화시킬 수 있는 미묘한 변화작용을 말한다. 셋째, 인간조화이다. 인간이 천지조화의 화육에 동참하여 자신을 포함한 온갖 사물을 새롭게 변화시킬 수 있는 오묘한 능력을 말한다. 넷째, 신명조화이다. 조화주 증산 상제님의 주재 아래 다양한 신명들이 모든 것을 자유자재로 변화시킬 수 있는 신묘한 힘을 말한다.

증산도에서 가장 중요한 것은 인간조화이다. 왜냐하면 인간은 후천 가을세계가 통일적 변화로 돌아가는 때에 그 창조적 변화작용을 완수할 수 있는 핵심주체이기 때문이다. 가을 개벽기에 모든 인간이 성숙함으로써 하늘땅의 주인공이 되어 우주생명에 새로운 빛을 비추어 줄 수 있다. 증산도의 가을천지의 새 인간은 자연질서와 문명질서를 하나로 통합할 수 있는 존재인 태을랑이다. 후천 가을개벽을 맞아 인간으로 온 증산 상제를 모시고, 증산 상제의 무극대도를 깨쳐서 새 하늘 새 땅의 가을우주와 한마음이 된 새 인간인 태일太一로 거듭하는 것이 인간 삶의 진정한 목적인 것이다.

태을랑은 인류 원형문화의 핵심인 상제문화와 태을 문화의 정수를 체득하고, 동서문화의 진액을 모아서 후천 세상의 기둥으로 거듭나는 인류 문화의 열매인간이다. 천지가 인간농사를 지어 거두는 열매가 태을랑인 것이다. 태을랑은 이중적 의미를 지니고 있다. 왜냐하면 증산 상제와 태모 고수부의 무극대도를 닦아 가을 우주의 조화문명 세계를 여는 증산도의 새 역사 창업의 일꾼과 그 일꾼들로 구성된 도체 道體 조직이기 때문이다. 따라서 태을랑은 우주생명을 크게 하나로 융합하는 태일太一 인간으로 거듭나서 가을 우주의 조화문명 세계를 이 땅 위에 건설하는 새 역사 창업의 주인공과 그 조직을 뜻한다.

태을랑은 6천여 년 전 환웅천황이 환국桓國에서 동방으로 와 배달국倍達國을 열 때 거느리고 왔던 3천 명의 문명 개척단 제세핵랑濟世核郞, 단군조선의 국자랑國子郞, 북부여의 천왕랑天王郞, 고구려의 조의선인皂衣仙人, 백제의 무절武節, 신라의 화랑花郞, 고려의 재가화상在家和尚 등에 그 역사적 기원을 두고 있다. 태을랑은 1999년 6월 6일에 '제세핵랑군'이란 이름으로 처음 출범하였고, 2016년 5월 2일에는 '태을랑'이란 이름으로 정식 출범하였다.

태을랑은 증산 상제님의 9년 천지공사를 마무리 짓고 남북통일과 동서양 통일문명 시대를 열어 현실선경, 지상선경, 조화선경을 건설하는 천지의 일꾼, 우주의 도군道軍이다. 무극대도의 도통道通 문화를 전수한 개벽일꾼들이 다가오는 후천개벽後天開闢의 실제상황에서 인류를 구원하고, 가을 우주의 조화문명 세계를 건설하고 운영하는 중심 역할을 하게 된다.

참고문헌

총론: 상제문화를 찾아서

-◈ 강영한, 『동방조선의 천제』, 대전: 대전: 상생출판, 2014.

-◈ 김부식 (이재호 역), 『삼국사기』, 서울: 솔, 1997.

-◈ 김영일, 『정약용의 상제사상』, 서울: 경인문화사, 2003.

-◈ 김재홍, 『주역, 소통의 인문학』, 대전: 상생출판, 2014.

-◈ 김정현 (양재학 역주), 『정역주의』, 대전: 상생출판, 2015.

-◈ 김학주 (역주), 『서경』, 서울: 명문당, 2002.

-◈ -----------, 『시경』, 서울: 명문당, 2002.

-◈ 김현일, 『동학의 창도자 최수운』, 대전: 상생출판, 2013.

-◈ 노종상, 『진표, 미륵 오시는 길을 닦다』, 대전: 상생출판, 2014.

-◈ 마테오 리치, (송영배 역), 『천주실의』, 서울: 서울대학교출판문화원, 2010.

-◈ 사마천 (정범진 역), 『사기』, 서울: 까치, 1996.

-◈ 안경전 역주, 『환단고기』, 대전: 상생출판, 2016.

-◈ 우실하, 『요하문명론』, 서울: 소나무, 2007.

-◈ 윤석산, 『초기동학의 역사 도원기서』, 서울: 신서원, 2000.

-◈ 이이 (김태완 역), 『성학집요』, 서울: 청어람미디어, 2007.

-◈ 진수 (김원중 역), 『정사 삼국지』, 서울: 휴머니스트, 2018.

-◈ 표영삼, 『동학』, 서울: 통나무, 2004.

-◈ Erneste Renan, The Apostles, 1866.

-◈ Erneste Renan, Saint Paul, 1868.

1부: 인간으로 오신 증산 상제님

→ 『景德傳燈錄』

→ 『東經大全』

→ 『彌勒上生經』

→ 『彌勒下生經』

→ 『法華經』

→ 『三國遺事』

→ 『詩經』

→ 『因果經』

→ 『桓檀古記』

→ 『顯揚聖敎論』

→ 『周易』

→ 『甑山道 道典』

→ 이영호, 『보천교연혁사』 상, 보천교 중앙협정원·총정원, 1948.

→ 全羅北道, 『보천교일반普天敎一般』(『官內最近の狀況說明資料(全北)』 附錄, 1926.6. 日本學習院大學 東洋文化研究所 友邦協會 所藏)

→ 최남선, 역락 편, 『육당최남선전집』 6, 서울: 역락, 2003.

→ 平安南道, 『陽村及外人事情一覽-平安南道-』(日本學習院大學 東洋文化研究所 友邦協會 所藏, 1924.)

→ 마노 다카야, 이만옥 옮김, 『도교의 신들』, 서울: 들녘, 2001.

→ 풀턴 J. 쉰, 『그리스도의 생애』, 성요셉출판사, 1993.

2부: 위대한 설계, 천지공사

→ 증산도 도전편찬위원회 편찬, 『증산도 도전』, 대전: 상생출판, 2003.

→ 안경전,『증산도의 진리』, 대전: 상생출판, 2014.

→ ------,『개벽 실제상황』, 대전: 상생출판, 2005.

→ ------,『이것이 개벽이다』상·하, 대전: 상생출판, 2012.

→ 강영한,『전쟁으로 보는 세계정치질서』, 대전: 상생출판, 2016.

3부: 참된 법을 내다

→『꾸란』

→『道德經』

→『東經大全』

→『聖書』

→『용담유사』

→『莊子』

→『正易』

→『周易』

→『증산도 도전』

→『春秋』

→『桓檀古記』

→ 에모토 마사루,『물은 답을 알고 있다』, 서울: 더난출판사, 2008.

→ 나광중 저, 황석영 역,『삼국지』, 서울: 창비사, 2003.

→ 스티븐 호킹, 전대호 역,『위대한 설계』, 서울: 까치, 2010.

→ 안경전,『관통 증산도』, 서울: 대원출판, 2000.

→ ------,『증산도의 진리』, 대전: 상생출판, 2015

→ 유 철,『근본으로 돌아가라』, 대전: 상생출판, 2011.

→ 임마누엘 칸트, 백종현 역,『순수이성비판』, 서울: 아카넷, 2006.

→ 켄 윌버, 김철수 역, 『아이투아이』, 서울: 대원, 2004.

→ 한동석, 『우주변화의 원리』, 서울: 대원출판, 2013.

4부: 새로운 세상을 열다

→ 『甑山道 道典』

→ 『周易』

→ 『彌勒經』

→ 『月藏經』

→ 『Bible』

→ 『격암유록』

→ 안경전, 『개벽 실제상황』, 대전: 상생출판, 2005.

→ ------, 『이것이 개벽이다』 상·하, 대전: 대원출판, 2012.

→ ------, 『甑山道의 眞理』, 대전: 상생출판, 2015.

→ 한동석, 『우주변화의 원리』, 서울: 대원출판, 2013.

→ Davies, Paul, God and New Physics, 유시화 옮김, 『현대물리학이 발견한 창조주』, 서울: 정신세계사, 1998.

찾아보기

ㅋ

저자약력

⚬ 김현일

1960년 부산에서 출생. 서울대학교 인문대 서양사학과를 졸업하고 서울대학교 대학원에서 『원산업화와 기업가들 — 노르망디 면공업을 중심으로』로 박사학위를 받았다. 주요 저서로는 『서양의 제왕문화』, 『동학의 창도자 최수운』, 『강증산의 생애와 사상』(공저) 등이 있으며 「프랑스혁명과 기업가들」, 「시간과 서양문명」, 「프랑스 대기업가 루이 르노」, 「마테오 리치와 동서양문명 교류」, 「강증산과 동학」, 「역사적으로 본 동학의 개벽사상」, 「유럽에 나타난 아시아 유목민 관련 서양 기록」 등의 논문을 썼다. 『프랑스문명사』, 『절대주의 국가의 계보』, 『금과 화폐의 역사』 등 여러 권의 서양사 책도 번역하였다. 현재 상생문화연구소 연구위원.

⚬ 노종상

서울과학기술대학교, 고려대 대학원 졸업하고 문학박사 학위를 받았다. 현재 상생문화연구소 연구위원으로 재직 중이다. 주요 저서 및 논문으로는 『진표, 미륵 오시는 길을 닦다』, 『수부 고판례』, 『동아시아 민족주의와 근대소설』, 『보천교 다시보다』(공저), 『우주의 교향곡 천부경』(공저), 「강증산, 그는 우리에게 무엇인가」, 「수부, 천지의 어머니」, 「월곡 차경석연구 서설」, 「운곡 원천석의 역사서술 연구」, 「『환단고기』 위서론 비판 -『삼성기』 저자를 중심으로-」, 「복애 범장 연구」, 「원천석이 『삼성기』 저자 원동중이라는 견해에 대한 연구」, 「『삼성기』 저자 안함로에 관한 고찰」, 「진표 율사의 밀교수행 연구」 등이 있다.

◈ 강영한

경북대학교 사회학과 문학박사(종교사회학 전공). 연구 논문으로 "신종교 배상제교와 동학의 비교", "영국에서 통일교와 창가학회 참여자 연구", "동양계 신종교운동의 해외 조직화와 참여에 대한 사회적 반응", "신종교 운동을 통해 본 사회변혁과 이상사회상", "현대 신영성운동의 특징과 그 발전의 사회적 배경", "증산도의 문명전환에 대한 인식과 그 의의", "증산 도의 천지공사사상과 그 의의", "증산도에서 시간질서의 순환적 구조와 그 현재" 등이 있다. 주요 단행본으로 『알기 쉬운 사회학』(공저), 『탈근대 세계의 사회학』(공저), 『잃어버린 상제문화를 찾아서-동학-』(공저), 『동방 조선의 천제天祭』, 『전쟁으로 보는 세계 정치질서-오선위기 형국의 세 판 전쟁-』 등이 있다. 경북대 등에서 강의하였고, 현재 증산도 상생문화연구 소 연구위원으로 있으며, 최근에는 '하늘[지]', '상제'를 동양문명을 읽는 핵심 코드로 삼아 연구하고 있다.

◈ 유 철

경북대학교 철학과 및 대학원에서 공부하였고 「칸트의 자아론」으로 철학 박사 학위를 받았다. 경북대학교, 대구교육대학교, 경남대학교, 대구한의 과대학교에서 강의하였으며 현재 상생문화연구소 연구위원으로 재직 중 이다. 주요 저서로는 『우주의 교향곡 천부경』(공저), 『보천교 다시보기』(공 저), 『만사지』, 『어머니 하느님』, 『잃어버린 상제문화를 찾아서-동학』(공 저), 『강증산의 생애와 사상』(공저) 등이 있다. 주요 논문으로는 「천부경 위작설 비판」, 「환단고기 위서론 논박」, 「증산도의 해원사상」, 「증산도의 원시반본 사상과 개벽」, 「칸트에 있어서 내감의 역설과 자아」, 「칸트의 버 클리비판」 등이 있다.

◈ 문계석

동국대학교에서 「아리스토텔레스의 실체와 형상」으로 철학박사 학위를 취득했다. 주요 역서 및 저서로는 『아리스토텔레스의 철학』, 『철학의 길잡이』, 『서양의 중세철학』, 『철학의 근본문제』 등이 있으며, 주요 논문으로는 「아리스토텔레스의 실체론에서 형상의 존재론적 지위」(박사학위), 「엔트로피 법칙과 아리스토텔레스의 세계관」, 「아리스토텔레스의 질료의 개념에 대한 고찰」, 「현실태와 운동의 동일성에 대한 논의」, 「루크레티우스의 자연의 본성에 관하여」(석사논문) 등이 있다. 증산도 상생문화연구소에 들어온 이후로는 「생명과 문화의 뿌리 삼신」, 「무극, 태극, 황극의 존재론적 근거」, 「증산도의 신론神論」, 「우주속의 상제, 상제속의 우주」 등이 있고, 저서로는 『서양 지성인과 만남』, 『우주의 교향곡 천부경』(공저)이 있으며, 현재 증산도 상생문화연구소 연구위원으로 재직하고 있다.

◈ 원정근

고려대학교에서 「곽상 천인조화관의 연구」로 철학박사학위를 받았다. 저서로는 『도가철학의 사유방식-노자에서 노자지귀로』(서울: 법인문화사, 1997), 『도와 제』(대전: 상생출판, 2010)과 『천지공사와 조화선경』(대전: 상생출판, 2011), 『진묵대사와 조화문명』(대전: 상생출판, 2013), 『충의의 화신 관우』(대전: 상생출판, 2014) 등이 있다.
현재 증산도 상생문화연구소 동양철학부 연구위원으로 있다.